高等职业教育“十四五”规划小学教育专业“互联网+”创新型教材

小学语文

课程与教学

XIAOXUE YUWEN
KECHENG YU JIAOXUE

主　编　袁晓芳　金丽萍　黄继斌
副主编　刘丽云　何　云

華中科技大學出版社
http://www.hustp.com
中国·武汉

内容提要

本书立足能力本位，以岗位技能培养为目标，理论联系实际，采用融媒体的形式配置了大量的案例、微课和在线练习等，突出技能实训，以帮助读者采用混合式学习法学习课程。

本书以语文课程标准、小学语文教材为写作前提，根据小学语文教育内容分类，将识字与写字、阅读、口头和书面表达、梳理和探究等作为课程教学的侧重点，为教师及学生提供切实可行的小学语文教学实践操作课例。

本书可作为高职高专院校、成人教育学校小学语文教育、小学教育专业的教材，也可供小学语文教育工作者和教师参考。

图书在版编目（CIP）数据

小学语文课程与教学/袁晓芳，金丽萍，黄继斌主编．—武汉：华中科技大学出版社，2022.7(2024.1重印)
ISBN 978-7-5680-8527-4

Ⅰ．①小…　Ⅱ．①袁…　②金…　③黄…　Ⅲ．①小学语文课-教学研究　Ⅳ．①G623.202

中国版本图书馆 CIP 数据核字（2022）第 123586 号

小学语文课程与教学
Xiaoxue Yuwen Kecheng yu Jiaoxue
袁晓芳　金丽萍　黄继斌　主编

策划编辑：李承诚　袁文娣
责任编辑：张汇娟　宋　焱
封面设计：吴梦涵
版式设计：赵慧萍
责任监印：周治超
出版发行：华中科技大学出版社（中国·武汉）　电话：（027）81321913
武汉市东湖新技术开发区华工科技园　邮编：430223
录　　排：华中科技大学出版社美编室
印　　刷：武汉开心印印刷有限公司
开　　本：787mm×1092mm　1/16
印　　张：20　插页：2
字　　数：502 千字
版　　次：2024 年 1 月第 1 版第 2 次印刷
定　　价：58.00 元

前 言 | PREFACE

本教材为高职高专小学语文教育、小学教育专业学生而编写，作为高职高专“实用理论与应用型”教材，立足“应用型”与“技能型”人才培养理念，以语文课程标准和小学语文教材为依托，旨在帮助更多学生了解小学语文课程教育理念和教学内容，更好地开展小学语文教学。

本教材的重点是在研读语文课程标准的基础上，结合我国教育改革现状，着重解决“教什么”“怎么教”“为什么教”这三大问题，并以大量案例为辅助，促进理论与实践相结合，以期培养具有高专业素养、高专业技能、高专业水平的小学语文教师，并具有一定的反思、评价、教研能力。

本教材中，学习强调“目标定位—理论学习—案例分析—思考练习”，凸显“学练一体”“学思结合”的理念，同时，结合可视、可互动的二维码延伸学习和思考，扩大学习外延，丰富教学资源，提高了学习的思考性、应用性和创新性。通过本教材的学习，能了解小学语文课程性质，了解语文课程的演变和改革的历史进程，了解当前小学语文教学领域内改革的新经验、新观点、新趋势，具有参与语文课程改革的积极愿望；能熟练掌握并能运用小学语文教学中的基本技能和高级技能，具有一定的职业道德和素养；能根据《语文课程标准》、小学语文教材，结合小学生实际，进行不同教学内容的教学设计和基本实操，适应我国当前基础教育对小学语文教师的要求。

本教材由袁晓芳（宜春幼儿师范高等专科学校）、金丽萍（宜春职业技术学院）、黄继斌（宜春职业技术学院）担任主编，由刘丽云（宜春幼儿师范高等专科学校）、何云（宜春幼儿师范高等专科学校）担任副主编，具体分工如下：袁晓芳编写第四章前三节、第六章、第七章，共计约 12 万字；金丽萍编写第八章、第九章，共计约 10.9 万字；黄继斌编写第四章的后三节、第五章，共计约 11 万字；刘丽云编写第一章、第二章，共计约 8.4 万字；何云编写第三章和案例，共计约 8 万字。同时，感谢各位老师在微课、随堂练习等内容的设计上付出的辛苦与劳累，使得教材资源更充实丰富。

由于水平和视野所限，编写中错误与问题难免，敬请各位专家、学者和读到此书的朋友们多提宝贵意见和建议，以督促我们持续改进。对所有的批评和建议，我们皆致以衷心的感谢！

编　者

2022 年 6 月

目　录 | CONTENTS

第一章

小学语文课程

职业素养目标···

1. 了解“语文”称谓的由来，全面了解语文学科的发展。

2. 正确理解小学语文课程性质，把握“工具性和人文性相统一”的特点。

3. 正确理解小学语文课程理念。

4. 理解和掌握小学语文课程的总目标和学段要求。

5. 了解不同版本小学语文教材，把握部编本小学语文教材的编排特点和使用建议，做到科学、合理使用新教材。

第一节　语文学科的由来与发展

语文是一门博大精深的学科，是最重要的交际工具，是人类文化的重要组成部分。语文是基础教育课程体系中的一门主要学科，是学习其他学科的基础，是口头语言和书面语言的综合。我国语文教育的历史源远流长，从古至今一直存在着，只不过在古代没有单独为“语文”设科，那么“语文”是如何演变来的呢？

语文学科的由来

一 语文教育独立设科

我国古代语文并没有特定的称谓，语文教育往往是和政、史、哲、经等教育熔为一炉的，或儒学，或书学，或四书五经。1901 年，清政府颁布“兴学诏书”，改革科举制度，着手兴办新式学堂。1902 年，清政府颁布了《钦定学堂章程》，这是中国历史上由政府正式颁布的第一个现代学制，史称“壬寅学制”。该学制将基础教育分成四个阶段，各学段分别设“字课”“习字”“读经”“作文”“读古文词”“辞章”等与语文教育相关的课程。1904 年，清朝政府又颁布了《奏定学堂章程》，史称“癸卯学制”。这是我国第一个经政府正式颁布，在全国范围内推行的学制。国文独立设科，初等小学堂设“中国文字”，高等小学堂和中学堂设“中国文学”。教学内容为修身、读经讲经、中国文字等，宗旨是“启其人生应有之知识，立其明伦理爱国家之根基”。一般认为，“中国文字”和“中国文学”以及“读经讲经”等科的出现，标志着中国语文教育由传统向现代的演进，也标志着现代语文教育的兴起。

“壬寅——癸卯学制”确立了中国近代新型教育的基础，语文教育也由过去集经学、哲学、史学、伦理学、文字学为一体的混合型综合教育，发展为新型教育制度下的一门单独学科，开始了自己学科化的道路。

二 语文学科的定名与发展

1912 年，中华民国临时政府颁布了《中学校令施行规则》，废止小学读经科，将各类学校的“中国文字”“中国文学”课程一律更名为“国文”。1916 年，蔡元培在《国文之将来》一文中提出，政府颁布的《中学校令施行细则》第三条说：“国文要旨在通解普通语言文字，能自由发表思想；并使略解高深文字，涵养文学之兴趣，兼以启发智德。”随着白话文运动和国语运动的深入，1920 年，北洋政府教育部通令全国，小学开设“国语”，主要教白话文；中学继续开设“国文”，仍然教文言文。自此，白话文进入语文课程，在语文教育中取得了合法地位，标志着具有现代意义的语文课程的确立。

1949 年，中华人民共和国成立前夕，华北人民政府教科书编审委员会选用中小学课本时，根据叶圣陶（时任主任委员）的提议，决定将“国语”和“国文”一律更名为“语文”。1950 年，中央人民政府出版总署编审局出版了全国统一的中学语文课本：《初中语文》《高中语文》，以“语文”取代以往“国语”“国文”的学科名称，自此，“语文”作为课程名称正式启用。1956 年，教育部决定从秋季起，中学、中等师范学校语文科，分汉语和文学两科进行教学，强调汉语、文学的系统性，把语文课变成“纯语言课”和“纯文学课”，并且使用新编的汉语课本和文学课本。1958 年 3 月，中央宣传部宣布，停止使用汉语、文学分科实验教材，中小学恢复语文课。“这是一次重大的变革，不仅是建国以来的重大改革而且是建国以前若干年来的重大改革。”初衷是纠正重道轻文倾向。至此，“语文”作为称谓，沿用至今。

三 语文的含义

中华人民共和国成立后，除了 1956 年到 1958 年实行汉语、文学分科教学以外，我国中小学一直将本课程叫“语文”。“语文”课程的命名虽然得到人们的普遍认可，但关于什么是“语文”，却各有各的说法。有人认为是语言和文字，有人认为是语言和文学，有人认为是语言和文章，有人认为是语言和文化。其实，这些对“语文”的定义都有道理。1950 年 6 月，中央人民政府出版总署编审局编辑出版了全国统一的以“语文”命名的教材。这套教材的《编辑大意》指出：“说出来的是语言，写出来的是文章，文章依据语言，‘语’和‘文’是分不开的。语文教学应该包括听话、说话、阅读、写作四项。因此，这套课本不再用‘国文’或‘国语’的旧名称，改称‘语文课本’。”1962 年，叶圣陶在一次讲话中解释说：“什么叫语文？语文就是语言，就是平常说的话。嘴里说的话叫口头语言，写在纸面上的叫书面语言。语就是口头语言，文就是书面语言。把口头语言和书面语言连在一起说，就叫语文。”1964 年，叶圣陶在《答滕万林》的信中进一步解释：“‘语文’一名，始用于一九四九年华北人民政府教科书编审委员会选用中小学课本之时。前此中学称‘国文’，小学称‘国语’，至是乃统而一之。彼时同人之意，以为口头为‘语’，书面为‘文’，文本于语，不可偏指，故合言之。亦见此学科‘听’、‘说’、‘读’、‘写’宜并重，诵习课本，练习作文，固为读写之事，而苟忽于听说，不注意训，则读写之成效亦将减损。”

叶圣陶所说的“语文就是语言”（包括口头语言和书面语言），实际上已经包容了“语言文章”（“文章”为书面语言）、“语言文字”（“文字”为书面语言的符号）、“语言文学”（“文学”是语言的艺术，以书面语言为载体）的含义。因此，无论是哪种解释，语文课程的目的是让学生学会运用我国的语言文字，掌握听、说、读、写的本领，因此，“语文”的核心内容就是语言文字的运用。

梳理与探究

语文学科的名称是如何演变而来的？

1-1 随堂练习

第二节　小学语文课程性质

语文课程的性质，是语文课程区别于其他学科课程的根本属性，是决定语文教学目的、教学内容、教学方法的根本依据。只有认清语文课程的性质和地位，才能明确语文教育、语文改革的方向。

一 义务教育语文课程标准

课程标准是国家课程的纲领性文件，是国家对基础教育课程的基本规范和质量要求，是教材编写、教学、评估和考试命题的依据，是国家管理和评价课程的基础，体现了国家对不同阶段的学生在知识与技能、过程与方法、情感态度价值观等方面的基本要求。它规定各门课程的性质、目标、内容框架，提出教学建议和评价建议。语文课程标准体现了国家对语文学科的基本要求。2001 年 7 月，国家颁布了《全日制义务教育语文课程标准（实验稿）》，从当年的秋季学期开始实施。《全日制义务教育语文课程标准（实验稿）》推行 10 年后，教育部征询对课程标准的内容及实验结果的各种意见，对其进行了修订，于 2011 年 11 月，颁布了《全日制义务教育语文课程标准》。2022 年 4 月，教育部在向着第二个百年奋斗目标迈进之际，颁布了新修订的义务教育语文课程标准，并于当年秋季学期正式实施。

二 语文课程的性质

认识一门学科必须首先明确其性质，因为学科性质是决定教学内容和教学方法的根本依据。作为小学语文教师，只有明确了小学语文学科的性质，才能使自己的教学方向明确。

《义务教育语文课程标准（2022 年版）》中关于课程性质的表述是：“语文课程是一门学习国家通用语言文字运用的综合性、实践性课程。工具性与人文性的统一，是语文课程的基本特点。”

语文是最重要的交际工具，具有工具性；语文又是人类文化的重要组成部分，具有人文性，二者是统一的。语文教学的这两种属性，犹如人的双目，缺一目就会造成“视觉”上的偏差；又如一张纸的两面，它们本身就是一个相互融合、相互渗透的不可分割体。在讨论“两性统一”这个问题之前，应当明确什么是语文课程的工具性，什么是语文课程的人文性，然后再讨论“两性统一”的问题。

（一）语文课程的工具性

语文是一门基础工具学科。语文课程的工具性包含两个层次的含义：

首先，从语文课程本身来看，工具性是指语文本身是一种工具，是表达感情、交流思想、传递文化的工具。对于小学生来说，学习语文，就是学会正确理解和运用祖国的语言文字的一门基础工具。语言最主要的功能是进行交流，任何人都离不开口语交流，在普及教育的社会，更离不开书面语言的交流。学习语文归根到底就是要形成口头语言和书面语言的交流能力。儿童的语言能力是在逐步掌握语言的过程中发展起来的，而掌握书面语言则更为重要。因此，语文教学的首要任务，就是要教会学生使用语言，使学生学会理解和自我表达语言，学会用语言进行交流。叶圣陶先生说：“语文教育的一个主要任务是让学生认识语言现象，掌握语言规律，学会正确地熟练地运用语言这个工具。”小学阶段是人生语言发展的关键期，语文课程的主要任务就是切实打好听、说、读、写的基础，使学生初步掌握语文这个最基本的工具。

其次，从整个课程系统来看，语文课程的工具性还表现在，语文的学习还有助于其他学科的学习。叶圣陶先生说：“语文是工具。自然科学方面的天文、地理、生物、数、理、化，社会科学方面的文、史、哲、经，学习、表达和交流都要使用这个工具。”各门学科的学习都需要听、说、读、写等语文的基本功。学好语文，不但有利于提高学生的社会交际能力，而且有助于学习其他各门课程，获取新的知识，有利于学生的全面发展。

（二）语文课程的人文性

语文课程在帮助学生掌握语文工具，形成相关的语文能力的同时，还承担着培养和健全学生人格的重任。语文学科是一门人文学科。语文实际上蕴含着浓郁的“人文性”。语文的人文性内涵包括三个方面：一是语文教材中孕育着丰富的人文精神，它囊括了中华五千年光辉灿烂的精神文明和先进文化，包含着主体意识、创造思想、独立人格、权利意识、审美精神和责任感等诸多方面的内容。二是语文课程肩负着培养学生语文素养的使命。语文课程标准总目标的内容实质上就是指学生应达到的语文素养目标。三是语文教学过程中充满着浓郁的人文情怀，它主要体现在师生之间和谐融洽的关系之中。教师在语文教学过程中要牢记“立德树人”根本任务，始终做到“以人为本”，尊重、关心学生，引导他们树立文化自信，热爱生活，关爱生命，健全人格。

（三）要准确把握课程标准中工具性和人文性相统一的要求

在语文课程标准中，工具性与人文性的统一可以说是像一条红线贯穿始终的。具体到语文教学中，就要使语文教学和人文精神的培养统一起来。小学语文教学不仅能提高学生理解语言和表达语言的能力，而且可以发展思维能力，提高思想品德和陶冶情操。

从这个意义上理解，语文学科的工具性不仅表现在认知上，同时也体现在表情达意上，体现在发展学生的情思及人格培养上。所以语文应成为表情达意的学科，成为对学生进行人文教育、思想教育、情感教育的学科。语文是具有很强的人文性、情感性、思想性的学科。工具性和人文性的统一，正体现了语文学科的性质。

理解工具性和人文性二者的统一，不能偏重某一方面。教学中要防止和纠正以下倾向：一种是脱离课文内容，牵强附会地进行人文教育，忽视语言文字训练、语文能力培养。这是重“人文”轻“工具”二元对立思维模式的反映。试想，学生没有充足的时间去潜心会文，进而披文入情，教师架空分析的人文教育怎么可能收到实际的效果？同时这种撇开对词、句、段揣摩感悟的教学也是无助于学生语文能力培养的。只有把语文能力与人文素养结合起来，才能使两者相互促进、相得益彰，真正促进学生全面和谐发展。另一种倾向是教师对文本价值取向认识不清，存在价值虚无或过度诠释的问题。教师自己对课文的人文内涵的理解模糊含混，必然不能给学生正确的价值引导。如《狐狸和乌鸦》一文，学生评价狐狸说：它很聪明，善于开动脑筋，坚持不懈，终于得到了乌鸦嘴里的那片肉。教师对此回答积极给予肯定。实际上学生的回答中，不仅仅有思维品质的判断，更隐含着道德价值的判断，学生的认知背离了课文本身的人文价值取向，背离了为人诚实守信的普遍价值准则，无形中使学生以为为了达到个人目的可以不择手段，这何谈语文教育有塑造健全人格、培育人文精神的作用呢？再如《小猴子下山》，有学生说小猴子很有市场经济头脑，弃小拣大，很聪明。这样的理解教师也给予肯定，说这是与时俱进。如此背离文本的谬误诠释、过度诠释应该引起警惕。多元价值对话与价值虚无，距离只有一步之遥。最后一种倾向是进行单项、机械的语文形式训练，这种重“工具”轻“人文”的做法同样是不可取的。

工具性和人文性的统一，其内涵包括：第一，是特殊性与普遍性的统一。第二，是形式和内容的统一。第三，是工具性与人文性的统一，必须寓教于文。对语文课程来说，每一篇教材都只是一个学习的案例，应当先从识字辨句到了解思想内容，再从思想内容进而研究用词造句、篇章结构等表现技巧，通过表现技巧的分析，必然加深对思想内容的理解。小学语文课程的性质，给我们指出了一条从事小学语文教学的科学途径：从语言形式到内容，从内容到形式，包括语文知识的积累、语文实践能力的提高和情感态度价值观的培育。语文教学着眼于语文形式，但并不是抛弃内容，语言所负载的人文、思想、情感内涵，是寓于语言之中的，也就是说语文教学必须寓教于文；在理解、感悟语言的同时接受文化、情感的陶冶，体现语文教学特色。比如，阅读教学，既要加强读书指导、训练，又要重视字词句的基本功训练，摒弃烦琐的内容分析。以读书训练为“经”，以字词句的基本功训练为“纬”来组织阅读教学，并使字词句的基本功训练寓于读书活动之中。从而，达成阅读教学的三维目标。

小学语文课程就是要使小学生在学习语文基础知识和形成语文基本能力的同时，还要使学生学会学习，学会做事，学会合作，学会健体，学会审美，学会创造，进而实现会学会做的目标。因此，在小学语文教学中，教师要以激发学生学习兴趣为主，教给学生学习方法，培养学生良好的学习习惯，使学生形成良好的个性，为学生的终身发展打下坚实的基础。

案例展示

《精彩极了和糟糕透了》片段

七点。七点一刻。七点半。父亲还没有回来。我实在等不及了。我敬仰我的父亲。他是一家影片公司的重要人物，写过好多剧本。他一定会比母亲更加赞赏我这首精彩的诗。

快到八点钟时，父亲终于推门而入。他进了饭厅，目光被餐桌上的那首诗吸引住了。我紧张极了。

“这是什么？”他伸手拿起了我的诗。

“亲爱的，发生了一件美妙的事。巴迪写了一首诗，精彩极了……”母亲上前说道。

“对不起，我自己会判断的。”父亲开始读诗。

我把头埋得低低的。诗只有十行，可我觉得他读了几个小时。

“我看这首诗糟糕透了。”父亲把诗扔回原处。

我的眼睛湿润了，头也沉重得抬不起来。

“亲爱的，我真不懂你是什么意思！”母亲嚷道，“这不是在你的公司里。巴迪还是个孩子，这是他写的第一首诗，他需要鼓励。”

“我不明白，”父亲并不退让，“难道世界上糟糕的诗还不够多么？”

我再也受不了了。我冲出饭厅，跑进自己的房间，扑到床上失声痛哭起来。饭厅里，父母还在为那首诗争吵着。

几年后，当我再拿起那首诗，不得不承认父亲是对的。那的确是一首相当糟糕的诗。不过母亲还是一如既往地鼓励我。因此我还一直在写作。有一次我鼓起勇气给父亲看了一篇我写的短篇小说。“写得不怎么样，但还不是毫无希望。”根据父亲的批语，我学着进行修改，那时我还未满十二岁。

《精彩极了和糟糕透了》教学案例一：

一、分角色朗读：提前预习生字，在分角色朗读的过程中，体会文章的思想感情。

二、讨论研究 1：课文用心理活动来构建全文，你是如何理解作者的这种心理的？（同桌之间讨论）

三、讨论研究 2：生活中，你如果遇到这样的事该怎么处理？说出来给大家听听。

四、深入辩论：同学们分为甲、乙、丙三组。甲、乙方代表父母，丙方代表“我”，就这一场家庭矛盾冲突的是非展开讨论。

《精彩极了和糟糕透了》教学案例二：

一、分角色朗读：提前预习生字，在分角色朗读的过程中，读出母亲和父亲的语气。

二、讨论研究 1：母亲的具体表现中，你感受到了什么？“我”的诗真的那么精彩吗？(同桌之间讨论)

三、讨论研究 2：“我”迫不及待的心情表现在什么地方呢？“我”为什么那么重视父亲的评价呢？

四、深入辩论：几年后成长的巴迪是如何对待父亲的评价的？为什么？

思考辨析以上两个教学案例片段，是如何体现工具性与人文性的统一的？

梳理与探究

1. 谈谈你对语文课程的性质的认识和理解。
2. 小学语文课程是如何体现“工具性”和“人文性”的？

1-2 随堂练习

第三节　小学语文课程理念

“理念”一般可以理解为比较理性的一种观点或看法，较之中性的“观念”，它更倾向于褒义。《义务教育语文课程标准（2022 年版）》使用“课程理念”一词，重在为语文教育实践提供一种理性规范，即总的指导思想。经过大量的教学实践和研究总结，《义务教育语文课程标准（2022 年版）》提出了“立足学生核心素养发展，充分发挥语文课程育人功能”“构建语文学习任务群，注重课程的阶段性与发展性”“突出课程内容的时代性和典范性，加强课程内容整合”和“增强课程实施的情境性和实践性，促进学习方式变革”“倡导课程评价的过程性和整体性，重视评价的导向作用”五个理念。五个理念犹如提纲挈领的五个关键词，正确地理解和把握好五个理念的内涵和实施方略，也就抓住了语文教学的关键。

一　立足学生核心素养发展，充分发挥语文课程育人功能

《义务教育语文课程标准（2022 年版）》提出，语文课程围绕立德树人根本任务，充分发挥其独特的育人功能和奠基作用，以促进学生核心素养发展为目的。这在现在和今后相当长的时间里，应该成为广大语文教育工作者的共识和不懈追求。

语文课程标准的核心理念“核心素养”第一次出现在课标中。核心素养是学生通过课程学习逐步形成的正确价值观、必备品格和关键能力，是课程育人价值的集中体现。义务教育语文课程的核心素养，是学生在积极的语文实践中积累、建构并在真实的语言运用情境中表现出来的，是文化自信、语言运用、思维能力、审美创造的综合体现。语文核心素养的提出，既体现了语文“工具性”与“人文性”的有机统一，又体现了语文教育的综合性和全面性，促进了语文教学模式的重大突破和飞跃发展，也决定了学生学习方式的改变和教师教学行为的改变。

（一）核心素养

1. 文化自信

文化自信是指学生认同中华文化，对中华文化的生命力有坚定信心。《义务教育语文课程标准（2022年版）》指出：“语文课程应引导学生热爱国家通用语言文字，在真实的语言运用情境中，通过积极的语言实践，积累语言经验，体会语言文字的特点和运用规律，培养语言文字运用能力；同时，发展思维能力，提升思维品质，形成自觉的审美意识，培养高雅的审美情趣，积淀丰厚的文化底蕴，继承和弘扬中华优秀传统文化、革命文化、社会主义先进文化，增强对习近平新时代中国特色社会主义思想的理解和认识，全面提升核心素养。”语文教育突破狭隘工具论的藩篱，全面开发语文教育在实用之外的功能，在语文课程实施过程中增强文化底蕴，建立文化自信、培养时代新人，使学生热爱学习，学会学习，打下终身可持续发展的基础。

2. 语言运用

语言运用是指学生在丰富的语言实践中，通过主动的积累、梳理和整合，初步具有良好语感；了解国家通用语言文字的特点和运用规律，形成个体语言经验；具有正确、规范运用语言文字的意识和能力，能在具体语言情境中有效交流沟通；感受语言文字的丰富内涵，对国家通用语言文字具有深厚感情。让学生学会语言运用，应当从听、说、读、写的循序渐进的训练中逐步掌握，从不断的积累中学习规范的语言，从体验活动中，表达体验、感受和发现。

3. 思维能力

思维能力是指学生在语文学习过程中的联想想象、分析比较、归纳判断等认知表现，主要包括直觉思维、形象思维、逻辑思维、辩证思维和创造思维。思维具有一定的敏捷性、灵活性、深刻性、独创性、批判性。有好奇心、求知欲，崇尚真知，勇于探索创新，养成积极思考的习惯。在低学段，学生更多地倾向于直觉思维、形象思维，随着学习的不断深入、思维的不断精进，逐步向逻辑思维、辩证思维迈进，最终获得创造思维。

4. 审美创造

审美创造是指学生通过感受、理解、欣赏、评价语言文字及作品，获得较为丰富的审美经验，具有初步的感受美、发现美和运用语言文字表现美、创造美的能力；涵养高雅情趣，具备健康的审美意识和正确的审美观念。

语言是重要的交际工具和思维工具，语言发展的过程也是思维发展的过程。语言文字及作品是重要的审美对象，语言学习与运用也是培养审美能力和提升审美品位的重要途径。可见，核心素养的四个方面是一个整体，相互促进，相互承载。

（二）育人功能

语文课程具有强大的育人功能。一是具有熏陶感染作用。教师教不出语文素养，但是可以影响，要通过优秀作品的浸染，移人性情，提升人格。语文对人的影响是深远的，有时是隐性的、长期的、潜移默化的，短时期不容易看出来。而且，常常是“有心栽花花不开，无心插柳柳成荫”。二是具有价值导向。语文课文范例多具有丰富的人文内涵，对学生的精神领域起作用，特别是对学生的世界观、人生观、价值观的影响是广泛而深刻的。三是具有独特体验。语文课堂中特别需要提倡师生之间、生生之间、生本之间的平等对话，也特别尊重学生独特的情感体验和有独创性的理解，因为阅读是学生个性化体验的行为，个性化的第一要义应是自主性的阅读。在阅读过程中，应该让他们在主动积极的思维和情感活动中加深理解和体验，有所感悟和思考，受到情感熏陶，获得思想启迪，享受审美乐趣。

（三）面向全体学生

语文教育要面向全体学生，突出基础性，激发每一个学生的自信，唤醒每一个学生心中的潜能，使每个学生的语文核心素养都得到提升。这就要求教师在课堂教学中关注每一个学生的学习和成长，不要排斥学困生，避免课堂上出现老师只与优等生对话的现象。全国特级教师靳家彦在教《有这样一个小村庄》时有以下这样一个片段：

> 师：你们班谁读书最好？（学生推荐一名女生）
>
> 师：（请该女生站起来）你是不是这个班中读书读得最好的？
>
> 生：（不好意思地）不知道。
>
> 师：你的回答很妙！说“是”吧，不够谦虚；说“不是”吧，心里又不愿意。你真聪明！
>
> 师：请班里读书有困难的同学站起来。（同学的目光集中到一位男生身上，该男生难为情地低着头慢慢站起来）
>
> 师：（摸着该男生的头，问站着的女生）他读书一定能超过你，你信不信？
>
> 女生：不信！
>
> （老师带着该男生一遍又一遍地读课文第一句话，读了三遍，男生读得很好。）
>
> 师：（问女生）他这样认真刻苦地努力下去，能超过你吗？
>
> 女生：（激动地点点头）能！（男生充满自信地坐下）

这个教学片段中，该教师在教学中，面向全体学生，使具有不同身心条件和背景的学生都有接受语文教育的机会，特别是对学困生给予更切实的鼓励，充分体现了语文课程标准倡导的以人为本、为了一切学生和为了学生的一切的要求。

总之，“立足学生核心素养发展，充分发挥语文课程育人功能”这一基本理念，充分体现了国家对公民语文核心素养的基本要求，体现了工具性和人文性相统一的思想，也包含了扎实的基本功的培养和潜在能力与创新能力的开发。

二 构建语文学习任务群，注重课程的阶段性与发展性

“语文学习任务群”，主要是指在任务的驱动之下，教师以学习项目为载体，对情境、方法、内容、资源等一系列的教学因素加以整合，引导学生在任务项目完成过程中合理、科学地运用语言，进而达到提高学生语文素养效果的一种教学方法，具有情境性、实践性、综合性的特点。义务教育语文课程按照内容整合程度不断提升，分三个层面设置学习任务群，其中第一层设“语言文字积累与梳理”一个基础型学习任务群，第二层设“实用性阅读与交流”“文学阅读与创意表达”“思辨性阅读与表达”三个发展型学习任务群，第三层设“整本书阅读”“跨学科学习”二个拓展型学习任务群。根据学段特点，学习任务群在实际安排中可有所侧重。构建语文学习任务群，教师应注意：

（一）转变教学观念，认识语文任务群

语文学习任务群既体现了我国语文教育的基础和出发点，又体现了世界教育发展的趋势，还体现了学习科学研究的最新成果。教师要明确学习任务群的定位和功能，准确理解每个学习任务群的学习内容和教学提示。在开展教学时，要有目的性、针对性、过程性、整体性，要将课堂的主体地位还给学生，并通过一系列有效的活动引导学生积极参与语文学习活动。同时，教师必须重视学习任务群的“任务”，通过下达合理“学习任务”，提高学生学习积极性。

此外，教师还要不断优化课程内容结构，设计课程内容，优化内容组织形式，设立跨学科主题学习活动，加强学科间相互关联，带动课程综合化实施，强化实践性要求。

（二）转变学习观念，落实语文学习任务

语文课程标准将目标定位在“识字与写字”“阅读与鉴赏”“表达与交流”“梳理与探究”四个方面，学习任务群则是根据抽象的语文知识和目标、孤立的文本理解而提出的，因此，将学习内容变成具体的学习任务，学生就成了学习任务的主体，置身于真实的语言交流环境中，能够获得完成任务的成就感，进而提升学习的求知欲。

（三）关注任务差异，整体规划学习内容

语文课程标准要求关注不同学习任务群之间的内在联系，以及同一学习任务群在不同学段的连续性和差异性；要求关注不同地区学校和学生的差异，合理安排学习内容，把握学习难度，组织学习活动。根据学生需求提供学习支持，引导学生在完成任务、解决问题的过程中积累语文学习经验，发展未来学习和生活所需的基本素养。注意减轻学生学习负担，避免死记硬背、机械训练；注意幼小衔接，减缓坡度，降低难度，增强学习的趣味性和吸引力。

三 突出课程内容的时代性和典范性，加强课程内容整合

义务教育语文课程突出内容的时代性，充分吸收语言、文学研究新成果，关注数字时代语言生活的新发展，体现学习资源的新变化。强调内容的典范性，精选文质兼美的作品，重视对学生思想情感的熏陶感染作用，重视价值取向，突出社会主义先进文化、革命文化、中华优秀传统文化。注重课程内容与生活、与其他学科的联系，注重听、说、读、写的整合，促进知识与能力、过程与方法、情感态度价值观的整体发展。突出整合，可以从以下几个方面入手：

（一）开放语文课程内容

从课程存在的方式来看，开放的语文课程不限于教科书、教师，不限于校园，而是与家庭、社会生活密切相连。语文教学不能囿于狭小的课堂，也不能关注单一的课本，而应充分利用教材、教参、网络、图书馆等资源，拓宽学生视野。比如教学一篇课文前，要引导学生动手去查阅相关资料，丰富对课文内容的理解，拉近学生与课文之间的距离。教学与历史有关的课文，如《小英雄雨来》《雷锋的故事》可引导学生阅读表现英雄模范事迹的图书；教学选自名著的作品，如《草船借箭》（选自《三国演义》），可推荐、指导学生课外阅读原著；教学科普类的课文，如《海底世界》《月球之谜》等，可以推荐、指导学生阅读与之有关的科普丛书。

（二）扩大语文课程结构

从课程结构来看，语文课程大致包括国家课程（70%）、地方课程（20%）、校本课程（10%）等层面。教师不仅要充分运用、开发国家课程、地方课程，还应积极参与开发，充分利用校本课程，丰富课程资源，凸显课程活力。

（三）拓展语文实施方法

从课程的实施来看，语文课程强调师生与课程文本的互动，教师不再是课堂教学的主宰者，而是学生“自主、合作、探究”学习中的引导者、组织者和参与者。语文课程强调师生对课程的构建，教材不能仅是静态的文本，课程也不应是根据最初的课程计划对文本的“按图索骥”的过程，而应是教师与学生的积极投入与相互作用后创造生成之物。比如阅读教学，语文课程标准指出，“阅读教学是学生、教师、文本之间对话的过程”，教学“应在师生平等对话的过程中进行”。这里的“对话”是一种多重关系的“对话”，即师生与文本间、师生间和生生间的对话等。对话的中心是每一个学生，教学要以人为本，因而要特别重视学生的独特感受和体验。比如下面的教学片段：

“他们不知道一些事，闰土在海边时，他们和我一样只看见院子里高墙上的四角的天空。”（《少年闰土》）

师：读一读这个句子，你有什么体会？

生：我体会到，“我”整天生活在院子里。

生：我想到了坐井观天的故事，“我”就像一只井底之蛙，整天待在家里，见识很少。

师：同学们有这么多的体会，真会思考问题。请你们自己再读一读这个句子，看看还有什么体会。

生：我觉得闰土也像一只井底之蛙，他不知道城里的新鲜事，只不过他们生活的环境不一样而已。

师：你觉得闰土也像一只井底之蛙，只不过他的“天空”与“我”的“天空”不同而已，对吗？你的见解真独特。你能读出与众不同的感受，真不简单。他们怎么做才会知道更多的知识呢？

生：“我”应该到大自然中去，这样才会懂得更多的知识，懂得书本上没有的知识。

生：闰土如果也像“我”一样读读书，就会知道书本上的许多知识。

师：假如我们要了解更多的事情，应该怎么做呢？

此教学片段中，学生不再是被灌输的客体，不再是被动的接受者，而是作为主体与文本、与教师展开了平等的对话，直接参与了文本的建构。教师不再是课堂的主宰者、知识的灌输者、结论的终结者，文本也不是传统意义上的被理解、被记忆、被复述的客体，而是学生、教师与之对话的另一个主体。

四 增强课程实施的情境性和实践性，促进学习方式变革

《义务教育语文课程标准（2022 年版）》中指出，要“从学生语文生活实际出发，创设丰富多彩的学习情境，设计富有挑战性的学习任务，激发学生的好奇心、想象心、求知欲，促进学生自主、合作、探究学习；引导学生注重积累，勤于思考，乐于实践，勇于探索，养成良好的学习习惯”，即培养学生“自主、合作、探究”的学习方式。

（一）自主学习

这是与传统的接受学习相对应的一种现代化学习方式。学者庞维国将“自主学习”概括为：建立在自我意识发展基础上的“能学”，建立在学生具有内在学习动机基础上的“想学”，建立在掌握了一定学习策略基础上的“会学”，建立在意志努力基础上的“坚持学”。教师要努力引导学生成为一个主动的求知者、探究者和运用者，努力使学生真正成为学习与发展的主体。

（二）合作学习

合作学习是指学生在学习群体中“为了完成共同的任务，有明确的责任分工的互助性学习”，是学生经过自主学习、独立思维后，在学习小组内进行思维碰撞、相互质疑、辩驳，从而取得共识的一种学习形式；是以合作小组为基本组织形式，系统利用教学中动态因素之间的互助关系，使学生在交往互动中完成自己知识建构的一种学习形式。

（三）探究学习

探究学习是指学生独立地发现问题、获得自主发展的学习方式。语文课程标准的探究学习就是要把学习过程之中的发现、探究等认识活动凸显出来，使学习过程更多地成为发现问题、提出问题、分析问题、解决问题的过程。小学阶段的探究学习重在组织引导学生经历探究过程，并通过这个过程培养学生的探究意识和探究习惯。

“自主、合作、探究”是三位一体、紧密联系的。自主是合作、探究的前提和基础，合作是促进自主探究的形式和途径，探究又是自主、合作学习的目标和方向。倡导自主学习、合作学习和探究学习的同时，还要充分把握信息技术与语文教学深度融合的趋势，利用网络资源平台，拓展语文学习空间，丰富学习资源，整合多种媒介的学习内容，提供多层面、多角度的阅读、表达和交流的机会，为学生个性化、创造性学习提供条件。

五 倡导课程评价的过程性和整体性，重视评价的导向作用

义务教育语文课程评价要有利于促进学生学习，改进教师教学，全面落实语文课程目标。课程评价应准确反映学生的语文学习水平和学习状况，注重考查学生的语言文字运用能力、思维过程、审美情趣和价值立场，关注学生学习过程和学习进步。根据不同年龄学生的学习特点和不同学段的学习目标，选用恰当的评价方式，抓住关键，突出重点，加强语文课程评价的整体性和综合性。注重评价主体的多元与互动，以及多种评价方式的综合运用，充分利用现代信息技术促进评价方式的变革。语文课程评价包括过程性评价和终结性评价。过程性评价贯串语文学习全过程，终结性评价包括学业水平考试和过程性评价的综合结果。

（一）过程性评价

过程性评价重点考察学生在语文学习过程中表现出来的学习态度、参与程度和核心素养的发展水平，应依据各学段的学习内容和学业质量要求，广泛收集课堂关键表现、典型作业和阶段性测试等数据，体现多元主体、多种方式的特点。

使用过程性评价，一是要有助于教与学的及时改进，第一学段的评价要特别重视保护学生的学习兴趣和积极性。二是要发挥多元主体的积极作用，引导学生开展自我评价和相互评价，鼓励学校管理人员、班主任、家长参与其中。三是要综合运用多种评价方法，可通过课堂观察、对话交流、小组分享、学习反思等方式，记录、考察学生的学业表现。务必注意一年级适应期学生的特点，科学确定评价起点。

（二）学业水平考试

学业水平考试的目的主要是以核心素养为考查目标，通过学生的学业质量表现检验学生在义务教育阶段结束时核心素养发展水平，为评价区域和学校教学质量、改进教学提供参考。

梳理与探究

1. 谈谈你对语文学习任务群的认识。
2. 简述语文课程理念。

1-3 随堂练习

第四节　小学语文课程目标

语文课程目标是编写教材的依据，是教师教学的准则，是检查教学效果的重要标尺，也是语文教育的出发点和归宿，它指导和制约语文教育的一切活动，是组织好语文教学工作的前提和保证。语文课程目标体系由总目标和学段要求组成。语文教师应明确语文课程的总目标，各学段的学段要求、具体要求，并熟记于心，用于指导自己的教学实践。以下是教育部制定的《义务教育语文课程标准（2022 年版）》：

一　总目标

总目标从知识与能力、过程与方法、情感态度与价值观三个方面设计。三者相互渗透，融为一体。目标的设计围绕核心素养，体现课程性质，反映课程理念。

（1）在语文学习过程中，培养爱国主义、集体主义、社会主义思想道德，逐步形成正确的世界观、人生观、价值观。

（2）热爱国家通用语言文字，感受语言文字及作品的独特价值，认识中华文化的丰厚博大，汲取智慧，弘扬社会主义先进文化、革命文化、中华优秀传统文化，建立文化自信。

（3）关心社会文化生活，积极参与和组织校园、社区等文化活动，发展交流、合作、探究等实践能力，增强社会责任意识。感受多样文化，吸收人类优秀文化的精华。

（4）认识和书写常用汉字，学会汉语拼音，能说普通话。主动积累、梳理基本的语言材料和语言经验，逐步形成良好的语感，初步领悟语言文字运用规律。学会使用常用的语文工具书，运用多种媒介学习语文，初步掌握基本的语文学习方法，养成良好的学习习惯。

（5）学会运用多种阅读方法，具有独立阅读能力。能阅读日常的书报杂志，初步鉴赏文学作品，能借助工具书阅读浅易文言文。学会倾听和表达，初步学会用口头语言文明地进行人际沟通和社会交往。能根据需要，用书面语言具体明确、文从字顺地表达自己的见闻、体验和想法。

(6) 积极观察、感知和生活，发展联想和想象，激发创造潜能，丰富语言经验，培养语言直觉，提高语言表现力和创造力，提高形象思维能力。

(7) 乐于探索，勤于思考，初步掌握比较、分析、概括、推理等思维方法，辩证地思考问题，有理有据、负责任地表达自己的观点，养成实事求是、崇尚真知的态度。

(8) 感受语言文字的美，感悟作品的思想内涵和艺术价值，能结合自己的经验，理解、欣赏和初步评价语言文字作品，丰富自己的情感体验和精神世界。

(9) 能借助不同媒介表达自己的见闻和感受，学习发现美、表现美和创造美，形成健康的审美情趣。

二 学段要求

第一学段（一～二年级）

（一）识字与写字

(1) 喜欢学习汉字，有主动识字、写字的愿望。认识常用汉字 1600 个左右，其中 800 个左右会写。

(2) 学会汉语拼音。能读准声母、韵母、声调和整体认读音节。能准确地拼读音节，正确书写声母、韵母和音节。认识大写字母，熟记《汉语拼音字母表》。

(3) 掌握汉字的基本笔画和常用的偏旁部首，能按基本的笔顺规则用硬笔写字，注意间架结构。初步感受汉字的形体美。努力养成良好的写字习惯，写字姿势正确，书写规范、端正、整洁。

(4) 学习独立识字。能借助汉语拼音认读汉字，学会用音序检字法和部首检字法查字典。

（二）阅读与鉴赏

(1) 喜欢阅读，感受阅读的乐趣。学习用普通话正确、流利、有感情地朗读课文。学习默读。

(2) 结合上下文和生活实际了解课文中词句的意思，在阅读中积累词语。认识课文中出现的常用标点符号，在阅读中体会句号、问号、感叹号所表达的不同语气。借助读物中的图画阅读。

(3) 阅读浅近的童话、寓言、故事，向往美好的情境，关心自然和生命，对感兴趣的人物和事件有自己的感受和想法，并乐于与他人交流。诵读儿歌、儿童诗和浅近的古诗，展开想象，获得初步的情感体验，感受语言的优美。

(4) 尝试阅读整本书，用自己喜欢的方式向他人介绍读过的书。养成爱护图书的习惯。

(5) 积累自己喜欢的成语和格言警句。背诵优秀诗文 50 篇（段）。课外阅读总量不少于 5 万字。

（三）表达与交流

（1）学说普通话，逐步养成讲普通话的习惯，有表达交流的自信心。

（2）能认真听他人讲话，努力了解讲话的主要内容。听故事、看影视作品，能复述大意和自己感兴趣的情节。能较完整地讲述小故事，能简要讲述自己感兴趣的见闻。与他人交谈，态度自然大方，有礼貌。积极参加讨论，敢于发表自己的意见。

（3）对写话有兴趣，留心周围事物，写自己想说的话，写想象中的事物。在写话中乐于运用阅读和生活中学到的词语。

（4）根据表达的需要，学习使用逗号、句号、问号、感叹号。

（四）梳理与探究

（1）观察字形，体会汉字部件之间的关系。梳理学过的字，感知汉字与生活的联系。

（2）观察大自然，热心参加校园、社区活动，积累活动体验。结合语文学习，用口头或图文等方式整理、表达自己在活动中的见闻和想法。

（3）对周围事物有好奇心，能就感兴趣的内容提出问题，结合其他学科的学习和生活经验交流讨论，尝试提出自己的看法。

第二学段（三～四年级）

（一）识字与写字

（1）对学习汉字有浓厚的兴趣，养成主动识字的习惯。累计认识常用汉字 2500 个左右，其中 1600 个左右会写。有初步的独立识字能力。能用音序检字法和部首检字法查字典、词典。

（2）写字姿势正确，养成良好的书写习惯。能用硬笔熟练地书写正楷字，做到规范、端正、整洁。用毛笔临摹正楷字帖，感受汉字的书写特点和形体美。

（3）能感知常用汉字形、音、义之间的联系，初步建立汉字与生活中事物、行为的联系，初步感受汉字的文化内涵。

（二）阅读与鉴赏

（1）用普通话正确、流利、有感情地朗读课文。初步学会默读，做到不出声，不指读。学习略读，粗知文章大意。

（2）能联系上下文，理解词句的意思，体会课文中关键词句表达情意的作用。能借助字典、词典和生活积累，理解生词的意义。在理解语句的过程中，体会句号与逗号的不同用法，了解冒号、引号的一般用法。

（3）能初步把握文章的主要内容，体会文章表达的思想感情。学习圈点、批注等阅读方法。能对课文中不理解的地方提出疑问，乐于与他人讨论交流。

（4）能复述叙事性作品的大意，初步感受作品中生动的形象和优美的语言，关心作品中人物的命运和喜怒哀乐，与他人交流自己的阅读感受。诵读优秀诗文，注意在诵读过程中体验情感，展开想象，领悟诗文大意。

（5）阅读整本书，初步理解主要内容，主动和同学分享自己的阅读感受。

（6）积累课文中的优美词语、精彩句段，以及在课外阅读和生活中获得的语言材料。背诵优秀诗文 50 篇（段）。养成读书看报的习惯，收藏图书资料，乐于与同学交流。课外阅读总量不少于 40 万字。

（三）表达与交流

（1）乐于用口头、书面的方式与任交流沟通，愿意与他人分享，增强表达的自信心。

（2）能用普通话交谈，学会认真倾听，听人说话能把握主要内容，并能简要转述。能就不理解的地方向人请教，就不同的意见与人商讨。

（3）能清楚明白地讲述见闻，说出自己的感受和想法。讲述故事力求具体生动。能主动参与日常生活中的文化活动，根据不同的场合，尝试运用合适的音量和语气与他人交流，有礼貌地请教、回应。

（4）观察周围世界，能不拘形式地写下自己的见闻、感受和想象，注意把自己觉得新奇有趣或印象最深、最受感动的内容写清楚。能用便条、简短的书信等进行交流。尝试在习作中运用自己平时积累的语言材料，特别是有新鲜感的词句。

（5）学习修改习作中有明显错误的词句。根据表达的需要，正确使用冒号、引号等标点符号。课内习作每学年 16 次左右。

（四）梳理与探究

（1）尝试分类整理学过地字词。尝试发现所学汉字形、音、义和书写的特点，帮助自己识字、写字。

（2）学习组织有趣味的语文实践活动，在活动中学习语文，学会合作。结合语文学习，观察大自然，观察社会，积极思考，运用书面或口头方式，并可尝试用表格、图像、音频等多种媒介，呈现自己的观察与探究所得。

（3）能提出学习和生活中的问题，有目的地搜集资料，共同讨论，尝试运用语文并结合其他学科知识解决问题。

第三学段（五～六年级）

（一）识字与写字

（1）有较强的独立识字能力。累计认识常用汉字 3000 个左右，其中 2500 个左右会写。感受汉字的构字组词特点，体会汉字蕴含的智慧。

（2）写字姿势正确，有良好的书写习惯。硬笔书写楷书，行款整齐，力求美观，有一定的速度。能用毛笔书写楷书，在书写中体会汉字的优美。

（二）阅读与鉴赏

（1）熟练地用普通话正确、流利、有感情地朗读课文。默读有一定的速度，默读一般读物每分钟不少于 300 字。学习浏览，扩大知识面，根据需要搜集信息。

（2）能联系上下文和自己的积累，推想课文中有关词句的意思，辨别词语的感情色彩，体会其表达效果。在理解课文的过程中体会顿号与逗号、分号与句号的不同用法。

（3）在阅读中了解文章的表达顺序，体会作者的思想感情，初步领悟文章的基本表达方法。在交流和讨论中，敢于提出看法，作出自己的判断。

（4）阅读叙事性作品，了解事件梗概，能简单描述自己印象最深的场景、人物、细节，说出自己的喜爱、憎恶、崇敬、向往、同情等感受；阅读诗歌，大体把握诗意，想象诗歌描述的情境，体会作品的情感。受到优秀作品的感染和激励，向往和追求美好的理想。

（5）阅读说明性文章，能抓住要点，了解文章的基本说明方法。阅读简单的非连续性文本，能从图文等组合材料中找出有价值的信息。尝试使用多种媒介阅读。

（6）阅读整本书，把握文本地主要内容，积极向同学推荐并说明理由。

（7）背诵优秀诗 60 篇（段），注意通过语调、韵律、节奏等体味作品的内容和情感。扩展阅读面，课外阅读总量不少于 100 万字。

（三）表达与交流

（1）听人说话认真、耐心，能抓住要点，并能简要转述。乐于表达，与人交流能尊重和理解对方。注意语言美，抵制不文明的语言。

（2）表达有条理，语气、语调适当。参与讨论，敢于发表自己的意见，说清自己的观点。能根据对象和场合，稍作准备，作简单的发言。

（3）懂得写作是为了自我表达和与人交流。养成留心观察周围事物的习惯，有意识地丰富自己的见闻，珍视个人的独特感受，积累习作素材。

（4）能写简单的记实作文和想象作文，内容具体，感情真实。能根据内容表达的需要，分段表述。学写读书笔记，学写常见应用文。

（5）修改自己的习作，并主动与他人交换修改，做到语句通顺，行款正确，书写规范、整洁。根据表达需要，正确使用常用的标点符号。习作要有一定速度。课内习作每学年 16 次左右。

（四）梳理与探究

（1）分类整理学过的字词，发现所学汉字形、音、义和书写的特点，发展独立识字能力和写字能力。

（2）感受不同媒介的表达效果，学习跨媒介阅读与运用，初步运用多种方法整理和呈现信息。

（3）初步了解查找资料、运用资料的基本方法。利用图书馆、网络等渠道获取资料，解决与学习和生活相关的问题。尝试写简单的研究报告。

（4）策划简单的校园活动和社会活动，对所策划的主题进行讨论和分析，学写活动计划和活动总结。对自己身边的、大家共同关注的问题，或影视作品中的故事和形象，通过调查访问、谈论演讲等方式，开展专题探究活动，学习辨别是非、善恶、美丑。

梳理与探究

说说总目标与各学段要求之间的关系。

1-4 随堂练习

第五节　小学语文教师与语文教材

一　小学语文教师的职业素养

（一）小学语文教师的职业道德素养

教师职业道德，又称“教师道德”或“师德”，是教师在从事教育劳动时所应遵循的行为规范和必备的道德品质。它是社会职业道德的有机组成部分，是教师行业特殊的道德要求。它从道义上规定了教师在教育劳动过程中以什么样的思想、感情、态度和作风去待人接物，处理问题，做好工作，为社会尽职尽责。它是教师行业的特殊道德要求，是调整教师与教师，教师与学生，教师与学校领导，教师与学生家长以及教师与社会其他关系的行为准则，是一般社会道德在教师职业中的特殊体现。

1. 良好的职业道德

教师职业的特殊性质，决定教师的人格在整个教育过程中具有不可忽视的重要作用。陶行知说：“先生不应该专教书，他的责任是教人做人；学生不应该专读书，他的责任是学习人生之道。”教师，为人师表，意味着不仅仅是传授知识、传承文明，更重要的是育人，这就要求从事教师职业的人要道德高尚。教师有高尚的人格魅力、充实的知识储备，才能引发学生的情感体验，才能创造出有利于学生德、智、体、美、劳全面发展的良好氛围。孔子说过：“其身正，不令而行；其身不正，虽令不从，不能正其身，如正人何?”俄国教育家乌申斯基则告诉我们：“任何章程和任何纲领，任何人为的管理机构，无论他们设想得多么精巧，都不能代替人格在教育事业中的作用。”教师要站在道德的制高点上，要有立德树人的情怀、方法。亲其师，才能信其道。教师只有先施爱于学生，学生才能亲师、尊师。教师要想不愧于“人类灵魂工程师”的光荣称号，就必须在人格塑造上勇于履行“以身立教，为人师表”的道德要求。陶行知认为，教师的服务精神是教育的命脉。教师的一言一行、一举一动，其风度、气质、学识，甚至衣着打扮，都会对学生产生深刻的影响。教师崇高的思想道德对学生行为品德的形成起着奠基作用。如果教师品德高尚、知识渊博、为人师表，那将对其所教学生产生深远的影响，使学生终身受益。如果教师自身知识贫乏，品行低下，对学生冷漠，对工作马虎，将会极大地污染学生的心灵，造成很坏的社会影响。因此，习近平总书记强调“打铁还需自身硬”。立德于人，教师应以自身榜样的力量影响和塑造学生。

对于以教师为职业的教育工作者来说，他们面对的是年幼、天真而又渴求知识的学生，要爱学生，对每一个学生都倾注深厚的爱。这种爱是无私的、高尚的，是无微不至的、不由自主的，而不是裹着“负责精神”的暴力型，或是“爱你没商量”的保姆型。

全国诚实守信
道德模范支月英

2. 乐于奉献的敬业精神

教师工作就是一个良心活。良心不能够量化，但作为一名合格的教师，就要尽心、尽力、尽责地从事自己的职业，有育人为本的教育观，以助学生成长为己任。爱岗敬业，依法执教；热爱学生，教学相长；严谨治学，博学多才；严于律己，宽以待人；虚怀若谷，功成不居。

适应素质教育的教师一定要忠诚于人民的教育事业，具有春蚕精神，园丁的品格，孺子牛的志向，甘为人梯，无私奉献，爱生重教，严谨求实；一定要具有诚实、正直的人格，是进步的人生观、世界观、道德观、价值观的信仰者、传播者和实践者。

教师对学生真诚的关爱和发自内心的喜爱，是教师崇高师德的表现。像陶行知说的那样，为了教育事业，“捧着一颗心来，不带半根草去”。百年大计，教育为本；教育大计，教师为本；教师大计，师德为本。崇高的使命，艰巨的任务，要求每个教师做有素质、有修养的人。

（二）小学语文教师的职业能力素养

随着科学技术的进步和教育投入的增加，现代教育技术教学已经走进课堂。大部分教师都积极进行现代教育技术教学的尝试。多媒体的运用大大革新了课堂教学的形式、手段和途径，提高了课堂教学效率，可是现代教育技术手段终究只是一种辅助手段，只能起到辅助教学的作用，它并不是万能的。课堂中教师的职业能力素养，不能因现代教育技术手段的运用而被削弱。如果说教学是技术加艺术，那么这种技术和艺术主要表现在教师的职业能力素养方面。教师的职业能力素养是教师从事教育教学工作必须具备的最基本的职业素养，是教师上好课的必备条件。

1. 基础能力素养

基础能力素养指的是从事教师职业的最基本的知识和能力。小学语文教师必须具备的从事小学语文教学最基本的知识和能力，包括听、说、读、写和书写五个方面的能力。

1）听

（1）能分辨学生发出的语音形式并迅速感知学生所要表达的语意内容。

（2）能听懂学生所提出的各种问题，并能根据教材内容准确、迅速回答。

（3）能全面理解学生话语的含义，根据一定的标准对学生的有声言语作品进行评论或判别。

2）说

（1）语言准确简明，富有示范性，通俗易懂，具有生动性、形象性，条理清晰，层次分明，启发性强，节奏适中。

（2）说话中心明确，用词适当，课堂上叙述、说明、议论、抒情综合表现手法运用自如。

（3）进行语言表达时表情自然，仪态大方端正，手势恰当。

3）读

（1）认读能力：能正确感知小学课本中的语言符号。能读出语言文字的魅力，读出文章的味儿，使学生在“润物细无声”中受到陶冶、得到提高，促进他们语文综合素质的提高。

（2）理解能力：能把感知的材料与自己原有的知识、经验联系起来，经过联想与想象、分析与综合等思维活动，来了解教材本质含义的能力，包括对教材词义、句意、段意、写法及文章整体的理解。

（3）速读能力：能在短时间内阅读大量读物，速读每分钟300字以上，大脑可储存信息70%～80%。

4）写

（1）能熟练掌握各种常见文体，如说明文、应用文、记叙文的写作知识，在课堂上运用自如。

（2）能正确指导学生作文，命题紧扣作文要求，贴近学生生活实际，指导有针对性，点拨能抓住关键，点评以提高能力为核心，充分体现学生主体地位。

5）书写

（1）熟练掌握汉字的基本笔顺、笔画、间架结构。

（2）书写正确、规范、整洁、美观。

2. 常规能力素养

常规能力素养，是指小学语文教师在日常教学的各个环节所必须具备的教学基本能力素养，包括计划、备课、教学、评价四个方面。

3. 专题能力素养

专题能力素养，是指教师驾驭不同教学内容的能力素养，包括汉语拼音、识字与写字、阅读、习作、口语交际和综合性学习等的教学能力。语文教材有别于其他学科的教材，它由单篇文章组成，给教师带来了对教材难以把握的困难。而教材又是教师与学生对话的媒介，这就要求语文教师应具有较强的驾驭教材的能力。

语文课程标准要求教材内容的安排应避免烦琐化，要简化头绪，突出重点，加强整合，注重情感、态度和知识能力之间的联系，致力于学生语文素养的整体提高。因此，在驾驭教材时，一方面在宏观上根据课程标准的要求，深刻领会编辑意图，准确把握这些文章构成的知识范围和深浅程度，形成整体概念；另一方面要在微观上控制好每篇文章在整本书中的地位，所应完成的教学内容和应达到的教学要求，要善于摸准作者的写作思路，分析文章的结构和特点，找出教学的重点和难点，安排好教学的内容和流程。

4. 教研能力素养

教研能力素养，是指教师从事语文教学研究和教改实验的基本能力素养，包括听课评课的能力、进行教改实验的能力以及撰写语文教研论文的能力等。教师要认真学习教育教学理论，掌握从事教育教学科研的基本方法，以课堂教学为核心，关注课堂，聚焦教学，脚踏实地地研究课堂教学中的问题，寻找能切实地实施素质教育、提高教学质量的方法，从而培养自己教育教学科研的能力。新时代要求教师从经验型向科研型、复合型方向发展，要成为新生代的教师，教育科研能力是一项新的基本功。作为教师要参与课题研究，从平时的教育教学工作中学会反思，及时撰写有质量的教育教学论文，提高自己的教育科研能力。新课程需要老师成为一个教育研究者，而不是教书匠。

5. 创新能力素养

创新能力素养，是指教师在教学中要注重培养学生的创新能力。创新是社会发展的需求，是紧跟时代步伐的需要。创新决定一个国家的综合实力和竞争力。党和国家领导人，在全国教育工作会议上多次强调，把创新能力提高到振兴中华民族的高度。创新精神、创新能力是教师较高层次的能力，它包括教学理念、教学方法、教学手段、教学内容的创新等。在课堂教学中，要具有敏锐的观察能力、准确果断的判断能力和应变能力，要善于引导学生独立学习、思考，教以正确的学习方法，实行启发式教学，尊重和保护学生的各种兴趣爱好，保护学生的探索精神和创新思维，鼓励和引导学生的创造欲望，培养学生的创新精神和创新能力。

教师是知识经验的传播者，这就要求教师首先要全面发展，完善自己，加强自身的学识修养，致力于形成一种适应时代要求的、富有活力的知识理念。教师的知识要宽泛，要站在知识的制高点上，具有综合运用这些知识解决教育教学中各种实际问题的能力。“授业”需要教师既有深厚的文化底蕴，又要有现代新鲜的“活水”。“解惑”需要教师具有广博的知识，在课堂上不但要能解决书本上的“惑”，也要能解决学生认知过程中发生的知情意行方面的“惑”，还要有良好的心理素质和自我调节、自我完善的能力，更要有创造能力、组织管理能力、分析解决问题的能力，掌握一定现代教育技术的能力，进行教学研究的能力。小而言之，应当学有专长，术有专攻，对自己所担任的学科作较为深入的钻研；大而言之，应当具有相当开阔的科学视野，知识面广博，对相关学科亦有所了解。教师应当随着时代和科学发展的步伐，不断更新自己的知识，以适应当前改革开放的趋势。“教师要用创新的鞭子，不断抽打自己可能僵化的头脑。”只有让自己适应时代的潮流，才能丰富学生的头脑，为学生创造良好的求知环境。

（三）职业发展素养

作为教师，除了具备良好的职业道德素养和职业能力素养，还应当具备可持续的职业发展素养，不断学习，终身学习，提升能力，胜任职业要求。《义务教育语文课程标准（2022年版）》在教师的职业发展上提出了具体的指向性要求。

（1）坚持终身学习，提升专业素养。要养成良好的读书习惯，提升自身文化修养；积极参加培训和研修活动，准确把握语文教学规律，提高课程实施能力。

（2）立足教学实践，提高教研水平。紧紧围绕课程标准实施和教材使用过程中出现的新问题和新挑战，立足学情，因地制宜，在观摩和反思中提高教学能力。

（3）适应时代要求，提升信息素养。合理利用网络资源，将语文教学的传统经验和现代信息技术有机结合，不断探索语文教学和信息技术深度融合的方式方法，提高语文教学效益。

（4）聚焦关键问题，推进校本教研。以教研组为依托，围绕语文课程内容的选择、教学活动的组织、学习任务群的设计和实施等关键问题开展教学研究，推动语文教学变革。

（5）加强区域教研，推广典型经验。不断加强语文学科教研力量，深入调研，理清典型问题，及时发现、总结、推广本区域语文教学改革的典型经验，发挥辐射和引领作用。

（6）发挥制度优势，推进研修融合。整合各级教研组织和教师培训机构力量，将语文教师培训和语文学科教研结合起来，实现研修一体化设计与实施。

（7）依据课改理念，设计培训内容。从新时代教育变革的总体方向和要求出发，明细语文课程标准修订的背景和价值。要强调语文课程的素养导向和育人价值，增强培训内容的时代性。

（8）采用多种方式，增强培训效果。要运用案例式、参与式、体验式等培训方式提高培训的针对性和时效性。要充分利用现代信息技术优势，增强培训效果，扩大培训的受益面。

二 小学语文教材

语文教材是语文教育内容的载体，是教师教学、学生学习语文学科知识的重要工具，是借以实现语文教学目标，发挥语文教育功能的物质基础。了解语文教材，明确语文教材的编写和使用，是作为一名合格的语文教师或者语文工作者的必备条件。

语文教材是与学校语文课堂教学直接相关的一切图书资料的总和，包括教科书、习题集、练习册、教学挂图、音像教材、教学软件、选修教材等，以及供教学用的教学指导书、教学参考书、自学指导书和补充读物等。语文教材结构分为知识、能力训练、生活主题线索和范文、知识、作业、导读四个系统。

（一）语文教材的功能

功能主要有四个，分别是智德启迪功能、语文历练功能、语言积累功能、知识扩展功能。

（二）语文教材的发展

第一阶段是古代语文教材，有供童蒙识字的三字经、百家姓、千字文等蒙学教材，有选录诗文供童蒙学习的《明文选》《古文观止》《千家诗》等选文教材，有《弟子规》《增广贤文》《幼学琼林》等语选教材，有《诗》《书》《礼》《易》《春秋》等经学教材，有《声律启蒙》《读书作文谱》等作文教材。

第二阶段是现代语文教材，历经旧制文选改良期、旧制文选突破期、新制文选创编期三个阶段，教材比较多样，也没有特定的教材规定。

第三阶段是当代语文教材，历经多个发展阶段。

语文教材的发展概述

自 1949 年中华人民共和国成立起，随着时代的变化，教材也不断修订。有些教材的使用时间较长，但也有些教材使用时间短，没有经历一个完整的小学周期就被新的教材取而代之了；甚至有的教材编出来以后并未使用。中华人民共和国成立初期的课本，选文注重中华人民共和国成立初期虽艰苦但努力创造的热烈氛围。新时期以来的课本发生很大改变，选文范围广泛，插图色彩明亮。也有了自编教材，如高原、刘朏朏主编的《写作三级训练课本》。

2001 年，各地以《语文课程标准（实验稿）》为依据，编写和使用的小学语文教材有人教版、苏教版、北师大版、湘教版、鄂教版、西师版、语文版等多套教材。2017 年秋季学期，新增部编本。

（三）语文教材的版本

教材编写是整个教育的重要一环。每一个版本的教材都有它的独特性。但在编排时都应具有培养良好的学习习惯、汉语拼音、识字与写字、课文、写作和单元练习的框架体例。下面介绍几版使用范围较广的教材：

语文版。语文版语文教材以学生为主体，从内容选择、编排方式到练习设计都符合学生的身心发展特点，有选文新、开篇见文、化整为零、简化头绪、版面活泼、配套资料齐全等特点。

苏教版。苏教版语文教材，坚持“民族化、现代化、简约化”的教材建设方向，注意从我国丰富的传统语文教学经验中吸取精华，从长期以来我国小学语文教学的成功经验中吸取营养，并且注意研究、学习国内外其他版本的母语教材，博采众长，兼收并蓄。

人教版。人教版语文教材，专题组合的角度更加灵活多样，加强整合的编写目的更加明确，改进综合性学习，培养学生的综合实践，拓展学习资源，加强课内外语文学习的联系。

部编本。2012 年，教育部组建编写组，充分吸收各个版本的优点，编写新教材。该教材增加语感练习，要求在朗读中学好普通话，写字要求降低，识字要求增加，拼音进入儿歌学习，增加了“和大人一起读”。编排设计美观，选文经典，富有时代性，文质兼美，更加便学易教，更加贴近学生生活，更加注重发展学生的语文核心素养，体现了社会主义核心价值观，满足一线需要，构成了“教读”“自读”“课外导读”三位一体的科学的教学体系。2017 年秋季学期正式投入使用，2019 年秋季学期实现所有年级“全覆盖”。

温儒敏对“部编本”语文教材的解读

为了让一线教师了解新教材，并能准确使用，温儒敏对“部编本”语文教材的编写背景、总体特色和创新点做了明确解读。

梳理与探究

1. 简述小学语文教师的职业能力素养。
2. “部编本”语文教材有什么特点？
3. 说说小学语文教师如何提升个人职业发展素养。

1-5 随堂练习

第二章

小学语文教学常规

职业素养目标···

1. 掌握小学语文备课方法与步骤，学会撰写教学设计（教案）。

2. 掌握说课的意义与原则、方法和步骤，学会撰写说课稿。

3. 初步了解和把握小学语文课堂教学结构，明确上课要求。

4. 了解听课、评课的意义、原则、方法及过程。

第一节　备　　课

语文课堂教学是一个完整的教学过程，在整个语文教学过程中备课处在起点的位置。也就是说，语文课堂教学是从备课开始的。备课是教师课前所做的准备工作。教师根据学科课程标准的要求和本门课程的特点，结合学生的实际情况，选择最适当的教学方法，制定最合适的教学方案，以保证学生有效地学习。对教师而言，备好课可以加强教学的计划性和针对性，有利于教师充分发挥引导作用。备课也是提高教学质量的关键性的一环。小学语文不仅思想内容丰富，语言形式多样，而且涉及的知识相当广泛。“教”字成功，“备”字先行，备好课是提高课堂教学质量的前提和保证。

什么是备课？备课是指教师充分研读课标，认真钻研教材，开发课程资源，了解师情、学情，弄懂自己教什么、怎么教、为什么这么教，学生学什么、怎么学、为什么这样学，并在此基础上创造性地设计出目标准确、方法适当、流程清晰的教学方案。备课是一项非常复杂的工作，包括无形备课、有形备课和集体备课。研读课标、钻研教材、了解学生、课后反思等是看不见的备课，即无形备课。撰写教案、设计练习等是看得见的备课，即有形备课。集体备课是群策群力的备课。无形备课、有形备课、集体备课三者和谐统一，这就是新课程理念下的备课。

备课的具体内容有研读课标，钻研教材，分析学情、师情，确定教学目标，设定教学重点、难点，选择教学手段，预设评价，设计练习，优化课堂教学设计，优化板书设计，编写教学设计（教案）十一个方面。下面具体解读备课的方法和步骤。

备课的方法和步骤

一　研读课标

《义务教育语文课程标准（2022年版）》（以下简称课程标准）是根据党的教育方针和教育计划，由国家教育行政部门制定和颁布的教学工作指导性文件，是我们教学规范而科学的指挥棒。课程标准中明确规定了语文学科的教学总目标、要求和任务，提出了各学段的具体要求。教材就是根据课程标准的要求编写的。作为一名小学语文教师，必须深入学习和领会课程标准，明确课程标准的总目标、各学段的学段要求和具体要求，熟记于心，用于指导实际教学工作。

（一）小学语文课程标准的设计思路

《义务教育语文课程标准（2022年版）》一共由两个部分构成。第一部分前言，主要阐述语文课程指导思想、修订原则、主要变化。第二部分阐述了语文课程性质、课程理念、课程目标、课程内容、学业质量、课程实施和附录。语文课程标准的设计思路具有四个特点：

1. 整体性和阶段性的统一

课程目标九年一贯整体设计，“总目标”贯穿九年，使义务阶段的语文教育统一为一个整体，沟通了中学与小学的联系，体现了语文课程目标的整体性。在“总目标”之下，又将全日制教育划分为四个学段（小学三个学段），分别提出“学段要求”，分解落实“总目标”，不仅降低了任务的难度，而且使任务明确具体、分量适宜。

2. 三维设计，相互渗透，螺旋上升

课程目标根据知识能力、过程和方法、情感态度和价值观三个维度设计，三个方面相互渗透、融为一体。这有利于全面提高学生的核心素养，有利于学生的全面发展。各个学段三维目标互相联系、螺旋上升，最终全面达成“总目标”。

3. 学段要求的显性呈现

各个学段的要求进行水平划分，分为“识字与写字”，“阅读与鉴赏”，“表达与交流”（第一学段为“写话”，第二、三学段为“习作”），“梳理与探究”四个方面，充分考虑它们之间的各种关系，考虑各种能力水平的协调。各个方面的目标相互兼顾、协调一致，以利于语文核心素养的整体提高、协调发展。

4. 课程实施有助于落实语文课程标准

语文课程标准为语文课程确立了目标和基准。教学是实施课程标准的主渠道。如何将语文课程标准所体现的新的教育理念、新的教学策略转化为教师的教学行为、实际的教学效果，使学生真有所获、确有所得，语文课程标准考虑到课程实施问题，提出了课程实施的建议，包括教学建议、评价建议、教材编写建议、课程资源的开发与利用、教学研究与教师培训。在课程实施建议中，提出语文课程实施的原则要求和方法策略有助于实施语文教学，也为具体实施留有空间，为教师创造性地开展语文教学留有余地。在教学方面，语文课程标准提出了以下四条实施建议：第一，立足核心素养，彰显教学目标以文化人的育人导向。第二，体现语文学习任务群特点，整体规划学习内容。第三，创设真实而富有意义的学习情境，凸显语文学习的实践性。第四，关注互联网时代语文生活的变化，探索语文教与学方式的变革。

（二）语文课程的总目标

课程标准提出，语文课程应“着力培养学生的语文核心素养”，在总目标中将核心素养（小学阶段）具体化为九条。前三条显示核心素养的宏观层面，后六条则是具体的语文能力培养层面。课程标准中的“知识、能力”维度属于显性目标；“过程、方法”“情感、态度、价值观”则属于隐性目标。知识与能力、过程与方法、情感态度与价值观三个维度相互渗透，融为一体，螺旋上升，注重核心素养的整体提高，最终全面达成总目标。

（三）语文课程的学段要求

三个学段均按“识字与写字”“阅读与鉴赏”“表达与交流”“梳理与探究”四个方面分别列出了具体要求。从这四个方面提出要求，充分考虑它们之间的各种关系，考虑各种水平的协调。各个方面的目标互相兼顾、协调一致，以利于核心素养的整体提高、协调发展。这样安排也比较符合教学实际，便于操作。

特级教师于永正的教学艺术可以说达到了炉火纯青的境界，他有一个“笨”方法：把课程标准中各学段的教学目标复印下来，贴在备课本的首页上，作为“教学指南”，经常翻看，温故而知新，用于指导自己的教学工作。名师的做法值得我们学习。

二 钻研教材

教材是教师实施课程标准的基本载体，是最基本的教学资源，也是政策性很强的资源。钻研教材是备课的关键环节，只有把教材理解深、透了，整体把握，才能引导学生和教材对话，才能和学生有效交流。“这法那法，读不懂教材就没法；千教万教，教不会教材就白教。”备课要以课标为出发点，以教材为落脚点。也就是说在全面学习语文课程标准的基础上，还须认真通读教材，吃透教材，做到心中有数，融会贯通。做到这一点不仅要潜心钻研教材，还要通过各种方式去深刻体会教材，达到读懂教材、读化教材的程度。

（一）宏观把握教材

明确教材编排的指导思想、体系和编写意图；每册教材的课文、学习园地如何安排，从宏观上、整体上把握教材。同时还要明确教材每个单元的主题；弄清精读、略读、选读课文有哪些，怎样安排；明确学习园地的训练内容等。

教师在研读教材时应有整体观念，不仅要了解本学期的全册教学内容，还要了解前一册、后一册的教学内容，甚至小学语文整套教材。这样可以了解教材的全局，明确教材的思想内容、知识范围、编排特点以及各年级教学内容之间的联系，从而清楚地了解每册课本在全套教材中的地位、各自承担的教学任务，做到胸怀全局。

（二）钻研一组（单元）课文

小学语文教材是将课文分成组（单元），每组有一个读或写的训练重点，有的是复习巩固前面学过的训练重点，使语文知识与能力的学习和培养循序渐进、螺旋上升。因此，要以组（单元）为单位综合研究教材，不可在对整组（单元）教材缺乏认识的情况下就孤立、割裂地研究一篇篇课文。在着手研究单篇课文之前，要通过对一组（单元）教材的研究，了解教学内容的重点和要求。在此基础上，进一步研究每篇课文，便于准确地把握每篇课文的教学重难点。

（三）深入钻研一篇课文

1. 通读全文，初步了解课文的语言和内容

通读全文，最好能多读几遍。特级教师于永正说：“我拿到一篇课文，首先是朗读，至少读三四遍。要求学生背的，我先背下来；散文要读出意境，诗歌要读出韵味，寓言、童话要读出情趣，说明文要读得明白，课文中的人物要读活，不论什么课文都要读出标点符号。总之，要读得正确、流利、有感情，读得声情并茂，才敢走进课堂，才能取得指导朗读的发言权。”特级教师钻研教材的经验，为我们提供了学习借鉴的范例。

在这个过程中，要弄懂文中字词句的意思。如有疑问，要通过查阅工具书和有关资料，一一弄明白，在此基础上，再进一步从整体上把握全文的主要内容。

2. 理清课文结构，把握作者思路，准确判定文本的价值取向

课文的作者根据表达中心的需要选择、安排材料，使之构成一个有机的整体，这就是课文的结构，也可以说是作者的思路。我们知道，每一篇文章都表达着一定的主题，透露着作者基本的价值取向。备课中，我们首先要以普通读者的身份解读文本，把握准文本基本的主题与取向。所以理清课文的结构，了解作者的思路，既能够准确地把握课文的中心和教学重点，又有利于教师形成清晰的教学思路。

3. 研究作者运用语言文字表达内容的手法

课文的思想内容和语言文字形式是一个统一体。课文内容和中心思想是通过语言文字来表达的。教师备课应能准确地回答出：① 这篇课文是用什么样的语言形式，表达什么样的思想内容；② 这篇课文是怎样运用这样的语言形式表达这样的思想内容的；③ 这样表达好在什么地方。达到上述要求，就基本上掌握了课文的语言特点。

4. 研究文中需要学习掌握的基础知识、基本技能

一般来说，课文后面的练习题提示了应当掌握的基础知识和基本技能。因此，教师应当很好地领会编者安排这些练习的意图，把它作为明确教学要求，确定教学重点、难点的凭借。另外，教师还可以根据实际需要，对练习题适当进行改、删、补，以培育创造能力、实践能力为原则，但不能加重学生的负担。课文中与课文内容相配合的图画是课文的有机组成部分，正确地分析、使用好图画，图文结合有助于指导学生理解课文，发展智力，课文中的图画应当引起足够的重视，特别是低年级阶段。

此外，哪些知识和技能可以采用语文实践活动的形式让学生掌握，或利用社会生活作为知识补充，备课时也要考虑安排。

5. 有效地利用教学参考书和其他教学参考资料

在钻研课文后，可以参考教学参考书和相关的信息资料，“他山之石可以攻玉”。教参，即教师教学用书，是课堂教学的直接理论依据之一，是教师备课的最重要的参考资料。如果说读课文是与作者对话，那么读教参就是与编者对话。与作者对话是基础，与编者对话是提升，与学生对话是目的，几个方面的对话缺一不可。

教参的说明部分对全册教材的基本结构、主要特点、教学需要注意的问题等进行了详细的阐述，这是我们把握该册教材的编排体系、教学目标、训练重点和教学策略的重要依据。这样我们才能“胸有全册”。教参的每个单元，先是“导读”，提示整组教材的主题、特点、训练点等。教师读教参，实际上是“站在编者的肩膀上”与作者对话。但是要切记，千万不要“生吞活剥”了教参，直接以教参指导实际教学工作。

6. 教师自评钻研教材情况

在钻研课文和教参后，教师应当问自己是否读懂了教材？是否熟悉了教材？是否达到了读化教材的境界？思想感情是否融化在教材中，“使其言皆若出于吾之口，使其意皆若出于吾之心”，与作者、作品中的人物同喜、同悲、同忧？

钻研教材的过程可以师师互动、集体钻研，也可以分解任务，各自独立钻研一部分，准备初步详案，再集体讨论，互相交流，实现资源共享。实行教师集体备课，集中了教师们的智慧，可以丰富教学内容，优化教学过程，提高教学效果。

三 分析学情、师情

要有效地提高课堂教学质量，教师除了认真研读课标、钻研教材，还必须清楚地了解学情、师情。语文课程标准倡导“以学定教”，只有了解学情才能在教学中发展学生个性，才能因材施教，实现教学目标，顺利完成教学任务；只有了解师情，才能将教师自己的教学个性、风格融入教学过程中。

（一）分析学情

（1）考虑学生的年龄特征，熟悉学生身心发展特点；了解学生的学习心理，充分预见学生可能存在的问题，以便课堂教学有针对性和实效性。

（2）考虑学生的学习层次的状况、学习兴趣、个性差异（记忆、想象、思维力）等，以便分类推导，因材施教，整体优化。

（3）了解学生对本学科学习方法的掌握情况，以便教师在教学中进行学法指导，使学生掌握规律，发展能力，形成良好的学习习惯，掌握良好的学习方法，只有这样才能有的放矢，因材施教，关注每一个学生。

（二）分析师情

（1）分析自己当前的教学能力，扬长避短。

（2）分析自己的教学个性、风格、特点和优势。

（3）分析自己的情绪、智力。

四 确定教学目标

教师在研读课标，钻研教材，分析师情、学情后，就应该编制本课的教学目标。教学目标是预期学生通过教学活动获得的结果。教学目标的编制要全面、具体、适度、明确，要体现三个维度的目标。教学是一个系统工程，教学目标在教学工作中起着至关重要的作用，它制约着教学过程的安排和教学策略的选择。教学目标有助于教师进行教学测量、评价、选择和使用教学策略，提示学生怎样学习，对教学活动具有导向、指引、操作、调控与测度等功能。

（一）教学目标要具体而明确，适度和具有可操作性

应用明确的语言表达，具体明确指出教学目标每一项是什么，表述要清楚明了。例如识字教学目标，应具体到学习哪几个生字、几个词语，不能笼统地表述“学习本课生字词，理解思想内容”。要达到什么程度，也要明确具体、切实可行。

适度是指制定的目标要适合学生的认知水平、能力水平，要有一定的科学性。既不能太高、超前，让学生难以达到，产生畏惧心理，又不能定得太低、滞后，让学生觉得很容易达到，影响学生进一步深入学习和探究的积极性。

可操作性指的是在实现教学目标的过程中，具体该怎么做，其方法步骤比较明确，操作起来有法可依。例如《观潮》一课的技能目标之一定为“能背诵课文的第 3～4 自然段”，这比较易于达成，且没有难度；如果把目标定为“背诵第 3～4 自然段，培养记忆能力”，操作起来就比较困难；如果把目标定为“通过理解第 3～4 自然段句意和句子之间的联系，提高记忆力”，这样的描述提示了具体做法，有一定的难度但是具有操作性。

（二）三维目标要全面，但不宜太多

教学目标编制应从教学内容实际出发，综合体现三个维度的目标，一般是 3～5 个目标，不可贪多求全、面面俱到。

五 设定教学重点、难点

教学重点，是指教材中最主要的内容，是依据教学目标，在对教材、对学生进行科学分析的基础上确定的最基本、最核心的教学内容。教学难点，是指比较抽象、深奥、复杂，学生学习理解比较困难的知识、技能、方法、情感态度价值观等。

根据教学目标、学情、教学内容确定教学的重点、难点，选择突出重点、突破难点的方法，这是备课的一项重要任务。

教学目标必须有重点，不宜分散、包罗万象。什么都想抓，结果什么也抓不好、抓不牢。教学侧重，既是学生理解的重点、难点，又是符合语文课程标准规定的学段要求和教材安排的训练重点。

六 选择教学手段

教学手段指的是辅助教学的多媒体、图片、实物、课件等。教师在准备教学手段时，要尽量做到因地制宜，就地取材，且要选择适当的时机，有效地发挥教学手段辅助教学的作用。

七 预设评价

预设评价指对各环节学生言行、学习效果的评价，可以采取听、说、读、写、练、演、唱、跳、问、议、评等方法。

八 设计练习

围绕目标、教材、学情等巧妙设计练习，变静为动，变封闭为开放，变重复练习为灵活练习，变课内练习为课内外结合练习。

课内练习以课文后面的思考练习为主，灵活运用课文设计听说读写训练。

课外练习，又叫课后作业，可以布置搜集资料、拓宽视野、自助餐式作业、亲情作业等。总之，全面开放，充分利用作业资源。“天高任鸟飞，海阔凭鱼跃”，课外作业就是那方天、那片海。

九 优化课堂教学设计

优化课堂教学设计是指以新课程理念，新的课程观、教师观、学生观，新的学习方式为指导思想，根据不同的内容、不同的课型、不同学情设计课堂程序，以达到教学相长、同步发展的目的。

（一）优化课堂结构

课堂结构，指一节课的组成部分及各个部分之间的联系、顺序和时间分配。课堂结构设计也就是把教学的有关因素组织在一起，按最优化的原则排列组合，从整体上设计一节课。

课堂结构与教学方法既有联系，又有区别。教学方法根据所学知识的不同和学生的实际不同，灵活多变；课堂结构不同于教学方法，它是一种相对稳定的课堂程序。二者相辅相成，互相促进，又互相依存。

（二）设计教学层次

从揭示课题、展现新知开始，到得到结论，先讲什么，后讲什么，教师干什么，学生干什么，教师都要先理清楚。教师要做到教学思路清晰，层次分明。除了考虑师生活动顺序外，还要考虑如何以一条主线将活动和内容串联起来，使一节课形成一个整体，以防止讲课内容前后割裂，彼此孤立。有了鲜明的主线就能使教学前后衔接，步骤流畅，条理清楚，层次分明，彼此照应。

（三）理清三条思路

第一条是教材的“思路”，即知识的内在关系和它的系统性、整体性。它是不变的，是教学的主要内容和依据。

第二条是学生的学习“思路”，即学生认识、理解、把握教材的思维过程。

第三条是教师的教学“思路”，即教师怎样处理教材，怎样组织一节课，它是教材“思路”与学生“思路”的中介，是灵活的、变化的，它的作用是使学生的思路能够更好地掌握教材的“思路”。教师的任务就是要依据教材“思路”和学生的学习“思路”来设计教师的教学“思路”。

十　优化板书设计

板书设计是指教师借用言简意赅的字词以及线段、图形，对一节课的内容进行归纳、概括和高度浓缩，从而突出教学内容的中心，理清教学的思路，以便于学生感知和理解。好板书是微型教案，它可为学生学习导航，开启学生的智慧，增强学生的记忆，给予学生艺术享受，进而实现教学最优化。好的板书应该忠于教材，有目的性；切合原意，有准确性；含而不露，有启发性；言简意赅，有精要性；便于操作，有实用性。

十一　编写教学设计（教案）

读懂了教材，读活了教参，确定了目标，就可以思考怎么实施课堂教学了——设计哪些环节、提出哪些问题、安排哪些练习、怎样导入、怎样过渡、怎样总结、怎样引导等，简明扼要地写一写，即成教案。由此看出，写教案只是备课的一小部分工作，备课的大部分工作是朗读、阅读和思考——这就是前面所说的无形备课。

写教案，要假想自己就在课堂，学生就在眼前，甚至于设计的练习、提问、引导、讲解等针对哪些学生都一清二楚。这样写教案的过程，实际上是在预设中与学生对话。

教案的编写因教师、学生、教学内容的不同而有差异性，不能强求千篇一律。但有些基本要求，无论是新老教师，无论是哪一个学科都必须有所体现，这也就是教师编写教案的基本内容。这些内容包括以下十大项：

（1）课题：说明本课名称。

（2）课型：说明新授课或复习课。

（3）教学目标：说明本课所要达成的三维目标。

（4）课时：说明教学内容完成所需要的课时。

（5）教学重点：说明本课所必须解决的关键性问题。

（6）教学难点：说明学生在本课学习中容易产生的困难和障碍。

（7）教具：或称教学媒体、教学手段，说明辅助教学的工具。

（8）教学过程：或称课堂结构，说明教学进行的步骤、内容、方法、措施。这是教案的主要内容。

（9）作业：说明作业布置内容。

（10）板书：说明上课时准备写在黑板上的内容。

在教案编写中，教学过程的设计是重点部分，也是比较复杂的工作。因为教学任务的完成主要靠教学过程来实现，它要求教师根据既定的教学目标，结合学生实际，遵循教学原则，恰当地选择教学方法，设计出具体的教学活动的“施工”计划。教案评价参见表 2-1 教案评价标准。

《我要的是葫芦》教案

表 2-1 教案评价标准

评价标准	分值	得分
1. 教案要素齐全，结构完整。有教学内容，教学目标，教学重点、难点，教学方法，教学过程，板书设计，作业设计，教具准备。安排合理。	30 分	
2. 教学目标具体、明确，符合课程标准与学生实际。	10 分	
3. 知识传授正确，能力培养突出，渗透情感教育。	15 分	
4. 教学环节设计合理，教学程序清晰，教学过程详细，重点设计突出，难点设计合理。	25 分	
5. 教学方法恰当，互动活动充分，学生主体地位突出。	15 分	
6. 板书设计精当，作业布置合理，表达清楚，行文规范。	5 分	
合计	100 分	

十二 记录教学反思

叶澜教授说："一个教师写一辈子教案，不一定能成为名师，如果坚持写三年教学反思，有可能成为名师。"可见，写教学反思是促进教师改进教学策略，提升教学水平，提高教学质量，促进教师专业成长的好方法。同时，写教学反思能给教师进行教学研究、撰写教学论文提供丰富的素材，可以说教学反思是教师的一笔宝贵财富。写教学反思的方法：记得失，找原因；好的怎样发扬，差的如何改进，并上升到理论上认识。具体做法如下：

（1）记成功做法：记下巧妙的导入，精彩的提问，精当的讲解，形象的演示，留有悬念的结束语等，并思考成功的原因。

（2）记失败之处：记下繁杂的讲解过程，不恰当的评价，不民主的做法，知识性的错误（失误）等，并对失败的原因进行分析和探索，违背了什么理念、规律，找准补救时机、措施，在今后的教学中应如何吸取教训。

（3）记教学机智：这是一种宝贵的教学资源，要及时捕捉，记录下来。

（4）记学生的奇思妙想、精彩言行。

（5）记学生的问题：记下学生在学习过程中遇到的知识难点、知识缺陷、思维障碍、作业中普遍存在的问题等，便于以后在教学中有针对性地补救，也为以后在教学中确定学习难点、揣测学生的学习心态提供依据。另外，学生在课内提出的一些问题，教师不一定能及时解决，把这些问题记录下来，以便课后去研究。

（6）记教学情况：教学内容是否适合学生，教学情境的设置效果怎样，学生的学习兴趣如何，学生的参与面、参与度如何，学生思维的广度、深度、灵活性、发散性如何。

（7）记对自己教学行为的反思。

（8）记对教学程序的反思。
（9）记对课堂动态生成过程的反思。
（10）记对师生地位的反思。

《桂林山水》教学反思

梳理与探究

1. 结合语文课程目标的具体内容，谈谈总目标中知识与能力、过程与方法、情感态度与价值观三个方面是怎样互相渗透、融为一体的。

2. 任选一篇课文练习钻研教材的方法和步骤。

3. 备课有哪些基本步骤？教案有哪些要素？

4. 任选一篇课文，按照教案评价标准，撰写一份详细的教案。

第二节　说　课

一　什么是说课

说课是教师在备课的基础上面对同行或教学管理研究人员，系统地谈自己的教学设计及理论依据，然后由听者评析，以达到相互交流、共同提高的目的。

二　说课的类型

说课，作为教学研究活动的一个重要组成部分，因其活动的目的、要求不同，所以有不同的分类方法。从服务于课堂教学的先后顺序来看，说课一般可分为课前说课和课后说课；从教学业务评比的角度看，说课可分为评比型说课和非评比型说课；从教学研究的角度看，说课可分为研究型说课和示范型说课；依据说课的课型看，可以分为单一课说课（新授课说课、复习课说课、练习课说课、检查课说课）和综合课说课等。

（一）课前说课

课前说课指的是教师在认真研读教材和备课之后进行的说课，是一种预测性和预设性的说课活动。这种说课形式着重关注教材和教学设计的合理性。如果是研究型的说课，通过课前说课，可以借助个人的钻研和集体的智慧来预测课堂教学的实际效果，最终达到改进和优化教学设计的目的；如果是考查性说课，通过说课，主要考查教师对教材的理解和教学设计水平。

（二）课后说课

课后说课指的是教师在上课之后向所有听课教师或教学研究人员阐述自己教学得失的说课形式，也是一种反思性和验证性说课活动。这种说课形式着重关注实际教学的效果。对说课者来说，课后说课重在对课堂教学的总结和反思；对听说课的人来说，则可以通过听授课人说课，对授课人的课堂教学增加新的认识。

（三）评比型说课

评比型说课指的是把说课作为教师教学业务评比的内容或一个项目，对教师运用教育教学理论的能力、理解课程标准和教材的实际水平、教学流程设计的科学性和合理性等做出客观公正评判的活动方式。它既可以是课前说课（或预测性说课），也可以是课后说课（或反思性说课）。

（四）非评比型说课

相对于评比型说课来说，教师在日常教学研究中所进行的说课活动一般都属于非评比型说课。

（五）研究型说课

研究型说课一般以教研组或备课组为单位，先由事先准备了的教师进行说课，其他教师就他的说课进行评议并提出修改意见。这是一种变个人智慧为集体智慧的说课活动，它常常与集体备课结合在一起。

（六）示范型说课

示范型说课通常指先让有经验的教师向听课教师做示范性说课，然后请该教师按照其说课内容上课，最后再组织听课教师对该教师的说课内容及课堂教学进行客观公正的评议。在这种说课活动中，听课教师可以从听说课、看上课和参加评议中增长见识，开阔视野，提高业务水平。因此，这也是培养年轻教师的有效方式和途径。

三 说课的意义

说课能把理论与实践有机地结合起来，它集备中说、说中评、评中研、研中学为一体，能促进教学与教研、理论与实践相结合，能促进教师深钻教材，从理性上审视教材，弥补备课时的疏漏。因此，说课是优化课堂设计，提高教师教学能力，提升教学质量的有效途径。其意义在于：

（一）说课可以反映一个教师教学方面的综合素养

虽然说课的时间只有上课时间的四分之一至三分之一，但在这较短的时间里，既可以体现出说课者的教学思想、教学理念，也可以体现出他理解教材的深度与广度，反映出他的专业知识和能力素养，还可以体现出他处理教材、设计教学的水平和技巧，显露出他的教育教学能力。同时，通过说课，也反映出说课者的语言表达能力等基本的教学素养。这也是近年来说课这种方式成为中小学选拔教师的一种重要手段的主要原因之一。

（二）有助于提高说课者的教学水平

说课者为了说好课，在说课之前要认真备课，反复研读课标，深入研究教材，广泛查阅参考资料。为了能使听课者认同自己的教学设计，说课者还要寻找理论依据，说明白之所以这样设计的理由。为了把课说得让人爱听、愿意听，说课者还需要注意自己的教态美、语言感染力，注重运用巧妙的说课方法。这一切准备和操练，自然有助于提高说课者的教学水平。

（三）有助于深化课堂教学改革，提高教学效率，推动教学研究

说课比上课更具有研究性，因为它不但关注教什么、怎么教，更关注为什么要这样教，将教学实践与教育理论相结合。这样就推动了教学研究活动，有助于深化课堂教学改革，提高教学效率。

四 说课与上课的区别

（一）目的不同

上课是教师实施教学方案，引导学生学习新课的过程。在这个过程中，教师的目的是引导学生学习课程内容，获取新知识，掌握新技能，并在这个过程中，使学生智力得到锻炼，语文能力和思想认识有所提高。说课是教师介绍自己对教材的理解、处理和教学设计，目的是让听其说课的人明白自己是如何设计的以及为什么要这样设计。简而言之，上课的目的是让学生学会和会学，说课的目的是让听者明白说课者的教学设计和设计的合理性。

（二）方法不同

上课是教师在课堂上指导学生学习的过程，教师可以采用讲解、提问、讨论、多媒体演示、练习、测试等多种方法和手段，教师和学生之间以“双边活动”为主。而说课运用的主要方法是“说”，即介绍和说明，说课者与听说课者之间较少有“双边活动”。

（三）对象不同

上课的对象是学生。说课的对象是教师、研究者、学校领导等。

（四）所用时间不同

上课通常采用全国统一规定的课堂教学时间，一般一节课 40 分钟。说课通常没有严格的时间限制，一般在 10～15 分钟，灵活性比较强。

五 说课的基本要求

（1）语言：表述准确、流畅、生动、形象。

（2）内容：正确、完整、系统、有序、连贯、有详有略、重点突出。

（3）理论与教学实践相结合。

（4）说课与课堂教学相统一。

（5）要求：要有创造性，控制好说课的节奏。

六 说课要注意的事项

说课不能按教案说，不能按上课内容说。说课时间是一节课时间的四分之一至三分之一，即 10～15 分钟为宜。教师的教学语言一般是每分钟 200 字左右，因此，说课稿一般在 2000 字左右。

七 说课的内容

说课的内容包括说教材、说课型、说课程资源开发、说师情学情、说教学目标、说教学重点、说教学难点、说教法、说学法、说教学手段及理论依据、说课时安排、说教学过程、说板书设计、说作业等。但在实际说课中，一般要根据说课的目的选择几个重点来说，有详有略，不一定面面俱到。

1. 说教材

即说教什么。说教材一般涉及以下内容：

（1）说课题，即课文题目。

（2）本课文所属版本、哪个年级、哪一册、哪个单元的第几篇课文，本单元的主题，说明课标对本年级的要求，本课内容在本单元、本年级乃至整套教材中的地位、作用、意义。

说课的内容

（3）本课文的主要内容，表达的思想感情，写作特点。

2. 说课型

说明说课的类型，如新授课、练习课、复习课、测验课等。

3. 说课程资源开发

比如搜集、整合了跟本课相关的哪些信息、资料。

4. 说师情学情

说教师的教学风格、特色，学生年龄特点、智力特征、学习兴趣以及所授班级学生的实际情况等。

5. 说教学目标

结合课标对本年级的要求，以及学情、单元导语和本课特点、课后练习，明确提出本课具体的三维目标及理论依据。

6. 说教学重点

教学重点是指一篇课文或一堂课依据教学目标必须着重学习和掌握的内容。确定重点的理论依据主要是结合本课的教学目标和学情。

7. 说教学难点

教学难点是指学生不易理解或理解有困难的地方。主要根据课文特点、教学目标、学情确定本课的教学难点。教学重点与教学难点有时是一致的，有时不一致。

8. 说教法

说教法说的是教师怎样教的问题。说教法一般有两种方式：一是先概括性地说本课准备用哪些教法，然后在说教学过程中穿插说明具体怎样运用这些方法；二是先穿插在说教学过程中详细介绍教法的运用，再在说完教学过程后概括说明运用了哪些教法。说教法同时要说明采取这些教法的理论依据（课标要求、教材说明、课改理念、教学规律）。

9. 说学法

学法是指学生获取知识、形成能力的方法。说课中说学法，实际上指的是学法指导。学法指导就是教师对学生进行学习方法的传授，使学生逐步掌握科学的学习方法，进而形成独立的语文技能的过程。学法指导的内容十分丰富，如指导学生阅读，使之掌握分段的知识，学会概括段意和主要内容等。此外，说学法时还须结合分析学情。

10. 说教学手段及理论依据

说明采用的教具、媒体及使用的理论依据。

11. 说课时安排

说明教学本课需要的课时，以及说的是第几个课时。

12. 说教学过程（重点部分）

（1）说清教学思路与教学环节的安排：说清楚本课分几个教学环节，即怎样导入新课，怎样展开新课，怎样结束一堂课，各个教学环节之间怎样衔接，每个环节中教师教什么，怎么教，为什么这么教，学生学什么，怎么学，为什么这么学，各用多少时间，这样教、学的理论依据是什么。说教学过程，要求结构严谨，层次清楚，环环相扣，过渡自然流畅。

（2）说重点难点在哪个环节，是如何处理的，用的什么措施和方法。

（3）说采取了哪些教辅手段（何时、何地，这样做的原因）。

（4）说课堂流程。

13. 说板书设计

板书是听者了解说课者教学思路、对教材理解的深浅程度和评估教学效果的可视语言。所以，说课必须说板书设计，包括板书设计的思路、依据和板书的具体内容。说课中的板书一般有两种内容：一是课堂教学的板书，这种板书与实际的课堂教学板书完全一致；另一种板书则是说课者写出自己的说课思路，也可以称为板书说课提纲。

14. 说作业

说明如何设计作业以及这样设计的理由。

说课评分标准参见表 2-2。

表 2-2 说课评分表

说课人　　　　　　　　　　时间　　　　　　　　　　课题

评价项目	评价标准	分值	得分
教材	教材分析正确、透彻	5	
学情	学情分析客观、准确	5	
目标	教学目标确定正确、明确，符合学生实际，符合课标要求、教学内容，理论依据充分	10	
重难点	教学重难点把握准确，处理恰当，理论依据充分	10	
教法学法	教法、学法选择正确、合理，理论依据充分	10	
教学过程	教学各环节设计说得正确、清楚、具体、完整，理论依据说得充分，思路清晰，重点突出，表达流畅，过渡自然	40	
其他	说课要素齐全，普通话正确、流畅，板书工整，布局合理，多媒体使用适时、适当，有激情、热情、自信心	20	
合计		100	

八 说课稿一般格式范例

说课稿的格式一般是固定的，格式如下：

各位评委老师上（下）午好，我是语文组的________号，我今天说课的题目是________（板书：课题、作者），本课为新授课。下面我将从说教材、说学情、说教学目标、说教学重难点、说教法和学法、说教学过程、说板书设计等方面来对本课进行说明。

（一）说教材

《________》是________版____年级上/下册第____单元的第____篇课文，该单元以____________________为主题展开。

《________》是________（文章体裁），主要写了____________________（主要内容），表达了____________________（中心思想），________（语言简练，层次清晰，描写生动、细致，充满诗情等）是本文最大的写作特色。

（二）说学情

我所教的年级是____年级，____年级的学生________（年龄及心理特点），所以课堂教学中要注意________（什么问题），用________（什么样的方法），以达到________（什么样）的效果。

（三）说教学目标

根据学生的特点，结合单元教学要求和本课特点，依据新课标中“知、过、情”三个维度，我将本课的教学目标确定为：

（1）能认识本课（　　）个生字，正确读写（　　）个生字；结合上下文以及生活实际掌握（　　）词语，了解本课写作背景和有关作者的文学常识。

（2）整体理解文意，概括（　　）提炼（　　），把握文章主要内容。（整体感知要达到的）

（3）品味重要词句所包含的思想感情。（研读赏析要掌握的）

（四）说教学重难点

由于____________________（本课的一些特点），我将本课的教学重点确定为____________________，因为____________________（学生的一些实际），我将本课的教学难点确定为____________________。

（五）说教法和学法

科学合理的教学方法能使教学效果事半功倍，达到教与学的和谐完美统一。基于此，我准备采用的教法是讲授法。讲授法既可以使教师系统地传授知识，又能够充分发挥教师的主导作用。

学法上，我贯彻的指导思想是把“学习的主动权还给学生”，倡导“自主、合作、探究”的学习方式，具体的学法是讨论法、朗读法和勾画圈点法，让学生养成不动笔墨不读书的良好阅读习惯。

（六）说教学过程

为了完成教学目标，解决教学重点，突破教学难点，课堂教学我准备按以下五个环节展开。（具体说明）

（七）说板书设计

好的板书就像一份微型教案（出示板书），此板书力图全面而简明地将授课内容传递给学生，清晰直观，便于学生理解和记忆，理清文章脉络。

我的说课到此结束，谢谢各位评委老师。

《荷花》
《生命　生命》
说课案例

梳理与探究

任选一篇课文，撰写一篇说课稿，并尝试说课实践。

2-2 随堂练习

第三节　上　课

上课是最复杂、最核心的工作。说上课是最复杂的工作，是因为上课面对的是活生生、有思想、有感情、有差异、正在成长的未成年人，而且课堂始终处于变化之中，有规律的变化，同时也有变化的规律。说上课是最核心的工作，是因为老师所有的准备都是为上课服务的，所有的工作都是为上课而做的。如果我们的每堂课都是有效的，充满生命活力的，那么学生的成长就越健康，学生的未来就越美好。因此，教师追求课堂教学的有效性，追求课堂教学的生命价值，就应该像追求幸福生活一样，孜孜不倦，没有止境。

一　上课的概述

上课是教师依据教案在课堂上进行的师生间的双向活动。在这种双向的活动中，教师作为课堂主导，起着组织作用，教师的一切教学行为，都要为学生的学习服务。从课型上看，上课可分为新授课、练习课、复习课等。新授课是教师引导学生学习新知识。练习课是教师引导学生巩固知识，培养能力。练习课分为单一练习课和综合练习课，单一练习课是针对某一学习内容而进行的练习，综合练习课是针对相关的问题进行的练习。复习课是针对某一段的教学内容系统地引导学生进行梳理，进一步巩固知识，培养能力，系统性是复习课的显著特点。课型不同，教学环节也不同。

上好课的有效策略

二　教学方法简介

教学方法是教师在教学过程中为了达到预期的教学目的所采用的方法，包括教师使用的教法和学生学习的方法。常见的教法有情境教学法、讲授法、提问法、谈话法、指导法、直观演示法、任务驱动法、读书指导法等。常见的学法有朗读法、讨论法、练习法、实践法、自主探究法、合作探究法、体悟法等。使用正确、恰当、合理的教学方法，能够帮助学生尽快掌握学习内容，提升对语文知识的认知、理解和巩固。

三 提高上课质量的方法

提高教学质量的主战场是课堂，提高教学质量的主力军是教师。使课堂教学有思想、有文化、有智慧、有效率、有效果，有以下几个方法。

（一）准确定位教师角色

教师角色的准确定位是实现课堂教学有效性的根本保证。一要当好学生学习活动的组织者，调控好课堂节奏，创设愉悦的气氛和环境，保证学生学习活动的良好心态。二要当好学生活动的引导者，鼓励学生主动参与，适时地给予评价，以促进学生的不断进步。三要当好学生学习活动的参与者，在课堂教学中参与学生的朗读、练习、讨论、探究等多种实践活动。四要关注学生的个体差异和不同的学习方法，鼓励学生在与教师和同学平等交往中展示自己的能力，给予每个学生参与教学活动的平等机会，给予需要帮助的学生及时、热情的帮助，做学生学习的帮助者。五要激发学生学习兴趣，爱护学生的好奇心、求知欲，激发学生的主动意识和进取精神。激发学生学习兴趣的方法有：借助多种手段创设良好的学习环境，编制精彩的学习内容；选择灵活多样的教学方法；给予及时的鼓励与评价。

（二）让学生学会学习

陶行知先生认为，人师之责，不在教学生，而在教学生学。马相伯先生也说过：教，注重指导门径；学，力求启发学生独立研究问题的能力。授之以鱼，不如授之以渔。一句话："教是为了不教。"因此，教师教学中要教学生学会学习。

1. 指导学生学会倾听

听、说、读、写是语文的四种基本能力，也是最基本的生活技能。教学中教师更多地关注培养学生言语的表达，课堂上对于积极发言的学生，给予表扬肯定，但很少去教导学生如何去倾听。应当给予学生以静听和沉思为前提的"积极发言"指导，培养学生倾听的能力。首先，要培养倾听的兴趣。其次，教给学生倾听的方法，比如倾听什么、怎样倾听。最后，评价倾听效果。鼓励学生思考后表达。

2. 教给学生语文学习方法、规律，让学生学会学习

语文教学的首要任务，就是把语文学科中一些规律有效地传授给学生。所以语文教学的着眼点在于方法、规律的教学。教师教学一篇课文，指导一篇习作，就要把这篇课文或习作中所表现的规律揭示出来。这样，学生才对这篇课文有了较深的认识，这篇习作做得好的同时，学生掌握了其中蕴含着的语文学习的方法规律，以后遇到有共同方法规律而表现形式有所不同的语文现象时，就能举一反三，触类旁通，自觉产生正迁移。让学生掌握学习方法规律，不仅使学生学会，更重要的是让学生会学，真正做到"教是为了不教"。

3. 关注学生语文学习的过程，引导学生掌握学习方法

学习过程是方法、程序和智力活动的总和。语文课堂上，教师不能只关注正确答案，而应该重视学生的学习过程。一个问题，几个学生回答，不要因为其中一个学生答对了，就认

为解决了这个问题。这样做的话，教师关注的只是学习的结果，而忽略了学生学习的过程。这样学生只知其然，不知其所以然。教师面对学生的不同回答，应该思考：学生为什么会有不一样的结论？因此，在语文课堂上，教师问学生答，特别是当几个学生的结论存在着不一致时，教师都要试着追问一句“为什么”“你是怎么想的”。这样，不但可以使学生有效地总结自己的学习过程，起到交流学习方法的作用，还可以引导学生找出自己产生错误的根源，从而引导学生寻找并消除错误的方法。检查、追问学生的学习过程非常重要。

首先，因为每个学生经历的学习过程不尽相同，即便在同一学习过程中所运用的方法也有所不同。引导学生交流和总结学习过程，还能起到取长补短的作用，进而优化每个学生的学习方法。比如学生记忆生字“晋”字，一个说“上面是一横，中间是个‘业’，下面是个‘日’，合起来是‘晋’”；一个说“上面是个‘亚’，下面是个‘日’，合起来是‘晋’”；第三个说“‘普通’的‘普’字去掉两点，就是‘晋’字”。教师可以让学生比较三个同学的记忆方法，判断哪一个最好。学生分析后一致认为第三个同学的方法最好，因为它最简便。这样的交流，实际上就是记忆生字方法的指导，目的在于引导学生运用最简单的方法记住生字。

此外，教师更要示范运用良好的教法，向学生展示学习过程，帮助学生掌握正确的学习方法。比如有位教师教“茫然若失”这个词语，先请学生分别说出“茫无边际”的“茫”“若隐若现”的“若”“失去”的“失”是什么意思。这三个词语学生都学过，一一做了回答。然后让学生想想“茫然若失”是什么意思。学生很快举手回答说：“‘茫然若失’的‘茫’是模糊不清的意思，‘若’是‘像’的意思，‘失’是‘失去’的意思。‘茫然若失’就是空空一片，模糊不清的意思。”教师对这个学生的发言作了充分的肯定，说：“你说得很对，思考的方法也很好。这实际上是一种很常用的解词方法。谁能说说他是用什么方法来理解这个词的？”学生经过讨论，学会了一种新的解词方法，即由两个或两个以上的熟字构成的词语，可以用分解的办法，利用已经掌握的熟字的意思，去理解新的词语。教师在教学中有意识地向学生展示了这个解词的方法，起到了示范的作用，所以学生不费力气就顺利地掌握了。

由此观之，课堂教学中，通过对学习过程的回顾、分析、总结，可以使学生动态地把握学习方法。

（三）遵循“内容在心中，机智在课堂，落实在学生”的原则

1. 内容在心中

教师要把无形备课、有形备课和集体备课的成果记在心中，上课时才能胸有成竹、信手拈来。走进课堂，90%注意力放在学生身上，10%的注意力用在教案的实施上。

2. 机智在课堂

随机应变，应变自如。课堂是一个动态的变化过程，随时可能出现一些意想不到的状况，这就需要教师具备应变能力。

3. 落实在学生

知识的学习、积累实在；能力的训练、培养扎实；过程的参与积极主动；方法的积累、运用切实有效；情感、态度、价值观的形成看得见。

（四）建立良好的课堂教学秩序

现在提倡“活力课堂”，即充满生机、活力的课堂。活力课堂强调师生课堂互动，但活力课堂是以课堂秩序为前提的。没有良好的教学秩序，什么形式的课堂也只能流于形式，再精彩的讲解也只是枉然。建立良好的课堂秩序要做到：

1. 提高教学吸引力

一堂好课的开头，应该像“凤头”，美丽、精彩、吸引人；中间环节应该像“猪肚”，内容丰富充实；结尾应该像“豹尾”，简短有力，画龙点睛，令人回味无穷。

2. 约法三章，有一贯的要求

没有规矩不成方圆，要订立课堂规矩，用制度管人。当然规矩要宽严适度，要合情合理，一视同仁。

3. 包容缺点，控制情绪

学生在课堂上有些小毛病，是正常现象。教师不要小题大做，更不要因此情绪失控，以免伤害师生感情，影响正常的课堂教学秩序。

（五）处理好几个基本关系

课堂教学是由教师、学生、教学环境和教学资源以及教学活动组成的，是一个复杂的教学系统，其构成要素存在着不确定性和复杂性。这些要素中，教师、学生是最重要的，直接影响教学形式和教学效果。课堂教学中若想合理支配和组合这些要素，需要处理好以下几个基本关系：

1. 构建新型师生关系

构建新型师生关系，就是要建立师生间的民主平等关系，其核心是“以人为本”的教学理念。以人为本，是把学生作为活动的主体，充分体现学生的自身价值和本质力量，尽力为学生的主动和协调发展创造条件。在教学中，教师要自觉地消除“师道尊严”的影响，尊重学生的兴趣、爱好、个性和人格，以平等、博爱、宽容、友善的心态对待每一个学生，创设民主和谐的学习氛围。让学生身心自由地舒展，使学生的语文学习潜能和个性得到最大限度的释放。这种新型的师生关系的建立，自然会拉近师生间的情感距离，增加师生间信息交流，产生和谐共振的教学效应。这对于学生形成积极的思维品质以及培养良好的心理素质和人文精神具有深远影响。

2. 处理好教与学的关系，要防止两种“片面”

一是强调学生学，忽视教师教。强调学生自主学习方法的重要性，强调得当是正确的；若强调过头，则不同程度地忽视了教师教的方法和意义。如不分年级、不考虑学生的已有知识及认知水平，一律采用自学辅导法、探究法等，学生应该从教师那里学到的知识却得不到，这就失去了教育的意义。

二是着重教师教，忽视培养学生的学习能力。这种情况在教学中更普遍。尽管批判注入式教学法，但不少教师仍然习惯于教师讲、学生听的灌输方法，而不去培养学生的学习能力。

这两种片面倾向，不仅说明对教学方法理解上不科学，更重要的是反映教学思想上缺乏辩证性。一般来说，教学是一项极为复杂的活动。所谓“教学有法”，无论何时，我们都必须让学生成为学习的主体，关注他们的差异，满足他们的需求，因为教育是一门科学。所谓“教无定法”，因为教学是开放的、变化的、动态的生成过程，面对活生生的、不断成长着的学生，教师要因材施教，因学生的不同学情而异；面对教学中出乎意料的突发事件，教师的机智、灵活和应变能力，就显得非常重要。我们要坚决反对注入式教学思想，提倡启发式教学。

3. 处理好讲与读、读与思的关系，提倡“自主、合作、探究”的学习方式

讲，是语文教师常用的教学方法。教师讲，有助于学生解惑，加速语文学习的进程。我们不能把课堂上教师的讲一概定为“注入式”。在学习中，由于社会活动、认知水平、知识结构和理解学习内容方面的局限性，学生不能独立理解，这时教师要讲；课堂上学生常有“提问不能答，指点不开窍”的情况，此时教师该讲，而且要精讲知识的重点难点。应做到学生懂了的或在教师指导下能自己读懂的，不讲；学生不能接受的，不讲；与学生读练无关的不讲。讲，应该深入浅出，要言不烦地讲，不只是讲语文基础知识，更重要的是讲学习语文的方法，即讲思维的方法，讲自学方法和纠错的方法。

但是，教师的讲不能代替学生的读，要把学生读贯穿语文教学的全过程。读，是传统的行之有效的语文教学方法，是形成语文能力的基本途径。读的活动是学生把读的语言变为自己的语言，把读的思想内化为自己的思想的学习实践活动。

在读中，教师要特别重视培养学生的语感。语感是对语言文字的敏捷的直接感受能力，是语文学习优劣重要的标志。课堂教学中，教师要通过多种读的方式，让学生在读中感受语言的精妙，感知字词篇章的含义。

读书，还要强调以思维训练为核心，将读与思有机结合。语言和思维密不可分。阅读语言文字是把抽象的语言符号转化为可知的形象，从而让学生产生“灵性、悟性、创造性”，这就必须要求学生有积极的思维参与。而学生积极的思维，是靠教师精心设计问题诱导的。一节好的语文课，是教师一连串好的问题的设计。好的问题的设计，不是零碎的、一问一答式的，或是简单重复地提问。问题的精心设计应能点燃学生思维的火花，使学生思维产生激越奔放、一泻千里的态势，并能举一反三，产生“思维灵感”效应。

此外，在认识和处理好讲与读、读与思的关系中，要努力为学生创设“自主、合作、探究”学习方式的条件。

（六）开展“自主、合作、探究”的学习方式

“自主、合作、探究”不是新课程唯一的学习方式，听讲、朗读、查阅资料，有意义的接受学习等也是有效的学习方式。新课程倡导以“自主、合作、探究”为主要特征的多种方法的优化组合，巧妙组合。

梳理与探究

1. 如何提高小学语文课堂的教学质量？
2. 常用教学方法有哪些？

2-3 随堂练习

第四节　听课、评课

一　听课、评课的意义

听课、评课是学校领导、教师或研究者直接从课堂情景中获取教师教学和学生学习的相关信息的教学观摩、评价及教研活动，是学校教研工作中最经常的工作。它对教师的教学工作有检查、指导、督促、评估的作用。做好了听课、评课，就能加强学校的教学管理，使领导获得严格的教学常规的指挥权，指挥教学改革的主动权，开展教学研究、考核评估的发言权。教师通过听课、评课，交流教学经验，切磋教学艺术，探索教学规律，开阔视野，激励上进，促使教师业务水平和教学能力提高，从而全面提高教学质量。听课、评课既是优秀教师成长的必经之路，也是教育专家的成长之路。特级教师于漪曾说，“我的特级教师是听课听出来的。”我们熟识的著名的教育教学专家如于漪、李吉林、窦桂梅等，无不是如此。因此听课、评课应该成为学校领导、教师经常性的工作。很多地区出文规定学校校长、教导主任、教师必须听课的节数，说明对听课的高度重视。

二　听课的类型

从听课的目的性划分，听课可以分为检查性听课、辅导性听课、选拔性听课、观摩性听课和研究性听课。

1. 检查性听课

检查性听课是以检查教师教学态度、教学思想、教学水平和教学质量为目的的听课。通过检查性听课，有助于教师改进和加强教学研究，有助于教师提高自身教学素质，提高教学质量。

2. 辅导性听课

辅导性听课是以帮助年轻教师和教学有困难的教师掌握教学方法为目的的听课。这种听课的方式，一般要求听课者参加教学的全过程，从帮助备课到听课到评课，进行全面的分析指导。

3. 选拔性听课

选拔性听课是根据需要以选拔为目的的听课。要求过程客观，结果明确。

4. 观摩性听课

观摩性听课是以总结和学习教师的教学经验和教学风格为目的的听课。被听课的教师在教学上有其示范性，其自身素质及教学思想、教学理论、教学方法融入课堂教学之中，能给人启发和美的享受。

5. 研究性听课

研究性听课是以研究教学方法，揭示教学规律为目的的听课。带着问题听课是研究性听课的特点。通过研究性听课，可以进一步感悟教学方法，揭示教学规律，提高教师教学能力。

三 怎样听课

（一）充分准备

（1）熟悉课程标准，了解教材内容、课后练习、教学重难点、教法学法等。

（2）了解师情、学情，设计教学框架，明确听课的侧重点，带着教学需求、评课标准听课。

（3）心理准备：带着诚心、虚心、专心、细心、公心去听课。

（4）物质准备：教材、教参、听课记录本等。

（5）要求：听得进去，记得认真，思考深入，评价准确。

（二）听课忌讳

（1）应付：没有目的，没有问题，没有准备。

（2）挑剔：缩小或忽视优点，放大缺点。拈过拿错，鸡蛋里挑骨头。

（3）不懂装懂，不求甚解。

（4）固执己见，自以为是。

（三）进入角色

站在研究者的角度去听课，既引领他人也让自己得到了成长；站在欣赏者的角度去听课，既鼓舞了伙伴也积累了经验；站在学习者的角度去听课，既增长了见识也点化了智慧；站在评析者的角度去听课，既撞击了心智也融入了思想；站在思考者的角度去听课，既创造了文化也丰富了生命；站在领导者的角度去听课，既了解了情况也促进了教师成长。

（四）掌握听课要领

听课要做到五到：眼到、耳到、口到、手到、心到。认真准备，仔细观察，详细记录，及时整理，全面反思，做到一听，二看，三记，四想。

1. 听什么？

一听教师怎样复习旧知、引入新知，怎样组织教学，怎样讲解、提问、启发、范读、指导、点拨、总结、布置、拓展、创新、评价。二听学生的答问、讨论、交流。

2. 看什么？

一看教师，看教师的精神面貌、教态、教法、教育机智、应变能力、教具使用、板书设计。二看学生，看学生的课堂氛围、学习方式，看学生的参与面、参与时、参与度，看学生的活动，看学生的注意力、思维力，看学生的朗读，看学生的积极性、主动性、创造性，看三维目标的达成情况。

3. 记什么？

一记听课日期、节次、班级、学科、执教者、课题、课型。二记教学主要过程，教师教什么，怎么教；学生学什么，怎么学。三记教学思想，德育渗透，教学内容的处理。四记听课感受、分析、评价、建议。

4. 想什么？

一想执教者设计这堂课的特色、目标、结构、教学理念、重难点、注意点、板书、教学手段、教法、教态、学生学习情况等；二想各环节师生的言行好在哪里，差在何处，应如何改进，理论依据是什么。

听课记录的方式多样，有教学评点式、教学实录式，或两者结合。教学评点式是听课者对本节课教学的优缺点的初步分析与评估，以及提出改进建议。好的记录是实录与评点兼顾：记下听的、看的、想的，把师生双边活动后产生的反馈、感受随时记录下来。听课记录本的左边记教学流程，右边写简评。最后对简评综合分析后形成意见、建议，写成总评，待课后互相交流。听完后与自己对比，找寻理论依据，剖析得失，取长补短。看名师课例就是站在巨人的肩膀上登高望远，这对提高教学能力是大有裨益的。

四　评课

有人把教师的上课比作画龙，把评课比作点睛，龙因睛而腾飞。这个比喻很生动形象，同时道出了评课的重要性。

（一）什么是评课

评课是以一定的标准对课堂教学的成败得失及其原因做切实中肯的分析、评价，并且能够从教育教学、课改理论的高度对一些教学现象做出正确的解释。外行看热闹，内行看门道。一节课因专业的评课而精彩，上课者因专业的评课而茅塞顿开，听课者因专业的评课而豁然开朗。

（二）评课的目的

（1）总结经验，学习推广，促进教师专业成长，全面提高教学质量。

（2）发现问题，及时纠正，改进方法，切实帮助执教者提高专业水平。

（三）评课原则

（1）实事求是，就课论理，有理有据：理是理念，理论；据是课例，以课例为依据，用理论分析，找出得失。

（2）兼顾整体，全面分析。

（3）平等原则：独立思考，独抒己见，平等对话，以理服人。优点说够，缺点说透，建议说全。

（4）充分肯定，褒贬得当，主次分明，注意场合。

（四）几种课的评议方法

1. 观摩课

突出“研”字，倡导“争”字。畅所欲言，充分肯定，认真分析，切实改进。从课程理念、教师角色、教学方法、学习方式、三维目标等方面评。

2. 优选课

突出“严”字，倡导“学”字。既采取统一标准，又从严要求，在分析对比中选优，在选优中总结教学经验，将评优与推广先进的教学经验结合起来，推动课改的有效进行。

3. 检查课

应突出“实”字，倡导“促”字。实事求是，是一说一，是二说二。也要考虑教师的具体情况（比如新进教师）和心理承受能力，做到以理服人，以情感人，以知导人。

（五）评课的内容

1. 教师的教学行为

教师的教学行为包括教学目标的确定，教学内容的把握，教学结构的安排，教学方法的运用，教学关系的处理，教学环节的调控和教师自身素质的表现等。要评析教师对教学目标的确立是否全面、具体、准确；对教学内容的把握是否正确，重点是否突出，难点是否解决；对教学结构的安排是否合理；对教学方法的运用是否适当，是否符合学生的认知规律；是否能有效地调动学生学习的积极性，促进学生知识与能力、过程与方法、情感态度与价值观的协调发展；对教学关系的处理，是否体现了教师主导，学生主体的教学原则；教学环节是否张弛有度，疏密相间，环环相扣，首尾贯通；教师自身素质即教学态度是否亲切、自然、大方；教学语言是否清晰、明白、流畅、生动，普通话是否标准；教师书写是否工整、清晰，板书设计是否简洁、有条理，有无驾驭课堂的能力，等等。

2. 学生的学习行为

评学生在课堂教学中是否发挥了主体作用；评学生的学习方式，是不是以新课程倡导的自主、合作、探究方式为主的多种方式的优化组合、巧妙组合；评学生的注意力是否集中；评学生的参与面、参与时、参与度；评学生在教学活动中是否积极主动参与思考、讨论、争辩、动手操作，等等。

《白杨》听课、评课示例

3. 课堂的教学效果

评教学目标是否达成，各层次学生是否都能学有所得，口头、书面、实践作业正确率是否高，学生的知识能力是否有不同程度的提升。

梳理与探究

看名师教学视频，按听课、评课要求，做好听课记录，写出详细评价、建议，并在课堂交流。

2-4 随堂练习

第三章 识字与写字教学

职业素养目标···

1. 掌握识字与写字教学的基本内容，熟练掌握总目标和各学段要求。

2. 掌握汉语拼音教学的重点、难点以及突出重点、突破难点的教学方法。

3. 掌握识字与写字教学的原则、内容、方法、策略。

第一节　汉语拼音教学

一　汉语拼音教学的意义和目标

汉语拼音教学自1958年《汉语拼音方案》公布后，就成为小学语文课程中的重要组成部分，在教学中受到极大重视。

（一）汉语拼音教学的意义

汉语拼音作为小学语文学习必须掌握的工具，有着非常重要的意义。

1. 汉语拼音是帮助识字的工具

汉字是世界历史上最悠久的独立文字，属表意文字。表意文字，是用一定体系的象征性符号表示语义的文字，有一定的读音，但不单纯表示读音。汉语拼音能为汉字注音，解决汉字的读音问题。掌握了汉语拼音，就可以借助汉语拼音读出不认识的汉字，还可以利用汉语拼音查字典，认识更多的汉字。所以，汉语拼音是识字的工具。

2. 汉语拼音是帮助学习普通话的工具

普通话是以北京语音为标准音，以北方话为基础方言，以典范的现代白话文著作为语法规范的现代汉民族共同语，是全国各民族通用的语言，是中国现代社会交际的通用语。由不同地域语音的差异性造成的“南腔北调”的局面，给交际带来了困难。为此，国家把推行全国通用普通话作为一条法令强制执行。汉语拼音为方言地区学习普通话提供了便利，其作用与功能主要表现在利用拼音正音，从而克服学习普通话时产生的障碍。

（二）汉语拼音教学的目标

汉语拼音教学的总目标在《义务教育语文课程标准（2022年版）》中表述为：“学会汉语拼音。能说普通话。”这一总目标在一年级第一学期完成学习，但贯穿、落实于整个小学阶段。

（1）集中学习汉语拼音。学会23个声母，24个韵母，16个整体认读音节，能读准音，认清形；会认读四声。学会拼音方法，能准确地拼读音节；正确书写声母、韵母和音节。

声母（23个）

b　p　m　f　d　t　n　l

g　k　h　j　q　x

z　c　s　zh　ch　sh　r

y　w

韵母（24 个）

a o e i u ü（单韵母）

ai ei ui ao ou iu ie üe er（复韵母）

an en in un ün（前鼻韵母）

ang eng ing ong（后鼻韵母）

整体认读音节（16 个）

zhi chi shi ri zi ci si

yi wu yu ye yue yun

yin yuan ying

声调（4 个）

一声（ˉ） 二声（ˊ） 三声（ˇ） 四声（ˋ）

（2）学习汉语拼音字母表，认识大写字母，熟记《汉语拼音字母表》；学习用音序检字法查字典。

Aa Bb Cc Dd Ee Ff Gg

Hh Ii Jj Kk Ll Mm Nn

Oo Pp Qq Rr Ss Tt

Uu Vv Ww Xx Yy Zz

（3）学会拼音方法。拼音方法就是拼读，拼读应注意韵母带调拼读，整体认读音节不能拼读。拼读的方法有拼读法和直呼法。

拼读法：一种是两拼法，只有声母和韵母的音节，采用两拼连读法。拼读时声母读得又轻又短，韵母读得又响又长，要很快地连起来读，即前音轻短后音重，两音相连猛一碰。如 ba：b—a—ba。一种是三拼法，有声母、介母和韵母三段的音节，采用三拼连读法。这种方法的要领是“声短介快韵母响，三音连读很顺当”。如 x（声母）—i（介母）—àn（韵母）—xiàn（现）。三拼音节也可以运用“两拼法”来进行拼读，即把声母和介音看成一个整体，直接和后面的韵母进行拼读。例如：bi—āo—biāo（标），hu—áng—huáng（黄），hu—ān—huān（欢）。

直呼法，又可以叫直读法，就是看到一个音节不经过拼读，直呼出音节的方法，如 huáng（黄）。需注意的是整体认读音节无须拼读，直呼音节即可。

（4）借助拼音拼读汉字及儿歌。

（5）借助汉语拼音帮助识字阶段，教学以复习巩固为主，教学目标表述为：

① 认识大小写字母，能分辨大小写字母的形体。

② 熟记《汉语拼音字母表》。

③ 借助拼音识字。

④ 学习用音序查字法查字典。

二 汉语拼音教学重难点

（1）调值。二声与三声。

（2）形近字母的辨正。b 与 d；b 与 p；p 与 q；m 与 n；f 与 t；ei 与 ie；ui 与 iu。

（3）方言缺陷音。平翘舌，鼻音，边音，前后鼻音，h 与 f。

（4）拼音规则。

① 小 i 有礼貌，标调就摘帽。

② 标调规则：ɑ、o、e、i、u、ü，标调时，按顺序；有 ɑ 找 ɑ，没 ɑ 找 o、e，i、u 并排标在后（iu、ui），i 上标调要摘帽。

③ j、q、x、y 不与 u 相拼，与 ü 相拼时 ü 上两点去掉后仍然读 ü，不能读 u。

三 汉语拼音教学的内容与方法

（一）汉语拼音教学的内容

汉语拼音教学内容有声母、韵母、声调、拼音方法、整体认读音节、拼音的书写规则。

汉语拼音的教学，离不开教师的示范和正音。汉语拼音的主要教学方法，在很大程度上是一种“口授耳听”的教学，所以教师应掌握发音部位、发音方法和正音的要点。教发音时要注意三点：首先，示范，让学生观察、听准、体会发音要领；其次，抓住特点，比较区别，在分辨中读准音，加深记忆；最后，让学生反复练习，不断纠正。教师要不断地让学生练习、巩固，以达到十分熟练、见形发音、准确无误的程度。在练习巩固中如发现有发音不对的，还要再进行指导。

1. 声母的教学

1）声母的发音特点

教学声母时，要明确声母发音的特点：首先，发音时气流在口腔中受阻；其次，大部分声带不颤动；最后，声音不响亮。声母的本音不响亮，又轻又短，由于这些特点，声母不能独立成为音节存在于语言中。为了便于教学，就为声母配上了不同的韵母，如 b 配上 o 发 bo 音；t 配上 e 发 te 音；j 配上 i 发 ji 音。这种音叫呼读音。为了便于教学，声母一般教呼读音，但拼音时，最好还是要教学生读声母本音。教会学生读声母本音，拼音才能拼得准确。

2）声母发音部位及发音方法

b、p、m 双唇音，f 唇齿音。发音时，双唇紧闭，然后突然放开，让气流爆发出来，声带不颤动。b 和 p，b 不送气，p 送气。m 是从鼻腔出气出声。f 是下唇碰着上齿背，摩擦出声。

d、t、n、l 舌尖中音。发音时，舌尖抵住上齿龈，挡住气流，然后舌尖突然离开，吐出气流。d 不送气，声带不颤动，t 送气。发 n（鼻音）时气流通向鼻腔，从鼻孔出来，声带颤动。发 l（边音）时气流从舌头两边出来，声带颤动。有些方言中，n、l 常常混淆，所以教学时一定要区别 n、l，指导发准确鼻音 n。

g、k、h 舌根音。发音时舌根抬起，顶住软腭，再快速放开。发 g 时气流弱，不送气。发 k 时气流最强，送气。发 h 时舌根和软腭靠近，摩擦出气。有些方言地区 h、f 不分，教学时应注意区别发音部位。

j、q、x 舌面音。指导发音时，让学生舌面先靠近上颚（注意舌面位置不要太靠前，要比舌尖前音 z、c、s 的位置后一点），发 j 时舌面稍微离开上颚一些，让气流挤出来，发 q 时要送气，发 x 时要摩擦出气。

zh、ch、sh、r 和 z、c、s 两组声母，前者是翘舌音（或舌尖后音），发音时舌头翘起即卷舌（但不能卷舌过度），顶住上颚。后者是平舌音（或舌尖前音），发音时舌头平伸，顶住上齿背。教学这两组声母可以对比练习，zh、z 不送气，ch、c 送气，sh、s 摩擦出气，发 r 时注意颤动声带。

y、w 当作声母教。y 读大 i，w 读大 u。y、w 作声母，是为了与 i、u、ü 区分开来，i、u、ü 自成音节或是复韵母，以及 i、u、ü 作介母时，y、w 发音要读得轻短些。

声母的教学，除了要弄清发音部位和发音方法外，还要采用多种手段辅助教学，比如利用挂图或多媒体。

3）教学声母时的注意事项

要注意声母形体的比较，以免混淆。如 b 和 p，d 和 b，p 和 q 等。

2. 韵母的教学

1）单韵母 a、o、e、i、u、ü

小学生学习拼音最先学习的就是这六个单韵母。单韵母的学习对接下来的拼音学习非常关键，因此教学时要注意：

激发小学生学习拼音的兴趣。第一课的导入很重要，要有足够的吸引力，抓住小学生的兴趣，让学习兴趣成为推进学生学习的原动力。可以采用直观、形象的方式导入，比如利用多媒体、实物创设情境。教学的过程中，可以通过游戏、儿歌、表演等活动，同时施以巧妙奖励，让学生觉得学拼音是一件很有趣的事，从而爱上学拼音。

教给小学生学习拼音的方法。在拼音教学中掌握学习方法十分重要，有了方法做拐杖，他们才能触类旁通，学得更好更轻松。比如发音的方法，发单韵母时，口腔形状不变，声带颤动，声音响亮，时间稍长。抓住重点，突破难点。单韵母发音的特点：首先，明确 a、o、e、i、u、ü 六个单韵母开口度是依次由大到小。其次，e 的发音较难。指导发 e 音时，让学生将嘴稍微张开，成扁平型，嘴角向两边微展（像微笑），舌头位置和发 o 音时一样，只是嘴唇不圆。

2）复韵母 ai、ei、ui、ao、ou、iu、ie、üe、er

复韵母由单韵母复合而成，是拼音教学中的一个重点，也是一个难点。复韵母发音的特点：首先，明确所学的复韵母是由哪两个单韵母构成。其次，区别单韵母与复韵母发音时，口型的不同，发单韵母时，嘴巴不动，口型不变；发复韵母时，嘴巴要滑动，口型要变化。再次，发音时，嘴巴先要发前一个音，由前一个音向后一个音滑动，其中一个音较响亮，明确两个单韵母中，哪个的开口度大哪个的音就响亮，发音过程中气流不中断，口腔、舌位、唇形发生一系列连续变化，发出的语音浑然一体。比如发 ai，先发 a，接着舌位由低往高移动，口型由大变小，逐步滑动到 i。最后，er 是一个特殊韵母，不和声母相拼，独立成音节，发音时舌尖向上卷，嘴角半开半闭。

9 个复韵母，除 er 外，都是由单韵母 a、o、e、i、u、ü 组合而成，如：复韵母 ui 和 iu、ie 和 ei 两组字母的形非常相近，极容易混淆。教学中可采用交换字母的方法，让学生分辨音和形。

3）鼻韵母 an、en、in、un、ün、ang、eng、ing、ong

小学拼音教材共 9 个鼻韵母，其中 5 个前鼻韵母，4 个后鼻韵母。

前鼻韵母 an、en、in、un、ün 是前鼻尾音-n 作韵尾。发-n 音时，要把舌尖顶住上颚前部，出气出声。比如，发 an 音时，先发 a，然后舌尖逐渐抬起，发前鼻尾音-n。后鼻韵母 ang、eng、ing、ong 是后鼻尾-ng 作韵尾。发-ng 时，要把舌根顶住上颚后部，颤动声带，让气流从鼻孔里出来。比如，发 ang 时，先发 a，然后舌根抬高顶住软腭，发后鼻尾音。

鼻韵母的教学有一定的难度。如果单独发鼻尾音有困难，可以借助汉字、词语反复练习。最难的是正确区分前、后鼻音的发音部位和方法。为了分辨前、后鼻音，可选一些带前、后鼻音的音节，让学生听辨、练习。

3. 声调的教学

在汉语拼音里，声调同声母、韵母一样，也有区别词义的作用。音节中声母、韵母相同而声调不同，意思也会不一样。如果不学好声调，说话时就可能使对方听不懂或者弄错意思，所以声调教学是拼音教学的又一重要环节，也是教学中学生较难掌握的一个环节。汉语拼音中有四个声调和一种特殊声调，叫作轻声，在汉语拼音中不标调。声调教学，首先，读准声调的音，记住声调的形。声调的准确性关系着普通话的标准度。第一声（ˉ）叫阴平，发音又高又平；第二声（ˊ）叫阳平，发音由半高往上扬；第三声（ˇ）叫上声，发音先降然后再扬起；第四声（ˋ）叫去声，发音从高降到低；轻声（不标调）发音又短又轻。其次，标调的位置。i 上标调时要去掉上面的点；ü 上标调时，不用去掉两点，但是与 j、q、x、y 相拼时，需要去掉两点再标调；复韵母标调的规则是有 a 找 a，无 a 找 o、e，i、u 并列标在后。最后，书写音节要有序。书写音节时，先写声母、韵母，后写声调。另外，要指导读好轻声。轻声要结合词语的意思读出它所表示的语气。

4. 拼音方法的教学

教学拼音方法，小学语文教材是由易到难安排的。先是两拼音，即只有声母和韵母两个部分组成的音节；然后是三拼音，由声母、介母与韵母构成的音节。在拼音教学中，要强调带调拼音，即用声母直接和带调的韵母相拼，这种方法，既快又准确。教学时，充分考虑低年级与幼儿园生活方式和学习方式的衔接，考虑低年级学生的心理特点，尽可能使教学有趣味。教学方式以活动和游戏为主，努力创设学生喜闻乐见的情景和语境，要让学生多听多练习，使学生逐步能够熟练准确拼读。

5. 整体认读音节的教学

整体认读音节一般是指添加一个韵母后读音仍和声母一样（或者添加一个声母后读音仍和韵母一样）的音节（yuan 比较特殊），也就是指不用拼读即直接认读的音节，所以整体认读音节要直接读出。没有作为教学内容单列出来的，随相应的韵母或声母学习。

6. 拼音的书写规则的教学

首先要指导学生认识四线三格；其次认清书写规则，规则是四线三格记心间，拼音字母住里边，声调、圆点写上格，胳膊长了住上格，尾巴长了住下格，其他部分在中格，中格要饱满，上格、下格空一点儿，书写规则记心间，拼音才能写规范。拼音字母的主要笔画有竖、左半圆、右半圆、左竖弯、右竖弯、左弯竖、右弯竖、左斜线、右斜线。书写时要注意笔画、笔顺、位置；有多个字母的，几个字母要靠紧，写得紧凑、匀称；按顺序写完一个音节的所有字母后再标调；不要看一个字母写一个字母，要看一个音节写一个音节。

（二）拼音教学方法

拼音教学方法主要有观察法、口诀法、分辨法、游戏法、模仿法、引导法、演示法等。

四 汉语拼音教学的一般过程

（一）导入新课

（1）可以由儿歌导入、图片导入、绘画导入等。

（2）复习旧知，训练技能，回顾学法。

① 复习内容应是上节课的难点，与本次课有联系的内容。

② 复习次序应由易到难，由简单到复杂，目标清楚明确。

③ 复习形式应简单有效，易于操作。

（二）新课学习

教学内容及顺序：字母（声母、韵母、整体认读音节）、四声、拼音（读音节）、字词、儿歌。这个环节的具体步骤：

1. 看图说话

指导学生观察图画，引出新内容的学习。看图的目的：

（1）指导看图，训练看图说话能力。说话要求语句完整。

（2）注意引导学生观察图与字母的音形联系。

2. 学习新音

这个步骤要求学生做到动眼、动脑、动口、动手。

（1）读准音。指导发音，教师示范，学生多听多练。

（2）记住形。再次引导学生观察图与字母的形联系，用联想法、口诀法记住字母的形。

（3）正确书写。注意笔画、笔顺、位置，要求书写美观。

3. 教学声调

声调教学应与韵母教学紧密结合。认识四声：知名称，记调形。

读准四声：读准调值，组词说句。教写四声：知位置，学习标调方法。

4. 教学拼音

点面结合，人人参与。

拼读方法：二拼法、三拼法、直呼法。

5. 教学字词

拼读音节，认读生字词，读准字音。

6. 拼读儿歌（课文）

以读为主，形式多样，读通儿歌（课文）。

（三）复习巩固（建议采用游戏）

（1）拼音。新音、拼音（音节）。

（2）阅读。生字、新词、儿歌（课文）。

（四）小结并布置作业

（1）总结：教学内容、学法。

（2）布置家庭作业。

案例展示

《an　en　in　un　ün》教学设计及教学反思

教学目标：

1. 正确掌握五个前鼻韵母 an、en、in、un、ün 的发音，认清形并正确书写。

2. 复习 ü 与 j、q、x 相拼的规则，练习与学过的声母相拼，巩固、认识“班、人、林、村、群”等字，正音。

3. 以富有趣味的练习，巩固所学的知识，同时培养学生动脑、动口、动手以及相互合作的能力。

教学重难点：

重点：学会五个前鼻韵母 an、en、in、un、ün，读准音，认清形。

难点：掌握五个前鼻韵母的发音位置和发音方法，正确与声母相拼。

教具准备：

韵母卡片、生字卡片、ppt 课件、喜羊羊和小猴子的小贴片。

教学时数：

1 课时。

教学过程：

一、复习导入

师：“听说我们班要来多媒体上课，有几个单韵母宝宝可高兴啦，它们吵着也要来，请看大屏幕，都是谁来啦？一起读读。

师：“细心的小朋友可能发现了，六个单韵母，今天谁没来啊？哦，o 去请它的好朋友 n 和我们一起上课来啦，请看大屏幕，n 和五个单韵母站在一起组成了新的韵母，请看，它们后面都有个什么字母呀？”（生：n）“对，像这样后边有 n 的韵母我们就给它取名叫前鼻韵母，跟我读一遍，前鼻韵母。”

二、学发五个韵母的音

（一）an

1. 出示图片引发音

师："请看这幅图，图上画的是哪儿呀？（生：天安门）天安门的"安"就是旁边这个韵母的发音。谁来试试？发这个音的时候，先做好 a 的口型，舌头再慢慢往上抬起，感觉音是从鼻子里面发出来的，请看我口型……谁看清楚了？"

2. 多种方式练读

师："谁会读了？谁来当小老师教大家读读？"

3. 探究记发音方法

师："你能编个顺口溜来记这个韵母的发音吗？加上小手一起跟他说说。"

（二）en

1. 出示图片引发音

师："再来看，图上这只手正在干什么？"（生：摁门铃）[一般说"按门铃"，及时引导]"摁门铃的'摁'发成一声就是这个韵母的发音了，谁来试试？……很棒！发这个音跟发 an 是一样的，先做好发 e 的口型，舌头慢慢向上抬起，感觉音是从鼻子里发出，请看我的口型……谁来试试？"

2. 多种方式练读

师："谁会了？谁还想读？男生读读，女生试试。"

3. 探究记发音方法

师："我觉得这个韵母的发音有点难，你能帮我编个顺口溜吗？（生：摁个门铃 enenen）……谢谢你的好方法，真不错！我的喜羊羊喜欢和你做朋友。我们一起加上小手跟他说一次。"

（三）in

1. 出示图片引发音

师："图上画了什么？"（生：一对脚印）[引导学生把话说完整："图上画了一对脚印。"]"看着这对脚印你能猜出旁边这个韵母的发音吗？真棒！跟我读一遍。发这个音时，先做好发 i 的口型，再抬起舌头，请看我读。"

2. 多种方式练读

师："你们会了吗？男生试试，女生再读读。"

3. 探究记发音方法

师："你能编个顺口溜记住它的发音吗？（生：音乐音乐 in in in/脚印脚印 in in in）

说得真好，in 可喜欢你的顺口溜了，让我送个小猴子给你。"

（四）un 和 ün

1. 出示图片引导发 un 的音

师："接着看大屏幕，现在飞来一只蚊子，它还给我们带来了一个韵母，你认识这个韵母吗？怎么读？……真厉害，大拇指送给你。发这个音时，口型是怎么样的？请看我读，看你能发现什么？（生略）［这个问题学生误解为看清口型，跟老师读，平时应该多练习这样的问题。］……先做好发 u 的口型，嘴巴再慢慢向两边裂开。谁会发了？谁还想读？”

2. 出示图片引导发 ün 的音

师：“请看这幅图，图上画了什么？（生略）……看着天空中飘的这些白云你能试着发发这个韵母吗？……真能干！发这个音时，口型跟发 un 差不多，只是发音不一样。请看我读，谁来试试？”

3. 探究记发音方法

师：“我们喜欢这两个韵母，你帮我给它们分别编个顺口溜好吗？（生：一只蚊子，un un un；头晕头晕，ün ün ün）真会开动脑筋，我的喜羊羊想和你做朋友。”

三、游戏巩固

（1）现在我们认识了哪五个前鼻韵母，一起跟我读读。

（2）现在请你把卡片按顺序放好，我们来做游戏。准备好了吗？出示图片问：“我的朋友在哪里？”（生：在这里，un un un）（选择两三个韵母练习）

（3）同桌互相读。［注意合作时的课堂纪律，还有学生的坐姿］

师：“现在请你拿着卡片考考你的同桌，互相考完了请把卡片放在书的下面，然后坐端正，开始！”“不认识的可以让他教教你。”“请把卡片放回书里，看谁的动作最轻最快。”

（4）师考生。

① 师：“小朋友刚才读得可好了，我手里的卡片吵着也想让你们读读，一起来吧。”

② 师：“小火车！”

③ 师：“小朋友顺着读很棒，打乱顺序你们还认识它们吗？考考你们。”

四、练习四声

（一）an 和 en 的四声

师：“认识了这五个韵母，下节课我们回到教室再来写写它们吧，现在请看大屏幕，谁不见了？谁又不见了？”“哦，它们都跑这儿来了，带上了声调帽子啦，请看声调都分别标在谁的头上了？（生：ɑ e）……现在请小朋友自己试着读读它们的四声。”

师：“谁来试试？”“跟我读一次。”“再来一次，我说几声你们读。”“现在我们站起来加上小手一起读读 an 和 en 的四声，起立。”

（二）in、un 和 ün 的四声

师：“an 和 en 都带上了声调帽子，另外三个韵母不高兴，它们也想带上声调帽子，让我们瞧瞧（出示图片），好看吗？请看声调都分别标在了谁的头上？（生略）请你读读它们吧。”

师：“谁来试试？跟我读读。再来一次，我说几声你们读，别忘了加上你们可爱的小手。”

（课中操）现在，让我们来活动活动身体，教这五个韵母宝宝做做我们的课中操。起立，准备。

五、拼读练习

1. 出示 ün 不带调音节，练习拼读

师：“请看大屏幕，韵母 ün 找到了 j、q、x 和它做朋友，ü 和 j、q、x 相拼时头上两点怎么样呢？大家试着拼拼这些不带调的音节。”

2. 出示：班、人、林、村、群

师：“看见小朋友学得可认真了，生字宝宝也来和我们做朋友，请看大屏幕，试着拼一拼它们的音节，都有哪些生字宝宝来啦？一起读读。请你小声地拼拼它们的音节吧，谁来拼拼你喜欢的生字宝宝的音节。”（黑板贴生字卡片）

3. 汇报交流（注意“群”的音节和识字）

师：“你来拼拼？”

4. 游戏巩固

师：“现在，生字宝宝摘掉音节想出来和我们玩猜字游戏，我想来猜，谁来帮我指？”

（师：是班吗？生：错错错，不是班，是 b-an。）

六、书写

七、总结

师：“这节课我们认识了五个前鼻韵母，它们分别是谁？我们还利用拼音认识和巩固了五个生字，它们都是谁呀？”

八、板书设计

an　en　in　un　ün

班　人　林　村　群

教学反思

经过本课教学，我觉得有以下几点需要注意：① 备课。根据本课教学内容应该考虑学生课堂的动静结合，学生认清五个韵母形和读了五个韵母的四声，还有拼读以后，应该及时让学生书写五个韵母，特别是 in 和 ün 带调去点。这样一动一静，反而更能组织好课堂纪律。② 不管教学时间有多么紧，面对学生的回答，应该做出评价，而且评价要具有多样性，不应该太简单、同一化。不能只考虑到完成教学内容，而忽略了学生的反馈。③ 增强课堂调控能力，不能只顾在讲台上讲，应该及时提醒台下上课不认真的学生。④ 应该多锻炼学生的语言表达能力，继续培养学生学会倾听的习惯，注意听懂问题，听清别人发言。⑤ 面对周一早上第一节课，学生没有完全地进入学习状态，老师应该调整好状态，调动学生热情，活跃课堂氛围。⑥ 拼读环节，是熟字带音节拼读，最好是先识字再拼读音节，这样降低点难度，学生易拼出，教师也好控制教学。

梳理与探究

1. 汉语拼音教学的重点有哪些？
2. 观看并点评汉语拼音教学视频。
3. 任选一节拼音课，写一篇完整的教学设计。

3-1 随堂练习

第二节 识字与写字教学

一 识字与写字教学的意义和目标

（一）识字与写字教学的意义

《义务教育语文课程标准（2022 年版）》指出："识字与写字是阅读和写作的基础，是第一学段的教学重点，也是贯串整个义务教育阶段的重要教学内容。"学生只有认识并会写一定量的字词，才能理解书面语言，才能用书面语言表达自己的思想。

识字与写字是汉字教学中不可分割的两个环节。识字是基础，学生通过识字，了解汉字的形、音、义，了解汉字的结构，形成对汉字的感性认识。写字是汉字教学过程中的一个重要环节，通过写字来加深理解，所以写字是巩固识字的有效手段。学生通过练习写字能熟练地掌握字形，了解字的笔画、结构，逐步培养起精细辨认汉字的能力，并能促进对字形的记忆。识的字能够正确地写出来，是识字过关的重要指标，也是推动学习向前发展的重要条件。

汉文字有历史文化"化石"之称，是世界上仅存的仍在使用的表意文字。当今科学研究表明，汉字是一种"智能型文字"，具有开发大脑潜能的作用，且识字与写字教学有利于小学生的智力发展。中国文化有着悠久的历史，中国的汉字更是中国人民千百年来智慧的结晶。很多的汉字，一个字就是一幅画，一个字就是一首诗，一个字就是一个故事。

（二）识字与写字教学的目标

1. 总目标

《义务教育语文课程标准（2022 年版）》总目标（小学阶段）指出，要"认识和书写常用汉字"。要求教会学生一定数量的汉字，培养学生独立学习汉字的能力。

2. 学段要求

第一学段（1～2 年级）：

（1）喜欢学习汉字，有主动识字、写字的愿望。认识常用汉字 1600 个左右，其中 800 个左右会写。

（2）学会汉语拼音。能读准声母、韵母、声调和整体认读音节。能准确地拼读音节，正确书写声母、韵母和音节。认识大写字母，熟记《汉语拼音字母表》。

（3）掌握汉字的基本笔画和常用的偏旁部首，能按基本的笔顺规则用硬笔写字，注意间架结构。初步感受汉字的形体美。努力养成良好的写字习惯，写字姿势正确，书写规范、端正、整洁。

（4）学习独立识字。能借助汉语拼音认读汉字，学会用音序检字法和部首检字法查字典。

第二学段（3～4 年级）：

（1）对学习汉字有浓厚的兴趣，养成主动识字的习惯。累计认识常用汉字 2500 个左右，其中 1600 个左右会写。有初步的独立识字能力。能用音序检字法和部首检字法查字典、词典。

（2）写字姿势正确，养成良好的书写习惯。能用硬笔熟练地书写正楷字，做到规范、端正、整洁。用毛笔临摹正楷字帖，感受汉字的书写特点和形体美。

（3）能感知常用汉字形、音、义之间的联系，初步建立汉字与生活中事物、行为的联系，初步感受汉字的文化内涵。

第三阶段（5～6 年级）：

（1）有较强的独立识字能力。累计认识常用汉字 3000 个左右，其中 2500 个左右会写。感受汉字的构字组词特点，体会汉字蕴含的智慧。

（2）写字姿势正确，有良好的书写习惯。硬笔书写楷书，行款整齐，力求美观，有一定的速度。能用毛笔书写楷书，在书写中体会汉字的优美。

3. 目标解读

1）识字与写字教学的整体目标

识字与写字教学的主要目标是教会小学生识字的方法，培养他们识字的能力，培养小学生写字技能和技巧，教给他们写字的基本知识，激发他们识字、写字的兴趣，养成良好的识字、写字习惯。

2）提倡识写分开，多认少写

语文课程标准要求小学阶段累计认识常用汉字 3000 个左右，其中 2500 个左右会写。因此，在识字要求上提出了“认识”和“会写”两种不同要求，在第一学段明确提出要“多认少写”。“多认”有利于学生尽早、尽快、尽可能多地认字，以便尽早进入阅读阶段。人教版教材将生字分为“一类字”和“二类字”，二类字只需学生会读、会认；一类字除了要求会读、会认，还要求会写、会用。识字与写字分开避免了学生识字负担过重的问题。因此，教学中要严格按照两类字的不同要求进行识字、写字教学。

3）识字与写字的学段要求

语文课程标准对识字、写字在数量、质量、能力上以及情感态度等方面提出了具体的教学要求。这些要求符合三维目标。

第一学段（1～2 年级）教学目标：

【知识目标】

（1）认识（　　）生字，读准字音，认清字形。正确书写（　　）生字。

（2）正确、流利、有感情地朗读儿歌。

【技能目标】

（1）认识笔画（　　）、部首（　　）。

（2）学会识字方法。

（3）写字姿势要正确，字要写得规范、端正、整洁，努力养成良好的写字习惯。

【情感态度价值观目标】

激发（　　）兴趣，热爱（　　）

第二学段（3～4 年级）教学目标：

【知识目标】

认识（　　）生字，读准字音，认清字形。正确书写（　　）生字。

【技能目标】

（1）会使用字典、词典，有初步的独立识字能力。

（2）能使用硬笔熟练地书写正楷字，做到规范、端正、整洁。用毛笔临摹正楷字帖。

【情感态度价值观目标】

对学习汉字有浓厚的兴趣，养成主动识字的习惯。

注意：三年级是小学阶段的关键一年。识字教学由重点转为非重点。但仍有识字任务，只不过所占课时大大减少，以自学、指导为主，无专门识字教材。

第三学段（5～6 年级）教学目标：

【知识目标】

认识（　　）生字，正确书写（　　）生字。

【技能目标】

（1）有较强的独立识字能力。

（2）硬笔书写楷书，行款整齐，有一定的速度。能用毛笔书写楷书。

【情感态度价值观目标】

在书写中体会汉字的优美。

注意：第三学段识字与写字以学生自学为主，教师一般在检查预习时检测并指导，所占课时更少。

二 识字与写字教学的重难点

（一）第一学段（一～二年级）教学重难点

1. 一年级重难点

（1）识字量为 700 个，其中 300 个会写。掌握汉字的基本笔画、笔顺规则、间架结构和常用的偏旁部首。

（2）能借助汉语拼音读准字音，能按汉字的基本笔画、笔顺、偏旁和结构去分析、记忆字形。

（3）学习结合词语理解字义。

2. 二年级重难点

（1）识字量为 900 个，其中 500 个左右会写。能初步结合词语理解字义。

（2）学会辨析学过的同音字、形近字。

（3）学习用音序法查字典，学习独立识字。

3. 一、二年级重难点比较

（1）读准字音。

（2）认清字形（一年级）。

① 注重笔画、笔顺的训练（独体字）。

② 按汉字的基本笔画、笔顺、偏旁和结构去分析、记忆字形（合体字）。

（3）理解字义（二年级）。

① 能初步结合词语理解字义。

② 辨析同音字、形近字。

（二）第二学段（三～四年级）教学重难点

1. 三年级重难点

（1）学会常用汉字 500 个左右，能辨析学过的多音字、同音字和形近字。

（2）学习从字典中选择词义，能初步独立识字。

2. 四年级重难点

（1）学会常用汉字 400 个左右，能辨析多音字、同音字和形近字。

（2）能在阅读和习作中使用字典解决字词的疑难问题。

3. 三、四年级重难点比较

（1）养成主动识字的习惯。

（2）辨析多音字、同音字和形近字（三年级）。

（3）学习从字典中选择词义，会使用字典、词典，有初步的独立识字能力（四年级）。（三年级第一学期，至少要有半节课的时间用于识字教学，以后可视情况逐步减少。）

（三）第三学段（五～六年级）识字教学重难点

1. 五年级重难点

（1）学会常用汉字400个左右，能独立识字，自觉纠正错别字。

（2）能比较熟练地查字典，初步养成使用字典的习惯。

2. 六年级重难点

（1）学会常用汉字300个左右。

（2）能熟练地查字典，养成使用字典的习惯。

3. 五、六年级重难点比较

根据具体的课文决定生僻字、易混字等，自主识字。

五、六年级仍有识字任务，但是，与低年级相比，所占课时大大减少。识字教学以学生自学、全班交流、教师择重点指导的方式为主。

4. 五、六年级识字教学指导

随着年级的增高，用于识字教学的时间越来越少。虽然高年级阅读教学不再以识字教学作为重点，但并不意味着可以忽略识字教学。高年级的学生仍然需要在教师的指导下完成识字任务，同时在识字过程中积淀语感，加深对课文内容的理解，培养较强的独立识字能力。因此高年级的语文课，识字环节依然是不可缺少的，关键在于我们要学会如何用最少的时间达到最好的效果。

（1）课前预习。课前预习对生字新词提出明确的要求。要求学生用学过的识字方法或自己喜欢的方式解决生字新词，比如：在字音方面，要求学生不看注音就能读出生字；在字形方面，要求学生给每一个生字找出一个字形最相近的字进行辨字组词；在字义方面，要求学生查字典和词典去理解课文中的生字的字义。这样才能充分发挥学生学习的积极性。

（2）课堂指导。教师要注意对生难僻字进行指导。这个环节可以在研读课文之前，也可以在研读课文中，结合实际引导学生识字。教师以学生自主学习为主，帮助学生养成主动识字的习惯，重点培养学生预习生字的能力。在阅读中识字，让学生在读中识、识中读，在读识结合的基础上感悟、理解、想象，巩固生字新词。例如，教学“舒服”一词时，教师可以引导学生边读边想象在金色的沙滩上，吹着轻柔的海风的感觉。学生对词有了感觉，自然就会理解词的含义了，同时也就加强了对词的记忆。这种让学生在读与想象中建立文字与事物之间联系的词语教学方法，既有利于培养学生的语感，又容易让学生进入课文的情境。指导学生在语境中识字，有的教师习惯把课文中的生字词抽取出来，进行逐一教学，这样的教学方式单调、枯燥，学生的学习积极性并不高。高年级识字教学不宜零敲碎打，应注重整合，如把一篇文章中零散的生字新词整合在一段自编的词串或语段当中，让学生的识字过程成为扫除阅读障碍的过程。有了这样的语境的支撑，学生更容易在相应的语境当中识记生字新词，利于激发学生的识字兴趣，培养学生独立识字的能力。

（3）课后积累。课后指导学生在积累运用中识字。高年级学生的识字量大，教师应尽早引导学生独立阅读，来促进学生字词的积累。例如，教师可以在班级里开展“辞海拾贝”“成语集锦”“格言警句”等多个阅读项目，还可以将单元生字新词编写成词串或短语，以提高学生的识字兴趣，拓展学生的知识面，减少学生对生字的回生率。总之，高年级识字教学，只要运用方法得当，一定会取得事半功倍的效果，这比让学生一个一个地理解词语要更加生动、扎实、有效。语文教学其实并不那么复杂，就是教学生识字、写字、读书、作文。只要教师在低年级识字与写字教学的基础上，增强学生自拼字音、自解字义、自行书写能力的培养，逐步提高学生的独立识字、独立阅读能力，高年级的识字教学也同样精彩。

三 识字教学的原则、内容与方法

（一）识字教学的原则

1. 激发识字兴趣，教给识字方法，培养识字能力

《义务教育语文课程标准（2022 年版）》强调培养学生独立识字的能力。“喜欢学习汉字，有主动识字、写字的愿望。”识字教学的最终目的是让学生具有较强的独立识字的能力，为学生将来在社会生活中进行终身学习做好准备。

识字教学的原则与内容

（1）把识字的主动权交给学生，学生是学习的主人。教师要给学生创设一个轻松愉快的学习环境，让每个学生思维活跃起来，让课堂变得灵动。在学习生字之前先组织预习活动，让学生开动脑筋，自主选择自己感兴趣的方法识记生字。

识字与写字教学的重难点

（2）在平常教学过程中随时引导学生总结识字方法，逐步形成自主识字的能力。在教学生字时，请学生说说自己是用什么方法记住生字的字形、字音、字义。教师对学生识字方法进行适时的总结、提升。这样，通过同学师生之间的交流互动，相互启发、借鉴，丰富自己的识字方法，增强学习的自信心和主动性。

2. 识字教学要做到“五个结合”

（1）识字要与形、音、义结合。汉字是由形、音、义三个基本因素构成的统一体。学生识字首先要拼音节读准字音，其次分析结构认清字形，最后组词、造句、理解字义。只有三者有机地结合，互相联系，互相沟通，才能达到见形而知音义，听音而知义形，表义而能辨字音、写字形的效果。

（2）识字要与认识事物相结合。小学生的基本思维特征是以具体形象思维为主要形式过渡为以抽象逻辑思维为主要形式，也就是说形象思维是小学低年级学生的思维特点。所以教师在进行识字教学时应以形象思维为主线，把识字与熟知的事物相结合进行直观教学。可以通过实物、图片、课件、语音、动作、模型等，使文字与学生熟识的事物结合起来，使抽象的概念变成学生看得见、摸得着、听得到的事物。

（3）识用结合。识字、学词是为了运用。因此，学生识了字以后，要通过组词、造句、写话、读短文、写观察日记等方式具体运用学过的字词，这才是学习字词的根本目的。只有将字词落实到文章中以后，才能起到表情达意的作用。教师要指导学生认真反复地朗读课文，要求眼、口、脑并用，一边读，一边思考，把每个字音读准，把句子的意思真正弄懂。这样，生字在朗读中反复出现，也得到了巩固。在讲读课文中，也要有意识地

结合讲词和句，用正音、辨形、释义的方法复习生字。复述课文时，要求学生运用学过的字词。通过听说读写思能力的整体推进，螺旋上升，顺利实现低年级重识字教学向中高年级侧重阅读、习作教学过渡。

（4）识字要与写字相结合。写字是一项重要的语文基本功，是巩固识字的手段。因此，写字和识字的关系非常密切。写字的过程就是熟悉掌握字形特点、笔画、笔顺、结构和书写方法的过程，教学生写字不是为了写字而写字，是为了掌握字、使用字。因此，学生在初步掌握字的形、音、义以后，通过写来巩固识字。这样，识字和写字相辅相成，互相促进，从而达到最好的学习效果。

（5）识字与强化训练相结合。小学生记忆的特点是记得快，忘得也快，往往学到后面忘了前面。再加上汉字笔画繁多，结构复杂，难认，难写，难记。因此，在识字教学中，不仅要用各种方法提高学生第一次感知的效果，对每个字的形、音、义都获得深刻印象，还要分散地、经常地进行强化训练，防止学过的字词回生。

3. 采用直观的教具和现代化的教学手段

遵循教学的直观性原则，恰当地运用直观教具，如字卡、词卡，尤其是电化教育手段，可以使复杂、抽象的教学内容显得比较简单、明确和具体。

4. 同音字、形近字、近义字的区分原则

在学生的习作中，同音字、形近字张冠李戴的例子比比皆是，为了防止学生写错别字，就必须帮助他们区分同音字、形近字和近义字，也就是在字的形、音、义统一基础上，突出比较差别细微的部分。音同形异的如“工”和“公”、“在”和“再”等，教学这类字时要结合课件和词句，着重从字义和字形上分析比较，说明各有各的用法。音同形近的如“像”和“象”、“跟”和“根”等，学生更容易混淆，教学这类字时要根据形声字的特点，用课件分析形旁表义，声旁表音，并且通过多种练习如组词、扩词、填空、造句等进行辨别。教学生字时，一定要建立形、音、义的联系，要落到实处，不要“炒夹生饭”，否则会产生错别字。纠正错别字，一要加强正音和正形工作，防患于未然；二要对症下药。纠正错字主要是分辨字形，纠正别字主要是分辨字义。要提醒学生遇到字形生疏或意义不明的字，应该查字典，养成良好的学习习惯。

（二）识字教学的内容及方法

形、音、义是汉字的三要素，这三者密不可分。识字教学的内容包括字形教学、字音教学、字义教学三个方面。下面分别介绍这三方面的教学内容与教学方法。

1. 字形教学

字形教学方法要求学生掌握字的结构及其写法，不写错别字。汉字的笔画较多，结构较复杂，多一点少一点字就不同，甚至一笔画的长短或位置不同，字也不相同了，比如“大、太、犬”，“土、士”。分析字形、记住字形是低年级识字教学的重点，教学时要循序渐进，教给学生方法，启发学生自己分析字形。字形教学的方法有：

（1）笔画分析法：学生刚识字时，要对笔画一笔一笔分析，教学生数笔画，同时把笔画名称、写法和笔顺规则教给学生。在此基础上还要指导学生书写，在练习本上模仿书写，加深对字形的记忆。

（2）字谜记忆字形法：根据字的特点、事物的形状等来编谜语，使学生对字产生直观形象，帮助学生记忆字形。例如：“人在高处走，云在脚下行”（会）；“一人藏在草木中”（茶）；“上边的在水里，下边的在天上”或“上边的新鲜，下边的明亮”（鲁）。这些字谜，基本上能反映字形的特点，又显示出一定的字义，并且简短易记，学生兴趣浓厚。

（3）部首带字归类法：利用已学过的部件，加上另一部分进行识字。例如：日字旁，晴、明、暗、晾、暖。

（4）熟字加减法：通过对一个熟字的加一加、减一减，生成另外一个字。例如：“火”加一横变为“灭”，“日”左边加一竖变为“旧”，“禾”少一撇为“木”。

（5）形近字对比法：通过对形近字的对比，来帮助记忆字形。例如：己、已、巳，旯、旮。

（6）熟字加换偏旁法：通过对熟字的加偏旁或换偏旁来进行识字。例如：加偏旁，哥—歌，直—值；换偏旁，低—底，油—邮。

（7）构字规律分析法：汉字的构字规律，主要指象形、指事、会意和形声。

象形字用图解识字法。象形字是描绘事物形状特征来表示意义的一种造字法。这类汉字大体像客观物体的样子，带有一定的图画性，可以利用图画（简笔画、贴画等）帮助识记字形。用此法识字，既有趣，又能培养学生的想象力。比如：日、月、水、火、山、石、田、土等象形字，都是实物的象形，笔画简单，与图画接近，学习这类汉字可以充分发挥学生的想象力。也可以让孩子们模仿古人造字：画画大山的“山”是什么样，说说“田”怎样写，大家造字、说字兴趣浓厚，同时从中体会到以形象造字的成就感，而且也利用字形识记了字。

指事字、会意字用构字规律分析法。指事字是以象征性的符号表示意义的。教学时，着重指明这符号的含义和位置，有利于学生记住字形，理解字义。例如：“本”字，木下加一横，提示树根的所在；“末”字，木上加一横，提示树梢之所在；再如“旦”字，下面一横表示地平线，太阳从地平线升上来了，就是“旦”字——天亮了。

会意字是两个或两个以上的独体字合在一起，表示一个新的意义的字。例如：“从”，两人前后相随；“休”，人倚着树木；“采”，手在树上摘东西。

形声字用部首带字归类法。形声字是由形旁和声旁组成的字。形旁表示意义范围，声旁表示字的读音。比如“湖、鸠”。“湖”的形旁是“氵”，表示与水有关；声旁是“胡”，表示读音是血。“鸠”的形旁是“鸟”，表示“鸠”是鸟类；声旁是“九”，表示读音是“他”。

形声字有了表音部分，比前三种字先进得多，在汉字发展史上是极大的进步。据统计，形声字占汉字总数的百分之八十以上。形声字的结构类型主要有：

左形右声——描、忆、情	左声右形——领、飘、期
上形下声——宇、篱、雾	上声下形——梨、袭、想
内形外声——问、辩、闻	内声外形——裹、衢、圆
形占一角——腾、颖、荆	声占一角——旗、房、症

掌握了形声字的一些规律，利用形旁分辨字义，声旁推敲字音，对识字有很大的帮

助。可以利用已学过的熟字，通过“加换”字的偏旁部首，帮助学生记忆字形。比如，记忆“请、情、清”，利用已学过的“青”字加上“氵”就成了“清”，理解了读音，再联系“清澈的河水”就知道了“清”与“水”有关，又理解了字义；“请”人要用嘴，所以就有一个言字旁；“情”，与心情有关，所以加上“忄”。利用形声字的声旁和形旁识记字，既利于掌握汉字的声，又利于掌握汉字的形和理解汉字的义。

2. 字音教学

字音指汉字的读音，识字教学首先要指导学生读准字音，字音教学是识字教学的基础。教师要教会学生熟练地掌握汉语拼音，引导学生借助汉语拼音准确拼读字音。字音教学的主要方法有：

(1) 教同音字，用归类比较法认读。汉字有几万个，而普通话的基本音节只有400多个，这就产生了大量的同音字。同音字有两类：一类是读音完全相同，如“青、清”；另一类是音同声调不同，如“请、情”。教学这类字，可以用同音归类的办法解决读音问题，由熟字带出同音的生字，以提高识字的速度。

例如：由“青”带出“睛、清、晴、请、情”。但对于声调不同的字要指导学生注音辨别，读准声调。在用归类的方式掌握读音的同时，还要注意联系词义来分析、区别字形，巩固对字形的记忆。

(2) 教多音字，要据词定音。有些字作为不同意义的词或构词成分出现时读音不同。教这类多音字，要依靠字义来分辨字音，把它们放在具体的语言环境中，据词按义定音。例如：几（jǐ）个茶几（jī），还（hái）不还（huán）我。

字音教学要注意强调按普通话语音读出字音，排除方言干扰。要依据本地方言特点，抓住难点和容易读错音的字，重点指导，反复练习。

3. 字义教学

字义教学是识字教学的核心，其实质是帮助学生建立起具有概括性和间接性的字和它所代表的事物之间的联系。字义教学是培养学生理解、表达、思维能力的起点，对字形教学的影响很大，可以使学生减少机械识记，增强意义识记。理解字义的教学方法是多种多样的，主要有以下方法：

(1) 利用构字规律，理解字义。汉字“六书”中的“象形”“指事”“会意”“形声”是汉字的造字规律。汉字教学中可以利用象形字的直观性、指事字的指事性、会意字的形义结合、形声字形旁的表意性等字形特点来进行字义教学。

(2) 通过直观教学，理解字义。小学生尤其是低年级学生，他们的思维以形象思维为主，教学中就要根据儿童的思维特点，把抽象的符号具体形象化。一是利用图片、实物等直观教具，来表现汉字的形与义；二是利用象形字字形的演变来直观地表现汉字的形与义；三是借助表情、动作、手势、表演等直观手段来表现汉字的形与义。

(3) 组词造句法，理解字义。通过对字的组词和造句，加深对字义的理解。有些字组成词学生就能理解了。例如：兴——高兴。你穿上新衣服的心情怎么样？——高兴。怎么个高兴法？谁能说说？我高兴地在屋里走来走去，一会儿照照镜子，一会儿扯扯衣角。

(4) 比较辨析，理解字义。学生一般缺乏精细的分析比较能力，对一个字中的笔画安排和组合常常认识模糊。所以，形近字、同音字是学生最易混淆的，教学时，教师可引导学生仔细观察，进行理性分析和比较。比如“渴”和“喝”，教给学生儿歌：口渴要喝水，喝水要用口。学生将儿歌熟记于心，既不会混淆字形，又理解了字义。

汉语中存在着大量的近义词和反义词，在教学中让学生用自己熟知的词来比较辨析理解意思相近或相反的词义。比如，“多”与“少”、“有”和“无”、“远”与“近”、“来”与“去”，通过反义词的比较，理解字义。

（5）巧列一字多义，理解字义。大多数汉字都有一字表多义的复杂性，辨析一个字在不同词语或语境中的不同含义，是低年级学生识字的难点。在教学中，可巧妙地利用生字的多种含义来组词，帮助学生掌握字义。比如教学“端”字，教师启发学生组词：“端”表示动作，可以怎样组词？学生很快便能想到“端水”“端盘子”。“端”表示东西的一头，可以怎样组词？学生说出“两端”“端点”“顶端”。“端”表示不歪斜时，又可以组词“端正”。也可以先出示词语，再选择字义。比如“侵略”的“略”，教师可先请学生扩词：侵略、省略、简略、战略。接着出示“略”的不同注释引导学生辨析字义：① 省去，简化；② 大致，简单，不详细；③ 计谋；④ 抢，掠夺。

结合具体语境，理解字义。通过阅读课文，将识字、理解词句、说话训练等有机结合，体现了在语言环境中识字的教学思想，有利于加强对字词的理解。汉语中有些字词，如果脱离了课文进行教学，很难说明它的意义，学生也难以理解，而通过结合课文具体语境，从上下文的联系中去理解，就不难掌握了。比如“慌”字，学生在读到带有这个生字的句子时，让学生说说这个字为什么是竖心旁，并找到课文中描写大家慌的句子，从他们的举动中猜测他们在想些什么。这样，学生既识记了字形，理解了字义，还读懂了课文内容。

在字义教学中要注意培养学生理解字义的能力，这就要教给他们查字典的方法，并使他们养成查字典的习惯。字义教学要适合学生的理解能力，要注意思想性，讲解的方式要多样化，要讲得准确、浅显、简明，使学生容易领会，懂得用法。

四 写字教学的原则、内容与方法

（一）写字教学的原则

写字教学是小学语文教学的重要组成部分，小学生写一手漂亮的字，是非常有价值的技能。《义务教育语文课程标准（2022 年版）》对写字提出了明确的要求，要求小学生要养成正确的写字姿势和良好的写字习惯，初步感受汉字的形体美，学会用毛笔临摹正楷字帖，通过书法训练达到在书写中体会汉字的优美，体会书法的审美价值等。写一手好字，它不单单是一种终身受用的技能，而且是培养学生终身学习能力的基础，对学生的学习和发展都有着重要的奠基作用。写字是一门实践性很强的课程，需经过一定的训练才能掌握它的技能。要正确、端正地书写汉字，就要严格遵守国家主管部门发布的有关字形、笔顺等一系列语言法规的规定，写规范字。写字教学的原则有：

1. 正确原则

正确原则是写字教学的第一原则，也就是说在写字教学中，教师首先应该引领学生做到“三个正确”：能按照笔顺规则正确地书写汉字，写字姿势正确，执笔姿势正确。这样，才能保证学生书写规范，才有助于学生写字端正、整洁、美观，才有利于学生身心健康和成长发展。洛克是17世纪英国著名的哲学家和教育家，他有一个著名的“白板说”，套用在写字教学中是很恰当的。一年级的学生的心灵就像一块白板，你怎么教，他就怎么画；你教错了，他就画错了，以后再怎么擦，心灵也会留下一道浅浅的疤痕。写字是一种动作技能，一旦形成就不容易遗忘，因为大量的练习之后，动作技能就在小脑和脑低级中枢刻下了动作痕迹。所以，一年级写字教学对语文教师提出了很高的要求：第一，确保自己写字正确；第二，能正确地示范、准确地讲解和有效地指导；第三，必须有丰富的教学经验，实行以预防为主的策略，能事先想到学生可能会产生的错误并且采取办法预防学生可能发生的错误。

写字教学的原则与内容

2. 识写结合

写字和识字是互相促进的。写字能提高辨认字形的精确性，发展知觉字形的稳定性和主动性，并加强对字形的记忆。而字形的辨认又是形成书写技能的重要条件。心理研究表明，识字时只认不写，字形就难以记住；认读加上书写，使视觉分析器官和动觉分析器官协同工作，字形在头脑中留下的印象要深刻得多。识字和写字结合，还能养成良好的书写习惯。

3. 少而精

指导临写宜“少而精”，切忌滥临、抄帖，要做到三个适度。一是指写字教学的进行速度要适度。由于汉字本身的结构比较复杂，再加上小学生的手、眼、脑的协调能力不发达，写字教学的速度不宜过快，因此写字教学的起始速度要慢，以后逐渐加快。二是指写字练习的数量和时间要适度。小学生的手指肌肉发育还不成熟，注意力集中的时间不长，因此布置的练习量要适度。每次，以20分钟为宜。三是指教师要求学生每个字练习的遍数要适度。心理学研究表明，以5个字为例，如果连写，3遍效果最佳；如果分写，4遍最有效。并不是像有些人主观认为的那样，抄写得越多越好。如果我们对学生的错误采取“错一罚十”的办法，对教师来说只能是事与愿违，对学生来说就是身心的伤害。

“少而精”的原则既可减轻学生的负担，又能保证每次练习的效果。学生能否形成正确的书写技能，并不决定于练习的数量，关键在于每次练习的质量。只有正确的练习才有助于良好技能的形成。不正确的动作重复多次，反而会形成错误的习惯。错误的习惯一旦形成，以后要改正就十分困难了。

4. 循序渐进

常言道：“字无百日功，只怕一日空。”练字是持久战，写字不可能速成。说它能培养人坚韧不拔的毅力和吃苦耐劳的精神，原因就在这儿。在能力形成的过程中，要经过由感性到理性，由具体到抽象的发展过程。学生明确了规律，不等于形成了能力，还需要一个转化训练的过程。这就要求我们必须进行各种长时间、多空间的内容和形式的训练活动。写字练习方式要多样化。一般可先抄写，后默写，再听写。也可以用填空、改写、造句等方式进行练习。

5. 多示范

指导写字不能忽视运笔的训练，要强调一笔一画地写。每一笔的运笔过程，教师要在讲清要领的基础上多做示范。让学生亲眼看到怎样起笔、怎样行笔、怎样收笔；如何提、按、顿、挫；什么叫逆锋，什么叫回锋；轻、重、缓、疾如何把握等。因为书写技法单靠讲，学生是难以理解的。教师在课堂上示范，可用较大的毛笔蘸清水在黑板上写。笔锋的有序运行、微妙变化对学生的启迪意义最大，学生也很感兴趣。学生写不好的字，老师一示范，学生往往就会写了。此法同样适用于铅笔字和钢笔字的示范教学。

6. 教给学生写字知识

要达到写字教学的目标，完成写字教学的任务，培养学生写字的能力，教师必须重视教给学生写字的知识，指导写字方法。

写字的基本知识包括汉字的笔画名称、笔顺规则、偏旁部首、间架结构等内容。这些知识也是识字的基本知识，也应结合识字教学有选择、有侧重地进行教学。

（二）写字教学的内容与方法

1. 铅笔字

低年级学生以练写铅笔字为主，写好了铅笔字，也为练写钢笔字和毛笔字打下了基础。所以，要切实指导低年级学生写好铅笔字。

（1）重视培养习惯。俗话说："积千累万不如有个好习惯。"入学儿童正处于书写习惯形成时期，要教育学生认真地、专心地写，每一笔、每个字都要按要求去写。良好的书写习惯有：

① 正确使用文具，细心保管和爱护书写工具的习惯。

② 认真书写的习惯，包括正确书写姿势和执笔姿势。正确的书写姿势，即写字时，让学生头正、肩平、腰挺直。胸部离桌约一拳，眼睛离本子约一尺左右的距离。本子放正，左手按本子，右手执笔。由于学生对尺寸和厘米的概念不清，最好在教师示范、指导下进行。正确的执笔姿势，即握铅笔时，让学生大拇指和食指捏在离笔尖约一寸的笔杆上，食指稍前，拇指稍后，中指第一节抵住笔杆，无名指和小指自然卷曲于中指之下。笔杆和纸面约成50。的夹角。写字时手背向上，手心向下。这些写字的准备工作，学生不是一两天就能掌握的，要从开学的第一天开始强调，随后教师每天都要有意识地督促、培养，教师要示范，必要时教师还要手把手地指导。

③ 坚持不懈的学习习惯。写字技能的形成是一个长期积累、慢慢提高的过程，不可能一蹴而就、一步到位，必须坚持天天练字，持之以恒，一步一步地积累和提高。

④ 讲究卫生的习惯。教育学生看清楚字再下笔，不滥用橡皮，更不要用口水擦写错的字，时常保持手指、本子和课桌的整洁卫生。

（2）指导正确使用田字格。使用田字格时，指导学生仔细观察每个字的构字特点及在田字格中的位置，并指导观察字形结构。可先指导学生在田字格中写横、竖、撇、捺、折等基本笔画，然后引导学生在田字格中写独体字、合体字。在练习过程中，教师应该先范写，再领写，等学生正确掌握后，然后让学生独立书写。与此同时，教师仍要加强指导，不能放任自流。

（3）加强笔画教学。笔画书写的正误好坏，将直接影响到字的质量。因此，笔画写不好，字就不可能准确美观。教学中，要让学生认识笔画的名称并掌握笔画的特点及写法。要求学生做到横平竖直，写好每个笔画，初步感受汉字的形体美。

（4）指导学生按笔顺书写。按笔顺书写既能提高书写速度也便于安排字的结构。因此要让学生按“先横后竖，先撇后捺，从上到下，从左到右，先外面后里面，先中间后两边，先里头后封口”等笔顺规则书写。

（5）注意字的间架结构。间架结构教学是低年级写字教学的难点，低年级学生空间知觉能力差，初学写字时，对字的间架结构没有概念。写字教学中注意让学生掌握字的间架结构，把字写得结构匀称，各部分比例得当。写独体字，应让学生把笔画安排得疏密均匀；写合体字，要让学生把各个结构单位合理搭配。要引导学生仔细观察范字，多与范字对比分析，从而让学生会用间架的规律来进行书写。

总之，指导学生写字时，要求学生一笔一画地写，专心致志地写，不写倒插笔画，不写错字、别字，间架结构要合理。同时要保持书面整洁，养成不随便下笔，不乱涂乱改的好习惯。

2. 钢笔字

小学三年级开始练习写钢笔字。钢笔和铅笔都属于硬笔，在书写要求和方法上有许多相同的地方。下面从钢笔字的书写特点和三年级以后学生写字的实际，谈谈钢笔字教学要注意的几个问题。

（1）要求连贯书写。经过一、二年级低学段的写字训练，学生对写字的诸要素，比如坐的姿势，执笔的方法，本子摆放的位置，字本身的组成因素，以及对字的结构布局等，都了然于心。从三年级开始的钢笔字，就要求书写比较流畅，一次能写几个字，甚至几个句子，写字时能照顾到字与字之间的排列是否整齐，间隔是否适中，大小是否匀称。

（2）要求书写速度。四年级学生的写字本已从方格本转换成横线格的练习本，并且要求学生书写有一定的速度。因此，教师除了继续要求学生认真看范字，读字帖，注意字的间架结构外，还要做到行款整齐，布局合理，使整篇的字匀称、自然、美观。

（3）严格训练。中、高年级学生写字较多，容易出现写字潦草、马虎的现象。教师要教育学生：写字前要看清楚，想明白；写字时要专心，不粗心。如果写错了字，不要用修正液、修正贴，不能乱涂，在错字上画一个圈，重新写一个正确的字。这样可以使学生养成认真写字的好习惯。

此外，要教育学生保管好自己的钢笔，不写字时要装进笔帽，避免笔尖受损。钢笔使用一定时间后，要用清水清洗笔尖和笔胆。

3. 毛笔字

《义务教育语文课程标准（2022 年版）》规定：从第二学段开始，要练习写毛笔字，这充分体现了毛笔字教学的重要性。

毛笔字教学的意义是广泛而深远的。练习写毛笔字，既可以让学生体验民族的文化、思想和感情，增强民族自信心，又可以让学生感受美、欣赏美、体验美，培养学生良好的审美情趣，还可以陶冶学生的性情，培养学生良好的心理品质，起到修身养性的作用。

毛笔是软笔，不容易掌握。教学生写毛笔字，主要是教他们写毛笔字的基本知识和技能。楷书形体方正，笔画平直，学习方便。小学阶段着重练写楷书，以掌握正确的执笔、运笔方法，掌握基本笔画的写法，经过长期训练，逐步写好毛笔字。

（1）毛笔字的书写姿势与正确执笔方法。

① 书写姿势。

毛笔的书写姿势有坐着、站着、蹲着三种。小学生主要练习坐着写。正确的坐书姿势，可以概括为八个字：头正、身直、臂开、足安。

头正：头部端正，略向前俯。不能歪斜，以保证视角的适度，眼睛与纸面距离大致保持在 30 厘米～40 厘米。左手边按纸，边调节纸的位置，使正在写的字始终在眼和手的最佳范围内。

身直：要做到以上要求，身子就要尽量坐正、坐直。胸口离桌沿的距离约在 3 寸左右（根据所写字的大小适当调节距离的远近），不可紧贴桌面或弯腰驼背。

臂开：关键是两臂自然撑开，大小臂夹角至 90°以上，使指、腕、肘、肩四关节能轻松和谐地配合，身体的力量可以畅通地传到笔尖。

足安：两脚自然平放，屈腿平落。两脚平行或略有前后，双腿不可交叉。

② 正确的执笔方法。

正确的执笔方法可以概括为：笔杆垂直、指实掌虚、自然放松。

笔杆垂直：笔正，指笔杆应与纸面基本保持垂直，为的是保证中锋行笔，具体说是笔杆垂直，便于调节八面锋的笔锋指向。

指实掌虚：指实，用指尖捏笔，不能用指关节处勾笔。手指捏笔要松紧适度。掌虚，是指执笔时掌心要虚空。无名指、小指不得握于掌内。古人说，“虚可容卵”，即是说掌心要有一个鸡蛋大小的空间，目的是便于手指及关节的灵活运动。

自然放松：执笔自然放松，指、腕、肘、肩四关节必能灵活运转，写起字来轻松自如。最后还有一个执笔部位的问题，执笔部位以笔杆的中间偏下为宜。一般的原则是：写小字及楷书时，执笔部位可偏下；写大字或行书、草书时，执笔部位可偏上一些，这样笔锋运转幅度大，笔法流转灵活。

（2）正确的运腕和运笔方法。

运腕是以手执笔，运用腕关节的力量来写字。腕法有三种：枕腕、提腕、悬腕。小学生由于腕力有限，建议用枕腕和提腕两种。其具体的动作是：腕部随着运笔的提按顿挫、轻重缓急做相应的摆动。运腕幅度的大小与所写字的大小有关。运笔包括起笔、行笔、收笔三个过程。运笔的关键是手腕，小学生初学写毛笔字，可以先练运腕，然后注意手指与手臂的协调配合。指导学生运笔时，要一边讲一边示范，注意以下四点：

① 逆锋起笔，指起笔时，笔锋要“欲左先右，欲右先左；欲上先下，欲下先上”，做到起笔藏锋。

② 回锋收笔，指写横和竖到尽头要收笔时，将笔略微提起，使笔锋回转。

③ 中锋运笔，指行笔时，锋尖始终从笔画中间运行，使写出的字笔韵光洁，骨肉匀称，饱满有神。

④ 毛笔在蘸墨时，要不断地转动笔杆，使笔毛保持正直，吸墨均匀。学生能做到这些，并且在书写时适当运用笔锋，在行笔中做到快慢轻重，行驻有节，就算掌握了运笔的基本要领。

（3）循序渐进地提高学生写毛笔字的能力。

笔画是构字的基本元素，小学生学写毛笔字必须从基本笔画练起。汉字的基本笔画主要有点、横、竖、撇、捺、提、折、钩八种。基本笔画的书写，要求要严，运笔要到位，该逆锋起笔的要逆锋起笔，该收笔的要收笔。

练习完某种基本笔画后，可以开始练习由这一笔画组成的汉字，即整字。教学中，学生练习整字可分描红—仿影—临帖—背临四个层次进行。

① 描红。描红就是让学生直接在字帖的红模子上描着写字。这是写字的第一步。描红可以分为三种：实心字描红、空心字描红、线条字描红。描红的总体要求是“不变形”，每个笔画都要与字模一样，粗细、长短等都不能突破。

② 仿影。就是将白纸蒙在字帖上，照着字帖上的字写。这种方式较描红稍难些，它要求学生熟悉字帖上的字的笔画结构。仿影的总体要求“基本不变形”，笔画与字帖大体一致，不能有大的突破。

③ 临帖。就是另外用纸照着字帖写。这一步是很难的，它要求学生熟练掌握基本笔画的书写，较为熟悉字的结构特点，能“依葫芦画瓢”。这一步的总体要求是“不走样”。

④ 背临。就是不看字帖而写出字帖上的字。背临的总体要求是能找到所临字的影子。

以上四个练习层次呈梯级发展，在教学中可以依据学生的学习水平灵活安排。郭沫若曾说：“培养中小学生写好字，不一定人人都成为书法家，总要把字写得合乎规格，比较端正、干净、容易认。”从小培养良好的习惯，培养自己的意志，对人的一生是有益的。因此对小学生进行写字的有效教学，不仅能提高小学生的写字质量，更可发挥其育人功能，培养学生良好的行为习惯，从而提高教育对象的整体素质。

五 汉字的形体

《义务教育语文课程标准（2022 年版）》明确提出：“观察字形，体会汉字部件之间的关系。”可见，对汉字形体的分析，有利于学生逐步发展独立识字能力和写字能力。汉字的形体包括笔画、笔顺、偏旁部首三个部分。

1. 笔画

笔画是指组成汉字且不间断的各种形状的点和线，是构成汉字字形的最小连笔单位，也可写作“笔划”。写字时由落笔到提笔称为一笔或一画。《现代汉语通用字表》规定了 5 类基本笔画：横类、竖类、撇类、点类、折类。小学语文教材中常用笔画有 22 种，见表 3-1。

表 3-1　常用笔画名称表

笔画	名称	例字	笔画	名称	例字
一	横	土　五	㇄	竖弯	四　西
丨	竖	中　上	亅	竖钩	小　可
㇒	撇	天　禾	㇁	弯钩	了　手
㇏	捺	人　尺	㇂	斜钩	我
丶	点	头　下	㇜	撇折	去　东
㇀	提	虫　把	㇃	卧钩	心
㇕	横折	口	㇛	撇点	女
㇇	横撇	子　水	㇆	横折钩	力　月
㇖	横钩	你	㇟	竖弯钩	儿　巴
㇗	竖折	山　牙	㇈	横折弯钩	几
㇙	竖提	长　比	㇉	竖折弯钩	马　鸟

2. 笔顺

笔顺是汉字笔画的书写顺序，在一定程度上关系到书写的速度和字形的好坏，所以在书写时应当注意汉字的间架结构。汉字笔顺规则表见表 3-2，间架结构表见表 3-3。

表 3-2　汉字笔顺规则表

<table>
<tr><th colspan="3">笔顺规则</th><th>例字</th><th>写字笔顺口诀</th></tr>
<tr><td colspan="2" rowspan="7">一般规则</td><td>1. 从上到下</td><td>三 竟 音</td><td rowspan="3">从上到下为主，从左到右为辅；上下左右俱全，根据层次分组；横竖交叉先横，撇捺交叉先撇</td></tr>
<tr><td>2. 从左到右</td><td>理 利 明 湖</td></tr>
<tr><td>3. 先横后竖</td><td>十 王 干</td></tr>
<tr><td>4. 先撇后捺</td><td>人 八 入</td><td rowspan="12">中间突出先中，中间突出的字，如“山”“小”“办”“水”“承”等。
右上有点后补，上有点的字，如“犬”“尤”“戈”“龙”“成”等。
上包下时先外，上包下的字，如“冈”“同”“网”“周”等。
下包上时先内，下包上的字，如“凶”“画”“函”“幽”等。
三框首横末折，“三框”也叫“匠字框”，如口“区”“匹”“巨”等。
大口最后封底，“大口”即大口框，如“四”“回”“园”“国”等。
分歧遵照规范，做到流畅美观</td></tr>
<tr><td>5. 先外后内</td><td>问 同 司</td></tr>
<tr><td>6. 先外后内再封口</td><td>国 圆 园 圈</td></tr>
<tr><td>7. 先中间后两边</td><td>小 水</td></tr>
<tr><td rowspan="8">补充规则</td><td rowspan="2">带点的字</td><td>1. 点在上部或左上，先写点</td><td>衣 立 为</td></tr>
<tr><td>2. 点在右上或字里，后写点</td><td>发 我 瓦</td></tr>
<tr><td rowspan="2">两面包围</td><td>3. 上（左、右）包围的字，先外后里</td><td>句 厅 座 屋</td></tr>
<tr><td>4. 下（左）包围结构的字，先里后外</td><td>远 边 建 廷</td></tr>
<tr><td rowspan="3">三面包围</td><td>5. （缺口朝上）的字，先里后外</td><td>凶 画 击</td></tr>
<tr><td>6. （缺口朝下）的字，先外后里</td><td>同 用 风</td></tr>
<tr><td>7. （缺口朝右）的字，先上后里再左下</td><td>巨 匠 区</td></tr>
<tr><td>四面包围</td><td>8. 全包围结构的字，先外后里再封口</td><td>圆 国</td></tr>
</table>

表 3-3　汉字间架结构表

结构方式	例字	间架比例
独体结构	米 日	方正
品字形结构	品 森	各部分相等
上下结构	思 华	上下相等
	霜 花	上小下大
	基 想	上大下小
上中下结构	意	上中下相等
	褒 裹	上中下不等
左右结构	村 联	左右相等
	伟 搞	左窄右宽
	刚 郭	左宽右窄
左中右结构	街 坳	左中右相等
	滩 傲	左中右不等
全包围结构	圆 国	全包围
半包围结构	医 叵	左包右
	庆 尾	左上包右下
	匀 句	右上包左下
	遍 建	左下包右上
	闻 闲	上包下
	函 凶	下包上

3. 偏旁部首

偏旁由笔画组成，是汉字构形的单位，在汉字的构字上具有表形、表音、表义、指示、替代等功能。和部首在意义和范围上都不相同。简单来说，偏旁是指合体字的上下左右内外各个组成的部分。比如“明”字由“日”“月”两个字组成。而部首是指在中文字典中，各字依其字形结构，加以分部排列，每部的第一字便是部首，用一个“形”当作标记，比如“口”“手”等部首。部首也是偏旁，偏旁不一定是部首，偏旁与部首是整体和部分的关系。掌握汉字常用的偏旁和部首，有助于认识汉字的形体特点，理解字义和读音，提高识字效率。

常用偏旁名称表
和常用部首表

梳理与探究

1. 说说各个学段识字教学的侧重点。

2. 结合教学实际说说“青、清、情、晴、请、睛”容易混淆的原因，并想一想如何指导学生正确书写。

3-2 随堂练习

3. 结合教学实际，谈谈怎样培养良好的写字习惯。

4. 结合自身学习经历，说说小学语文教材中偏旁部首名称的变化。

第三节　识字与写字教学的一般过程

一　识字教学的一般过程

依据小学生认识事物的规律、学习语文的规律和汉字本身的规律，小学语文教材中采用了多种形式的识字，主要有看图识字、归类识字和随课文识字。识字的形式不同，识字教学过程也有不同。学段不同，教师的教学个性不同，识字教学的过程也不同。第一学段是识字的高峰期，看图识字、归类识字集中在这个学段。

1. 看图识字、归类识字教学过程

（1）导入。

（2）看图（指导看图说话）。

（3）提出（出示）生字。

① 利用图片或识字卡提出（出示）生字。

② 生字教学。

A. 字音教学（带音节，去掉音节，组词；重点：方言缺陷，同音字辨析，多音字辨析）。

B. 字形教学（造字法，结构分析）——记形方法。

C. 字义教学（直观法，构字规律，组词）。

（4）指导书写。

步骤：指导、示范、练习、批改、对照讲评。

（5）复习巩固（生字、词语）。

（6）小结并布置作业。

① 小结内容与学习方法。

② 本课作业与预习。

2. 随课文识字教学过程

小学语文教材中单独识字的教材不多，识字教学大多是结合课文教学进行的。随课文识字是现行小学语文教材的主要形式，其教学方法是边识字边阅读，把识字、阅读、说话、写话等基础训练有机地结合起来。

（1）导入。

（2）看图（指导看图说话）。

（3）板书课题，理解课题。

（4）初读课文，读准字音，了解课文大意。

① 学生自己练读，画出生字、新词。

② 抽读（范读、带读），正音。

③ 学生再读，读准字音，了解课文大意。

（5）识字读文。

① 出示生字、新词，全班认读、抽读、齐读。

② 小组合作、分析、识字（一类字）。

③ 汇报、交流、指导。

④ 组词、造句。

（6）精读课文，结合上下文理解词句意思，结合图文理解课文内容。

（7）指导书写生字（指导过程参见写字过程）

（8）复习巩固生字、新词。复习巩固的方式多种多样，如：

① 开火车。这种游戏分小组进行。教师出示一些生字，让一组学生每人读一个。哪个学生的读音错了，这列火车就不能开下去，需要他人来帮忙修理，修理好后才能继续往下开。

② 配对子。找两个能配对的字进行合成，例如：把“禾”和“火”合成“秋”，把“日”和“生”合成“星”，把“女”和“也”合成“她”。

③ 摘苹果。准备两个篮子，里面各放着一个偏旁，从树上摘下苹果，把苹果放在能与偏旁组成字的篮子里。例如：日字旁，青、月、京、音；走之底，元、力、首、井。

④ 找朋友。从本课生字中找出那些字形相近的字认读。例如：蜂—蝶都有虫字旁；雾—霞—霜都有雨字头；李—杨都有木字（头、旁）。也可以把要写的字结合起来请学生寻找，如，秀—香—和都有禾字（头、旁）。还可以寻找反义词朋友。如学生甲：我是“朝”字，是一天的开始。谁是我的朋友？学生乙：我是“夕”字，是一天的结束，我是你的朋友。

⑤ 自编谜语：学生抓住字的特点，自编谜语，并请全班学生猜。例如：抓住“哭”的特点，上面两个口，下面一条狗。

⑥ 组词竞赛：对一个字进行组词，分组比赛，看谁组的词最多。例如：法—法律、法院、办法、方法。

⑦ 连线搭配词语：一边一组词语，学生根据搭配的词语进行连线。例如：一片沙滩，一条帆船，绿油油的草地。

识字与写字教学的一般过程

（9）小结并布置作业

二 写字教学过程

写字是最基本的语文能力之一，是小学语文教学中必须完成的任务，也是巩固识字的重要手段。学生认识了生字，如果不会写，不能算作掌握了这个生字，只有熟练地掌握写字的技能、技巧，才能顺利地进行书面作业和习作，才能为后续的学习、工作奠定基础。因此一定要重视和加强写字教学，从小打好写字基础。

写字教学的一般过程是“指导—示范—练习—批改—讲评”。

1. 指导

这是提高写字质量的关键，教师指导要突出重点和难点。先指导学生仔细观察每个字的构字特点及在田字格中的位置，再指导观察字形结构，如独体字占田字格的部位，上下结构、左右结构的字各部分的比例，半包围、全包围结构的字所处的位置，都要让学生认真地观察，从整体上认识，做到心中有数。

2. 示范

教师的示范能起到潜移默化的作用。学生整体认知字形结构后，教师要在黑板上画好的田字格中示范，向学生展示写字的全过程。教师边演示边讲述：这个字是什么结构，第一笔在田字格的哪个位置落笔，每一笔画的名称、运笔方法及笔顺等，使学生有一个初步的感性认识。对每个字的重点和有特点的笔画，如横、竖的长短，撇、捺的平斜与长短，点的向背与大小等作具体指导。示范要突出重点、难点，关键处要一笔一笔地示范，这对学生写好每一个字是很有益的。

3. 练习

学生写字一般在教师示范之后，学生对字的字形、笔画、运笔、笔顺，从整体到部分，有了初步的感性认识，在此基础上，就要指导学生开始练写。写字是一种技能，学生写好字关键在于多练习、多实践。这时教师要巡视指导，并对巡视情况及时反馈。

4. 批改

教师对学生的写字作业要认真批改，对写得好的字可用红笔圈出，特别好的可画双圈，以此鼓励学生。对学生写错了的字，教师要标出，进行个别指导。对不认真写字的学生，要求重写。

5. 讲评

根据批改情况，教师对学生的写字作业进行分析、评价，这是提高学生写字水平的重要一环。教师还可以启发学生自己对照田字格的字，做自我评价。对比看看自己的字有哪些地方存在不足，需要怎样改进。教师要在不伤害学生自尊心的前提下，使学生乐意接受意见。

《一去二三里》案例展示

梳理与探究

1. 详细说明识字教学的内容和方法。
2. 观看识字教学优秀课例，认真记录并依据评课标准评课。
3. 任选一篇识字课文完成教学设计。

3-3 随堂练习

第四章 阅读教学

职业素养目标···

1. 了解小学语文阅读教学的基本内容，熟练掌握总目标和各学段要求。

2. 了解阅读教学的重点、难点。

3. 掌握阅读教学的内容和方法，把握阅读教学的一般过程。

4. 了解不同类型、不同年级、不同体裁课文的教学内容和策略。

第一节　阅读教学的意义和目标

一　阅读教学的意义和目标

（一）阅读与阅读教学

1. 阅读

阅读就是读书。“阅”是看的意思，“读”是诵念文字，通过眼睛看文字，通过口诵念文字，从而获取文本意义和理解的活动，称为阅读。阅读是一个过程，是理解书面语言的过程，也是通过书面语言理解文本的思想、感情的过程。阅读就是要读懂文章内容，从内容中悟出道理，受到感染。

阅读过程基本上是一个认知过程，是在感知语言的基础上，对阅读内容经过分析与综合、比较与联想、抽象与概括、推理与判断等思维活动，达到理解的过程。阅读也是一个非常复杂的心理活动过程。

2. 阅读教学

阅读教学是以阅读教材为媒介，在教师指导下，采用一定教学手段，引导学生和阅读内容建立联系，使学生在参与阅读活动中，理解书面语言，完成阅读教学任务的教与学统一的过程。阅读教学是教师、学生与文本之间相互对话、交流的过程。阅读只要求读者理解阅读材料的内容和思想；而阅读教学，对学生来说，是在教师指导下，理解书面语言的过程，不但要学习语言、汲取知识、提高认识、发展智力、丰富思想感情，还要掌握阅读方法、提高阅读能力、养成良好的阅读习惯、学会读书与写作。阅读教学必须有明确的目的，要在教师指导下，有目的有计划地进行语言训练、思维训练、情感培养、知识拓展以及读书、写作的方法训练。在阅读教学中是否教学阅读方法，是否教会读书、养成阅读习惯，是否教学生写作，是区别阅读与阅读教学的主要标志之一。

阅读教学过程，对学生来说，既是一个认知过程，在感知语言的基础上对阅读内容及思想的理解过程，即从语言形式到思想内容的过程，同时又是一个理解、鉴赏、感悟、记忆和运用的过程，即从思想内容到语言形式的过程。阅读教学过程中，以学生的阅读为主体，但是教师启发、引导、解惑的主导作用也很重要。它需要教师在这个过程中不断调动学生的兴趣，唤起学生的注意，激发学生的情感，才能提高学生的认知效果，发展学生的心智。

阅读教学的内涵

3. 阅读与阅读教学的区别

1）阅读与阅读教学的任务不同

阅读是由学生独自读懂课文内容，从内容中学生可提取出一些理念，自我感悟。而阅读教学不仅要读懂课文内容，还要注重语言形式和方法的学习，领悟文章的表达方法。阅读教学的任务是教学生去读——怎样读懂、读深，教学生去写——怎样会写、写好。通过阅读教学课的读写结合，实现以读促写，这是阅读教学不可忽视的任务。

2）阅读与阅读教学的过程不同

阅读是阅读教学的组成部分。阅读过程是一个认知过程。阅读教学过程是一个“双向”的过程：一是由语言形式到思想内容，即通过感知语言，达到对课文内容、情思的初步理解。做到知其然。二是从思想内容返回到语言形式的逆向过程。它从已经把握的中心内容和艺术特点出发，研究作者怎样写作文章的过程。做到知其所以然。这两个过程密不可分、纵横交错、相互作用。尤其是第二个过程，才是教会学生读书方法，使学生学会读书，训练学生读写能力和习惯的过程，才是体现阅读教学特点、完成阅读教学任务的过程。

阅读是为了获取文章所表达的思想内容，所以只要从语言形式到思想内容，不需要后一个历程；而阅读教学不仅仅是指导学生理解课文思想内容，还要学习课文语言和表达形式，因此必须引导学生从内容到形式，去深入探究文章的表达形式。所以语言学家张志公先生说，“带着学生从文章里走个来回”，这是合乎语文阅读理解活动规律的。阅读教学不能丢掉了第二个过程，将阅读教学过程蜕化为阅读过程。阅读教学的两个过程体现了语文教学过程中感知—理解—欣赏—积累—运用的学生认知过程，体现了阅读教学的目的和任务——既教读又教写，也体现了读写结合的语文教学原则。简单地说，阅读就是读书，阅读教学就是教会学生读书方法。

3）阅读与阅读教学方法不同

阅读方法是理解读物内容，从中接受信息所采用的手段或途径，有不同类别和层次。阅读方法主要有有朗读法、默读法、精读法、略读法、速读法、浏览法。而阅读教学方法是语文教学法的组成部分，研究阅读教学的目的、任务、原理和方法，有单元整体教学法、变序教学法、整体阅读法、学导式教学法、情境教学法、讲读法、读讲法、导读法、分析综合法、抽象概括法、朗读指导法、默读指导法等。必须注意的是，学生掌握阅读方法一定是在教师指导下完成。例如，在阅读课上很重视朗读，但是又缺乏朗读指导，学生读了半天什么也学不到或得之甚少，这就是没有分清朗读与朗读指导的区别。在一篇课文中，每次的朗读必须有不同的要求，教师要做必要的朗读方法指导。

（二）阅读教学的意义

阅读教学是语文教学的中心环节，是学生听、说、读、写、识这几项语文能力形成的基础。在小学语文课堂教学中，阅读教学所占的时间比例达到 60%～70%，用时最多，比重最大。阅读教学的效果，决定着整个语文教学的质量，因此，在教学中切实有效地做好阅读教学工作意义十分重要。

1. 阅读教学培养学生语文能力

阅读教学的中心任务，归根结底是提高学生的语文能力。语文能力即听说读写识能力。

1）阅读教学是识字的重要途径，有利于提高识字质量

阅读教学必须依赖于对字、词的把握，对字、词等语义的识别能力，即识字能力。阅

读必须以识字为基础，反过来，阅读促进了识字。在阅读的过程中，学过的字反复再现，就能得到巩固，防止“回生”。防止“回生”有两种做法：一是把学过的字词单独重现，令学生复习。二是以旧带新，复习时加入新的成分。如：“果”可以通过“课、颗、棵”等合体字重现，也可以组成“水果、苹果、结果”等词语。在阅读教材的具体语言环境中，认识新的字词，真正掌握字的形、音、义，不断扩大识字量，不断积累语言，阅读实践中增强理解与运用语言的能力，这对于提高识字质量、促进语言发展有着重要作用。一篇新的课文对于小学生来说是具有新奇感的刺激物。他们为了了解文章的内容，会自觉地联系上下文来揣摩生字词的意思，查阅字典寻求解答，从而提高识字能力。

2）阅读教学能够进行听说读写的综合训练，提高口语交际和习作的能力

在阅读教学中，通过问答、讨论、朗读、复述和背诵等基本方式的训练，学生听说能力得到不断培养和提高。阅读教学是习作的基础，指导学生学习规范化的语言，培养理解和运用祖国语言文字的能力，帮助学生领会文章表达的方法，积累大量的词语和各种句式，学会遣词造句、布局谋篇的方法，学习作者观察生活、理解生活和表现生活的方法，从而提高认识能力和表达能力。阅读为习作提供了模仿的范例，学生可通过模仿一篇篇形象直观、容易琢磨的范文，逐步摸到写作的门。

3）培养阅读能力

阅读教学的基本任务是培养学生的阅读能力。阅读教学中，学生通过阅读训练，学会阅读方法，养成良好的阅读习惯，提高阅读能力。

2. 阅读教学能够使学生获得多方面的知识，发展思维，提高认识

由书面语言组成的阅读教材打破了时间和空间的局限，使人们可以通过阅读纵览古今，坐观中外，开阔视野。小学语文阅读教材的题材广泛，内容丰富，涉及自然科学、社会科学等知识，通过对课文的阅读，学生可以了解社会和自然，开阔眼界，丰富知识，在学习语文知识的同时，又获得百科知识。学生还能从中学习作者观察、分析的方法，提高认识能力。阅读教学的每一项训练，都离不开思维的参与，离不开观察、注意、记忆、想象等诸多因素的参与。因此，阅读教学也是发展学生思维、促进智力发展的重要手段。

3. 阅读教学能使学生受到思想品德教育和美的熏陶，丰富学生的精神世界

小学语文阅读教材，大多是名家名篇，文质兼美。每篇文章都包含了作者丰富的思想感情。读者必须透过语言文字，与作者发生感情的共鸣。在潜移默化中，读者受到辩证唯物主义的启蒙教育和社会主义道德品质的熏陶，逐步加深爱祖国、爱人民、爱劳动、爱科学、爱社会主义的思想感情。课文中文学作品的教学，可以培养学生的审美情操，引导学生领略作品的意境美、人物美、结构美以及语言美，让学生在审美过程中受到崇高的心灵美的陶冶。

（二）阅读教学的目标

1. 小学语文阅读教学的总目标

《义务教育语文课程标准（2022 年版）》提出的阅读教学的总目标是：“学会运用多种阅读方法，具有独立阅读的能力。能阅读日常的书报杂志，初步鉴赏文学作品，能借助工具书阅读浅易文言文。”“感受语言文字的美，感悟作品的思想内涵和艺术价值，能结合

自己的经验，理解、欣赏和初步评价语言文字作品，丰富自己的情感体验和精神世界。”六年课外阅读总量应在145万字以上。

这概括了阅读教学的主要任务是培养学生的独立阅读能力，并具有丰富的精神世界。培养学生有独立的阅读能力，阅读教学就要做到：① 遵循正确的阅读教学的原则，让学生学会多种阅读方法。② 要注重积累，培养良好的语感，提高阅读理解能力。③ 注重情感的熏陶，培养学生高尚的情操和正确的价值观。

2. 小学语文阅读教学学段要求

《义务教育语文课程标准（2022年版）》对小学语文阅读教学分三个学段提出了学段要求，学段要求是总目标的具体贯彻和实施，总目标的思想、理念、精神贯穿在学段要求之中。

1）第一学段（一～二年级）

（1）喜欢阅读，感受阅读的乐趣。学习用普通话正确、流利、有感情地朗读课文，学习默读。

（2）结合上下文和生活实际了解课文中词句的意思，在阅读中积累词语。认识课文中出现的常用标点符号，在阅读中体会句号、问号、感叹号所表达的不同语气。借助读物中的图画阅读。

（3）阅读浅近的童话、寓言、故事，向往美好的情境，关心自然和生命，对感兴趣的人物和事件有自己的感受和想法，并乐于与他人交流。诵读儿歌、儿童诗和浅近的古诗，展开想象，获得初步的情感体验，感受语言的优美。

（4）尝试阅读整本书，用自己喜欢的方式向他人介绍读过的书。养成爱护图书的习惯。

（5）积累自己喜欢的成语和格言警句。背诵优秀诗文50篇（段）。课外阅读总量不少于5万字。

一～二年级（低学段）是小学生学习语文的起始阶段，打好阅读的基础，对形成和发展阅读能力至关重要。这一学段的目标表述突出了以下几点：一是激发学生阅读兴趣和培养审美情趣。比如目标的第一条、第三条、第四条。这些要求就是要让学生喜欢阅读，感受阅读的乐趣。所阅读的文本，比如第三条中这些形式多样的作品，以能够激发学生的阅读兴趣为主。在教学过程中，应该更多地让学生去读，并且要让学生读完后交流自己的感受，同时在阅读教学中，体味作品中的“真、善、美”，潜移默化地接受道德品格的熏陶。二是掌握基本的阅读方法，逐步培养阅读能力。比如目标对学生阅读的方式——有感情地朗读和学习默读（不指读）、借助图画阅读——提出基本的要求（尝试阅读整本书）。三是注重积累，以提高阅读能力。比如目标的第五条，从词语到句子、篇章都提出了明确的要求。四是指明阅读教学与知识、技能的关系。比如第二条，从简单的标点符号到字词的理解，这些都是语文基础知识的掌握。说明从阅读教学的初始阶段开始，阅读教学与语文知识、技能的训练是联系在一起的。

2）第二学段（三～四年级）

（1）用普通话正确、流利、有感情地朗读课文。初步学会默读，做到不出声，不指读。学习略读，粗知文章大意。

（2）能联系上下文，理解词句的意思，体会课文中关键词句表达情意的作用。能借助字典、词典和生活积累，理解生词的意义。在理解语句的过程中，体会句号与逗号的不同用法，了解冒号、引号的一般用法。

（3）能初步把握文章的主要内容，体会文章表达的思想感情。学习圈点、批注等阅读方法。能对课文中不理解的地方提出疑问，乐于与他人讨论交流。

（4）能复述叙事性作品的大意，初步感受作品中生动的形象和优美的语言，关心作品中人物的命运和喜怒哀乐，与他人交流自己的阅读感受。诵读优秀诗文，注意在诵读过程中体验情感，展开想象，领悟诗文大意。

（5）阅读整本书，初步理解主要内容，主动和同学分析自己的阅读感受。

（6）积累课文中的优美词语、精彩句段，以及在课外阅读和生活中获得的语言材料。背诵优秀诗文 50 篇（段）。养成读书看报的习惯，收藏图书资料，乐于与同学交流。课外阅读总量不少于 40 万字。

三、四年级（中学段）是小学生学习语文的过渡阶段，这个阶段除要继续重视培养学生的阅读兴趣外，还要注意：一是注重阅读情感的体验和培养良好的习惯。课程标准在这一方面提出了目标，比如第三、六条。阅读教学中要引导学生注重情感投入，从中获得情感体验和思想领悟，真正读懂作品。二是掌握阅读方法，形成阅读能力，养成良好的阅读习惯。比如三、四、五、六条，学生应掌握默读、复述、整本书阅读、圈点、批注等阅读方法，能有效地提高学生阅读的质量和独立阅读的能力。还要养成在读中不断积累，不断扩大自己的阅读面的良好习惯。三是努力提高和发展学生的阅读理解能力。课程标准在这一方面提出的目标，比如第三、四条，这是阅读理解的基本要求，所以，学生阅读了各种文章，要能根据需要复述大意，了解文章主要内容，到四年级后还要能够归纳文章的主题思想。

第二学段以段的教学和训练为重点，理解文章的主要内容。段的训练可分三步进行：

第一步，理解自然段，这是段的训练的起点。这一步要着重抓三点：一是从理解词句入手，理解句与句之间在内容上的联系，懂得句子是怎样连接成一个自然段的。二是要学会抓住自然段的重点句，理解重点句。三是要统观自然段，能概括自然段的内容。

第二步，划分段落。训练要从比较简单的段落开始，先从提示全部或部分段落大意开始，再用比较复杂的段落或不提示段落大意让学生独立分段。

第三步，概括段落大意。概括段落大意的训练要从具体到抽象，逐步提高要求。

另外，中学段语文知识的教学还包括能初步辨析学过的近义词、反义词，能辨析一词多义，能给词语进行逻辑归类，能从感性上认识实词和虚词，了解比喻等修辞手法，能把一般句式改写为特殊句式“把”字句、“被”字句，从感性上认识句子的主要成分和附加成分等。

3）第三学段（五～六年级）

（1）熟练地用普通话正确、流利、有感情地朗读课文。默读有一定的速度，默读一般读物每分钟不少于 300 字。学习浏览，扩大知识面，根据需要搜集信息。

（2）能联系上下文和自己的积累，推想课文中有关词句的意思，辨别词语的感情色彩，体会其表达效果。在理解课文的过程中，体会顿号与逗号、分号与句号的不同用法。

（3）在阅读中了解文章的表达顺序，体会作者的思想感情，初步领悟文章的基本表达方法。在交流和讨论中，敢于提出看法，作出自己的判断。

（4）阅读叙事性作品，了解事件梗概，能简单描述自己印象最深的场景、人物、细节，说出自己的喜爱、憎恶、崇敬、向往、同情等感受；阅读诗歌，大体把握诗意，想象诗歌描述的情境，体会作品的情感。受到优秀作品的感染和激励，向往和追求美好的理想。

（5）阅读说明性文章，能抓住要点，了解文章的基本说明方法。阅读简单的非连续性文本，能从图文等组合材料中找出有价值的信息。尝试使用多种媒介阅读。

（6）阅读整本书，把握文本地主要内容，积极向同学推荐并说明理由。

（7）背诵优秀诗 60 篇（段），注意通过语调、韵律、节奏等体味作品的内容和情感。扩展阅读面，课外阅读总量不少于 100 万字。

五、六年级（高学段）是小学生学习语文的综合、提高阶段。这一阶段阅读教学的要求：一是更多地发挥语文课程人文性的优势，对小学生进行人文关怀，培养他们健全的人格。比如第三、四条，指出阅读教学中，引导学生通过阅读，对文中的人物和事件产生自己的感受和想法，逐步养成良好的个性和健全的人格。二是加强语文能力的培养，促进学生的全面发展。比如在第一、二、六条强调要掌握阅读方法，通过默读、浏览等方法，加快阅读速度，提高阅读效率，加强阅读能力。这一阶段提出了"推想阅读"的要求，这对于强化理解力、扩大阅读面是很有帮助的。另外，还要通过阅读"叙事性作品""说明性作品""诗歌"等不同体裁的文本，达到不同的阅读目标。三是开展探究性阅读，培养学生的思辨能力和信息处理能力，形成独立阅读能力。比如第五条，要求尝试使用多种媒介阅读，又如第三条，要求在交流和讨论中，敢于提出自己的看法，作出自己的判断"。

第三学段以篇章训练为重点，从阅读角度看，篇的训练以概括中心思想为标志，体现了小学阶段阅读教学的基本要求。练习概括课文的中心思想既是相对于段的训练的高一级阅读能力的训练，也是抽象、概括、综合能力的训练，因此有一定难度。为了减缓训练的坡度，在此项能力训练之前，教材安排了从内容中体会思想的训练，这一训练是在学生已具备概括课文主要内容的基础上进行的。从内容中体会思想尚不要求概括全文的中心思想，只要求从文章的某一景物、某一事物、某一人物或某些段落中体会所表达的思想。这一训练是从抓主要内容到概括中心思想训练的过渡。

高学段是小学生学习语文的综合提高阶段。教学的重点定位在"培养独立阅读能力，落实篇章训练"。具体要求是：① 学会预习课文，养成预习的习惯；② 领悟文本的表达方式；③ 初步掌握常见文体的阅读方法；④ 学会归纳文章的中心思想；⑤ 学习浏览，拓展阅读。

二　阅读教学的重难点

（一）低学段阅读教学的重难点

（1）识字、释词、句子（理解、积累、运用）。

（2）学习自然段。

（3）朗读指导，分角色朗读。

（二）中学段阅读教学的重难点

（1）词、句、段教学。
（2）朗读、默读训练。
（3）分段、概括段意，把握文章主要内容，体会文章的思想感情（四年级）。

（三）高学段阅读教学的重难点

（1）领悟文章思想内容。
（2）学习文章表达方法。
（3）力求读写结合。

梳理与探究

1. 简述阅读与阅读教学的区别。
2. 说说各个学段阅读教学的侧重点。

4-1 随堂练习

第二节　阅读教学的内容和方法

一　小学语文阅读教学的内容

小学语文阅读教学内容主要包括词、句、段、篇的教学。

（一）词语教学

在小学语文教学中，使学生掌握一定数量的常用词语（包括成语）是教学的基本要求之一。从语言学角度来说，词是语言结构中能够独立运用的最小的语言单位，学习语言、读懂课文都是以词为单位进行的，理解词语是理解课文内容的基础。所以，词语教学在整个小学阶段都要重视。特别是低学段，它是培养学生阅读能力的起始阶段，更要抓好词语教学。

1. 教学的目标

① 结合上下文和生活实际了解、积累词语；② 联系上下文，借助字典、词典和生活

积累理解词语，体会课文中关键词句表情达意的作用；③ 联系上下文和自己的积累，推想、辨别词句的意思，体会其表达效果。

2. 词语教学的内容

① 正确地读写词语；② 理解词语的意思；③ 注重积累词语并能在口头和书面表达中正确运用。

3. 词语教学的原则

① 突出重点；② 力求准确；③ 注意达意；④ 抓三类词：生字生词，熟字生词，熟字熟词（词义、词性发生变化的词，在文章中起关键作用的词）。

4. 词语教学的方法

“字不离词、词不离句、句不离文”是语言运用的基本规律。词语教学的重点是准确地理解词义并正确运用。教学的方法有：

1）选择时机，精心设计

第一种，讲读课文前。有的词语，特别是课题中的关键词语，学生如果不首先弄懂，可能成为精读课文的“拦路虎”，所以应在讲读课文前“扫除”。比如《尊严》中“尊严”一词，《倔强的小红军》中的“倔强”一词，《狼牙山五壮士》中的“壮士”一词等，这些词语是阅读课文的关键词语，可以放在讲读课文之前学习。

第二种，讲读课文中。大部分词语，应放在精读课文的同时进行理解，让学生在具体的语境中体会它们的意义和所表达的思想。

第三种，讲读课文后。有的词语，在课文中是带总结性的，或者是起画龙点睛作用的，在讲读课文之后提出，能加深对词语的理解，如《富饶的西沙群岛》中的“富饶、风景优美、物产丰富”。小学语文教材中还有很多寓言、童话故事，如狐假虎威、惊弓之鸟、南辕北辙，也属于这种情况。

2）因词定法，区别对待

第一种，直观演示法。表示具体事物名称的名词，而这些事物又是学生不熟悉的词语，可以通过实物、标本、图片、视频等，让学生直接看到词所表示的具体形象，以获得清晰的印象，形成正确的概念。如“珊瑚”“宇宙飞船”。有些表示动作的词和形容词，可以用动作或表情来解释。比如，“飞”，可以让学生展开双臂学习小鸟飞翔的动作。

第二种，联系上下文。联系上下文理解词义，是最常用、最重要的理解词义的方法。在许多情况下，词语的意思可以从上下文中揣摩出来。例如《两只小狮子》中“本领”一词，联系上句“一只小狮子，整天练习滚、扑、撕、咬”，就容易理解“本领”的具体含义。《葡萄沟》中“五光十色”一词，仅从颜色上理解不到“光”是怎么回事，只有联系上下文两句，“茂密的枝叶向四面展开，就像搭起了一个绿色的凉棚。到了秋季，葡萄一大串一大串地挂在绿叶底下，有红的、白的、紫的、暗红的、淡绿的，五光十色，美丽极了”，体会到秋天太阳高照，阳光透过绿色的凉棚，照在五颜六色的葡萄上，这才会对“五光十色”有确切的理解。

案例展示

于永正《给予树》教学片段

师：今天我们学习一篇课文《给予树》。预习了吗？预习得怎么样？

生：我把课文读了四遍，生字都认了。

师：看来预习得较充分。“并不宽裕”这个词语谁读懂了？

（有三五学生举手）

师：我问得太突然了，大家一时反应不过来。——请默读课文的第一、二两个自然段。大家一读就明白。

（生默读。片刻之后，许多人举起了手）

生：课文中写的是这一家人生活一般般。

师：课文中是怎样具体地写的？

生：“我”只攒了一百美元，要由五个孩子来分享，每人只能得到二十美元。

师：从这里可以看出——

生：从这里可以看出这一家人的生活并不宽裕。

师：你说得很好。妈妈好不容易才攒了“一百美元”，要分给“五个”孩子，每人只能得到“二十美元”，这些数字就是对“并不宽裕”的具体说明。好多词语的意思在课文中，只要联系上下文就能读懂。那么成语“如愿以偿”谁读懂了？——它的意思也在课文中。请大家把金吉娅对妈妈说的话朗读一遍，读完就明白了。（生朗读，师巡视）

师：在讨论以前，先请一位同学读读“如愿以偿”所在的那一段话。

生：（读）我紧紧拥抱着金吉娅。这个圣诞节，她不但送给我们棒棒糖，还送给我们善良、仁爱、同情和体贴，以及一个陌生女孩如愿以偿的笑脸。

师：“如愿以偿”什么意思？

生：愿望实现了。

师：谁还有补充吗？没有了？那“偿”呢？听好了——（师扫视全班学生，示意注意听）“偿”是满足的意思，因为愿望实现了，得到了满足。课文里写的是谁有一个什么愿望？她的愿望是怎样实现的？

生：一个贫穷的小女孩，在圣诞节想得到一个穿着裙子的洋娃娃。金吉娅用二十美元给她买了一个洋娃娃，她的愿望实现了。

师：说得很好，但最后少了一句。谁来补充一下？

生：这位小女孩感到十分满足。

师：好极了！这件事就是对“如愿以偿”的具体生动的解释。当我们把“如愿以偿”解释清楚的时候，也就把握了课文的主要内容。

联系上下文理解词义，既是最常用的理解词义的方法，也是一项十分重要的理解能力。在阅读教学中，教师如能经常这样引导，不仅能使学生对词义有确切的理解，而且能逐步培养学生根据语言环境理解词义的能力。

第三种，联系生活实际。课文中的词语所反映的事物有的是学生经常接触到的，只要联系生活实际，意思就很容易理解。课文中还有大量学生陌生的词语，特别是一些抽象的词语，理解起来有一定困难，但是，如果能恰当地把这些难懂的词语和学生的生活经验联系起来，在教师的引导下，学生也能够通过自己的思考懂得它们的意思。例如，有一位教师在教“诚实”一词时，联系学生生活的实例：有个小学生搞卫生时，把教室里的黑板刷弄丢了，他主动向教师承认是自己弄丢了刷子，并用自己的零花钱买来了一把新刷子，他就是一个诚实的学生。联系生活事例让全班学生理解“诚实”的意义，又表扬了承认错误的学生，也教育了其他同学。联系生活实际，还可以引导学生用熟悉的、浅显易懂的口语去解释书面语言，用方言去解释普通话。这些都有助于学生准确地理解词语的意思。

第四种，比较辨析法。课文中用的准确恰当的词语，在阅读教学过程中要引导学生加以比较辨析，以培养学生准确地用词造句的能力。例如《小猴子下山》有三个词语写出了小猴子拿东西的不同动作，“扛着玉米”“捧着桃子”“抱着西瓜”，指导学生理解时，教师利用插图或视频，比较辨析这三个词描写的三个不同动作，了解这三个词的恰当运用。经常引导学生进行词语的比较和辨析，不仅能加深对课文内容的理解，还可以提高学生准确地用词造句的能力。

第五种，举例法。有的词语意思比较抽象，可以利用学生已有的概念、生活经验举出实例启发，引导学生理解词义。例如“英雄”，可以举出戚继光、郑成功、林则徐等英雄人物事迹，然后告诉学生，具有这种高贵品质的人，就叫英雄。

5. 词语教学中应注意的问题

（1）指导学生理解词义，应贯穿在整个阅读教学过程之中。根据词语的不同情况，处理方式应有所不同。有的词语，在学生通读一遍课文之后就可以指导学生理解。大多数词语，要在学生自读或讨论交流中指导学生理解。

（2）词语教学的方法在不同学段应有所不同。在低学段，理解词义与识字是紧密联系的。低学段课文中的新词几乎都含有生字，对这些新词，既要指导学生理解词义，还要指导学生读准字音、写对字形。到了中高学段，学生识字量逐步增大，课文中的新词大多由熟字组成。这些词语，学生会读会写，教学的重点应是准确地理解词义。还有一些熟词在新的语言环境中有了新的意思和作用，也需要结合具体的语言环境指导学生准确理解。在低学段，教师要在引导学生理解词义的过程中教给学生理解词义的方法。到了中高学段，学生已经具有一定的理解词语的能力，教学时应放手让学生通过自学理解词语，教师作适当的检查，使学生理解词语的能力在反复实践中得到锻炼和提高。

（3）理解词语要注意多种方法的综合运用。《义务教育语文课程标准（2022 年版）》第三学段的学段要求指出：“能联系上下文和自己的积累，推想课文中有关词句的意思，辨别词语的感情色彩，体会其表达效果。”这就意味着理解词语一要联系上下文，二要推想词语的意思，三要辨析词语的感情色彩。这一要求，主要是在没有工具书的情况下靠自己的推想词义的能力，即一方面通读上下文，一方面激活自己的知识、生活积累，推想出词语的恰当意思。在实际教学中，教师要鼓励学生敢于推想，打消学生怕出错而不敢推想的顾虑。大胆推想，是阅读理解水平得到提高的不可缺少的一个环节。

（4）词语的积累。为了达到用词自如，还要丰富词汇，使之运用时有所选择。要达到这个目的，除了要求学生随时巩固所学词语，尽量避免词语回生之外，在中、高学段还应该要求学生有目的地积累词语。学生积累词语，教师要指导方法。教师最好带头做，培养学生的兴趣和习惯。开始可先做课内的，逐步要求学生看课外书，遇到好的词语及时积累下来。这项工作必须持之以恒。

词、句、段的教学

（二）句子教学

句子是语言运用的结构单位，由词或词组构成，是构成文章段、篇的基础，所以，句子是介于词与段之间的一个语言单位。阅读教学的实质，就是通过字、词、句理解文章的内容，领会文章的主题思想是怎样通过字、词、表达的。这个过程中，抓住句子教学这一环节至关重要。

1. 句子教学的内容

句子教学包括三方面的内容：一是建立句子的概念，能把一句一句的话分辨清楚；二是准确地理解句子的意思；三是从具体意思上知道句子与句子之间的关系。

建立句子的概念，有一个逐步提高的过程。一年级开始学课文时，教师就要带领学生一句一句地读，通过对标点符号地认识使他们知道，读课文不能一口气读下去，中间要有停顿，每一次较大的停顿就是一句话。教师应当向学生提出读课文的要求，一句一句地分清楚，不能含糊，这是最基本的训练。

2. 句子教学的重点

句子教学的重点是准确地理解句子的意思。一篇课文包含着若干个句子，在教学中，教师应重点抓住以下几种句子指导学生准确理解：

1）距离学生生活较远的句子

例如《草原》中写草原景色的句子："就像只用绿色渲染，不用墨线勾勒的中国画那样。"什么是"渲染"？什么是"墨线勾勒"？学生一般不理解。这就要引导学生懂得，中国画有两大类，一类是用鲜明的墨线勾勒的，一类是用彩色渲染，使所画事物浑然一体。课文是用绿色渲染的中国画来形容"到处翠色欲流"的草原。像这样的句子，教师应当重视，指导学生读懂。

2）内容和结构都比较复杂的句子

在小学高学段教材中，经常出现一些结构复杂的长句子。由于句子包含的内容丰富，结构又复杂，学生理解有一定困难，需要教师给予指导、讲解。比如，《大海的歌》中有一个句子："只见海港两岸，钢铁巨人一般的装卸吊车有如密林，数不尽的巨臂上下挥动；飘着各色旗帜的海轮有如卫队，密密层层地排列在码头两边。"对这样的句子，学生不容易一下子弄清意思，教师要指导学生抓住主干，弄懂句子主要说的是什么。

3）含义深刻的句子

这类句子不是直接表达内容，理解时就需要把其所隐含的内容、比喻的意义、言外之意揭示出来。比如，《我的伯父鲁迅先生》中，鲁迅先生回答侄女周晔的问题时说："四周黑洞洞的，还不容易碰壁吗？"对这个句子，如果光从字面看，就会同课文中的"我"一样，自以为"恍然大悟"，其实完全没有弄懂。像这种含义深刻、话中有话的句子，就要引导学生透过语言文字的表面体会出隐含的意思。

4）表现主题思想的句子

例如《小白兔和小灰兔》中的“只有自己种才有吃不完的菜”，《东郭先生和狼》中的“对狼讲仁慈，你真是太糊涂了，应该记住这个教训”，这一类句子，概括性比较强，含着丰富的意思，起着画龙点睛的作用。指导学生把这类句子理解好，有助于深入理解课文思想内容。

5）结构上有特殊作用的句子

在文章结构上有特殊作用的句子指的是前后照应的句子、总起句和小结句等。例如《草船借箭》一文，开头一句“周瑜对诸葛亮心怀妒忌”，最后一句“周瑜大吃一惊，长叹道：‘诸葛亮神机妙算，我真比不上他！’”，就是前后照应的句子。《桂林山水》一文，第一句“桂林山水甲天下”总起全文，最后一句“这样的山围绕着这样的水，这样的水倒映着这样的山，再加上空中云雾迷蒙，山间绿树红花，江上竹筏小舟，让你感到像是走进了连绵不断的画卷，真是‘舟行碧波上，人在画中游’”总结全篇。此外，还有过渡句，起承上启下的作用，也是阅读教学中教师要引导学生理解的重点句。

6）采用了修辞手法的句子

运用了修辞手法的句子，一般表达得准确、鲜明、生动、形象。这类句子，除在内容上要引导学生理解、欣赏外，还要适当地使学生掌握常用的几种修辞手法，比如比喻、拟人、反问、设问等，并结合具体句子，使学生理解每种修辞手法的作用。

以上几种句子，都可以叫作难句，也可以叫作重点句。这几种句子有时候还呈现出交叉现象，在阅读教学中，教师应当对这些句子予以重视。

3. 理解句子的方法

1）抓关键词语

在语言运用中，词和句是不能分开的，词不离句是语言运用的一条基本规律。就训练学生理解语言而言，理解词是理解句子的基础，特别是一些在内容和形式上起关键作用的词语。比如，《狼牙山五壮士》一文，课题中的“壮士”一词，是理解全文的关键词语。

2）联系上下文

一个句子表达一定的意思。有时一个思想要通过若干句子才能表述清楚。因此要理解一句话，往往要和上下文联系起来才能读懂。比如《钓鱼的启示》一文，倒数第二段中有一句话：“道德只是个简单的是与非的问题，实践起来却很难。”这句话是作者亲身经历而感悟出的，必须结合上下文来理解。还有的句子的意思在课文的前后内容中有所体现，例如《白杨》一文中说：“爸爸只是向孩子们介绍白杨树吗？不是的，他也在表白着自己的心。”怎样理解爸爸“也在表白着自己的心”呢？联系这句话的前面内容，爸爸介绍白杨树时严肃的神情，以及这句话后面叙述的爸爸建设边疆、决心扎根边疆的经历，学生就能体会到爸爸借介绍白杨树表白自己决心的思想感情。

3）联系生活实际

学生理解句子是一个从已知到新知的过程。指导学生联系生活实际理解句子，就是启发学生在已知和新知之间建立联系。例如《鸟的天堂》一课中有描写大榕树的一句话：“枝干的数目不可计数，枝上又生根，有许多根直垂到地上，伸进泥土里。”很多学生没有见过这样的大榕树，但是他们见过很多别的树。可以启发学生想一想树的枝干、根是什么样子，把这些印象与课文中的句子联系起来，就会发觉：平时见到的树是一根树干，而大榕树的枝干“不可计数”；平时见到的树根长在地底下，而榕树却是“枝上又生根”。这样，把已有的对树的印象与课文中写大榕树的句子联系起来，就想象出了大榕树的样子，读懂了句子。

联系生活实际理解句子还有助于体会句子所表达的思想感情。虽然句子表达的是作者的思想感情，但是人的思想感情往往是相通的，教师找到这个连接点，学生的思想感情就能和作者的思想感情产生共鸣。例如《手术台就是阵地》最后一句话：“白求恩大夫在手术台旁，连续工作了 69 个小时。”引导学生联系生活实际体会一下，连续工作 69 个小时是怎样的情景，再联系前面的内容体会到白求恩连续工作的这 69 个小时，是他争分夺秒、紧张地为一个个伤员动手术的 69 个小时，也是他随时都可能遇到生命危险的 69 个小时。这样，白求恩大夫不顾个人安危、坚守岗位的崇高品质就能深深地打动学生的心。

4）联系时代背景

联系上下文和生活实际，是理解句子的主要方法。有的句子，还要联系时代背景来理解。如《我的伯父鲁迅先生》中的“你想，四周黑洞洞的，还不容易碰壁吗?”这句话，单纯让学生理解有难度，因为从上下文中学生无法揣摩，这时教师要链接背景资料：鲁迅生活的时代，人民深受三座大山的压迫，苦难深重。鲁迅为了唤醒民众，弃医从文，写文章揭露国民党反动派的罪恶。反动派害怕，不许他发表文章，还要逮捕他。此时鲁迅虽然面临生命危险，但他不退缩，而是先后用了一百多个笔名，巧妙地和反动派进行斗争。“鲁迅”就是他的笔名，含有愚鲁而迅行的意思，充分表达了他对祖国的挚爱之情，也在时刻提醒自己要坚持不懈地同黑暗势力作斗争。学生了解了历史背景之后，就很容易理解鲁迅所说的“碰壁”的含义了。

5）抓句子主干

有的句子结构比较复杂，要理解一句话，必须把词序和词与词之间的关系搞清楚。汉语的词序比较固定，一般的规律是主语在谓语之前，动词在宾语之前，状语、定语在中心语之前，补语在中心语之后。尤其是一些长句子，把句子的主干分析出来，明确哪些是附加成分，就容易理解了。比如，《卖火柴的小女孩》一文，“这棵圣诞树，比她去年圣诞节透过富商家的玻璃门看到的还要大，还要美”。就要运用抓主干的方法，首先分析出它主要是说“这棵树”“比那一棵”“还要大，还要美”。其主干就是“这……比……那……还要……还要”。在教学中，学生理解句子时，往往概括能力较差，其症结就在于不得要领。其实，抓主干的方法就是既简单又实用的技巧，关键是教师要加强对学生的训练和指导。总之，面对各种文体，教师要根据句子的不同情况用不同的方法指导学生理解，并使学生从中学到一些读懂句子的方法，逐步提高理解句子的能力。

4. 句子教学应注意的问题。

（1）学段不同，要求不同。在低学段，主要是帮助学生建立句子的概念，学会理解内容和结构比较简单的句子。到中高学段，要指导学生逐步学会理解结构比较复杂的句子和有一定内涵的句子。

（2）讲与练结合。培养学生理解和运用句子的能力，在阅读教学中，除了要使学生理解句子的含义外，还要进行反复的练习。句子练习一般可采取读句、写句、造句、扩句和缩句等多种练习方法。这些练习有助于发展学生的语言表达能力和思维能力。

（三）段落教学

段落介于句子与篇章之间，是由句子构成的，它是按照一定规格连接而成的句子群体，分为自然段和逻辑（结构）段。自然段是相对于逻辑段而言的，指的是“换行空两格书写的一句或几句话，而又能表示一个完整意思的语言单位”，是文章最基本的结构单位。逻辑段主要是归并邻近的自然段，即把讲同一个意思的自然段合并为一个段，一个自然段有时候也可以就是一个逻辑（结构）段。第一学段阅读教学以自然段教学为主，逻辑段教学从三年级开始进行。

1. 第一学段自然段教学

这一学段自然段教学内容包括三个方面：一是认识自然段，指导从哪儿到哪儿是一段，里面共有几句话；二是理解段里每句话的意思，知道句子与句子在内容上是怎样连起来的；三是知道几句话连起来的意思，也就是把握自然段的主要意思。

低学段教学一篇课文，要引导学生从分段书写的形式上找到自然段的始末位置，标出每个自然段的序号。让学生从语言现象的具体感受中认识自然段，知道一个自然段一般是由意思上有联系的几句话组成，有时一句话可以是一段。

2. 第二学段逻辑（结构）段教学

这一学段逻辑（结构）段的训练，是低学段词句、自然段训练向高学段篇章训练的过渡。其教学内容包括三个方面：一是分清课文的段落层次；二是理解段的内容及段与段之间的关系，理清文章的层次；三是概括段落大意。要完成以上教学内容，需要重点指导段落分层的方法。

1）自然段中分层

在文章中，有的自然段包含的句子较少，甚至只是一个单句，段的内容比较简单，学生理解了句子，也就理解了段的内容；有的自然段包含的句子较多，篇幅长，内容比较复杂，学生读懂了每句话的内容，但不一定能够理解段的内容。阅读教学中，应抓住这样的段落，指导学生段中分层，帮助理解内容。段中分层的具体方法是：先弄清这一自然段共有几句话，再读懂每句话的意思，然后分析哪几句话是围绕一个意思说的，那就是一层。如果一句话就是一个意思，那么这句话就是一层。如《飞机遇险的时候》的第二自然段：

> 飞机飞得又快又稳。透过云层，可以看到积雪的山峰层层叠叠，好像波涛汹涌的大海。突然，飞机遇到一股强烈的寒流，机翼和螺旋桨上都结了冰，而且越结越厚。不大一会儿，机身也蒙上了厚厚的冰甲。飞机像冻僵了似的，沉甸甸地往下坠，还失去了平衡。机翼掠过一座座山峰，眼看就要撞着山尖了，情况十分严重。机长命令机械师打开了舱门，把行李一件一件往下扔，好减轻飞机的重量，还要大家背上降落伞包，做好跳伞的准备。

理解这个自然段，学生首先要弄清段中共有几句话，各句的意思分别是什么。该段总共有 7 句话，第一句是说飞机飞得又快又稳；第二句是说透过云层，可见积雪的山峰层层叠叠；第三句是说遇上寒流，机翼、螺旋桨结了冰；第四句是说机身蒙上了厚厚的冰甲；第五句是说飞机急剧下降，失去平衡；第六句是说飞机就要撞着山尖了，情况十分严重；第七句是说机长让大家准备跳伞。接着看这几句话之间的联系，第一、二句是交代飞机遇险前的情况，飞机在寒冷的高空飞得又快又稳；第三、四、五、六句是说飞机遇险，情况越来越严重；第七句是说机长采取紧急措施，并让大家准备跳伞。全段可以分为三层。以上是最基本的分层方法，学生掌握了这种方法，在反复练习中，学会了分析、综合，提高了思维能力，就能运用自如，并形成一定的分析能力。

2）划分逻辑（结构）段

划分逻辑（结构）段有助于理清文章的层次结构，了解作者的思路，加深对文章内容的理解，还有助于逻辑思维能力的发展，因此，教师要指导学生学会划分逻辑段。

（1）划分逻辑（结构）段的方法。

第一步，指导划分逻辑段的步骤。首先，确定逻辑段的分段标准。可以按照时间的先后顺序分段、按照事情发展的顺序分段、按照地点的变换分段、按照空间变换分段、按照人物的活动分段、按照事情的分类分段、按照思想感情的变化分段，也可以按照内容分段，还可以按照文章结构分段。其次，指导分段步骤。先要理解每个自然段写的是什么，理清作者的思路，再经过分析、综合，合并“同类项”，即把内容相同的几个自然段合并为一个逻辑段，具有一定独立性的内容单独分成一个逻辑段。这样逻辑段就能分清楚。分段的标准不同，分出来的段落就可能不一样，只要学生分段言之有据、言之有理，教师就应该给予肯定。比如《小马过河》一文，记叙了小马为什么过河、怎样过河、过去了没有三个问题，重点是怎样过河这一部分。引导学生将事情和作者思路理清楚，文章的段落就划分出来了。

第二步，指导划分逻辑段的方法。主要采用归并自然段的方法，然后逐步教给学生其他分段的方法，例如先找出中心段，再分段。这种方法适用于中心段比较明显的课文。如《麻雀》是讲老麻雀不畏强暴，奋不顾身保护小麻雀的故事。学生了解课文内容之后，可让他们思考：课文从哪一段到哪一段是写老麻雀保护小麻雀？学生找准之后，再考虑中心段前后的段落怎样划分。还可以从文章的整体入手划分段落。记事的记叙文，一般按事情的发生、发展和结果这几个阶段来分段。一个阶段，一般是围绕一个意思说的，可划为一段。

（2）划分逻辑（结构）段的意义。

分段是理解课文内容的方法，也是一项重要的逻辑思维训练。训练学生分段，一定要让学生养成根据文章的内容进行具体分析的习惯。例如《飞机遇险的时候》这篇课文，一共五个自然段，主要内容是叙述周总理把降落伞让给孩子的事。分段的时候，从这件事的过程来考虑，可以分为三段：第一段是叙述周总理坐飞机，同行的有个孩子。第二段是叙述飞机遇险，周总理把伞包让给孩子。第三段是飞机脱险。也可以分为五段，加进一段是飞机发出遇险信号，大家准备降落伞包，另一段是大家都要把伞包让给总理，总理拒绝。不管分成三段还是五段，都是根据课文内容来分段的，只要有理有据，都是合理的。

分段训练主要是为了提高学生独立分段的能力，但是学生掌握分段方法必须有个过程，从感知到理解，再从理解到运用的过程，即从个别到一般，再从一般到个别的过程。三年级是学生划分逻辑段的起始阶段，这个时候教师可以采取提示段意分段、提出问题分段、提示中心段分段等方法。到四年级以后，逐渐放手由学生自己分段。这体现了教师教学由扶到放的过程。所以在教学中，教师应给学生提供更多练习分段的机会，使他们在实践中锻炼分段的能力。在学生给课文分段之后，教师要认真听取学生的发言，不仅要注意学生是怎样分段的，更要着重了解学生为什么这样分。教师要善于分析学生的思路，不能用一种固定的答案或教师的答案去限制学生的思维，应鼓励学生独立思考，发表自己的见解，只要符合作者的思路，能展现文章的脉络，就可以采用。如果学生的分法与教师的预设有出入，可以引导学生充分讨论、探索，学生能说清理由即可，不要轻易否定学生的意见，应允许分歧存在。

3. 归纳段落大意

1）归纳段落大意的方法

归纳段落大意是指归纳自然段或逻辑段的主要内容。这是理解课文内容、理清全篇的层次结构、把握作者思路的重要手段，也是抓住课文主要内容、概括中心思想的前提。归纳段意的主要方法有四种。一是取舍法，指的是一段话中有好几层意思，要先分析这段话中哪几层意思是主要的，哪几层是次要的。分清主次，抓住主要的，舍去次要的，把主要几层的意思归纳在一起就是段意。二是归并法，即把各层或各自然段的意思归并为一个比较概括的意思。三是摘句法，即用段里的能概括本段主要内容的原句归纳段意。四是串联法，即把各段段意连起来反映文章的主要内容。归纳段意要与理解课文主要内容结合，要联系全文，要在了解全文的基础上进行，同时也要考虑这一段的内容与前后段落之间的联系。

案例展示

《草船借箭》教学片断

师：我们已经搞清了事情的前因和后果，也知道了借箭的经过，第一、三、四段的段意就比较清楚了。困难的是第二段，我们着重来讨论一下。大家先回忆第二段讲了哪些内容，然后想一想段意该怎么归纳。注意归纳段意时要抓住主要内容。

生：第二段讲的是周瑜刁难诸葛亮，不给诸葛亮准备造箭的材料，还派鲁肃到诸葛亮那儿去探听，看诸葛亮怎么打算。

生：第二段讲的是诸葛亮请鲁肃帮忙，做借箭准备。

师：他们俩说的不完全一致，一个侧重于周瑜，另一个侧重于诸葛亮。是吗？

生：我认为应该把周瑜和诸葛亮两方面都概括进去。

师：那你看该怎么说呢？

生：周瑜让鲁肃去诸葛亮那儿探听消息，诸葛亮请鲁肃帮忙做借箭的准备。

师：他把两个人的意思综合在一起了，这样的概括比较好。你们看，为什么比较好？

生：因为归纳段意必须抓住主要内容，这样既写了周瑜怎样对付诸葛亮，也写了诸葛亮怎样准备的，两方面都要概括进去，不能只讲一方面。

生：我认为概括段意还要注意上下文的联系。第一段写的是周瑜刁难诸葛亮，在概括第二段段意时就要注意交代清楚周瑜是怎样继续刁难诸葛亮的。第三段写的是诸葛亮草船借箭，在概括第二段段意时也要交代清楚诸葛亮怎样为草船借箭做准备。

师：对。我们在归纳段意的时候，一方面要抓住这一段的主要内容，同时要注意和上下文的联系。第一段写了周瑜刁难诸葛亮，第二段就应该写清楚周瑜怎样继续刁难；第三段写诸葛亮草船借箭，第二段就应该交代清楚诸葛亮是怎么做准备的。这样就把段与段之间的联系体现出来了。谁能再把第二段的段意完整地概括一下？

生：周瑜让鲁肃到诸葛亮那里去探听消息，诸葛亮请鲁肃帮忙做借箭的准备。

这样的指导，不仅使学生准确地归纳出第二段的段落大意，而且使学生懂得了归纳段落大意要兼顾与上下文之间的联系。学生从实践中领悟到了这一点规律，就能收到举一反三的效果。归纳段意的知识和方法，要逐步渗透给学生，并要注意指导学生练习运用。学生概括段落大意的能力不同，归纳出来的段意就可能不同。因此，教师要注意学生为什么这么说，分析学生怎么想的、怎么概括的，有针对性地加以指导，而不是把现成的段意写在黑板上让学生抄写。

2）归纳段落大意的要求

首先能反映段的主要内容；其次用词简单明确；最后各段段意连起来能反映文章的主要内容。

案例展示

《伟大的友谊》教学片断

生：（读过渡段）恩格斯不仅在生活上热诚地帮助马克思，更重要的是他们在共产主义的事业上，互相关怀，互相帮助，亲密地合作。

师：这一段在文章中起什么作用？（理解）

生：它在文章中起承上启下的过渡作用。（师板书：承上启下）

师：这句话可以称它为过渡句，由于它独立成段，可以把它称作——

生：过渡段。（师板书）

师：过渡段在文章中起承上启下的作用，那么在这段中，哪个意思是承上的？哪个意思是启下的？

生：“恩格斯不仅在生活上热诚地帮助马克思”这是承上的，“更重要的是他们在共产主义的事业上，互相关怀，互相帮助，亲密地合作”是启下的。

（教师分别用红绿彩色粉笔画出承上和启下的句子）

师：这句承上的话，承上面的哪几个小节？

生：这句话承上面第二、三小节。

师：为什么第一小节不放进去呢？

生：因为过渡段承上句是讲恩格斯在生活上帮助马克思。可是，第一小节是讲他们共同研究学问，共同办报、编杂志等事，不是讲生活上的事，只有第二、三小节才是恩格斯在生活上帮助马克思，所以，第一小节不该放进去。

师：那么，启下句启下面哪几个小节呢？

生：是启第五、六、七三个小节。

师：请看黑板，这样第一小节和第八小节没有概括进去，可以独立成段。（教师画上分段号）

师：过渡段上下可分为两段，那么过渡段放在上面好，还是放在下面好？

生：放在下面好。从“更重要的”这个词可以看出是引起下文的。

师：太好了。“生活”与“事业”两者相比较的话，“事业”要比“生活”“更重要”。这就告诉我们承上是为了启下。

师：过渡的意思是从此岸过渡到彼岸。所以，我们把过渡段放在下面。（教师画上分段号）师：课文可分几段？我们是根据什么来分的？（教师演示刚才根据过渡段分段的情形）生：是根据过渡段来分的。

师：对！是抓住过渡段承上启下来分段的。这是我们今天要学的第一个知识，过渡段不仅起承上启下的作用，它还能帮助我们分段。（板书：分段）

师：课文第二段和第三段的段意，我们怎么来概括呢？

生：我们把每一段的几个小节的意思归纳、合并起来概括。

师：这是一种概括段意的方法，但是今天不用你这种方法来概括段意。想想看，用什么方法呀？

生：把“恩格斯不仅在生活上热诚地帮助马克思”作为第二段的段意。

师：把这句话作为段意的话，应怎么改一下呢？

生：把“不仅”取消，改成“恩格斯在生活上热诚地帮助马克思”。

师：为什么要把“不仅”去掉不说呢？

生：用了“不仅”，说明后面还有个意思必须说，现在后面的不说了，所以应该去掉。

师：原来过渡段的承上句就是第二段的段意，那么启下句能不能作为第三段的段意呢？

生：马克思和恩格斯在共产主义的事业上互相关怀，互相帮助，亲密合作。

师：原来也行的，啊，这位同学真聪明。你们看，他聪明在哪里？

生：他把“更重要的是”几个字不说了，还把“他们”改成了“马克思和恩格斯”。

师：这才叫动脑筋读书，活读书，读活书了。为他鼓鼓掌。好，同学们，这样一来，过渡段不但有承上启下的作用，还能帮助我们分段，帮助我们概括段意。（板书：概括段意）

以上教学案例，一是学习过渡段，二是学习分段，三是概括段意，四是总结学法。方

法是先读，再理解。指导方法巧妙，步步追问，层层深入。既引导学生在具体的学习情境中掌握具体的学习方法，又引导学生掌握自己的学习过程。整个过程环环相扣，理解透彻，最后水到渠成。这样的经典案例值得学习借鉴。

（四）篇章教学

篇章教学主要包括篇章内容、结构、中心思想三个方面。篇章教学主要在中、高学段进行。

1. 学段要求

第二学段：能初步把握文章的主要内容，体会文章表达的思想感情。学习圈点、批注等阅读方法。

第三学段：在阅读中了解文章的表达顺序，体会作者的思想感情，初步领悟文章的表达方法。能抓住要点，了解文章的基本表达方法。

篇的教学

2. 篇的教学内容

篇的教学在学生能够理解词句、读懂自然段的基础上进行，主要内容包括五个方面：一是概括课文主要内容；二是揣摩文章的表达顺序；三是体会思想感情；四是领悟基本的表达方法；五是积累语言材料。这些内容主要是训练学生的分析、综合、归纳概括能力和阅读、思维能力。

3. 理解篇的方法

1）概括课文主要内容的方法

概括课文的主要内容，是读懂课文的重要标志。小学阶段的阅读教学，要使学生掌握两种概括课文主要内容的方法。

一种是用归并段落大意的方法抓住主要内容，即先给课文分段、归纳段落大意，再在深入理解每段内容的基础上把各段段意连起来成为连贯的一句话，这一段话就是课文的主要内容。

另一种是用提问题的方法抓住主要内容，即先按照课文的思路顺次提出几个问题并根据课文的内容对问题做出回答，再把回答的要点归纳到一起。例如阅读记叙文可以依次提出：事情发生在什么时间？什么地点？主要人物是谁？事情的起因是什么？经过是怎样的？有什么样的结果？回答了这些问题，也就抓住了课文的主要内容。对于说明文或写景物的课文，可以对文章叙述的几个方面提出问题，概括课文的主要内容。

教师要根据课文的不同特点指导学生运用不同的方法概括课文的主要内容，使学生在实践中学到概括课文主要内容的不同方法，并通过反复运用，逐步熟练，形成能力。学生概括课文的主要内容，要防止两种倾向：一种倾向是过于简单，如把《东郭先生和狼》这篇课文概括为“东郭先生和狼的故事”，这不能说明已经抓住了课文的主要内容；另一种倾向是过于烦琐，几乎是复述课文内容，这说明学生还不能分清主次，抓不住主要内容。出现这两种情况，可能是因为学生还不懂得怎样概括课文的主要内容，也可能是对课文内容没有较准确的理解。教师要针对学生的实际情况，进行具体指导。

2）概括课文中心思想的方法

课文的中心思想是由课文的内容透露出来的，课文的内容是服从课文的中心思想的。

课文的中心思想，有的明确说出来，有的暗含在课文之中，教师要根据课文的不同特点加以指导。主要方法有以下几种：

第一种，课文的标题点明中心。如《伟大的友谊》，可以借助标题看出课文是赞颂马克思和恩格斯伟大的友谊。

第二种，课文中有点明中心的句子。可以抓住重点语句来概括中心意思，如《苦柚》中，旅居海外的“伯父”说：“在这个世界上，金钱可以买到山珍海味，可以买到金银珠宝，就是买不到高尚的灵魂啊!”这正是这篇课文要说明的问题。

第三种，分析概括课文主要内容。这是多数课文采用的方法。如《我的伯父鲁迅先生》，写了几件不同的事：在万国殡仪馆的礼堂里看到的情景，说明人民群众崇敬和爱戴鲁迅；读《水浒传》，说明鲁迅读书认真，而且主要教育孩子认真读书；谈“碰壁”说明鲁迅痛恨旧社会，勇敢坚决地与反动派作斗争；救助车夫这件事和女佣阿三说的话，说明鲁迅对劳动人民的同情、关心。把这些思想内容联系起来，就会发现作者是从几个不同的方面说明鲁迅爱憎分明，为别人想得多、为自己想得少的高尚品质，表达了作者敬爱伯父鲁迅先生的思想感情。这就是课文的中心思想。

上述几种概括中心思想的方法，都要以准确理解课文的主要内容为基础，并不是在课文的某些语句中突然显示出来，而是渗透在整篇课文内容之中的。概括中心思想要在对全文理解、感受的基础上，再用自己的话进行概括。不能满足于一个现行结论，而是着眼于培养学生理解能力和思维能力。

3）揣摩文章顺序的方法

文章的表达顺序是作者思路的外在显现。叶圣陶先生指出：作者思有路，遵路识斯真。可见，了解作者的思路，是把握文章主要内容，了解作者写作意图的重要环节。选入小学语文教材的文章，大多是叙事的，也有一部分是写景、状物的。叙事性的文章，多数是按事情发展的顺序写下来的，也有个别课文用了倒叙或插叙。写景的文章多数是按游览、观赏的顺序写的，也有的是抓住景物的几个特点，逐一写下来的。说明性的课文，一般先提出说明的对象，然后从各个不同的角度说明这个对象。总之，不同类型的文章，由于写作的内容不同，意图不同，表达顺序也千差万别。引导学生揣摩文章的表达顺序，重点要放在让学生“自己揣摩”上，教师要启发学生自己去揣摩，在他们自己揣摩以后，再让学生互相交流，并对他们的学习收获给予充分的肯定。

4）体会作者思想感情的方法

语文教学的一个重要任务是培养学生的丰富情感，培养健全的人格，这是由语文学科的特点所决定的。语文作为文化的载体，特别是一些文艺作品，无不蕴含着丰富的情感。在阅读教学中，指导学生体会作者的思想感情，让学生潜移默化地受到丰富情感的熏陶和感染，从而培养学生热爱祖国语言文字和中华优秀文化的思想感情及爱美的情趣。指导学生体会作者的思想感情有许多种方法，下面介绍几种常用的指导方法：

第一种，创设情境法，引导学生进入课文规定的情境。入境而入情，在情感上与作者产生共鸣。例如学习《十里长街送总理》，教师用电视画面及课文录音制作成CAI课件，运用音、形兼备的多媒体介质，让学生一下就置身于十里长街送总理的人群中，感受到送总理的悲痛，与作者产生共鸣，体会到作者的思想感情。

第二种，有感情地朗读，在读中受到情感的熏陶。通过有感情地朗读，既可以把体会到的思想感情表达出来，又可以进一步加深对课文思想感情的体会。例如有位教师教《再见了，可爱的中国》时，指导学生有感情地朗读船离岸的那一段，“船渐渐地离岸了，远处的山也渐渐地看不见了……”两个“渐渐地”的朗读处理，让学生体会到作者被迫离开祖国的依依不舍的心情，唤起学生与作者的共鸣，从中受到情感的教育。

第三种，联系学生的思想实际，体会作者的思想感情。在阅读教学时，为了能让学生体会作者的思想感情，要找到学生的情感与作者思想感情的联结点，使学生与作者产生共鸣。例如在《春蚕》这篇课文中，有位教师引导学生联想到自己的父母，怎样辛勤劳动供自己读书，从而体会文中表达的父母对子女的一片苦心和深沉的爱，及作者对母亲的热爱。

5）领悟课文的基本表达方法

《义务教育语文课程标准（2022 年版）》指出：第三学段要“初步领悟文章的基本表达方法”。这里所说的表达方法，不仅仅指的是叙述、抒情、描写、议论和说明等。它比一般讲的表达方法要宽泛得多，还包括表达涉及的各个方面，诸如立意、选材、谋篇布局、遣词造句、表达方式等。对小学生来讲，领悟表达方法的要求不宜太高。只要能悟出文章在表达上的突出之处即可，而且重点应在遣词造句方面，如词语的运用、句式的选择等。学生能体会到哪些词句表达得准确，哪些地方写得好，就是有了收获。方法主要有：

第一种，用读的方法。充分地读，在读中培养语感，在读的过程中体会作者用语的准确恰当，体会语言运用的巧妙，体会作者安排材料组织文章的独具匠心。例如《海上日出》描述太阳出现的那段话，教师带领学生有感情地朗读，体会语言用得准确恰当所产生的生动形象的效果。

第二种，用思考、讨论的方法。例如《我爱故乡的杨梅》文章开头一句话，直接点题“我爱故乡的杨梅”，略写杨梅树，详写杨梅果的色、味。然后设问让学生思考、讨论：作者为什么要详写果？如果详写树略写果有什么不同？用这样的方法领悟作者安排材料和组织结构的妙处。

第三种，用品味、探索的方法领悟表达方式。例如学习《游园不值》，指导学生把自己家乡的景物写成短诗，或依照诗中景物写诗，或把诗中景物写成短文，品味、探索出作者写诗的方法及表现出的意境。又如教学《送孟浩然之广陵》“孤帆远影碧空尽”，让学生想象李白送孟浩然的情景，品味“孤”所表现的意味，从而感悟作者遣词造句的匠心。

6）积累语言材料的方法

积累语言材料，既是词句教学的重点，也是段篇教学的重点。这是因为语言积累既包括词句的积累，也包括段篇的积累。

积累语言材料的主要方法是赏析、熟读、背诵。关于熟读、背诵放在后面的章节再讲，这里主要说说赏析。赏析，指的是教师抓住一些段落或文篇，引导学生通过反复诵读，体会它的精美之处。当学生感受到它的精美之处以后，自然会产生读熟、背会的愿望。如《桂林山水》中“这样的山围绕着这样的水，这样的水倒映着这样的山，再加上空中云雾迷蒙，山间绿树红花，江上竹筏小舟，让你感到好像是走进了连绵不断的画卷，真是舟行碧波上，人在画中游”这一段，如果学生在反复诵读中想象描述的景色美，感受到了语言美，能不产生把它读熟、背会的愿望吗？

抄写、听写、默写，也是积累语言的重要方法。这也是一种语文技能的综合训练，它包括字、词、句的训练，标点的训练，段的训练。经常进行这样的训练，对学生语言的积累、语文能力的提高是很有好处的。

二 小学语文阅读教学方法

小学语文阅读教学的方法多种多样，主要有朗读、默读、复述、浏览、背诵。

（一）朗读

阅读教学的基本方法

朗读是阅读教学中最常用、最重要的训练。各学段各年级都要重视朗读，充分发挥朗读对理解课文内容、发展语言、陶冶情感的作用，逐步提高学生的朗读能力。

1. 朗读的要求

朗读训练有三项要求。一是能正确地朗读课文。要用普通话读准字音，发音清楚响亮。读时不丢字、不添字，不要将字、词读颠倒，更不要读错字。在朗读时，不仅要做到吐字清楚，发音准确，还要做到声调、变调都要准确，音量适当，不要一字一顿、一词一顿，形成拉腔唱读，要坚决避免唱读这种不好的读法。二是能流利地朗读课文。要把句子读完整，不读断句子；要读出句与句之间、段与段之间的间歇；要读得连贯流畅，速度适中。三是能有感情地朗读课文。要读出不同的语气，语调适当；要读得有轻重缓急，能比较准确地读出课文的思想感情；情感的表露要朴实、自然，要用声音的本色表情达意。正确、流利、有感情，这三项要求中，正确是最基本的要求。

2. 朗读训练的方法

1）指导学生读正确

要使学生学会正确地朗读，教师既要严格要求，又要做具体指导。学生开始学习朗读时，无论是指名读还是齐读，教师都要在读前提出明确要求，读后按要求检查。对于学生朗读中常常出现的丢字、添字、一字一顿、重复、拿腔拿调等现象，教师要具体问题具体分析，有针对性地加以指导。有的学生读错字音，是受方言的影响，教师就要利用汉语拼音进行正音，直到学生读准确为止。有的学生丢字、添字，是因为他们没有认真地、一丝不苟地看着书来读，教师就应严格要求他们仔细地看课文，把每个字都看在眼里，再准确地读出来；也可以要求他们认真听别人朗读，指出别人朗读中的错误。有的学生读破词句，是因为对一些字词不熟悉、不理解，这就需要帮助他们掌握生字新词，训练他们按词连读。只有针对学生朗读中的问题进行具体指导，才能收到实效。

2）把朗读训练贯穿于阅读教学的全过程

在阅读教学中要多给学生创造朗读的机会。把朗读训练和理解课文内容有机地结合起来，做到在理解的基础上朗读，通过朗读加深理解。在阅读教学的不同阶段，对朗读要有不同的要求。初读课文时，主要要求学生读正确，对文章整体感知。讲读过程中，指导学生朗读要有所感悟，理解课文，解决疑难问题。讲读课文后，朗读时培养学生语感，体会作者思想感情，受到情感熏陶，领悟基本表达方法。在阅读教学过程中指导朗读的方式多种多样，主要有以下几种：

范读，就是示范性朗读。可以由教师范读，也可以用朗读磁带、音频代替教师范读，还可以由朗读水平较高的学生范读。小学生模仿性强，范读便于学习模仿。范读可以读全文，也可以根据教学需要读一段或一句。

领读，就是带着学生读。学生朗读水平低时，教师要一句一句地领读。遇到长句子，可以把句子分成几部分领读，然后再读完整的句子。领读一般用来帮助学生读得正确、流利。

齐读，就是全班同学或一组同学一起读。齐读，可以使较多同学有朗读的机会，也有利于训练学生读准字音，正确停顿。但齐读不便于边读边思考，也容易形成唱读，所以要运用得当。

个人读，包括自由读和指名读。自由读，就是全班同学在同一时间里就一篇课文或一段课文自己小声朗读。其好处是全班同学都可以得到练习，也便于边读边思考边体会。指名读的面要广，使好、中等、学困生都能得到当众朗读和教师指导的机会。

分角色朗读，就是由两个或两个以上的学生分别读出不同人物的有关语句，是学生的二度创作，根据各自的理解，通过语调、语气、语速、动作、表情等的变化，读出不同的特色。这种朗读形式，低学段学生很喜欢，有利于学生对课文内容的理解，培养学生有感情地朗读的能力。

指导朗读的方法多种多样，教师要根据课文内容的特点和教学的需要恰当地选用，讲求训练的实效，防止单纯追求形式的多样化。

3）教给学生朗读技巧

朗读有一定的技巧，如停顿、重音、语调、节奏等。

（1）停顿。指朗读时段与段、句与句、词语与词语之间出现的语气或声音的间歇。朗读中的停顿，不单是生理上换气的需要，更主要的是表情达意的需要。停顿可以调节语气，增强语言表现力。停顿可以分为语法停顿、强调停顿两种。语法停顿基本上是与段落、标点符号（标点符号停顿由短到长依次是顿号，逗号，冒号与分号，句号、问号与感叹号，省略号）一致的；强调停顿是句中特殊的间歇，是为了强调某一事物，突出某种语意或情感，比如为了表达欢乐、悲痛、喜爱、愤怒等各种不同的思想感情，是为了加强语气，而在不是结构停顿的地方作出一个适当的停顿，或在结构停顿的基础上变更停顿时间。

（2）重音。就是注意声音的轻重，朗读时对句子中某些词语从声音上加以突出的现象，是突出语言意义和感情倾向的重要手段。重音一般包括语法重音和强调重音。语法重音，即根据语法结构的特点将句子的某些部分重读，或是按语言习惯自然重读的音节。一般来说，短句里的谓语、动宾结构中的宾语、定语、状语、补语比中心词要稍重些，疑问代词和指示代词一般要稍重些，列举事物时并列的词语要稍重些，比喻句中的喻体要稍重些，人名、地名的最后一个字以及轻声音节前面的字音要重些。强调重音，是为了表示特殊的思想感情或句意而把句子的某些部分突出强调的音节。朗读时重读、轻读处理得当，就能更准确地表达出文章的思想内容。

（3）语调。用来表情达意的抑扬顿挫、轻重缓急的调子叫语调。语调有平直调、高升调、降抑调、曲折调等类型。朗读叙述性的句子或比较严肃的内容，一般用平直调；表示疑问、惊喜、命令、号召等感情，多用高升调；表示坚决、自信、祝愿、感叹、心情沉重多用于降抑调；表示惊讶、幽默、含蓄、讽刺等多用于曲折调。朗读前要仔细琢磨文章中的语句含义，是悲、是喜，是豪迈、雄壮，还是婉转、细腻，朗读时才能控制好语调。

（4）节奏。又称快慢或语速，它是指朗读时语流行进的速度。节奏快慢是由内容表达需要决定的。一般来说，情绪平稳、沉郁、失望、气氛庄严、行动迟疑的内容，读时语速慢；悲凉的地方，应读得深沉清晰，速度更慢，表达沉痛的感情；情绪紧张、热烈，或在愉快、兴奋、慌乱、惊惧时以及激昂慷慨、愤怒、反抗、驳斥、申辩等内容，读得速度可适当快些。

这些朗读知识与技巧应在实际朗读过程中让学生模仿体会。请看柳州市飞鹅路逸夫小学的黄萍老师在《陶罐和铁罐》一课指导朗读的片段：

师：同学们真了不起！给“奚落”找了这么多近义词，对“奚落”的了解又进了一步。铁罐是怎样讽刺挖苦陶罐的呢？课文有很精彩的描写，请你们把铁罐奚落陶罐的句子找出来读一读，然后评一评谁读得好。（学生读课文并找出来相关词句）

师：谁来读？

生：（读）“你敢碰我吗？陶罐子！”

生：（评）他没读出傲慢的语气。

师：傲慢的语气该怎么读？（没人举手）听老师读，我把这个句子读两遍，听好了回答哪遍好。（老师读）

生：（齐）老师第二遍读得好。

师：好在哪儿？哪个字读得重？哪个词读得慢？

生：老师把“碰”字读得重，把“陶罐子”读得慢，读出了铁罐对陶罐骄傲、冷淡的态度。

师：说得真好！谁把这个句子再读一读？

生：（很有感情地）“你敢碰我吗？陶罐子！”

师：读得好！向他学习！全班齐读。（学生齐读）

师：铁罐不止一次地奚落陶罐，请你们像刚才那样把铁罐奚落陶罐的句子找出来，同桌交换读，读时注意揭示语，读出语气，然后大家评一评。

生：（同桌交换读，气氛热烈）

师：铁罐还怎么样奚落陶罐的？谁读一读？

生：“我就知道你不敢，懦弱的东西！”

生：他读得没有感情，太平淡，没有读出傲慢的语气。

师：这一句还用傲慢的语气吗？

生：不用。应该用“轻蔑”的语气读。

师：那就请你读一读。

生：（读）“我就知道你不敢，懦弱的东西！”

师：读得怎么样？

生：（齐）好！（热烈鼓掌）

师：还有谁来读？（学生纷纷举手，跃跃欲试）

生："住嘴！""你怎么敢和我相提并论！"

师：（高兴）读得好不好？

生：（齐）好！（热烈鼓掌）

（二）默读

默读是不出声的阅读，是阅读教学种最基本的阅读方法。默读不受课文内容和作者感情所规定的语速的严格限制，可以边读边思考，便于集中注意理解内容，可以根据需要反复读，也可以根据不同的目的选读和浏览。小学阅读教学所要培养的阅读能力和阅读习惯，主要指的就是默读能力和默读习惯。

1. 默读的要求

小学阶段的默读训练，要使学生能够比较熟练地默读课文。《义务教育语文课程标准（2022 年版）》对不同学段的默读分别提出了不同的要求：

第一学段：学习默读。

第二学段：初步学会默读，做到不出声，不指读。

第三学段：默读有一定的速度，默读一般读物每分钟不少于 300 字。

2. 默读训练的方法

1）指导学生逐步掌握默读的技能

小学阶段，默读训练和朗读训练的关系十分密切。小学生默读能力和习惯的形成，一般经历两个阶段：一是小声读阶段；二是无声读阶段。小声读阶段，嘴唇不断微动，口中发出轻而急促的声音。这时，学生还不能用视觉从书面语言中理解所表达的内容，一般需要读出字音，才能领会。朗读的模式仍在默读中起作用。小声读阶段，是由朗读向默读过渡的阶段。无声读阶段，才是真正的默读阶段。根据这样的发展过程，教学时，首先要加强朗读训练。在学生具有初步的朗读技能的基础上，不失时机地开始默读训练，让学生较快地度过有声读阶段。《义务教育语文课程标准（2022 年版）》规定从二年级开始指导学生默读课文。可以在一年级上学期重点进行朗读训练，下学期有意识地将大声朗读和小声朗读结合起来训练，一进入二年级就开始进行默读训练。

2）指导学生逐步做到默读"三到"

小学生默读课文，往往容易出现这样的现象：一是漫不经心，匆匆读一遍就算了，不动脑筋去思考；二是只求字面的了解，以大体懂得句子的意思为满足；三是只求了解课文的主要内容，不去领会课文的中心思想，体会课文的思想感情。也就是说，学生不能通过默读深入地理解课文。所以在默读训练中，教师要十分重视指导学生在默读课文时集中精力，边读边想，做到默读的"三到"：眼到、心到、手到。眼到，就是看清每一个字。心到，就是集中注意力，一边读一边想，对读物中的字词句能边读边分析，理解字词句的意思和字词句之间的内在联系，并能提出自己不懂的问题。为了训练学生"心到"，在读前，教师要提出要求，让学生带着问题去读，读后及时检查学生的理解程度，或让学生回答默读前提出的问题。手到，就是训练学生边读边动笔。中学段学生可以边读边画出重点词句，或标记出段中的层次和自己不懂的问题等，也可以写出一段的主要意思。到了高学段，可以做些简单的批注。学生边读边动笔，随时记下自己的感受、体会或不同见解，可以促进思考，提高默读效果。

3）指导学生逐步提高学生的默读速度

默读能力包括两个方面，一是能够准确理解课文的思想内容，二是有一定的速度。在我们的生活、学习、工作中，需要阅读的书报杂志非常多，默读的速度快，就能在较短的时间内阅读较多的材料，获得更多的知识，这是很有好处的。在小学高学段，要重视提高默读速度的训练。

默读有一定的速度，首先要眼睛看得快，要学会“扫读”，扩大视觉的范围，也就是由原来的一字一词地阅读，变为一眼就扫过一句、一行甚至几行。第二要由眼入脑想得快，脑子要跟着眼睛扫读而思考，弄清楚眼睛扫过的文字说的是什么。为了提高学生的默读速度，可以提出要求，让学生在限定的时间内默读课文，然后检查默读的效果。这样不断地训练，就能使学生逐步做到眼睛看得快和脑子想得快。

（三）复述

复述，就是让学生运用自己的语言，把课文内容或听到的一段话、一件事叙述出来。复述可以帮助学生加深对课文思想内容的理解，也有助于提高学生运用语言和口语交际的能力。阅读教学，可以与口语交际结合。要重视复述的训练。

1. 复述的要求

（1）不改变原意，又能抓住重点。要在掌握课文主要内容和思想感情的基础上复述，不能脱离课文原意，更不能改变原意，即使是创造性复述，也要以原文为依据。但是，复述是有选择性的叙述，即使是详细复述，也应该突出重点。

（2）恰当运用课文的语言和组织自己的语言。做到不看课文，能把课文中的词语、句子组织到自己的语言之中，连贯地叙述课文，并能表达课文的思想感情。

（3）用普通话复述课文。复述是训练学生语言规范化的有力措施，要用普通话复述，做到语音正确，语调适当，声音响亮，口齿清楚。

2. 复述训练的方法

1）详细复述

详细复述是一种接近课文原文的复述，要求学生较详细地叙述课文的内容，较多地运用课文的词语和句子。其优点是能促进学生细致地阅读课文，训练思考能力和记忆能力，增加运用课文语言的机会。低中学段采用详细复述较多，一般选择篇幅较短的课文或较长课文的重要片段进行。详细复述前，要让学生认真读书，记住课文中的重点语句，并能读出人物对话的不同语气、神情等。在有感情朗读的基础上再练习复述。也可用提示性的问题，帮助学生掌握作者的思路。还可引导学生在细致地观察课文插图后详细复述，使学生把观察和表达联系起来。

2）简要复述

简要复述是一种概括地说出课文主要内容的复述。它要求学生按照课文的顺序叙述，并能把课文中重要的词语、句子组织起来表达主要内容。简要复述，以对课文的深刻理解和全面概括为前提，是课文的深度理解和语言的概括能力的标志。中、高学段采用简要复述较多，宜选择篇幅较长、情节较复杂的课文。指导学生简要复述，可先编好复述提纲，不过提纲要简明、扼要，能起到帮助记忆的作用。根据课文的不同内容，复述提纲有不同的方式。有的围绕主要人物，把课文内容组织起来；有的以事件发展顺序为线索，概括事情发展各个阶段的主要内容；有的用一系列问题代替提纲。

3）创造性复述

创造性复述是指以原文内容为依据，调动学生多方面的能力，展开丰富想象力的训练。此项训练要求较高。它要求学生可以用自己的话来叙述原文的内容，也可以按教师的一定要求去叙述原文内容，但学生必须概括内容、组织语言，甚至要有想象和创新。这种训练适宜在高学段进行。创造性复述课文，有利于培养学生的创新精神。创造性复述的具体方法有：

第一种，扩展性复述。要求学生用自己的话详细扩充或延续课文内容。有许多课文在内容和情节上存在“空白”，这些“空白”之处具有不确定性，具有广阔的扩展想象空间。教学中，教师可以引导学生从原文中找出可以发挥想象、扩充细节的地方（句或段），引导学生想象可以扩充些什么，然后从文章的中心思想出发，扩充出作者所要表达的深刻内涵，让学生对细节进行创造性复述。如《盘古开天地》中的第五自然段“盘古倒下以后，他的身体发生了巨大的变化。他呼出的气息变成了四季的风和飘动的云；他发出的声音化作了隆隆的雷声；他的左眼变成了太阳，照耀大地，他的右眼变成了月亮，给夜晚带来光明；他的四肢和躯干变成了大地的四极和五方的名山；他的血液变成了奔流不息的江河；他的汗毛变成了茂盛的花草树木；他的汗水变成了滋润万物的雨露……”句中有省略号，复述这一自然段可以让学生抓住省略号自由想象他的身体还发生了哪些巨大的变化。复述到第六自然段时，可以引导学生想象“用他的整个身体创造了美丽的宇宙”。这样的复述不仅丰富了原文的内容，而且拓展了学生的思维空间，培养了学生思维的广阔性、深远性、创新性。

第二种，转换人称复述。许多课文是以第三人称写的。指导学生复述时，可以要求学生把第三人称转换成第一人称，加深学生对主人公形象的感悟。如《徐悲鸿立志学画》一课，指导学生复述时，教师可以设计这样的问题：如果你是徐悲鸿，听到外国学生的嘲笑会怎么想？怎么做？笔者听课时看到一位学生一脸愤怒，双手紧握，复述道：“……你不要狗眼看人低，我会用事实证明中华民族是个聪明的民族，你等着瞧吧……”这样的复述拉近了学生与课文之间的距离，学生极易与文章主人公产生强烈的思想共鸣，无形中受到良好的思想启迪。

第三种，改变文体复述。小学阶段的语文文体主要有记叙文、诗歌、童话、说明文等。只要稍微交换一下角度，许多文体可以相互转换，诗歌体可改为记叙体，说明体可改为童话体。如教学古诗《寻隐者不遇》。围绕原诗的主题，可要求学生对诗中人物的外貌、语言、神态、动作等方面进行合理的创造描绘。在此基础上，让学生复述，使之成为一个既完整又极富创新意识的故事。

第四种，变序性复述。这种复述是指改变原文的叙述顺序，比如把顺叙改为倒叙或把倒叙改为顺叙，总分改为分总或分总改为总分等。

第五种，表演性复述。这种复述一般局限于故事性较强、篇幅较长的文章。学生复述时往往不易把握，听者兴趣不浓。为了弥补这一不足，可采用表演课本剧的形式复述课文，让学生在课堂这个大舞台上得到发展。如《三顾茅庐》学完后，教师可以创设一种宽松、民主的教学氛围，让学生自由组合成若干小组，选择自己喜欢的人物角色，配上合适的头饰，自编课本剧，然后进行登台表演复述课文。除了对话，其余课文中没有写出的动作、表情也要尽力表演出来，让“观众”一看就明白。

（四）浏览

1. 浏览的要求

《义务教育语文课程标准（2022 年版）》在第三学段指出：“学习浏览，扩大知识面，根据需要搜集信息。”要想掌握更多的知识、获取更多的信息，浏览是一个重要的阅读方法。语文课程标准把“浏览”作为一种阅读技能，要求学生掌握，这也是阅读教学对学生训练的一项语文基本功。

2. 浏览训练的方法

浏览就是大致看一下，它不同于略读。略读是对一篇文章或一本书的跳读，是有序列地了解大致内容的阅读方式。浏览是对一本书或一本杂志，甚至对更多的杂志报纸的翻阅或在网络上扫阅，是无序列获得某一信息的阅读方式。浏览的范围广，内容多而杂。浏览可分为无意识的和有意识的。无意识的浏览是对书报泛泛看下去，有什么就看什么，全凭兴趣。有意识地浏览，是有目的地想获取某方面的信息点或文章，然后再去略读。在阅读教学中，主要培养学生有目的地浏览。

浏览的主要方法：首先要看标题，因为一条标题就是一个信息，标题往往能概括文章的主要内容或观点。其次是看小标题，认为值得看，就打开下一页，快速跳读。若在网络上浏览，觉得文章值得看，就下载，然后慢慢阅读；觉得不值得看，就不下载。浏览标题，认为这不是自己需要的信息，就不打开网页。

3. 浏览训练时应注意的问题

（1）要有目的地训练。课堂教学与语文实践活动结合起来，要求学生根据教师布置的题目（专题），有意识地去浏览、查阅、搜集资料。

（2）训练要有计划性，先从内容简单、范围窄的方面入手，或是学生感兴趣的话题，逐步训练成一种能力。

（3）坚持长期不懈地进行训练。

另外，浏览搜集的资料要整理，而且要给学生充足的时间，可以半学期、一学期为周期，开学布置题目，一段时间后检查，看同学们搜集了多少资料，浏览了多少书刊报。

（五）背诵

背诵是我国传统的学习语文阅读教学的重要方法之一。背诵能够加深对课文思想内容的理解，正所谓“书读三遍，而义自见”。背诵是积累语言的重要手段，积累大量的词句和精彩的段、篇，有助于提高学生的语言表达能力。背诵还能锻炼学生的记忆能力，培养认真读书、勤奋学习的学风。在阅读教学中要重视背诵的训练，尽可能多地给学生提供练习背诵的机会，在学生记忆的最佳期，让他们多熟记背诵名篇佳作。

1. 背诵的要求

每册语文教材中，编者都提出了一些需要背诵的篇目或段落。《义务教育语文课程标准（2022 年版）》后面还推荐了 75 篇（段）古诗文背诵篇（段），并规定低学段背诵 50 篇（段）优秀诗文，中学段背诵 50 篇（段），高学段背诵 60 篇（段）。阅读教学时，教师可根据教学需要决定背诵的内容，课外文章的精彩段落或全文也可推荐给学生背一背。背诵时，不添字，不漏字，不颠倒，不结巴，口齿清楚，速度得当。对于已经能够背诵的课文，还要经常复习巩固，做到熟记于心，防止遗忘。

2. 背诵训练的方法

1）熟练成诵

小学语文教材中选用的大多是有韵味的文章，朗朗上口，学生容易记忆，在教学中指导学生多读，有感情地读，以读促背。中高学段课文内容比较复杂，可以指导学生在理解的基础上熟读成诵。理解是背诵的前提。学生理解了课文内容，理清了课文的层次结构，才容易背诵下来并牢固记忆。这里所说的“理解”，指的是大体理解，不是指理解深透。特别是古诗，要让学生理解深透，不仅现在不可能，到中学也不一定能做到。要特别强调的是，背诵要建立在熟读的基础上。读还没读通，就让学生背诵，即使勉强背会了，也会很快忘掉。

2）帮助学生寻找和建立记忆课文内容的联系点

有些课文中，具有显示课文层次的语言单位，如重点词语、中心句、过渡句、过渡段等，这些都可以作为记忆课文的联系点。要启发学生学会寻找记忆的联系点，使之成为帮助自己记忆的凭借。例如课文《雷雨》，讲了雷雨前后的自然景象，分三段。第一段写雷雨前的景象，有三个自然段：第一自然段依次写了“乌云”“叶子”和“蝉”；第二自然段写了“大风”“树枝”和“蜘蛛”；第三自然段写了“闪电”和“雷声”。这些词语，有联系点的作用，可以将三个自然段的内容联系起来。因此，当学生理解了课文，又熟读了课文，一想起“乌云”，就会脱口而出“满天的乌云，黑沉沉地压下来”；一想到“叶子”，就会说出“树上的叶子一动也不动”；一想起“蝉”，就会浮现出“蝉一声也不叫”。帮助学生寻找和建立这些联系点，背诵就容易了。学生逐步学会了这种方法，就能迁移运用到背诵其他课文的练习中去。

3）采取全部记忆与分段记忆相结合的方法

全部记忆，是把要背诵的内容作为一个整体来记忆；分段记忆，是把要背诵的内容分成几个部分来记忆。背诵，有的要求背诵全文，有的要求背诵课文的一部分。背诵时要把所要背诵的内容作为一个整体来识记，这样可以使学生从整体上了解所要背诵内容的全部意义以及全部与部分之间的关系。如果所要背诵的内容比较长，学生背诵起来有困难，可以采用分段记忆法进行背诵，以便分散难点。但是分段背诵时，一定要从整体出发，注意该段与整体的联系，分段背诵以后还要回到整体背诵上来，防止肢解所要背诵的内容，破坏内容的完整性。

梳理与探究

1. 简要说明复述的类型。
2. 简述阅读教学的内容和方法。
3. 说说概括段意的方法，并任选一篇课文进行练习。

4-2 随堂练习

第三节 不同类型课文的教学

小学语文教学课文，根据阅读方法划分可分为精读课和略读课两种类型。不同类型的课文教学要求不同，所采用的方法也应有所区别。

一 精读课文的教学

精读课，是在教师指导下进行阅读理解，让学生体会课文的主要内容，获悉文本传递的信息。

（一）精读课的教学目的

精读课的教学

精读课要运用精读法进行教学。精读法就是要读得精细，理解深入，激发学生阅读兴趣，使学生掌握读书方法，形成独立阅读能力，养成良好的阅读习惯。

（二）精读课的特点

1. 强调教师的指导

（1）激发学生的读书兴趣，调动学生自主学习的主动性、积极性。

（2）设计、组织、调控整个教学过程。

（3）提示阅读要求，指点读书方法。

（4）通过示范、点拨和精要的讲解，解决学生读书中的疑难。

2. 强调学生自主地精细研读

精读课不是读上一两遍大体知道讲的是什么就行了，而是要紧扣关键词、抓住重点段，精心地读，细细地品味。要做到这一点，就必须引导学生充分地读，在读中整体感知，在读中有所感悟，在读中培养语感，在读中受到情感的熏陶，进而拨通全文，举一反三。

3. 强调全面进行阅读能力的培养

精读课包括理解课文内容，体会作者的思想感情，领悟表达方法，积累语言材料和练习朗读、默读、复述、背诵等。当然，这并不意味着每一篇课文的教学都要做这些工作，但有一些是必做的，如理解内容、体会感情、语言的学习和积累、朗读、默读等。

（三）精读课教学的一般方法

1. 突出重点

一篇课文包含的教学内容十分丰富，包括了词、句、段、篇、听、说、读、写的综合训练。但这并不是要不分轻重缓急、平均用力，而应该是有侧重点地综合训练。

突出重点，进行综合训练，一要突出学段特点，体现训练的阶段性。在低学段着重进行词、句和朗读训练，注意进行默读、复述的训练。二要处理好重点和非重点的关系。每个学段应当有重点，每一课的教学也应当有重点。所以在突出重点时，应充分考虑学生已经获得的知识和技能，充分利用已经获得的知识、技能去学习新的重点。三要做到重点与一般相结合。比如词语和句子的教学、朗读和默读的训练、复述和背诵的指导等，不管是中学段还是高学段，都要给予足够的重视。

2. 导读结合

叶圣陶先生多次提出："教师当然须教，而尤宜致力于'导'。""所谓教师之主导作用，盖在善于引导启迪，学生自奋其力，自致其知，非谓教师滔滔讲说，学生默默聆受。"这些论述贯穿着一个精神，就是语文教师在教学中的主要任务不是"讲"，而是"导"。导，就是要引导学生自己学习，自己探索，自己发现。导，包括教师在阅读教学中的一系列活动，如组织、提示、提问、示范、指点和必要的讲解。

教师导的目的，是使学生学会读书，而学会读书的基本途径是学生自己的阅读实践。因此，阅读教学中的主要活动应该是学生的读书、思考。学生的读，离不开教师的导；教师的导，着眼点在学生的读。两者紧密联系，互相依存，不可分割。因此，在精读课文的教学中，只有把二者密切结合起来，才能收到理想的效果。导读结合有两个不可缺少的要素：一是教师有启发性和层次性的指导；一是学生在教师指导下的主动地阅读、思考、讨论和练习。

3. 渗透读书方法

"渗透"，是在学生的阅读实践中，教师有意识、有计划地通过实例让学生从感性上接触某种读书方法，再逐步地从更多的同类实例中领悟、理解这种方法，进而反复运用，掌握这种方法。指导学生掌握基本的语文学习方法，并鼓励他们采用适合自己的方法学习，逐步提高自学能力，是教师在阅读教学中的一项重要任务，因为只有学生学会学习，才可能有真正意义上的"自主学习"。

（四）精读课的教学过程和步骤

一般按预习、精讲、练习三大步进行。

1. 预习

（1）预习的目的与意义。预习就是让学生先自学课文，即初读课文。预习是语文学习的一个重要环节。叶圣陶非常重视预习工作，他说："自学的本领是用之不竭的能，储能就要储这样的能。"语文课前预习既有助于学生提高学习自觉性，养成良好的学习习惯，又能促进语文学习所必备的学习技能的形成，预习更是提高语文课堂教学效益的有效途径。其意义是可以调动学生的心理活动，有助于完成学习任务，促使学生养成主动学习的好习惯，培养独立阅读能力和良好的阅读习惯。

（2）预习的内容。预习的内容在两个方面：一是文章的内容方面，即初步理解课文的主要内容；二是文章形式方面，即初步掌握课文中生字词的读音和释义。

（3）预习的方法。预习的方法有读，画（圈、点、批、注），查。读，多读，基本达到熟练、连贯，对课文内容有一个整体印象。画，读的过程中把不理解或理解不透彻的字、词、句、段画出来，把看了书的感想、想到的问题批注在书上。查，查阅工具书和有关资料，将画出的疑点结合课文尝试解答。

（4）预习的要求。学习完汉语拼音后开始提出预习内容，从要求学生拼读音节到预习识字，随着年级的增高，阅读内容的加深，预习要求可以逐步提高。重视预习，加强预习的有效性，让预习真正成为学生的自主学习活动，从而养成良好的学习习惯。

2. 精讲

精读课教学的过程，应该是一个在教师的组织、引导、指点下的学生自主学习的过程。

（1）初读。阅读感知是学习课文的第一步，是对课文的感性认识。先初步通读课文，主要是读正确，并感知课文的大体内容，同时也可以检查预习的效果。当然，这时学生对课文的把握仅仅是课文的字、词、句等语义的识别，属于认识的基础层次，这种识别能力是最初步、最基本的阅读能力。

短课文适合朗读，长课文宜默读。朗读方面要达到朗读的第一个层次——读得正确。做到用普通话读准字音，发音清楚响亮。读时要做到不丢字，不添字，不要将字、词读颠倒，更不要读错字。避免唱读。

读的目的是要求学生通过对语言文字的理解，了解大意，理清思路，把握结构（低学段要求明确课文由几个自然段构成；中高学段要求把握作者行文思路，划分逻辑段）。

（2）细读与精读。细读在于阅读理解、读懂课文。理解是阅读活动的核心，没有理解的阅读是无效的阅读，阅读的质量高低取决于理解的深度与广度。细读课文，借助语言文字理解主要内容，体会思想感情，通过逐段或抓重点段地仔细阅读、琢磨，将字里行间的含蓄之意、比喻之意、言外之意体会和领悟出来，达到对课文内容的深入理解。在语段中找重点词、句来理解段，这也是一种最基本的读书方法。"书读百遍，而义自见"，原因就在于反复阅读之后，读者对整篇文章以及文章的各个部分都有了较为深入的理解。在这种情况下，把原来不甚了解的词、句、段放在已经理解了的语言环境之中，其含义就可不讲自明。

运用这种方法，有两个要点：一是要让学生"充分地读"，不要在学生读上一两遍课文之后就急于解词释句；二是不要孤立地去解词、释句、析段，而要把它们放在段落里甚至全篇中去领悟。这是从形式到内容、从局部到整体、从具体到抽象的心理过程，即由字、词、句、段到篇章，由题材、布局、表达、用语入手去探索文章的思想内容的顺向过程，这个过程侧重于综合。这是对课文由感性认识上升到理性认识的阶段，使学生知其然也知其所以然。朗读方面要达到朗读的第二个层次，得流利，即朗读时不能结结巴巴、吞吞吐吐，语气要连贯、通畅、自然，要按词连读，还要注意不要把句子读破。教师要一面引导学生通过重点词句体会段，一面做朗读指导，从而向朗读的第三个层次——读出感情上提出要求。另外，要想把每段内容理解透彻，把握课文的主要思想，还必须细读课文，学习语言，从词句上深入理解，对重点词句做深入分析、比较，才能比较具体深刻地理解内容。叶圣陶曾说过，读文章要“一字未宜乎，语语悟其神”，对于语句要悟出神韵。教师在指导学生细读课文时，可以把整个读的过程设计成一个感知语言文字—理解思想内容—揣摩、吸收语言文字的过程。

精读在于研读语言、深度理解。研读课文要从写作的角度去读，即从思想内容到语言形式的逆向过程，从已经把握的中心思想和艺术特点出发，分析作者的立意、构思、语言表达方法及情感的表达方式。这是从内容到形式、从整体到局部、从抽象到具体的心理过程，这个过程侧重于分析。一方面从读中学习写作；一方面理解课文的主题思想，体会思想感情，欣赏课文精华。通过精读（主要是重点段），进行联想、判断和推理、总结和概括，逐步揭示课文的主题思想，从而体会作者的思想感情，对全文取得整体认识。在朗读上要求达到有感情。朗读时能否做到有感情，是衡量学生朗读水平高低的重要尺度，也是鉴别学生对课文内容理解深浅的重要标志。这个阶段可以进行分角色朗读训练。着重要求领悟基本的表达方法，特别是遣词造句的精妙之处，有的语言优美的短文或片段应该背诵、积累。长期这样渗透，学生就会逐步掌握精读课文的方法。

细读与精读两种心理活动是密不可分、往返交错、相互作用的。细读从语言文字的学习到课文内容的理解，是基础。精读从思想内容再到揣摩、吸收语言文字，学生不仅知其然而且知其所以然。这是学习书面语言作品的一般规律。在感知语言文字阶段，包含着对思想内容的初步理解，而在揣摩、吸收语言文字阶段，则包含着对思想内容更深的理解，它们是辩证统一的。所以，语言学家张志公说，“带着学生从文章里走个来回”，这是合乎语文阅读理解活动规律的，这也是区别阅读与阅读教学的关键所在。

（3）品读。阅读鉴赏，把书读活，是阅读的高层次，指在全面、深刻理解的基础上，对课文内容和形式两方面，从是与非、优与劣、美与丑等进行多侧面的欣赏和鉴别，从而产生创造性的阅读活动，即创造性阅读。它分三个层次：一是阅读欣赏，是读者沉入作品后的一种情感体验、一种审美活动，与作者发生共鸣，获得美的享受；二是阅读评价，是读者跳出文外后的一种理智判断，能够客观公正地做出真善与否的价值评估；三是阅读创造，是读者超越作者本意，产生创造性结论的阅读活动，这是阅读过程中最高级的层次。

总之，初读课文检查预习，感知课文大意，理清作者思路；细读课文揣摩语言学内容，指导朗读；精读课文学写法，背诵、积累语言；品读课文读出创造性的理解。它们是阅读教学对课文理解由浅入深、阅读能力由低到高、阅读内涵由简到繁的四个过程。不同学段要求不尽相同，教学中教师要把握好各个学段的教学目标。

3. 练习

经过练习阶段，才算完成精读课的全过程。练习的目的，一方面是加深对课文的理解，另一方面是与习作联系起来，使读写结合。

练习的方式很多，口头练习有朗读、复述、背诵，说明全文大意，补充课文的某一情节等。更重要的是动笔练习，精读课文之后，进行抄写、听写、默写词句和片段，书面造句。高学段还可以要求缩写、改写、扩写，进行片段速写，写读后感、心得、书评等。每读完一课都要练习，可以课上练，可以课后练，也可以放在读、议、讲之间练习。

总之，练习的目的必须明确，练习方式要多种多样。

二 略读课文的教学

（一）略读课文的教学要求与教学特点

略读课的教学

略读课文是相对于精读课文而言的，它是介于精读课文与课外阅读之间的一种课文类型。它的基本要求：学生运用在精读课文学习中获得的经验，基本上依靠自己的努力读懂课文，从而逐步提高阅读能力。略读课文一般没有学习生字生词的任务，不认识的字只要借助或者通过查字典，能够读正确即可。

与精读课文的教学相比，略读课文的教学有两个特点：第一，教师不必像精读课文的教学那样做过细的指导。第二，学生要认真阅读，但不必像精读课文那样精读细研。一般来说，只要基本上读懂课文，能正确、流利、有感情地朗读课文即可。

（二）略读课文教学的一般方法

根据略读课文的教学要求和教学特点，略读课文的教学一般可采取提出要求、自读自悟，检查交流、适当点拨的方法。

1. 提出要求，自读自悟

首先，要明确要求。学生明确了目标，思维就会活跃起来，就有了读的积极性，就会主动地阅读。提出要求的作用还在于促使学生运用从精读课文学习中学到的方法，主动地阅读新课文，培养阅读能力。因此，教师提出的要求必须明确、具体，还要注意适量和适度。在一般情况下，可以以课本中的阅读提示为主要依据。

其次，在学生明确要求的基础上，要放手让他们自己读、自己悟。教师要让学生充分地实践，让他们根据教师提的要求自主读书、思考，或者查阅字典，或者圈、点、画、批，或者同桌议论，等等。在自读自悟的过程中，教师要巡视辅导，了解情况。

2. 检查交流，适当点拨

学生经过自读自悟，会解决在阅读中遇到的一些问题，从而学到新的知识，有了新的体会，运用已有知识和方法的能力也得到了一定的提高。然而这毕竟是初步的练习运用，他们必定还有自己解决不了的或者解决不好的问题，再加上学生之间的自学能力和认识水平也不平衡，因此，教师需要组织检查交流，根据情况适当辅导。检查交流的主要内容：

（1）课文是否已经读得正确、流利了。

（2）课文是否基本上读懂了。

（3）是否能够就重点的或普遍感兴趣的问题进行讨论。

（三）略读课文的教学过程

略读课文的教学过程也是初读—细读与精读—品读的过程。在这个过程中，主要以学生自读为主，但仍要认真阅读，试着用精读课文中学到的方法，自己提出问题，自行解答，认真体会，认真研究，需要记忆的要记录下来或背诵下来，更主要的是学会做读书笔记。

总之，通过学生的认真阅读，要养成良好的读书习惯，提高阅读能力。

（四）略读课文教学应当注意的问题

1. 要重视略读课文的教学

有些教师认为，培养阅读能力主要靠精读课文的教学，略读课文可有可无。这种看法是错误的。叶圣陶先生在《略读指导举隅》前言中指出："就教学而言，精读是主体，略读只是补充；但是就效果而言，精读是准备，略读才是应用如果只注意了精读，而忽略了略读，功夫便只做得一半。"叶圣陶先生这里所讲的"略读"，跟我们所讲的"略读课文"的学习并不完全是一回事，但他讲的是精读与略读的关系，完全适用于我们所讲的"精读课文"和"略读课文"的关系。

教师要重视略读课文的教学，还要教育学生重视略读课文的阅读。要让学生懂得，略读课文是教材的重要组成部分，是学好语文、培养阅读能力的重要凭借。所谓"略"，就教师的指导而言，可比精读课文的指导简略一些，更多地发挥学生的主动性；就学生的阅读而言，只要基本读懂课文，能正确流畅地朗读即可，不要求精读细研。切不可把"略读"理解为"粗略的"甚至是"忽略的"阅读。

2. 不要把略读课文当作精读课文来教

略读课文和精读课文在教材特点、教学要求和教学方法等方面有明显的区别。但是在实际教学中，教师往往不容易分清。这有两方面的原因：其一，对学生阅读能力预估偏低，不大相信他们能自学，所以不放心。上起课来，就把略读课文当作精读课文来教了。其二，受考试的影响，着眼点不是放在培养自学能力上，而是担心抓了重点会遗漏别的方面，学生考不出好成绩，也就难免按精读课文的方式去上课了。种种原因，归结起来，还是教学理念问题。只有首先端正教学理念，才能真正按照略读课文的特点和要求来进行教学。

梳理与探究

1. 简述精读课与略读课的区别。
2. 说说精读课的一般流程。

4-3 随堂练习

第四节 不同学段阅读教学的过程

阅读教学是学生、教师、文本之间对话的过程。这个过程中，要求教师熟悉学段阅读教学目标，认真钻研教材，了解学生，找准学段教学目标、教材、学生的最佳结合点，因文而异，以学定教，顺学而导，提高阅读教学的效率。不同学段，不同文体，阅读教学过程不尽相同。这里我们重点了解小学各学段一篇课文的阅读教学过程。

一 第一学段阅读教学的过程

第一学段是阅读教学的起始阶段。这个阶段课文内容浅显，篇幅短小。重点在识字、朗读上。所以对阅读来说，学生只要能正确、流利地读出课文，认识自然段，知道自然段由几句话构成，并能大体读懂课文的内容，背诵指定篇目，对内容的理解可不作要求。其教学过程可作如下安排：

第一课时

（一）导入新课

（1）联系生活，激发兴趣。

（2）板书课题，齐读课题，提出问题。

（二）初读课文，整体感知

（1）读，要求读正确。

① 让学生以自己喜欢的方式自读课文，不认识的生字借助拼音读准字音（或者教师范读，让学生认真听，注意生字的读音）。

② 在学生能读准生字的音的基础上，让学生对着课后的生字表读一读生字，教师通过多种方式检查学生生字的认读情况。

③ 抽几名学生分段读，教师注意正音。

④ 齐读，全班基本达到读正确的要求。

（2）整体感知，认识自然段。

（3）反馈问题，了解课文大意。

初读是阅读教学的初始阶段，应扫除文字障碍，在阅读中识字。如在课文中找出生字，朗读生字所在的句子，特别要注意多音字。达到朗读的第一个层次——读正确。同时要重视学生的整体感知，获得对全文的初步感受。

（三）生字教学

（1）出示生字，注上拼音。

（2）由扶到放，认读生字（音、形、义），由字到词。

教师要教给学生识字的方法，同时鼓励学生用自己喜欢的方式识字，鼓励学生交流识字的方法、经验和感受，比如分组合作交流，强化合作学习。

（四）指导书写

第二课时

（五）复习导入

（1）复习生字词导入。

（2）复习大意导入。

（3）回顾上节课留下的问题导入。

（六）细读课文，体会感悟

（1）读，要求读得流利。让学生充分地朗读课文，检查学生是否读熟了课文，比如指名朗读、课堂练习（句段填空）。

（2）整合问题，理解重点词、句意思。指导学生在读中体会重点字、词、句和标点符号的表达作用，指导有感情地朗读课文，使每名学生都能在课堂上从容、充分、创造性地读书。词、句训练要贯穿教学过程，要做好两方面工作：一是词句的理解，二是词句的运用。可通过品味有特点的重点词句等途径，让学生广泛地发表自己的意见，互相讨论、补充，交流阅读的方法和读后的感受。

（七）引导学生尝试多种读书形式，深化体验

（1）学生分小组朗读，教师指导有感情地朗读。

（2）请学生上台分角色朗读。

（八）精读课文，读后交流，背诵积累

阅读后交流的内容是多方面的，可以是语文知识方面的收获，可以是人文知识方面的认识，也可以是自己在情感方面受到的启示，还可以是读书体会等等。比如读自己喜欢的句子、段，并谈读后感受。教师指导背诵，强调积累语言。

（九）小结谈话，拓展延伸

这节课你学到了哪些知识？你还想知道什么？

这个环节重视发挥学生的想象力。低学段学生的想象丰富、独特，在阅读教学中，为学生创设想象的空间也是激发学生学习热情的好办法。

（十）布置作业

二 第二学段阅读教学的过程

（一）创设情境导入

（二）板书课题，解题设疑

读一篇课文，先要解题。理解课题会有助于理解课文内容和主题思想以及重点部分，所以解题就是抓住课文的纲要。但有的课文可以先不解释课题，像寓言故事、借物喻人等，比如《落花生》只有读完全文才能明白父亲对“落花生”谈话的意义。

（三）初读

（1）检查预习情况，培养预习能力，引导学生在课文学习之前扎扎实实地预习课文。

（2）概括段落大意，初步理解课文内容。

在初读课文时，教师可要求学生标上自然段的顺序，并想想每个自然段的意思，这也体现了第二学段教学的学段特点，同时可增强学生学习段落的目标意识。培养学生的概括能力，既是第二学段阅读教学的重点，也是段落训练的重点。在段落教学中培养学生的概括能力，主要是培养学生筛选主要信息的能力，这需要教师教给学生科学的方法。比如，对事实信息的筛选，记事的段落，要筛选的事实信息是什么时间、什么地点、什么人、什么事；写人的段落，要筛选的事实信息是写了什么人，这个人做了什么事，有什么特点；写景状物的段落，要筛选的事实信息是什么景或物、什么特点。在教学中，要引导学生通过抓重点词句来筛选主要信息。在此基础上，教师还要引导学生引用通畅、简洁、完整的语言将主要信息归纳出来。只有这样，才能将概括能力的培养落到实处。

（四）细读

这一环节需注意三个方面：一是加强段落与段落、段落与整篇课文的联系。二是朗读训练与指导，既重视学生的自主阅读实践和情感体验，又不能忽略教师的主导作用。三是适度的分析和扎实的语言文字训练，从字词句段篇的“双基”训练出发，完成听说读写能力训练。

重视段落教学，但不要逢课就进行分段、归纳段意的训练，而是要根据课文的特点，突出训练的重点。比如，有的自然段不多，可以按自然段教学；有的只需抓重点自然段，比如《落花生》，理清思路后，直奔重点段——议花生这一段；有的结构明显，比如《桂林山水》是总分结构，可引导学生分析段内句与句之间的关系；还有的只要抓住重点词句来理解段落即可。既需要强化段落训练的意识，但又不必面面俱到。

要重视朗读指导与训练。在学生读正确、读流利的基础上，指导学生读出感情。有感情地朗读课文是阅读教学的重要任务。把读书的时间还给学生，充分信任学生。学生充分朗读后，教师可以问学生读懂了什么，并请学生谈谈他的理解。然后教师让学生带着他自己的理解去朗读，相机指导朗读。

阅读理解，学习运用语言，这是学语言、用语言，落实“双基”与培养学生能力最重要的一步。需要教师精心地设计问题。问题设计从两个方面考虑：一是知识的学习；二是抓关键词、句、段进行揣摩、体会，进而理解课文内容。

（五）精读

（1）分析写法，读写结合。引导学生看看课文是怎样表达中心的，对写作方法和语言特点有所认识；引导学生学习和体会作者遣词造句、表情达意的方法；引导学生在习作中运用。学习课文，不仅要理解课文内容，还要体会文章的表达方法，并学会运用。在中学段的段落训练中，要特别关注作者是采用怎样的表达方式把某个意思有顺序、具体地表达出来的。其操作流程为：先品析精彩段落的构段方式，再引导学生结合自己的生活进行仿写练习，使读写训练落到实处。

（2）重视积累语言。在理解的基础上，通过朗读、背诵、摘抄等形式，积累课文中的优美词语、精彩句段，培养语感，养成积累词句的习惯。同时在情感活动中加深体验，有所感悟。当然词句积累的关键在于教师的引导，引导得好，会使学生的语言积累更符合学生的不同情况，而且可以帮助学生养成主动积累的习惯，对丰富学生的语言积累以及今后的学习都十分有益。

（六）品读

（1）指导学生概括主要内容，从而把握课文的中心思想，进一步深化对课文的理解，对课文由感性的、偏重所写内容的认识，上升为理性的、偏重表达的思想感情的认识。

（2）指导学生有感情地朗读，通过朗读体会作者的思想感情，表达出自己对课文的理解、感悟。

（七）拓展延伸

（八）布置作业

三 第三学段阅读教学过程

这一学段阅读教学过程与第二学段的阅读教学过程大体一致。主要区别是：

（一）重点在于篇章教学

第三学段阅读从检查、交流学生的自学结果开始，了解学生学会了哪些，还有哪些困惑的问题，并根据学生需要解决的疑难问题，调整设置准确的教学目标。整体感知后（在反复有感情地朗读的基础上），直奔重点段落，进行“立体教学”，以体会文章思想感情为重点，以揣摩文章的表达顺序，领悟文章的表达方法为难点，在理解、感悟（体会文章的思想感情）中，引导学生揣摩（揣摩表达顺序）、领悟（领悟表达方法）。在引导学生解决疑难问题的过程中，重点指导学生学习新的阅读方法，这是高学段阅读教学与中学段阅读教学的根本区别。

要提高学生独立阅读的能力，必须教给学生“学会阅读”的方法。《义务教育语文课程标准（2022 年版）》十分强调学生要“学会运用多种阅读方法”，好的阅读方法可以让阅读达到事半功倍的效果。学生只有掌握了多种有效的阅读方法，才能更好地进行阅读实践，提高阅读能力。教师应教给学生不同文章的阅读方法，比如针对美文，教给学生以情境体验为核心、以朗读为主的方法，要求学生细细品味，感受语言的优美，并背诵、摘抄语言，培养语感，积累语言。而对于写法有特点，且学生学得来、用得上的文章，可以采用了解内容、领悟写法的读法。

（二）学会品味含义深刻的句子

这是一种要求较高的阅读能力，也是高学段阅读教学中的难点，需要教师教授品句的方法。

一般来说，凡是含义深刻的句子，都是与文章中心思想有着紧密联系的。因此，应该让学生明白，在品味含义深刻的句子的意思时，必须把握两点：一是要联系句中重点词语的意思，二是要弄清句子与文章中心思想的联系。

（三）学会揣摩文章的表达顺序

学会揣摩文章的表达顺序，是小学篇章训练的重点内容之一。任何文章的表达顺序都是服务于文章的中心思想的。因此在教学一篇课文时，不仅要让学生知道文章写了什么，还要让学生明白作者为什么要这样写，同时，要把揣摩文章的表达顺序与体会作者的思想感情有机结合起来。

总之，无论哪个学段，“读”在阅读教学中的作用都很重要。阅读教学要重视朗读，中高学段要重视默读。要让学生充分地读，在读中整体感知，在读中培养语感，在读中受到情感的熏陶。

著名教育家张田若说得好：“一课书教完后，成败的第一个标准应该是学生是否熟读了课文。”也就是说，如果教一篇课文，学生没有“读书”这个环节，或教后学生还读不通、读不懂这篇课文，那么教师不管讲得怎样，也很难说这是成功的阅读课。因此，在整个阅读教学中，必须以读为基础，将读贯穿始终。读，能帮助学生联系上下文理解词句的意思，加深对课文的理解；读，能发展学生分析综合的思维能力；读，能使学生受感染和教育，领略祖国语言文字的美；读，可以加强学生对文章词句及篇章的记忆；读，可以帮助学生提高口头表达能力和写作能力。

梳理与探究

简述不同学段的教学过程，并说说它们的侧重点。

4-4 随堂练习

第五节　不同文体课文的教学

小学语文教材根据不同年级学生的实际，编入了各种文体的课文，其目的是引导学生学习丰富的语言，并使学生逐渐接触各种文体，为学生独立阅读各种文体的作品打下一个初步的基础。这些不同文体的文章，在结构形式和语言表达等方面具有不同特点。教学不同文体的课文，要注意体裁的特点，要根据体裁和类型的不同特点，确定教学重点和教学的方法。

一　叙事性作品、说明性文章、诗歌、童话、寓言这五类文体的教学

（一）叙事性作品的教学

叙事性作品是以叙述和描写人物或事件为主的一种文体。在小学语文课本里，叙事性作品包括的范围很广，写人叙事的文章基本上都可以归到这一类里。此外，一些写景、状物的散文，也属于叙事性的作品。叙事性作品有的侧重写人，有的侧重记事，但往往是写人、记事互相交织，难以截然分开，其中心思想通过所记叙的人物、事件来体现，并渗透在字里行间。这类作品包括“六要素”，在写作上，常把叙述、描写、议论和抒情结合起来，但采用的最基本的表现方法是叙述和描写。叙述的方法有顺叙、倒叙和插叙三种。小学语文教材中的叙事性作品多数都用顺叙的方法，也有少量作品根据表达中心思想的需要，采用倒叙和插叙的方法。描写包括人物外貌、语言、行动和心理的描写，动植物等的形态、颜色和变化的描写，以及周围环境的描写。文质兼美的叙事性作品，结构比较单纯而严密，语言文字准确、鲜明、生动，是培养学生读写基本功的好素材。

《义务教育语文课程标准（2022 年版）》对中高学段提出了关于叙事性作品的阅读要求：理解思想内容，体会思想感情；理清作者的思路；描述片段，说出感受；学习丰富的语言。所以在教学中应注意以下几点：

1. 理解思想内容，体会思想感情

叙事性作品的教学

叙事性作品一般都有一个明确的中心思想，表现一定的思想感情。中心思想和思想感情是蕴含在语言文字之中的。因此，教学时就要注意引导学生通过语言文字理解文章的思想内容。同时要抓住对表现中心思想有突出作用的词句和段落，如表现人物行动和心理活动的深刻含义的句子，并认识它们对表达思想内容所起的作用。如《白杨》一课，文章开头讲了大戈壁的荒凉和白杨树的“高大挺秀”，接着说“一位旅客正望着这些戈壁滩上的卫士出神”。教学时就要抓住描写大戈壁和白杨树的词句，引导学生深入理解，展开想象，形成鲜明的对比，进而理解旅客“出神”时的内心活动。文中爸爸赞美白杨树的一段话，一语双关，是表现中心思想的重点段落，要引导学生通过逐句深入理解语言文字，了解白杨树

的特点；还要进一步认识爸爸“表白自己的心”的深刻含义，从而把握文章的中心思想，体会作者表达的思想感情。

叙事性作品的教学，只靠“理解”语言文字是不够的，还要注意引导学生体会和感受。感受作品最有效的方法是朗读。不少文章在字里行间蕴含着作者极其丰富的思想感情，教学时要抓住重点语句和段落，引导学生多读，在朗读中感受文章的思想感情，同时进一步加深对语言文字的理解。

2. 理清作者的思路

一篇叙事性作品，不仅承载了丰富的思想内容，而且反映了作者表达思想内容的思路。为了使学生了解文章思路，提高阅读能力，并使学生在写叙事性作品时做到“有条理”，就要在教学中引导学生沿着作者的思路理解课文内容，从而训练其逻辑思维能力。作者的思路一般有纵向思路和横向思路。纵向思路的如《飞夺泸定桥》，是按事件的发生、发展和结果的顺序记叙的；横向思路的如《我的伯父鲁迅先生》，是通过几件事，从几个方面表达中心思想的。

揣摩作者的思路，可以从理解课文的层次结构入手，因为文章的层次结构是作者思路的体现。理清了层次结构，弄清了文章先说什么，再说什么，最后说什么，再进一步分析作者在每一部分要说明什么，是怎样一步一步地通过文章的记叙表现中心思想的，这样，学生就掌握了作者的思路和围绕中心选择材料、安排材料的方法。文章不同，揣摩思路的方法也不同。有的课文可以借助审题、释题揭示作者的思路。例如教学《海上日出》时，可以让学生通过审题，了解课文是围绕“日出”写的。然后让学生思考，根据题意，课文就是要写日出前、日出时、日出后的不同景象。再联系对课文的讲读，就把作者的思路揭示出来了。有的课文可以在讲读的基础上，抓住关键词语，引导学生掌握事情的发展线索。例如《我的战友邱少云》是按时间顺序写的，课文中有“天亮以前”“约莫11点钟的时候”“黄昏时”等表示时间的词语，凭借这些词语，联系事件的发生、经过和结果，就能理清作者的思路。

3. 描述片段，说出感受

能“简单描述自己印象最深的场景、人物、细节，说出自己的喜爱、憎恶、崇敬、向往、同情等感受”是课程标准的具体要求。这主要体现学生是主体的教学理念。在叙事性作品的教学中，教师要放开学生的思想，让他们充分描述，大胆谈出喜怒哀乐。这不仅加深了理解，更重要的是得到了审美体验、思想熏陶。

4. 学习丰富的语言

叙事性作品的语言，涉及叙述、描写、说明、议论和抒情五种基本的表达方法，这些表达方法在社会交际和书面写作中经常运用。因此，记叙文的教学要注意引导学生学习叙事性作品的语言。

小学语文教材选取了一部分文学作品（节选），主要是为了从中学习规范的语言，教学时不要着眼于文学知识和人物分析，要把着力点放在引导学生学习语言上，使学生学会阅读，学会用准确的语言表达自己的思想。

小学生学习语言有一个循序渐进的过程。低学段的叙事性作品教学，应把识字和词句的教学放在重要的位置。对于课文中一些生动形象的语句要多通过指导朗读帮助学生理解、掌握。另外，要注意引导学生在回答问题、复述等活动中，运用这些词句，从而丰富语言的积累。中学段的叙事性作品教学，要在理解词句的基础上，着眼引导学生了解段落与句子之间的关系，了解段落的结构，学习作者是怎样有顺序地叙述和描写的。高学段的叙事性作品教学，要注意通过多种途径让学生进一步理解和学习文章的语言。可以通过对好词佳句的分析，让学生了解作者是怎样运用准确、鲜明、生动的语言来描绘事物、抒发情感的，从中学习积累和运用语言。

学习语言必须多读。篇幅短的精练文章应该熟读成诵，篇幅长的也要选取精彩的段落，引导学生反复诵读。还可以通过多种形式的练习帮助学生积累词汇，掌握句式，学习各种表达方法。

（二）说明性文章的教学

说明性
文章的教学

小学语文教材有一定数量的说明性文章，包括天文、地理、自然、历史、物理、化学、人文等各方面的知识。这类课文最突出的特点是学习语言和传授知识紧密联系，但是在语文学科中学习这些知识与其他学科学习某一专门知识不一样，它是以学习语言文字为主要任务，学生在语言文字训练中获得知识，在语言文字训练中认识事物，发展思维，进行科学思维方法的启蒙教育，所以说明性文章的教学在学习语言与发展思维方面密不可分，教学时应讲清以下两点内容：

1. 说明性文章的类型

说明性文章在小学语文教材中有两种基本类型：一种是用说明文形式写的科普文，如《赵州桥》；一种是用文学形式写的常识性文章，这类文章是借助形象化的手段来传授知识。科学的知识，经过作者一定的艺术加工，就成为常识性的文艺作品。它容易被儿童接受，从而吸引和感染他们，使他们从中受到科学思想方法的启蒙教育，引起他们对科学的浓厚兴趣。如《小壁虎借尾巴》是用童话形式写的，《比尾巴》是用儿歌形式写。教学这类课文可按前面介绍的各种体裁的教学方法进行，不过要把讲解科学知识作为理解课文内容的一个重点。这里我们着重介绍的是用说明文形式写的科普文，也可以说是科学知识说明文，简称说明文。

2. 说明性文章的教学方法

科学知识说明文承担着双重任务：一是进行语言文字训练，培养学生阅读理解说明文的能力，学习说明语言和说明事物的方法；二是传授关于自然、社会和日常生活的科学知识，使学生增长见识，培养科学的思维方法。要完成教学任务，达成教学目标，有几种方法：

1）充分运用直观教学手段

运用直观的教学手段，可以把抽象的科学道理形象化，使学生有兴趣学习，获得的知识形象具体，同时可以发展学生的思维。运用图片、电视、动画演示、光盘等多种媒体，让学生理解知识、学习语言。如《琥珀》，用投影机显示蜘蛛、苍蝇、松脂的动画形象，然后用录像片显示地壳运动，再用实物或挂图显示琥珀，这样学生就形象地了解了有关琥珀形成的知识。

2）学习说明的语言和表达方法

说明性文章的语言具有准确、简洁、通俗的特点。在说明性文章的教学中，要注意抓住这些语言特点，使学生认识到用词确切才能准确地反映事物。说明性文章的语言具有很强的逻辑性，句子内部、句子与句子之间都有密切的联系。教学时，要引导学生认识语句之间逻辑关系的严密。如《爬山虎的脚》一课中有这样一句话："细丝原先是直的，现在弯曲了，把爬山虎的嫩茎拉一把，使它紧贴在墙上。"教学时要引导学生分析句中的因果关系：由"直"变"弯"，缩短了距离，所以产生了"拉"力；由于产生了"拉力"，嫩茎就"紧贴在墙上"了。如果再把这句话同课文结束句中"那些脚巴在墙上相当牢固"联系起来分析，学生就能更好地认识到为什么会这样"牢固"，也加深了对修饰词语"相当"的理解。这样引导学生分析词句之间的联系，既提高了认识能力，又学习了说明事物的语言。

说明事物有多种方法。教学说明性文章，除了引导学生弄清课文说明的事物的特征、本质之外，还要注意引导学生学习作者说明事物的方法。例如《太阳》这篇课文，为了说明太阳的远、大和热，作者不仅用具体数字来说明，还运用了打比方、作比较和举例子的说明方法。在课后的练习中，列举出了运用列数字和作比较的说明方法的句子，让学生说说这样说明有什么好处。这就是结合课文中的具体语句，引导学生学习说明的方法。

3）弄清说明的层次，了解文章的表达顺序

说明性文章的内容层次清晰，结构上大体也有一定的形式。一般来说，说明事物构成的，按构成的顺序写；说明事物功用的，按照由主到次的顺序写；说明事物发展过程的，按照时间先后顺序写；说明比较复杂的事物，把内容分成几个方面或按方位顺序写。说明性文章开头往往先提出说明的对象并加以诠释，然后再进行具体说明，结尾有时要作出综合说明。如《赵州桥》一课，开头先概括介绍赵州桥的名称、地理位置和建造年代，然后具体说明桥的坚固和美观，最后总说赵州桥的历史价值。再如《鲸》这篇课文，采取先提出问题，再围绕提出的问题加以说明的表达顺序。课文一开头就提出"不少人看到过象，都说象是很大的动物。其实还有比象大得多的动物，那就是鲸"，接着课文就具体说明鲸到底有多大。课文第四小段也是先提出问题："鲸吃什么呢？"然后加以具体说明。其他段落也都是先点出要说明的问题。因此，在说明性文章的教学中，要注意引导学生看看课文是怎样提出问题的，是按什么顺序说明的，从而了解文章的结构层次，认识说明性文章的一般结构特点。为了学习说明性文章的结构和语言，在小学高学段，可以设计一些练习，如编写课文结构提纲，选择准确的词语填空，也可与习作教学结合，让学生仿作，写一篇短文或片段，说明自己熟悉的事物，训练学生说明事物的语言表达能力。

（三）诗歌的教学

诗歌是社会生活高度集中的表现，有高度的概括性。从表达方法看，它有高度的含蓄性；从语言表达上看，它有强烈的抒情色彩和丰富的想象。诗人凭借想象，对事物做出种种联想比喻、象征和大胆而又合理的夸张，抒发出强烈的思想感情。诗歌的特点还在于语言凝练，节奏鲜明，韵律和谐。小学语文教材里选有古诗、现代诗、儿歌等。根据诗歌的特点和学生的认识水平，诗歌的教学应该做到理解和学习语言，引导合理的想象，加强朗读训练。

1. 理解和学习语言

学习诗歌的语言对发展学生的语言很有帮助。教学诗歌要抓住含义深刻、感情色彩强烈的词句，引导学生深入理解，只有这样才能把蕴含在语言文字中的道理阐发出来，把饱含的思想感情体会出来。古诗的教学要从学生的实际出发。低学段的重点应放在朗读、背诵和识字、写字上，诗歌内容只要借助图画和文字使学生大体了解即可，一般不要求深入讲解诗句。比如，给一年级学生讲《春晓》，讲春天到来的感觉，让孩子大致上懂得写了什么，发挥孩子的想象力就可以。针对中高学段学生，一方面可以引导学生掌握古今通用的词汇，如《早发白帝城》中的“彩云”“万重山”等；另一方面，要让学生懂得汉语古今的变化，如“朝”和“早晨”、“还”和“回”、“舟”和“船”等。此外，还要注意让学生了解古诗中古今异义的字，如“可怜九月初三夜”中的“可怜”等。但教学重点仍然是朗读和朗诵，应引导学生通过朗读大体了解诗歌的内容，想象诗歌所描述的意境，体会诗歌所表达的思想感情。

诗歌的教学

教学诗歌要在理解的基础上，抓住作者的构思和语言，特别是诗里的警句和妙语，引导学生去体会感受，从领会感受中体会作者的思想感情，领悟作者遣词造句的精当，从而学习诗歌的语言。如“春风又绿江南岸”这一名句，一个“绿”字，生动而形象地把春风使江南披上绿装的整个过程写活了。教学中要引导学生去细细品味，体会作者的情感和用词的精妙。又如《瀑布》是一首写景诗歌，描绘了瀑布壮观的景象。作者运用了形象化的语言，从不同侧面描绘了瀑布的美丽壮观：“叠叠的浪涌上岸滩”，“阵阵的风吹过松林”，“千丈青山”，“一道白银”，“珍珠的屏”，“如烟，如雾，如尘”。要引导学生通过这些词句领略到瀑布的壮丽，感受到作者对祖国河山的无限热爱之情，同时在体会品味中认识作者是怎样运用形象的语言描绘瀑布的壮观景象的，从中学习诗歌的语言。

2. 引导合理的想象

诗人凭借丰富的想象，运用比喻、拟人、夸张等修辞手法，创造出生动的艺术形象，表达出强烈的思想感情。在教学中要引导学生展开想象，使诗情画意在学生头脑中形成画面。这样，才能使学生领略到诗的意境，受到熏陶感染，从而促进想象力的发展。由于诗的语言有较大的跳跃性，教学时要注意启发学生通过想象把其中的空白填补起来，或者凭借想象加以连缀，从而获得全诗的完整形象，体会到诗歌的思想感情。用比喻和拟人的方法写成的诗句，需要引导学生想象比拟的事物和被比拟的事物在形象上的联系，如《瀑布》中“好伟大呀，一座珍珠的屏！时时来一阵风，把它吹得如烟，如雾，如尘”。教学时就要启发学生联系生活实际，想象诗中描绘的壮观、美丽、奇妙的景象，借以培养学生的想象能力。用夸张的手法写成的诗句，需要让学生想象出通过夸张所表达的激情。如“飞流直下三千尺，疑是银河落九天”一句，就要让学生想象出瀑布从高空飞落的宏伟壮观的气势，体会诗人的赞叹之情。还有许多诗句写得很含蓄，就更需要引导学生借助想象来体会它们的深刻含义。

3. 加强朗读训练

诗是有声的画。有感情地朗读有助于学生理解诗中的图景和情感，帮助学生体会诗的音乐美，增强诗的教育效果。同时朗读也是学习诗歌语言的主要手段之一，朗读比起默读来，更容易让学生进入诗歌意境，领略诗歌语言的特点。

指导朗读包括两个方面：一是体会诗歌的思想感情；二是掌握朗读的技巧，包括重音、停顿、语速、语调等。学生必须在理解诗歌的内容之后，才能读得有感情。因此，指导朗读不能只从技巧上着眼，也不能只从朗读形式上要求学生，而应从理解文本内容和体会思想感情入手。教师的范读也很重要，学生可以依据教师的范读展开想象，领会诗的意境，加深对诗的理解。对于古诗的朗读，虽然不必向学生介绍格律知识，但也要在指导朗读时要求学生读出古诗的韵律来。这里介绍几种诵读方法：

（1）熟读成诵法。即让学生多读，可指导学生朗朗出声地诵读，低唱慢吟地诵读，读多了，自然成诵。如学习苏轼的《题西林壁》："横看/成岭/侧成峰，远近/高低/各不同。不识/庐山/真面目，只缘/身在/此山中。"可指导学生多读，反复地读，读出诗的节奏和重音。通过多读，在理解诗意的基础上熟练成诵。

（2）联系扩充法。即将所学的某一首古诗词，与题材内容、表现手法相近的其他古诗词联系起来诵读，以形成一个知识组块。如学习贺知章的《咏柳》，可指导学生同时诵读其他有关"咏柳"的名诗，如杜牧的《柳》、罗隐的《柳》、杨万里的《新柳》。把这几首同一题材的诗歌联系起来让学生学习，扩大了学生的知识面，并在对比诵读中强化了记忆效果，从而激起了学生读背古诗词的极大兴趣。

（3）想象入境法。即将诵读过程作为欣赏佳作的过程，边读边想象画面，把自己融入诗词的意境之中。如学习《悯农（其二）》，可指导学生边读边思考，想象农人艰辛劳作的情景。在此基础上让学生熟读成诵，自然水到渠成。还可以利用多媒体手段创设情境，再现画面，使学生有身临其境之感，加深对诗歌的理解和记忆。

古诗的教学步骤

（1）导入（激发情趣）。

（2）板书课题、解题。

（3）简介作者、背景。

（4）初读，学习生字、新词，了解诗歌大意。

（5）细读。

① 划分节奏，指导朗读；

② 反复朗读，理解诗意；

③ 多种形式朗读，展开想象，感悟意境；

④ 反复吟诵，理解诗歌的思想感情。

（6）品读。

① 多种形式朗读，展开想象，感悟意境；

② 反复吟诵，理解诗歌的思想感情。

（7）指导背诵。

（8）拓展。

（9）布置作业。

（四）童话的教学

童话是在现实生活的基础上，通过幻想，采取拟人的方法写出的新奇有趣的故事。童话情节完整，富于幻想，经常采用反复叙述的方法。童话的内容和形式都符合儿童的心理，受到小学生特别是低学段儿童的喜爱，在发展语言、发展智力、培养阅读能力和进行思想教育方面，具有独特的作用。根据体裁特点和儿童心理，教学童话应注意以下几点：

1. 处理好幻想和现实、虚构和真实的关系

童话故事是通过幻想虚构的，但它反映了现实生活中的种种真实。教学童话，要处理好幻想和现实、虚构和真实的关系，指导学生通过童话，联系现实生活，受到启发、教育。如《小猴子下山》的故事是虚构的，但它是以小孩子兴趣无常、办事有始无终、顾此失彼这些常见的缺点为依据的。《卖火柴的小女孩》中四次擦燃火柴，四次出现幻想的情节是虚构的，但是在资本主义社会里，穷孩子冻饿而死的事是屡见不鲜的。故事虽然是虚构的，但它是资本主义社会罪恶的写照，是以现实生活为基础的。为了使学生能体会到童话反映的基本思想，受到教育，教师要做好由童话的内容、思想到现实的引导。

2. 引导学生学习语言

童话的语言浅显、生动、形象，对于发展学生特别是低学段学生的语言有积极作用。如《小马过河》一课，小马和妈妈、牛伯伯、小松鼠的对话，非常符合小学生口语的特点。教师要在指导阅读的过程中，重视引导学生学习语言。朗读是学习、吸收语言的有效方法。朗读童话，要用接近口语的语气，速度应放慢一些，像述说自己的亲身经历一样，要读得亲切，表达出应有的情感。还可以分角色朗读，使学生在兴趣盎然的朗读中，受到教育，学习语言，提高朗读能力。有些童话从儿童年龄特点出发，有意识地将一些情节和语言稍加改变重复出现，教师可用来训练复述，以培养学生的口头表达能力。

3. 重视培养学生的想象力

幻想是童话的重要特点。在培养学生的想象力方面，童话具有非常有利的条件。教学童话，可以抓住幻想的部分，如《卖火柴的小女孩》中四次擦燃火柴的情节，反复阅读，在了解内容、学习语言的同时，丰富学生的想象力。还可以用创设情境或表演的方法，引导学生感受形象，理解语言文字。如让学生根据《骄傲的孔雀》中描写孔雀动作、神情的语句，表演出孔雀趾高气扬、骄傲自满的样子，全身心地去感悟，从而受到教育。同时教师还可以根据情节的发展，提出一些问题，启发同学们去思考、想象，如：“看着湿淋淋的孔雀，花喜鹊会说什么？孔雀后来又怎样了呢？”让学生展开合理想象，丰富对内容的理解，培养同学们的创新意识。

（五）寓言的教学

寓言情节简单，有生动的形象，把对人们的教育和批评寓于短小的故事之中，这种方式容易被儿童接受。另外，寓言讲的多是动物、植物和其他事物的故事，运用拟人的手法，非常符合儿童的心理，并且寓言语言生动，对发展学生的语言很有帮助。根据寓言的上述特点，在教学中应该注意以下几点：

1. 引导学生通过语言感受形象

寓言都有故事和寓意两个方面。故事是形象的描绘，寓意是抽象的概括。只有当学生具体而完整地感受故事的形象，才能领会它的寓意。小学

童话、寓言的教学

生的抽象逻辑思维虽然在逐步发展，但其思维在很大程度上仍然与感性经验相联系，表现出具体、形象的特点。所以，寓言教学要重视引导学生理解故事内容，感受寓言的形象。这不仅是揭示寓意的前提，也是发展学生语言的需要。寓言的艺术形象有其自身的特点，引导学生感受形象，就要根据寓言的特点，采用以下几种方法：

1）通过朗读突出鲜明的形象

寓言的语言像诗歌的语言一样精练，且讽刺意味较浓。所以朗读寓言有其特点：要用讲故事口吻，读得有感情，语调轻松、幽默，带有讽刺意味。分角色朗读是朗读寓言的好方法，要指导学生抓住各种人物或者各个形象的语言特点，用有感情的朗读突出其形象。

2）创设情境，感受形象，理解故事含义

寓言故事的艺术形象是具体形象的，有些还有很强的动作性，让学生在具体的环境中，丰富表象，感受形象，理解故事的主要内容和深刻的含义。创设情境的方法有以下几种：

（1）制作课件演示。例如《狼和小羊》这篇课文，用课件演示故事发生的背景画面，大山、小溪（表示故事发生的地点），一只小羊正在溪边饮水。一只狼慢慢进入画面（故事开始），演示狼的形象。放录音朗读故事的全过程。最后演示狼扑向小羊的画面。教师提问启发学生想象：“结果会是怎样呢?”教师一边上课，一边演示，使学生对寓言故事有一个完整、形象的感受，加深对故事内容的理解。

（2）观察图画或设计动画。寓言的课文有些配有图画，可以引导学生观看图画，理解内容；也可设计动画显示，以生动的、趣味性的动画，激发学生想象，感受形象，加深理解。例如《刻舟求剑》设计动画，船划向对岸，水向下流，剑也被水冲着向下移动，演示出船与剑的距离越来越远。通过形象有趣的动画，理解刻舟人为什么找不到剑。

（3）实践演练，在玩的过程中体验形象

例如《狐假虎威》，让几个同学分别戴上狐狸、老虎、小动物的头饰，表演故事内容，最后问小动物：“你们为什么跑呀?”这样学生在玩中亲身感受，理解寓意。这种方法可以与语文实践活动结合起来。

（4）抓关键词语，领会寓言形象的语言

寓言的形象也同其他体裁的课文一样，是用形象化的语言来描绘的。可以通过理解语言明晰形象。例如《亡羊补牢》的第五自然段，抓住“后悔”“还不晚”（说明从思想上认识了错误）、“赶紧”（说明行动迅速）、“结结实实”（说明干得好、改得彻底）、“再也没丢过”（说明行动产生的效果）等词语，就能在头脑中浮现养羊人知错改过的形象。

2. 启发思考，揭示寓意

学生感受寓言的形象，了解寓言的内容还不够，必须在这个基础上揭示寓言的寓意。寓意和主要内容不同，是指寓言故事隐含的哲理和讽刺性，是指向现实社会的。因此，揭示寓意的过程也就是把寓言的形象引向现实生活的过程。揭示寓意要经过一系列的分析综合，是有一定难度的。因此，揭示寓意要由具体到抽象、由感性到理性逐步地引导。

（1）抓住警句启发思考。寓言中除了描绘艺术形象的语言外，还有理智性、概括性极强的语言，表达了作者的真知灼见和深刻的思想。例如《自相矛盾》中，有人问他：“用你的矛戳你的盾，会怎么样呢?”他哑口无言，回答不出来。这些警句是寓言主要意思的几种体现，抓住这样的警句，启发学生思考，理解了这些警句的含义，也就向揭示寓言的寓意跨出了一大步。

（2）结合故事内容进行评价。掌握了寓言的故事内容以后，要引导学生对事件或角色的行为进行分析议论，作出评价。例如，学生阅读理解《亡羊补牢》以后，可以引导他们思考和讨论：“养羊人对待别人意见的两种态度，得到了什么不同的结果?”通过评价，引导学生认识到养羊人吸取教训及时纠正错误是好的。学生对寓言的艺术形象加深了认识，就为揭示寓意做好了准备。

（3）联系生活实际加深认识。寓言的形象往往是以比喻的手法出现的，寓言中所讽刺、批评的真正对象是现实社会中的某些现象。准确揭示寓意的诀窍，就在于从现实生活中找出众多的类似现象，联系对寓言中的事件或角色做出的评价，举一反三，得出懂得了什么道理或者吸取什么教训的结论。教师要做好联系学生生活经验，结合寓言的事件、角色揭示寓意的引导工作，鼓励学生通过分析、综合自己的生活经验揭示寓意。有的寓言的寓意不太明显，或者学生一时难以领会，教师可以适当点拨。对低学段学生，主要是识字，感受寓言的形象，了解寓言的内容。以后随着年龄的增长，他们会逐渐认识到其深层的含义。有的寓言后来发展为成语，要引导学生了解是怎样由寓言故事概括为一个成语的。这不仅有助于学生理解这个成语，而且有助于学生对成语的准确运用。

二 阅读教学应注意的问题

进行阅读教学，要端正教学思想，改进教学方法，提高教学效率。为此，须特别注意以下几点。

（一）坚持工具性和人文性的统一

工具性和人文性的统一，是语文课程的基本特点。语文的工具性，决定了语文教学的主要目标是培养学生理解语言文字和运用语言文字的能力，即听、说、读、写能力；语文的人文性，要求语文教学培养学生崇高的思想、高尚的情操和审美情趣、健全的人格和健康的心理品质。

阅读教学的凭借是一篇篇课文，而任何一篇课文都是语言文字和思想内容的统一体。语文教师引导学生学习一篇篇课文，着眼点应该主要放在语言文字的教学上，但是，语言文字不能脱离思想感情而独立存在，任何语言文字都是为思想内容服务的，离开文章的思想感情，根本说不清语言文字的好坏。单就阅读而言，无论是谁，读任何一篇文章，只要真正读了，那么他所感受到的就不仅仅是语言文字这种外在的形式，同时也必然受到蕴含在语言形式内部的思想感情的影响。可见，工具性和人文性在阅读教学中是统一的。请看《珍贵的教科书》的教学片段：

案例展示

《珍贵的教科书》教学片段

师：我扑到指导员身上大声地喊："指导员，指导员……"这里为什么用上省略号？

生：这说明"我"喊指导员不止喊了两声，而是喊了很多声，所以用上了省略号。

师：为什么喊这么多次呢？

生：因为指导员伤势很重，没有马上醒过来。

师：好半天，他才微微睁开眼睛，嘴里叨念着："书……书……"这里又为什么用了省略号？

生：他们认识到，指导员一醒过来，首先想到的是书，但他伤势很重，说话没有力气，因此声音很轻，断断续续的。这里的省略号表示断断续续。

师：课文中又写道，当"我"要背指导员回村时，"他轻轻地摇了摇头，两眼望着那捆书"。说明什么呢？

生：（感情激动）指导员"摇了摇头"，意思是不要背他；"两眼望着那捆书"，意思是一定要把这捆书背回去。

师：最后，指导员"用微弱的声音说：'你们要……好好学习……将来……'"这里一连用了三个省略号，又是什么意思呢？

生：（经过思考）第一和第二个省略号都是指说话断断续续，因为指导员快要牺牲了，说话更没有力气了。第三个省略号说明指导员还有许多话要说，可是没有说完就牺牲了。

师：想一想，指导员还有哪些话没有说完呢？

生：（纷纷回答）指导员希望孩子们好好学习，长大了建设祖国；指导员希望大家努力学好本领，消灭敌人，建设新中国。

这个案例中，执教老师将省略号的知识教学与省略内容的人文教育紧密结合，抓住它们的切合点，既引导学生掌握了省略号的用法，又领悟了文本内容，还受到了情感的熏陶感染。

（二）发扬教学民主，使学生真正成为语文学习的主人

语文教学，是教师指导下学生理解语言文字和运用语言文字的过程。在这个过程中，离开教师的"教"，不能称其为"教学"；离开学生的"学"，也同样不能称其为"教学"。可见，在教学中，教与学两方面是互相依存、互相制约、不可分割的关系。但是，教学的最终目的是使学生学会、会学。从本质上讲，教只有通过学才能发挥作用。因此，教学过程最终是以学为归宿的，强调"学生是语文学习的主人"的道理就在这里。

要把学生真正置于学习主人的位置上，教师必须转变教学观念，发扬教学民主。在阅

读教学中发扬教学民主，至少应该做到：第一，树立为学生服务的思想，不能强迫学生适应自己，配合自己，而应努力研究学生的知识和能力水平、学习心理，使自己的教学适应学生的需要。第二，建立民主平等、互助合作的师生关系。教师尊重学生，学生尊敬教师；教师指导学生学，学生帮助教师教。第三，发展学生的个性，尊重学生的兴趣爱好，满足不同程度学生对语文学习的需求，鼓励学生从自己的特长出发去积极发展自己。第四，激发学生读书的兴趣，指导他们掌握基本的语文学习方法，引导他们自主读书，自主学习，逐步增强做学习主人的意识。

（三）充分发挥阅读教学在激发学生创造潜能方面的作用

激发学生的创造潜能，要通过语文教学的各个环节去完成，作为语文教学重要组成部分的阅读教学，理应发挥更大的作用。

阅读教学凭借的是一篇篇文质兼美的课文。这些课文多数是作家独特的创造，课文的思想、课文里的形象、课文里的语言，无不是作家创造力的结晶。可以说，课文不仅为培养学生创造力提供了丰富的营养，同时也为培育学生的创造力提供了广阔的空间。

在阅读教学中激发学生的创造潜能，第一，要创设民主、和谐、宽松、愉悦的课堂教学氛围，要鼓励学生发表自己的见解，允许各种不同意见的发表。第二，教师要善于利用课文中蕴含的创造性因素，发展学生的求异思维。比如，教《曹冲称象》，可以让学生讨论：除曹冲的办法之外，还有没有更好的称象的办法？学了《圆明园的毁灭》，可以让学生讨论圆明园要不要重修，并讲讲自己的理由。还有一些渗透科学思维方法进行启蒙教育的课文，如《画杨桃》等，也有助于创造潜能的激发。第三，重视学生的探究与发现。一方面，要给学生足够的时间潜心读书、认真思考，使他们人人都能从头到尾读上几遍书，有时间从容地想一想自己读懂了哪些，还有哪些不懂的地方，特别是要想一想自己从课文中悟出了一些什么；另一方面，要重视合作学习，利用小组学习和师生交流的机会，互相启发，在讨论中加深理解，并从别人的思路中得到启示。如此坚持下去，学生肯定会形成探究的习惯，逐步提高分析问题、解决问题的能力和创造性思维能力。第四，激发学生的想象、联想和幻想。对于留有想象空间的课文，教师要鼓励学生展开想象和联想。比如读了《卖火柴的小女孩》，让学生说说假如卖火柴的小女孩来到我们身边，你会怎样做；读了《穷人》，让学生续编故事。

梳理与探究

1. 详细述说不同类型文体教学时应达到的要求。

2. 任选低学段、中学段、高学段课文各一篇，按照课标的学段要求、阅读教学有关要求编写三份教案，并尝试试讲、说课。

4-5 随堂练习

第六节 阅读学习任务群

阅读不是一蹴而就的，也不是教师课内教学就能达成的。根据阅读的长期性特点，义务教育语文课程阅读教学内容以学习任务群组织与呈现，引导学生逐步养成阅读习惯，培养阅读能力，提升核心素养。

一 学习任务群

阅读学习主要分三个层面设置任务群，第一层是“语言文字积累与梳理”，第二层是“实用性阅读与交流”“文学阅读与创意表达”“思辨性阅读与表达”，第三层是“整本书阅读”。学习任务群的实施，不仅包括课内阅读教学，也包含课外阅读积累。

（一）第一层：语言积累

这一层重在诵读，奠定语文基础。诵读材料要选择脍炙人口的千古名篇和名言名句，既要有文化内涵，又要短小精悍，朗朗上口。学生通过诵读、记录课内外学到的成语、谚语、格言警句、儿歌、短小的诗歌等，培养阅读的兴趣，掌握语言运用规范，形成语感和习惯。教师应引导学生增强语言积累和梳理的意识，教给学生语言积累和梳理的方法，提倡日积月累，熟读成诵，借助信息技术等方式汇总、梳理自己积累的语言材料，建立自己的创意语言资料库，并能学以致用。

（二）第二层：实用性阅读、文学阅读、思辨性阅读

这一层重在实用，通过阅读，获取有价值的信息，满足日常生活需要。

1. 实用性阅读

紧扣“实用性”特点，根据学段的不同引导学生阅读有关学校生活和中华传统优秀文化的短文；阅读记人叙事的优秀文本，阅读参观访问记、考察报告、科技说明文、科学家小传等文本；结合日常生活的真实情境，学习日常生活语言，学会文明交往。

2. 文学阅读

紧扣“文学”这一中心，有序引导学生阅读讲述革命领袖、革命英雄、爱国志士的童年故事，表现自然之美的短小诗文，体现童真童趣的图画书；阅读描绘大自然、表现人类美好情感的诗歌、散文等文学作品，阅读富有想象力和表现力的儿童文学作品；阅读革命领袖、革命先烈创作的文学作品，阅读表现人与自然、人与社会的优秀文学作品。通过整体感知、联想想象，感受文学语言和形象的独特魅力；欣赏和评价语言文字作品，提高审美品位。

3. 思辨性阅读

紧扣“思辨”二字，遵循学生身心发展规律，引导学生阅读有关科学的短文、中华智

慧故事；阅读关于中华传统美德、社会公德等方面的短论、简评；阅读有关科学发现、技术发明的故事；阅读哲人故事、寓言故事、成语故事等。通过阅读，获得辨别是非、善恶、美丑的能力，养成勤学好问的习惯，培养理性思维和理性精神。

（三）第三层：整本书阅读

1941 年，叶圣陶在《论中学国文课程标准的修订》中对“读整本的书”提到：“把整本书作主体，把单篇短章作辅佐。”这是第一次明确提出要读整本书。《语文课程标准（实验稿）》在教学建议部分提出“培养学生广泛的阅读兴趣，扩大阅读面，增加阅读量，提倡少做题，多读书，好读书，读好书，读整本的书”。读整本书开始得到重视。《义务教育语文课程标准（2022 年版）》将阅读整本书放入了学段要求，并在部编本语文教材中设计了“和大人一起读”（一年级）、“我爱阅读”（二年级）、“快乐读书吧”（一至六年级），有序安排整本书的阅读。学生要做好整本书阅读，可以合理利用教材中所提到的书，如“快乐读书吧”“阅读链接”“资料袋”等，通过单元主题的学习，有计划地、循序渐进地鼓励、引导学生进行跟进式的大量阅读。

为巩固整本书阅读的效果，教师可以采用分享课的形式，引导学生将个人的阅读收获分享给其他同学，让个人收获变成集体的丰富多彩的阅读智慧。分享形式多种多样，可以是口头形式（交叉口语交际课），可以是书面形式（读书笔记、习作、简单的研究报告），也可以是语文实践活动的形式呈现（表演、戏剧、研讨会），积极向同学推荐自己所读的书并说明理由。

二 阅读习惯

（一）阅读习惯概说

习惯是重复或练习而固定下来变成需要的行为方式或倾向。阅读习惯是人类习惯中的一种，是在学习过程中经过反复练习形成，并发展成为一种个体需要的自动化学习行为方式。语文阅读习惯是阅读习惯的一种，是学生在较长时间的语文学习中形成的一种较为稳定的、不易受干扰的学习行为和方式。由于这种行为的稳定性，它必然对学生的后续学习起着决定性作用，良好的语文阅读习惯一旦形成，不仅能提高学习语文的效率，更能使学生获得终身学习的能力。

（二）小学各学段语文阅读习惯的培养

在培养学生语文阅读习惯的过程中，教师应把握住学生的心理发展特点，在不同学段重视培养不同的阅读习惯。

第一学段是阅读习惯培养的关键期。这一学段的学生好说好动，注意力不持久，逻辑思维不发达，独立性和自觉性较差。从这些特点来看应主要培养学生听课、写作业方面的习惯，这两方面的阅读习惯对以后的学习有重要作用。这个时期应严格规范学生的学习行为，坐姿、握笔、预习、复习、记笔记、作业等必须从严按“格”开始进行。

第二学段是逻辑思维发展的关键期。这一学段的学生，处于从小学低学段向高学段的过渡时期，这个时期，应重点培养学生的思维习惯。培养学生思维的灵活性，使学生善于从不同角度和不同方向思考问题，能用多种方法解决问题，能根据具体情况，灵活地运用知识来处理问题。让学生明白在解决实际问题时应当全面、灵活地思考。

第三学段是逻辑思维能力和记忆力发展的关键期。这一学段的学生，主要培养的语文阅读习惯有实践习惯、反思习惯、归纳总结习惯和自主阅读习惯。要培养学生自主学习的习惯，教师要扮演好引导者角色。在教学中，把主动权还给学生，让学生自己主动发现问题、解决问题。重视教给学生使用工具书以及获得知识和技能的方法。

（三）培养良好的阅读习惯，要体现在阅读教学的全过程中

从课前预习到上课，再到课后复习，学生时刻都在教师的指导下进行着种种阅读实践，而阅读实践正是培养良好阅读习惯的根本途径。教师要在这一系列的阅读实践中，随时向学生提出要求，告诉他们怎样做，为什么这样做；发现问题，及时指出，提醒他们改正，使他们懂得为什么必须改正，怎样改正。培养学生良好的阅读习惯，还要严格要求，持之以恒。教师提出了某项要求，就要抓住不放，不能时紧时松。尤其是在良好的阅读习惯尚未养成的时候，更需要严格要求，丝毫不能放松。严格训练应当以正面诱导为主，对于学生所表现出来的良好阅读习惯，要给予积极的评价，这将会对其他学生起到潜移默化的引导作用。

培养学生形成良好的阅读习惯是一个长期而艰巨的任务，在培养过程中教师针对某个阅读习惯要持续性地培养，不断提高对学生在某个习惯上的要求，同时还要注意习惯之间的相互影响和渗透。

（四）良好的阅读习惯

良好的阅读习惯有：边读边思边动笔的习惯；使用工具书的习惯；勤于读书、勤于动笔的习惯；质疑问难的习惯。

三　阅读能力

阅读能力由低到高分为感受能力、理解能力、欣赏能力和评价能力，逐步培养迁移性性阅读能力和创造性阅读能力。

阅读感受力：认识字音、形、义，初识语言。

阅读理解力：在感受的基础上，深入文章的字里行间去获取意义的能力，即理解文章词、句、段的表达的能力。

阅读欣赏力：对作品思想内容和语言形式的审美化。

阅读评价力：对作品形式及作品主题的是非优劣、得失进行理性的鉴别、评判，实现价值的评估。

阅读迁移力：在理解欣赏的基础上，触类旁通，举一反三，完成阅读能力向语文素养的各个方面的迁移。

阅读创造力：这是最高层次的阅读，指在阅读中有新的发现，提出并解答作品原有作品之外的新问题。

《狐狸与乌鸦》《祖父的园子》案例展示

梳理与探究

1. 根据自己的学习经历，说说阅读的三个层面如何达成？
2. 简要说明如何培养学生养成整本书阅读的习惯。

4-6 随堂练习

第五章

习作教学

职业素养目标 · · ·

1. 熟练掌握小学语文习作教学的总目标，各学段的学段要求。

2. 了解习作教学的基本内容，能把握各学段的教学侧重点。

3. 把握习作教学的一般过程，能初步完成一堂习作课的教学。

4. 熟练把握不同习作类型，掌握不同学段习作教学的指导策略。

第一节　习作教学的意义和目标

一　习作教学的意义

习作是直接或间接地为正式创作提供准备或前提条件的作品，是具有高度综合性、创新性的言语活动，是复杂的情感活动和心智活动，是学生认知能力和语言文字表达能力的具体体现，是衡量学生语文水平高低的主要标志。习作教学是语文教学的重要组成部分，是培养学生观察、思维、想象、创新能力，培养学生积极的人生态度、健康的审美情感，巩固阅读成果，培养学生良好的习作习惯的重要途径。写作是运用语言文字进行表达和交流的重要方式，是认识世界、认识自我、创造性表述的过程。写作能力是语文素养的综合体现。因此，习作教学具有重要而且特殊的意义。

（一）习作教学是培养学生书面语言表达能力的重要途径

书面语言是人与人交往、交流的基本方式，人们在学习、生活、工作中无时不用，无处不用。叶圣陶先生说：“人在生活中，在工作中随时需要作文，所以要学作文，在从前不是人人需要，在今后却人人需要。”小学习作教学是为学生中学、大学写作，乃至终身需要打基础的工程。如果教师从培养兴趣入手，科学系统地指导学生刻苦学习语言，掌握语言技巧，积累丰富的词汇、句式、成套的语言材料，汲取古今中外语言的有益成分，丰富自己的语言，并能规范、准确、熟练运用，学生就能逐步形成书面语言表达能力。因此，小学习作教学对学生正确掌握运用祖国语言文字具有重要的作用。

（二）习作教学是培养学生观察、思维、创新能力的有效途径

叶圣陶先生说：“生活就如泉源，文章就如溪水，泉源丰富而不枯竭，溪水自然活泼地流个不歇。”习作教学中教师如能引导学生做生活中的有心人，教给学生观察社会、生活、大自然的方法，让学生拥有一双慧眼，善于发现美、捕捉美，并能创造美、表现美，就能培养好学生的观察能力。

人们在工作、学习、生活中遇到问题、困难时，总要“想一想”，正所谓“眉头一皱，计上心来”，这种“想”就是思维。思维就是通过分析、综合、概括、抽象、比较等一系列过程，对感性材料进行加工并转化为理性认识，从而解决问题，克服困难的过程。思维能力是学习能力的核心因素，是智力活动的核心因素，也是习作能力的核心因素，它包括理解力、分析力、综合力、比较力、概括力、抽象力、判断力等能力，它参与、支配着一切智力活动。习作教学中，教师遵循学生的认知规律和习作教学原则，引导学生进行审题、立意、构思、选材、表达、修改等过程，就是培养学生思维能力的有效途径。

习作是一种创造性活动，它可以激发学生的想象，激活学生的思维，开发学生的创造潜能，从而培养学生的创新能力。《义务教育语文课程标准（2022 年版）》中习作教学的学段要求是注重学生的创新精神、创新能力的培养，比如："写自己想说的话，写想象中的事物"，"能不拘形式地写下自己的见闻、感受和想象。注意把自己觉得新奇有趣或印象最深、最受感动的内容写清楚"，"珍视个人的独特感受"。因此，教师要在习作教学中培养学生的好奇心、求知欲、求异思维、创新思维，要为学生的自主写作提供有利条件和广阔空间，减少对学生写作的束缚，鼓励自由表达和创意表达自己的所见所闻、所思所感、所做所悟，从而培养学生的创新能力。

（三）习作教学有利于巩固阅读成果

小学生通过现行教材三百多篇课文的学习，认识了三千个左右的汉字，掌握了七千个左右的词语，了解了各种句式和表达方式，学会了想象观察、审题立意、遣词造句、布局谋篇的方法，获得了大量知识信息，这是阅读教学取得的成果。但是如果学生只是理解掌握了课文语言，不会运用，这些语言就是"沉睡"在大脑中的"消极语言"。只有那些既能理解又能运用的语言才是积极语言。然而大部分学生难以将"消极语言"转化成"积极语言"，这就需要教师在习作教学中经常指导学生正确运用从阅读教学中掌握的词语、句式和构段谋篇的方法，培养学生自觉运用的意识和习惯。这样做，不仅促进了学生书面语言表达能力的提高，还有利于巩固阅读教学的成果。

（四）习作教学有助于养成学生良好的习作习惯

教师在习作教学中要把习作和习惯养成紧密结合起来，培养学生热爱生活、热爱大自然、关注社会、留心观察的习惯，自觉运用学过的词语、句式、表达方法的习惯，积累习作素材的习惯，作文列提纲、多修改的习惯，自觉规范习作格式、标点、书写的习惯等。学生养成了良好的习作习惯，不仅可以促进学生习作能力的提高，而且可以培养出学生终身受益的习惯。

二　习作教学的总目标

（一）习作教学的总目标

《义务教育语文课程标准（2022 年版）》关于写话、习作教学的总目标是："能根据需要，用书面语言具体明确、文从字顺地表达自己的见闻、体验和想法。""具体明确"的目标是从写作内容方面提出来的。"具体"就是细节方面很清楚、有条理，容易让人辨识、了解，不抽象，不笼统；"明确"就是清晰明白而确定不移。"文从字顺"的目标是从语言应用方面提出来的，指习作的用词造句要通顺贴切，符合语言规律，符合事理，符合人们约定俗成的语言习惯。

语文课程标准中的习作教学目标，也是从知识与能力、过程与方法、情感态度与价值观三个维度来制定的。具体明确，文从字顺，这主要是知识方面的要求。"能写简单的记实作文和想象作文，内容具体，感情真实"要求学生说真话、实话、心里话，不说假话、空话、套话。激发学生展开想象和幻想，鼓励写想象中的事物。为学生的自主写作提供有利条件和广阔空间，减少对学生写作的束缚，鼓励自由表达和有创意的表达。这主要是能力方面的要求。语文课程标准非常关注学生写作的过程。习作教学第一学段目标中要求学生“在写话中乐于运用阅读和生活中学到的词语”，在第二学段目标中要求学生“尝试在习作中运用自己平时积累的语言材料，特别是有新鲜感的词句”。这些都是习作教学中过程、方法维度的要求。

语文课程标准对情感态度、价值观维度的要求主要体现在以下四个方面：第一，培养学生对写作的兴趣和自信。比如，“对写话有兴趣”，“乐于用口头、书面的形式与人交流沟通，愿意与他人分享，增强表达的自信心”。第二，强调培养学生自主的、个性化的写作。比如“注意把自己觉得新奇有趣或印象最深、最受感动的内容写清楚”，“珍视个人的独特感受，积累习作素材”等。第三，注重培养学生的创新精神。比如“写自己想说的话，写想象中的事物”，“能不拘形式地写下自己的见闻、感受和想象”等等。第四，强调习作教学应贴近学生实际，让学生易于动笔，乐于表达，引导学生热爱生活，关注社会和大自然，写出真情实感。

（二）习作教学的学段要求

1. 第一学段（一～二年级）：写话

（1）对写话有兴趣，留心周围事物，写自己想说的话，写想象中的事物。在写话中乐于运用阅读和生活中学到的词语。

（2）根据表达的需要，学习使用逗号、句号、问号、感叹号。

2. 第二学段（三～四年级）：习作

（1）乐于用口头、书面的方式与人交流沟通，愿意与他人分享，增强表达的自信心。

（2）观察周围世界，能不拘形式地写下自己的见闻、感受和想象，注意把自己觉得新奇有趣或印象最深、最受感动的内容写清楚。能用便条、简短的书信等进行交流。尝试在习作中运用自己平时积累的语言材料，特别是有新鲜感的词句。

（3）学习修改习作中有明显错误的词句。根据表达的需要，正确使用冒号、引号等标点符号。课内习作每学年16次左右。

3. 第三学段（五～六年级）：习作

（1）懂得写作是为了自我表达和与人交流。养成留心观察周围事物的习惯，有意识地丰富自己的见闻，珍视个人的独特感受，积累习作素材。

（2）能写简单的记实作文和想象作文，内容具体，感情真实。能根据内容表达的需要，分段表述。学写读书笔记，学写常见应用文。

（3）修改自己的习作，并主动与他人交换修改，做到语句通顺，行款正确，书写规范、整洁。根据表达需要，正确使用常用的标点符号。习作要有一定速度。课内习作每学年16次左右。

第一学段要求不提习作，只是要求学生“写话”。第二、三学段要求“习作”。这是为了降低小学阶段写作的难度，减缓坡度体现了目标的渐进性。第一学段写话，少了规矩，少了束缚，学生心态放松，把口里想说、心里所想的话用文字写下来，我手写我口，我手写我心，就能消除写作的神秘感，克服“怕作文”的心理，解决“憋作文”的困难。

第二学段写片段、写短文是低学段说话、写话的继续，是高学段成篇作文的铺垫，具有举足轻重的作用。三、四年级是小学生书面语言发展的关键阶段，这一阶段习作教学的重点是帮助学生顺利地实现由写话到比较独立地完成一篇习作。从低学段的写话过渡到初步的习作，要特别注意教学目标、教学内容和教学方法的过渡、衔接和循序渐进地、系统扎实地训练。

第三学段要求全面达到小学习作教学的目标。第一条要求学生“懂得写作是为了自我表达和与人交流”，就是要让学生明确写作目的，明白习作一定要抒真情、说真话、说实话、说心里话的道理。要求学生“养成留心观察周围事物的习惯，有意识地丰富自己的见闻，珍视个人的独特感受，积累习作素材”。这条目标特别强调观察、积累、感受，培养创新意识和创新精神。第二条要求学生“能写简单的记实作文和想象作文”“学写常见应用文”，这条要求明确了小学生习作教学的内容以及对内容的基本要求。第三条是关于修改习作、行款、书写方面的目标，强调学生要自改、互改作文，提高习作水平。

梳理与探究

简述不同学段习作教学的要求。

5-1 随堂练习

第二节　习作教学的原则、内容和方法

一　习作教学的原则

习作教学是指导学生将大脑里储存的语言材料，通过思维加工，进行书面表达的过程，是培养学生语言文字运用能力、提升学生核心素养的重要途径。因此，习作教学要达到课标规定的习作教学目标，必须遵循以下原则：

（一）作文育人原则

言为心声，文如其人，人如其文。作文和做人密切相关，著名教育家陶行知先生说：“千教万教，教人求真；千学万学，学做真人。”因此，习作教学的过程就是育人的过程，是培养学生的美好道德情操和人文精神的过程。在习作教学中，教师要善于引导学生认真践行社会主义核心价值观，做有理想、有道德、有文化、有纪律的人，说真话，写真事，抒真情，赞扬真、善、美，鞭挞假、恶、丑，养成严肃认真的习作态度，树立正确的人生观和培养积极进取的人生态度，形成高尚的人格。习作教学中，教师要善于激发学生健康向上的情感，引导学生从生活中发现美、感受美，从而在习作实践中表现美、歌颂美，以此来净化心灵，塑造灵魂，陶冶情操，形成健康的审美情趣。

习作教学不仅是语言文字和习作技巧的训练，同时还是提高思想认知、培养良好的道德品质和人文精神的过程。小学生无论是写人、叙事，还是写景、状物，都离不开自己的细致观察、切身体验和独特感受，运用恰当的语言文字正确地反映客观事物，表达真情实感。因此，教师要指导学生提高思想认识，建立道德观念，产生道德情感，从而在生活实践中规范道德行为，树立正确的世界观、人生观、价值观。

（二）循序渐进原则

课程标准对各学段的习作教学提出了不同的要求，第一学段写话，第二、三学段习作，学写常见应用文。小学第一学段习作教学是指导一、二年级学生写一句完整、通顺的话，进而写一句生动、具体的话，再到句群训练。第二学段进行片段训练，引导学生围绕一个意思写一段或几段表意清楚、语句连贯的话。第三学段进行篇章训练，指导学生写出写人、记事、写景、状物的记实作文，想象丰富、合理、新颖、叙述清楚的想象作文，格式正确、内容明确的常见应用文。教师要从习作教学的学段要求，习作教学的内在规律、一般特点，学生不同年龄的认知、情感、心理特点综合考量，全面兼顾，体现出习作训练的阶段性和层次性，一步一个脚印，一年一个台阶，从说到写，从段到篇，从简单到复杂，从扶到放，由易到难，扎实系统训练，循序渐进，螺旋式上升。同时，切实做好各学段习作教学的过渡和衔接，全面达成第三学段习作教学目标。

（三）读写结合原则

“读书破万卷，下笔如有神”，我国古代诗圣杜甫的这句千古名句阐明了阅读与写作的内在联系，我国语文教学历来重视阅读与写作的紧密结合。课标指出：语文学习应注重听说读写的相互联系，沟通听说读写，增加学生语文实践的机会。从信息论的角度看，阅读是吸收，是将外部语言通过视觉系统传入大脑，在大脑的统一调控下，进行消化理解，以形成自己的言语；习作是表达，是将大脑储存、消化、理解的语言材料，按一定的规范排列，用书面语言的形式，将内部言语转化为外部言语。这说明了阅读对学生，尤其是小学生习作能力形成的重要作用。全面、客观地分析学生习作能力的形成过程，我们可以发现，阅读确实是形成习作能力的基础，与作文有着千丝万缕的联系。

1. 丰富语言积累

习作就是运用书面语言来表达自己的思想、情感，而运用语言必须要以语言材料的积累为基本前提。小学生，尤其是低中学段的小学生对书面语言材料的积累非常有限。阅读是学生广泛学习、大量吸收规范书面语言材料的有效途径，学生在阅读中不仅可以大量地积累基本词语，还可以逐步掌握各种句子结构，从而形成良好的语感。

2. 学习表达方式和思维方法

学生在阅读理解一篇篇文质兼美的课文时，既能认识课文中作者怎样遣词造句，怎样连句成段、连段成篇，怎样开头结尾、过渡衔接，怎样安排顺序、详略等表达方式，又能领悟作者观察事物、分析事物、选择材料、确立中心等思维方法。在阅读中，师生不断总结归纳语言规律，学生在模仿、实践中迁移运用这些语言规律，并不断纠正错误，逐步达到熟练掌握，形成科学的思维。

3. 学习各种知识

科学研究表明，一个人的知识靠亲身实践得来的仅占 20%，而 80% 的知识是从阅读中得来的。阅读材料中的知识包罗万象，学生从中可以学到大量的天文地理、社会科学、政治经济、人文卫生等社会知识和自然知识。

4. 积累习作材料

学生在阅读材料中积累的经典故事、精彩情节等，在写作时信手拈来，皆成文章。因此学生读得越多，作文材料就越丰富，知识就越广泛，思维就更活跃，习作就能得心应手，运用自如。在阅读教学中，教师要遵循读写结合的原则，运用丁有宽老师总结的七条读写对应规律：教给学生写作方法，引导学生从读中学解题，结合习作练审题和拟题；从读中学归纳中心，结合习作练习怎样表现中心；从读中学分段，结合习作练概括段意，练习列提纲；从读中区分文章主次，结合习作练习怎样安排详略；从读中学捕捉重点段，结合习作练怎样突出重点、中心；从读中品评，练习作文修改；从读中学作者怎样观察事物，从而结合习作练观察方法。如此为学生的习作打下扎实的基础，提供全方位的“物质”准备。

（四）活动体验原则

“写作教学应贴近学生实际，让学生易于动笔，乐于表达，应引导学生关注现实，热爱生活，积极向上，表达真情实感。”习作教学的活动体验原则能真正落实课程标准的这一精神。小学生喜爱活动，积极参与活动，感悟活动过程，体验活动乐趣。因此，教师要尽可能创造条件，组织游戏，让学生观察体验生活，动手操作，实验探索，解决问题；组织管理丰富多彩的活动，让学生全身心参与，手脑并用，在玩中学、做中学，在真实或近似真实的生活及活动情景中与他人合作、交流、互动，构建与他人的关系，感受习作与竞争带来的快乐，在与他人的比照中完善对自己的认识，获得丰富的体验，积累丰富的习作素材，产生浓厚的习作兴趣、强烈的表达欲望，从而达到“下笔千言”的境界。

（五）自主表达原则

课程标准指出：“写自己想说的话，写想象中的事物。”“能不拘形式地写下见闻、感受和想象，注意把自己觉得新奇有趣或印象最深、最受感动的内容写清楚。”这些都体现了课程标准强调的自主表达的要求，因此，习作教学中，教师应该少一些束缚，多一些鼓励；少一些规范，多一些个性。鼓励学生自主命题，自主选材，自主选择习作表达形式，自主表达感情，真正为自主习作提供有利条件和广阔的成长空间。

二 习作教学的内容和方法

《义务教育语文课程标准（2022 年版）》把小学生的习作分为三个学段，第一学段是写话，其重点是“对写话有兴趣”，“写自己想说的话”；第二学段叫习作，其重点是“乐于用口头书面的方式与人交流沟通”，“能不拘形式地写下自己的见闻、感受和想象”；第三学段也叫习作，其重点是“能写简单的记实作文和想象作文”，“学写常见应用文”。由此可见，写话是最基本的习作训练内容，在运用书面语言表达自己的思想这点上，写话和习作是基本一致的，显然，培养学生的习作能力，应当从低学段开始。

（一）写话教学

不同学段习作教学内容与方法

写话就是把要说的话写下来，怎么想就怎么说，怎么说就怎么写，这是小学低学段最初的习作训练。把说话、写话作为习作训练的起点，从口语入手，以口语带动书面语言的训练，这样，可减轻学生对习作的思想负担和心理压力，也符合儿童语言发展的规律。

写话训练一般从一年级下学期开始，重点训练在二年级。写话的内容不限，长短不限，从一句到几句，再到一段、两段。写话训练的重点是把句子写通顺、完整、连贯。

1. 写话教材的一般特点

写话训练的内容和形式很多，如看图写话、观察生活写话、听故事写话、学课文写话、用词造句、看图编童话等。低学段说话、写话教材一般具有以下特点：① 教材编排形式多样，以看图说话、写话为主。② 内容有教育意义，贴近儿童生活。③ 体现了语言文字训练由简单到复杂、循序渐进的过程，以写好一句通顺、完整的话作为训练起点，到写好几句意思清楚、连贯的话，再到写好一段、两段话。④ 注重培养学生初步的观察能力。⑤ 说、写同步训练。说的多些，说的要求高些；写的少些，写的要求低些，不会写的字，可以用拼音代替。

部编本教材的写话教学内容主要以课后练习和语文园地训练的形式体现。一年级没有统一的写话教学内容编排，主要以积累词语和仿写句式的训练出现，通过基本句式的练习来训练学生写一句话，写一句完整的话。比较正式要求学生写话是在二年级上册“语文园地三”中的“写话”：每个人都有自己的喜爱的玩具，你最喜爱的玩具是什么？可以说说它是什么样子的，也可以说说它怎么玩。先和同学交流，再写下来。

教材仅是教学内容的一部分，在学习、生活中，说话、写话训练内容无时不有、无时不在，所以在实际教学中，教师要结合学生的课内外学习、生活，并通过一些活动或情境，促成教学写话内容的动态生成，引导学生走进写话的乐园。

2. 写话教学的内容和方法

著名特级教师于永正认为，对于孩子们的学习来说，第一是兴趣，第二是兴趣，第三还是兴趣。当孩子们兴趣盎然地投入学习中时，学习就变成了一种特殊的享受，变成了一种精神的需要。“对写话有兴趣”，“写自己想说的话”，这个初始阶段的目标定位十分重要。习作起步，首要的工作就是让小学生知道，习作就是把自己特别想说的话写下来，人人都能做到，人人都能写好，不断激发学生写话的兴趣，使这种浓浓的兴趣得以长久地保持。从小学生学会写字那天起，教师就要坚持从说到写、以说促写、说写结合的原则，根据写话内容，不拘一格，灵活地设计训练形式，鼓励、指导他们写话，帮助他们掌握三种基本句式，“谁干什么、什么干什么”“谁是什么、什么是什么”“谁怎么样、什么怎么样”。不会写的字可以问别人，可以用拼音代替，甚至可以用图画代替。比如，一名刚入学不久的孩子，根据老师布置的句式练习，一口气写了几句话，“小狗在 wō 里 shuì 觉，样子好 méng 啊！”“我的妈妈是一名护士，她经常给别人打针。”“爷爷 zhòng 的花好漂亮啊！”还有一名一年级同学去春游前，这样写道：“出来春游了，书 bāo 里可以 fàng 玩 jù 了。”对这样充满童趣的写话，教师要爱护他们想说想写、敢说敢写的热情、冲动和愿望。表扬他们，夸奖他们，必定会使他们越写越爱写，越写越想写，越写越丰富。如果他们不断地得到肯定，就会不断地增强自信，不断地期待下一次的成功。这样，学生当然对写话感兴趣了。当学生把习作看作一种需要，他们就不会觉得习作是件难事了。久而久之，他们会把习作看作和游戏、睡觉、吃饭一样，是生活中不可缺少的一部分，就会对写作产生浓厚兴趣，对写作充满自信。

低学段写话主要有编童话、看图说话写话、写观察日记三种类型，在重视激发学生浓厚的兴趣的同时，教师要根据不同的教学内容使用不同的教学方法进行指导。

（1）编童话。童话是根据儿童的特点，通过丰富的想象、幻想，运用夸张的手法，采用拟人化的描写，虚构一个完整的故事，塑造生动的形象，反映生活，对儿童进行知识教育、思想教育。儿童爱幻想，童话的基本特征也是幻想，于是两者“一拍即合”，童话就成了儿童喜爱的文学形式。利用童话对低学段学生进行写话训练也就成了好方法。

第一，听童话，编童话。即教师先讲一个童话，学生认真倾听，教师引导学生了解童话的编写方法，再让学生编写童话。

第二，看图画，编童话。图画形象直观，借助图画来帮助学生编童话，具有良好效果。教师可以从单幅图到多幅图，进行训练。多幅图画提供的内容比较多，有较完整的故事情节，教师引导学生按照一定的顺序认真观察，加以丰富、合理、新颖的想象，就能编出一个想象丰富新颖、情节生动曲折的完整的童话故事来。

第三，看实物，编童话。认真观察实物，抓住实物的主要特征，发挥想象，拓展情节，进行童话编写。比如，观察文具盒里的文具，根据文具的特点、用途，可以编出新颖、有趣的童话。

第四，联系生活编童话。儿童的生活丰富多彩，想象新颖奇特，童话题材比比皆是。比如班上大多数同学爱护公物，但也有人在桌子上乱涂乱画，用刀刻桌面，摇晃、摔打椅子。针对这种情况，教师指导学生编写童话《桌子和椅子的诉苦》，批评不爱公物的行为，教育大家爱护公物。

第五，结合课文编童话。这种训练形式，能激发学生听、说、读、写的兴趣，培养学生初步的习作能力。小学低学段教材中的童话故事多，教师要多动脑筋，巧妙设计训练形式，让学生编童话。比如，学生学了童话《坐井观天》后，教师引导学生想象：“青蛙听了小鸟的劝告，跳出井口，它会看到什么？听到什么？想到什么？它会怎么做呢？”然后，让学生续编一个完整的童话故事。

（2）看图说话、写话。看图说话、写话是培养学生观察能力、思维能力、想象能力的有效手段。从一年级开始，学生从看图说一句话到说几句话，再到说一段连贯的话，逐步过渡到根据图画内容编故事。

看图说话教学一般有“选图”“看图”“说图”三个环节。首先选好图画。图画不仅要有健康的思想内容，还要有一定的艺术性，画面鲜明，故事性强，才能引起学生的兴趣。其次是看清图画。教师要指导学生看清图画，看懂图意。看图目的要明确，学生看这幅图要达到什么要求，心中要有数。看图要有重点。比如，一幅图的人物较多，要分清主次，找出主要人物进行重点观察，观察主要人物的外貌、动作、神态，想象人物的内心活动。看图还要注意方法。观察事物要有一定的顺序，可由整体到部分，再由部分到整体，也可由上到下、从左到右地观察。有顺序、有条理地观察，说起话来才有条理。再次是说图。说图要说得有头有尾，顺序清楚，内容完整，有重点。说话要口齿清楚，声音要响亮，有感情。说得好的要及时鼓励，说得不好的要及时指导。

看图写话，是在学生会说的基础上再训练写话。写话就是“拿笔说话”，变“口语”为“书面语”。在仔细观察、合理想象的基础上，把观察和想象的内容梳理一下，理清先写什么，再写什么，最后写什么。确定哪些内容详写，哪些内容略写，要有顺序，写清楚，写具体，语句要通顺。第一次写话，对学生要讲清书写格式，并严格要求，培养学生良好的书写习惯。

（3）写观察日记。观察日记是对日常生活进行经常性的细致观察所做的记录，是一种有效地训练观察能力、分析能力和语言文字表达能力的方式，也是观察事物写话的好形式。生活中的事物，比图画更生动真实，也更能吸引学生，激发起他们观察的兴趣。

在指导学生写观察日记的过程中，教师要激发学生观察的兴趣，培养观察习惯。教师要引导学生，一是仔细观察，二是要重点观察，三是对观察到的现象进行思考。教师还要教给学生观察的方法，比如：运用比较的方法；运用多种感官去了解事物，有可能的话，去摸摸、闻闻、尝尝；还可以通过联想和想象去丰富观察的感受。其他各学段也可以进行写观察日记的训练，但不同学段应有不同的要求。

（二）习作教学

1. 第二学段习作教学的内容和方法

本学段习作教学的重点是帮助学生顺利实现由写话到比较独立地完成一篇习作的过渡。教师要着重指导、帮助学生学会观察，抓住重点，把一段话、一篇短文表达清楚，描述具体。段的功能举足轻重，前连词句后举篇章，是高学段成篇作文的重要铺垫。教师要特别注意教学目标、教学内容和教学方法的衔接，继续坚持先说后写、说写结合的原则，由易到难，适当安排习作训练的坡度，重点指导并进行各种结构段的训练。这个学段教师要鼓励学生做生活中的有心人，仔细观察人、事、景、物，积累丰富的习作素材，写自己熟悉的生活，写自己感兴趣的事情，写自己印象深刻的人物、景物，让学生感到作文并不难，对作文感兴趣，有信心，乐于习作，爱上习作。根据目标要求，这一学段习作教学的主要内容是记实文、想象文和应用文。记实文中包括写人、写事、写景和状物，比如“猜猜他是谁”“我们眼中的缤纷世界”“这儿真美”“我的植物朋友”；想象文，想象要合理、丰富，新颖，运用幻想，比如“我来编童话”；应用文要注意应用文类型，了解应用文的格式，比如“写日记”。了解了第二学段习作教学内容，就要采取科学的训练方法：

（1）抓住顺序去观察。学生明确了“写什么”后，教师相机引导学生全面细致观察，观察中要有一定的顺序，要有重点，抓住特点，还要结合图画展开丰富、合理、新颖的想象。比如看图写话“悄悄话”，教师可以引导学生按照从整体到部分、从中心到四周、从人到景、从景到人的顺序去观察，重点抓住小姑娘怎么对爷爷说悄悄话的，想象她说了些什么，想象他们各自的心理活动，爷爷有什么反应。

（2）抓住要素去叙述。观察是习作的基础。在细致、有序、有重点、抓特点观察之后，就是表达的问题了，即“怎么写”的问题。一般来说，写记叙文要写清楚时间、地点、人物以及事情的起因、经过、结果这些要素。因此，进行写人、记事、状物、写景等片段练习，也要抓住这些基本要素去进行训练。

（3）抓住特点写具体。抓住人物、事物的重点，突出人物、事物的特点去写作，就能避免习作平铺直叙，面面俱到，详略不当。比如写人物的片段，可以抓住人物的语言（说了什么、怎样说的），人物的动作、行为（做了什么、怎样做的、为什么这样做），人物的表情（喜怒哀乐忧惊恐），人物的心理活动（想什么、怎么想）等，抓住这些重点、特点，通过生动、细致的描写，就能把人物写具体，用具体的事实说话，就能让读者实实在在地感受到人物的特点和当时的情景，使读者如观其人，如闻其声，身临其境。

（4）抓住段落结构去训练。在第二学段的习作教学中，教师要结合阅读教学，加强段落结构的学习训练。在小学语文课本中，常见的段落结构形式有总分结构、并列结构、承接结构、因果结构、转折结构、问答结构、时空变化结构等。教师在阅读教学时，引导学生分析、理解结构段的特点，归纳、总结结构段的规律，再引导学生仿照课文中的结构段举一反三，迁移运用，练习写作结构段。比如学习《翠鸟》中的第一段：“它的颜色非常鲜艳。头上的羽毛像橄榄色的头巾，绣满了翠绿色的花纹。背上的羽毛像浅绿色的外衣。腹部的羽毛像赤褐色的衬衫。”学生通过阅读，知道这一段一共写了四句话，是总分结构，第一句总的叙述翠鸟的颜色非常鲜艳。第二、三、四句是围绕总叙的意思，分述了翠鸟“头上的羽毛”“背上的羽毛”“腹部的羽毛”的颜色“非常鲜艳”。教师引导学生总结总分段落结构的规律，这种段落中句与句之间的关系是先总叙再分述，或者先分述再总叙，或者先总后分再总。至此，教师指导学生仿照课文的总分结构，写一种自己喜欢的小动物的外形特点。水到渠成，学生自然就掌握了总分段的写法了。

（5）结合“口语交际”“综合性学习”进行训练。第二学段的习作教学要和口语交际、综合性学习要求紧密结合，多角度、多层次设计，组织学生进行语言实践活动，引导学生主动观察大自然，体验生活；组织有趣的语文活动，使学生积累语言、积累习作素材，运用口头和书面结合的方式表达观察、体验所得，从而提高学生的语言表达能力。

2. 第三学段习作教学的内容和方法

本学段习作教学要全面达成小学习作教学目标。《义务教育语文课程标准（2022 年版）》要求学生“能写简单的记实作文和想象作文”。记实作文和想象作文都应做到“内容具体，感情真实”，写真话，写实话，写心里话，表达真情实感，独特感受，注意创意表达。语文课程标准还要求“学写常见应用文”。第三学段的习作教学也要结合这个学段口语交际内容和综合性学习的要求，着重研究如何通过听、读活动，获取说、写篇的知识，训练学生审题、立意、布局、谋篇等方法；发动学生开展语言实践活动；引导学生了解查找和应用资料的基本方法，利用图书馆、网络等信息渠道获取资料，解决学习和生活的问题，尝试写出简单的研究报告；指导学生策划简单的校园活动和社会活动，并能讨论分析活动主题，学写活动计划和总结；启发学生讨论和演讲自己了解、大家共同关注的问题或影视故事。

同时还要关注习作的书写质量，要使学生把习作的书写当作练字的过程，做到行款格式正确，书写规范、端正，书面清楚、整洁。

梳理与探究

说说习作教学的内容及训练方法。

5-2 随堂练习

第三节　习作教学的一般过程

习作教学过程是学生在教师指导下完成习作的过程，是教与学密切结合，教师与学生、学生与学生合作学习的过程。一次完整的习作教学过程，一般包括指导审题、指导习作、习作批改、习作讲评四个前后关联的阶段。指导审题是习作的开端，是学生习作的前提。指导习作是习作教学的核心，是教师主导作用的具体落实，是学生选题立意、选取素材、写作构思、文字表达、修改润色的具体实施。习作批改既是对教师习作指导和学生习作实践的检查，又是习作讲评的准备和依据。习作讲评不仅是对习作的分析、总结、升华、提高，还是对下次习作必要的指导。这四个阶段环环相扣，紧密衔接，各司其职，共同完成每一次的习作教学任务。

习作教学的一般过程

一　指导审题

审题是习作成败的关键一步，审题就是对习作题目进行全面解读、仔细审查、准确分析、抓住“题眼”、明确要求的思维过程。审题准确，习作就成功了一半；审题错误，习作就会差之毫厘、谬之千里。所以，教师要指导学生学会审题。

第一步，审题目。认真读懂题目中的每个词语以及整个题目的意思。比如写“我和妈妈”，却写成“我的妈妈”，这就是审题出现偏差。

第二步，审要求。明确习作体裁、内容、范围、时间、地点、人物、数量、字数等要求。比如“记暑假中一件难忘的事”，通过审题，明确习作的体裁是记叙文，内容是写事，事情发生的时间是暑假，数量限制一件事。同时，还要审清题目外的要求，有的习作题目由两个部分组成，一个部分是一个完整的标题，另一个部分是习作“要求”。“要求”中的内容要认真理解、准确把握、严格按“要求”写作。

第三步，审“题眼”。“题眼”就是题目的眼睛。眼睛是人心灵的窗户，最能传情达意。同理，题目的眼睛就是文章中心的窗户，透过这扇窗户就能发现文章的中心、重点之所在。题目中一般都有关键词，这关键词就是“题眼”，如题目中的修饰语、限定词。“题眼”是题目的灵魂，是题目的核心，是文章要表现的重点。比如“美丽的家乡”这个题目的“题眼”就是“美丽”，习作时应该把家乡美丽的人、景等作为重点，进行具体、细致的描写。

总之，审题要细心、准确、明确，为习作导好航向，指明路径。

二 指导习作

“我在提笔写之前，总要给自己提出三个问题：我想写什么，如何写，以及为什么写。”高尔基讲的这三个问题，既是作家的创作过程，也是学生的习作过程。教师要围绕为什么写、写什么、如何写这三个问题对学生进行习作指导。

1. 激发兴趣

兴趣是最好的老师，是入门的向导，只有激发学生产生浓厚的习作兴趣，才能使学生产生强烈的习作冲动，使学生爱上习作，把习作当作一种乐趣，当作一种享受，当作一种需要，或者解决生活中某种迫在眉睫的问题，或者表达自己的某种愿望，或者宣泄自己的某种情感。有所思，有所写，一吐为快，不吐不快，变老师的“要我写”为“我要写”，变奉命作文为主动作文，变被动的消极应付为主动的积极应对。怎样激发学生的习作兴趣呢？教师要善于创设习作情境，巧妙运用语言描述情境、实物展示情境、图画再现情境、生活情境演示、感情朗读、激情表演等方法，让学生置身于情境之中，闭目沉思，心驰神往，眼中好像出现了曾经令自己惊异的画面，耳中好像回荡着人物的话语，脑中闪过一个个熟识的身影、一场场难忘的活动、一幕幕熟悉的往事、一幅幅美丽的风景、一件件精美的物品，心情激动，灵感如潮，迫不及待，跃跃欲试，恨不能抓住这些情境述诸笔端。这样，学生的写作冲动就出现了，习作就成了一种快意的自我表达。

例如特级教师于永正上四年级习作课“红花献给谁”，要求学生写一位爱劳动的同学。于老师巧妙地创设了一个情境：上课时带来两朵漂亮的红花，说是要献给班级中的两位最爱劳动的学生。让学生评评自己班级里哪两位同学应该得到红花。这一下就激发起学生的积极性，大家纷纷发表意见，讲述自己心目中爱劳动的对象。然后，于老师启发大家说说这位同学爱劳动的具体事迹，用事实说话。让同学们先小组讨论，再派代表发表意见。通过大家用具体事例介绍，最后全体同学达成共识，老师郑重其事地将红花献给了一位爱劳动的学生。最后让学生以“红花献给谁”为题，写一篇表扬这位同学的习作。于老师的教学既是一次习作指导过程，又是一次爱劳动的教育过程。由于教师创设了一个献红花的生活情境，激发了学生的写作热情，使学生主动思维，努力从生活中发现同学的优点，积极发表自己的意见，参与交际。他们的观察力和思维能力、口语交际能力和书面表达能力都得到了锻炼。

2. 指导命题

题目是文章的眼睛。“题好一半文。”“人要衣装，文要题装。”可见，习作题目很重要。所以教师要想方设法指导学生拟定一个独具特色、富有个性、吸引眼球的习作题目。对小学生而言，习作题目要小、新、奇，具体形象，引人入胜，教师可以引导学生从观察事物、生活感悟、情感体验、活动经历等方面入手，运用精练语句、名言警句、诗词佳句、成语典故、经典歌词、修辞手法等拟定习作题目。比如围绕“我的父母”为主题，自拟题目，写写你眼中父母的样子，有学生取标题为《我的虎妈》《我的猫爸》。

3. 指导立意

立意就是根据题目的要求，尤其是“题眼”来确定文章的中心思想。只有明确了习作的中心思想（即习作目的），才好围绕中心选择材料、布局、谋篇、确定详略、遣词造句、表情达意，才能写出好作文。立意首先要求集中明确，就是一篇习作的中心单纯明确、重点突出。其次，要求立意新颖独特，要紧紧把握时代脉搏，紧扣时代主旋律，独特、与众不同。再次，立意要深刻、真挚，就是要揭示事物的本质。最后，要多角度立意，同一题材，由于选取的角度不同，立意角度也会不同。所以，教师在指导学生立意时，要引导学生多角度观察，多角度分析，有创意地表达。

4. 指导选材

“巧妇难为无米之炊。”学生习作首先要解决素材问题，因为素材是构成文章的基本因素，任何文章都是由一定的材料加工而成。生活是习作素材的源泉，生活中有取之不尽、用之不竭的习作素材，生活中学生亲眼所见、亲耳所闻、亲身所感、亲手所做的印象深刻的事情、难以忘怀的形形色色的人物、耳闻目睹的美丽奇妙的景物等大量的直接材料，从电影、电视、网络、阅读获得的海量的间接材料，都是习作的素材。教师要善于开阔学生的思路，打开学生记忆的仓库，引导学生开展广泛的联想和想象，启发学生调动积累、浮想联翩，全方位、多角度地搜寻形象、生动、具体的材料，这样学生自然就能有话可写，有情可抒了。

（1）围绕中心选择材料。学生要根据中心的需要决定材料的取舍和详略、主次。跟中心紧密相关的，能够有力表现中心的材料是主要材料，一定要选，而且要详写；跟中心关系不大，对表现中心作用不大的材料是次要材料，要少选或不选。比如，《人民的勤务员》一文，记叙的是雷锋的事迹，六个平凡的小故事，都是紧紧围绕中心来写的。这些故事共同表现了雷锋全心全意为人民服务的平凡而伟大的共产主义精神，因此在选用中都是必备的材料，缺一不可。

（2）要选择典型材料。所谓典型材料指的是能反映社会主流价值观、时代精神，具有代表性的新颖的材料。魏巍写《谁是最可爱的人》的初稿题目是“自豪吧，祖国”，全文用了二十多个事例来表现志愿军战士的英雄主义、爱国主义、国际主义精神这个中心。这些事例虽然都能围绕中心，但由于“例子堆得太多，好像记流水账”，所以效果不好。于是，作者忍痛割爱，对材料做了果断取舍，只选取了三个最有代表性的例子。这样，笔墨集中、中心突出，使《谁是最可爱的人》成为佳作、典范。

（3）要选择真实准确的材料。教师要指导学生选择符合客观实际情况，能反映事物本质的真实准确的材料，那些曾经深深地震撼过你、感动过你，长留在记忆中，不时冲击着你的心扉，让你情不自禁地拿起笔来，写出自己的感受、自己的感动、自己的认识、自己的思考的真实材料。

（4）选择新颖的材料。教师要指导学生选择新近出现的，突出时代气息，并且与众不同、出人意料的材料。别人说过的话，我变换方式说；别人用过的材料，我推陈出新，给人耳目一新的感觉，以增强习作的表现力和感染力。

5. 指导提纲

为了写出思路清晰、条理清楚的习作，教师要指导学生养成习作前列提纲、打腹稿的习惯。列提纲应该在审清题意，明确要求，确定中心，选好材料，确定详略的基础上进行。先要把选好的材料在脑子里排排队，考虑好先写什么，再写什么，应该分几段来写，然后用提纲形式把这些内容分条写下来。提纲不仅要列出段落提纲，对习作中的重点段，一般还要列出层次提纲。要确定哪些内容是重点，需要详写，哪些内容可以略写。发现有可写可不写的内容，应该毫不留情地删去不写。列好提纲以后再检查一下，发现问题必须及时修改，如果有新的更好的设想，也可以对原来的提纲进行补充、调整。习作提纲是列给自己看的，虽然没有固定的格式，可以根据自己的习惯列得详细些，也可以列得简单些，但列提纲一般有内容要求，包括题目、中心、主要内容、开头、每段段意、详略安排、结尾等。

首先，题目要写在第一行正中间。其次，主要内容和中心要在题目下面，简要地写出这篇习作的主要内容及要表达的中心思想。最后，结构安排是习作提纲最主要的部分，设计时需要注意做到以下五点：第一点，安排好材料的组织顺序。先写什么、后写什么，全文一共准备分为几大段，每段写什么，要以小标题或段意的形式，按照一定的顺序把材料组织起来。第二点，确定好重点详写的内容。要依据表达中心的需要，确定出哪些内容是主要的，哪些内容是次要的，标明“详”“次详”“略”的字样；重点段又打算分几层来写，先写哪层，后写哪层，具体列出准备重点写的步骤、次序。第三点，依据习作选用的材料及要表达的中心思想，确定好开头、结尾的方法，并在提纲中简单注明。第四点，设计好点题的时机及具体的方式、方法。第五点，考虑好层次之间、段落之间该如何衔接过渡，哪些内学容需要照应，如何照应，也简单标注一下。

案例展示

难忘的一件事

主要内容：我的脚扭伤了，李莉照顾我。

中心思想：关心同学，急人所急。

重点段落内容：

1. 李莉把我扶到她的家。（次详）
2. 李莉给我洗脚，喷“好得快”。（详）

3. 我好了一些，李莉又小心地搀我回家。（次详）
结尾：我十分感动，至今记忆犹新。（略，点题）

6. 指导语言表达

小学生，尤其是初学习作的小学生书面语言积累贫乏，积累的好词佳句、句型、句群、构段方法不会运用，“消极语言”没有转变成“积极语言”，而且书面语言表达技能又不熟练，因此，需要教师指导语言表达。首先，教师要激发学生学习的积极性，下苦功夫学习语言，积累语言，培养语感。其次，教师要引导学生在自己的习作中灵活巧妙地运用积累的语言，正如课标中要求第一学段“在写话中乐于运用阅读和生活中学到的词语”，第二学段“尝试在习作中运用自己平时积累的语言材料，特别是有新鲜感的词句”。好词佳句的贴切运用，句式的选择和变换，修辞手法的巧妙运用，生动、细腻的描述，准确、恰当的引用等方法，都可以使习作语句通顺、完整、连贯、贴切，语言生动、形象、具体、优美，可以增强语言的表现力，增加习作的文采，提高学生的语言水平。

7. 提供习作例文

习作指导还有必要给学生提供例文，特别是低中学段学生，理解能力相对较弱。而贴近学生习作实际的例文，学生看得见、摸得着，最“解渴”，也最管用。例文是对学生最得力、最实惠的指导。学生看了例文，就会受到启发，茅塞顿开，举一反三，就能依样画葫芦，习作时有所凭借。

提供习作例文，最好是教师事先以学生习作的命题写成作文，给学生当范例。就像教游泳一样，教练先亲自下水游给学员看，对学员进行具体指导。因此这种习作例文，也称为“下水文”。叶圣陶说：“这无非希望老师深知作文的甘苦，无论取材布局，遣词造句，知其然又知其所以然，而且非常熟练，具有敏感，几乎不假思索。自然也就能左右逢源。这样的时候，随时给学生引导一下，指点几句，全是最有益的启发，最实用的经验。学生只要用心领会，努力实践，作一回文就有一回进步。”

三 习作批改

（一）学生修改

小学生习作修改能力的培养有一个需要从扶到放的培养过程。习作教学经验丰富的教师，概括出了“一套符号，两方结合，三种用笔，四个过程，五步改法”的习作修改方法，十分见效。引用于此，供大家学习借鉴。

1. 一套符号

教师要指导学习、掌握这套规范的修改符号，运用这些修改符号，对自己、对别人的习作进行批改。老师在批改学生习作时也要规范使用批改符号。目前小学作文常用的批改符号见图 5-1。

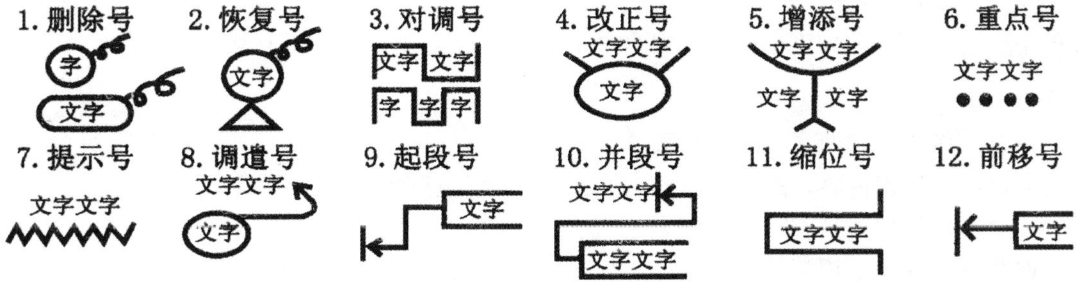

图 5-1　小学作文常用批改符号

2. 两方结合

批改习作包括“批”与“改”两个方面。“批”是“改”的前提，只有批得好，才能改得好，批改须结合。实践证明，小学生用朗读法批改习作效果更好，读不通的词句，读不懂的标点，就须修改，改通、改对才行；感觉啰唆、多余的词句段，要毫不可惜地删去。读后感觉用词不够确切、句意不够清楚连贯的地方，发现有些地方可以用更好的词语句子来表达，都可以调整。错别字要改正，漏掉的字要加上。读了以后感到自己写得很好的地方，要评析好在哪里，为什么好，在旁边写上批语，进行自我评价。

比如，一个三年级学生写了一篇《秋天》的习作。文章开头这样写：“凉爽的秋风吹在脸上，就像秋姑娘抚摸着我的脸。秋雨密密的细细的，像喝醉了酒，像在跳舞，一滴滴的雨水连成一条条银丝，像是雨姑娘纺出的线……”如诗般的语言表达了学生对自然的热爱和感悟。在句子下边，他自己画上了佳句符号，旁边自己写上了评语：“我认为这个开头很好，抓住了秋天景色的特点。这些句子是我从课外书上搜集来的。”

学生在自改习作以后，自己感到满意了，无法再改了，再交给教师。

3. 三种用笔

为了反映学生批改的情况，可以采取三种用笔法：习作时用中性笔；自评互评时用铅笔；最后教师批改、定级定分时用红笔。三种不同的用笔，有利于检查学生批改的效果。

4. 四个过程

指导学生自我批改一般要经过四个过程。

（1）教师示范批改。指导学生自我批改，一般从教师示范批改入手。把学生习作的片段或全文抄出来，教师边批改，边讲述，使学生知道批改符号，理解修改的原因，学习批改的方法。

（2）师生共同批改。师生共同批改就是师生一起批改一篇习作，批改时教师可以作批改示范，主要由学生批改。要引导学生理解批改的原因，教给批改的方法，并且指导学生正确使用批改符号。

（3）学生互相批改。学生喜欢批改别人的习作。所以，在开始学习批改时可以根据学生这一心理特点，从批改别人的习作入手。通过多次相互批改，掌握基本批改方法，再转入批改自己的习作。相互批改，可以允许学生选择批改对象，让学生接触各种同学的习作，吸取多方面的优点。

（4）学生自我批改。学生自我批改习作是自我批改能力培养的最后一环。自我批改的过程是个艰苦劳动的过程，要善于对自己的习作提出问题，不断提高要求。

5. 五步改法

一改习作是否切题，符合习作要求。

二改习作思想内容，是否表达清楚自己想表达的意思。

三改习作结构，是否言之有序，是否突出重点，是否详略得当。

四改习作词句，词句是否正确，有没有运用上已学过的词语句子。

五改习作标点，看标点符号是否用得正确，书写是否规范。

批改的五步法不是孤立的，而是互相联系的。运用时要有重点，但也不能单一进行，重视综合运用。批改的五步法也与阅读教学密切相关。教师在阅读教学时要指导评价文章的方法，要欣赏用词造句、布局谋篇上的佳妙之处，引导学生在自己习作时和批改中，做到学以致用。五步法不是到学段级才进行训练，在中学段的习作，包括低学段的说话、写话、片段训练中都要进行训练，从小培养习作批改的能力。

（二）教师批改

1. 批改的内容

学生习作一般可以从以下四个方面进行批改：

思想内容：习作的观点是否正确，内容是否真实，感情是否健康，选择的材料是否合适等。

篇章结构：整篇习作组织得好不好，内容是否写明白，条理是否清楚等。

语言文字：文句是否通顺连贯，用词是否恰当，有没有错别字。

书写质量：字是否写得端正清楚，格式是否正确。

2. 批改方式

“批”和“改”是习作批改的两种不同方式。批是对学生习作的评语，改则是指修改。批可分旁批和总批两种。

旁批指写在习作两边空白处的批语，目的是指出习作局部的优点或缺点，着重在字、词、句、段方面。它比总批更有针对性，联系实例更加紧密、更加具体，因此学生一看就懂，十分有效。旁批最灵活，改到哪一行，就把批语写到对应的批语框中，字数不在多，点中要害即可。请看下面的旁批：

> 这个词语用得生动、传神。
>
> 这个比喻句生动、形象，突出了小白兔眼睛的特点。
>
> 你细致入微的描写，给人身临其境的感觉。

总批是根据这次习作的重点要求，比较全面地概括出习作的优缺点，用简明扼要、通俗易懂、准确、亲切的语言，写在习作后面的评语。它不是旁批的总和，而是根据习作的重点要求做出的侧重于思想内容、表现手法、语言表达或层次安排等方面的概括。总批着重解决习作的全局和整体问题，要有针对性，不必求全。比如学生习作《美丽的秋天》的总批：

你在习作中，抓住景物特点，运用比喻、拟人、排比等修辞手法，进行细致入微的描写，老师仿佛看到了那高远而深蓝的天空、金黄的稻田、南飞的大雁和飘零的黄叶，这一切，无不让我感受到秋天的美丽与神奇。我多么想对秋天说："秋天啊！化腐朽为神奇的秋天，你使学生的习作多么优美啊！"

批语是教师给学生习作做出的中肯的、准确的评点，批语既有评价性，又有指导性，既肯定成绩，又引导学生如何修改。不论写旁批还是总批，教师的批语都要做到：

第一，有针对性。针对性是对批语的基本要求。一要根据课程标准对该学段习作的要求，不拔高，也不降低要求。二要针对实际学情，区别对待。三要针对习作的具体情况，切忌千篇一律。旁批对学生习作的针对性更强，学生更容易从中受益。比如："倒叙开头，引起阅读兴趣。""这个过渡承上启下、自然巧妙。"有些学生习作中恰到好处地引用了古诗文，教师不妨送上一句："这里引用这句诗，真是画龙点睛，老师佩服你。"学生阅读到教师这样的批语，便会感受到自己在本次习作中某一方面的成功。

第二，有指导性。批语的重要性在于点拨、启发、指导。课堂上的习作讲评不可能面面俱到，教师借助批语进行启发点拨，个别指导，具体帮助，指出修改的方向，提出修改的建议，很有必要。比如，一位五年级学生写了一篇《美丽的公园》，习作采用移步换景的方法，抓住几处有特色的景点，既工笔细描，动静结合，又融进了想象和联想，是一篇佳作。可教师并不就此满足，而是追问他"请调查了解二十年前，这片地方是什么样？现在为什么会有这么大的变化？"指导学生在习作立意上提高一个层次，使习作更优。教师的批语既可以培优，也可以补差，比如，学生习作中句序混乱，句与句不连贯，段与段层次不合理，详略安排不恰当等等，都可以在批语中点明原因，指出补充或调整的修改方法。对学生习作中经常出现的语病，老师不能简单画出句子，然后写上一句"这句话不通"。学生读了这样的批语，知道不通，但不知如何修改。教师的批语应该给学生思考的空间，提出修改的建议，让学生自己修改、完善。如写游记类文章，学生的过渡常常显得单一，经常是"我们先来到……又来到……"。教师批语可点拨、指导："请读一读《记金华的双龙洞》和《人民英雄纪念碑》，再看看你的过渡形式是否可以多样化一些。"

第三，有具体性。习作批语虽然简明扼要，文字不长，但也要做到具体。抽象的、笼统的批语会让学生如雾里看花，不得其要。批语要点到实处，便于学生修改。比如，五年级学生习作《邻家的花落了》，老师的批语是："习作情节曲折，跌宕有致，心理描写真实而细腻，是一篇优秀习作。不过，结尾句'邻家的花落了，我心里的花也落了'，后一个'落'字换一个词，可以使表达更准确。想想，该换哪个词？"这样指导就落到实处了。

第四，有激励性。习作原本就是一件苦差事，如果学生绞尽脑汁写出来的习作却被老师全盘否定，挖苦讽刺，一盆冷水浇个透心凉，学生会感到非常委屈，以致失去习作兴趣，丧失习作信心。因此，教师的批语要有激励性，要用放大镜看学生习作的优点，尤其是低中学段学生的写话、片段练习，哪怕是一个词语用得好，一个句子写得通顺，书写工整，文面洁净，都要肯定、夸奖，激励学生习作的兴趣，增强学生习作的自信心。当然，鼓励要尊重事实，不过分，不笼统，不虚假。对于学生抄袭的作文，千万不要给予夸奖、鼓励，以免误导学生。

第五，有规范性。小学生多有向师性，更善于模仿，因此，教师的批语要做到语句通顺，具体明确，书写工整，格式正确，用字规范，标点符号使用、占格正确。

除了批，还有改。改就是修改，包括删、补、调、换。删，就是删去不必要的字、词、句或者段；补，就是增补缺少或遗漏的部分；调，就是调动原有词句段的顺序；换，是更换一些不恰当的词句，甚至材料。

批和改是相互配合的。“批”作为“改”的说明，“改”作为“批”的示例。但也要各有侧重，涉及篇章或段落或思想内容或结构层次不清楚的问题应着重批；遣词造句有错误的着重改；语言不完整，上下文不连贯的着重补；重复啰唆的着重删。以年级来说，年级低的以改为主，年级高的以批为主。

（三）多样化的批改方式

1. 书面批改与口头批改相结合

书面批改只是习作批改的一种方法，在很多情况下，口头批改往往能够得到更好的效果。我们知道，书面批改作文比较费时费力，而且学生也不一定能够理解教师批改的意图所在。而口头批改就能弥补这种不足，教师和学生当面交流，许多在作文本上用书面语言说不清的话，当着学生的面就比较容易说清楚。这样就更有助于学生思想认识水平和写作水平的提高，也有助于教师了解每位学生习作中产生困难的原因，并且有针对性地进行个性化指导。

学生习作如果出现以下一些情况，教师可以口头批。如思想内容有重大错误的，帮助学生分析、提高其认识；文理不通、结构混乱、字迹潦草，教师无法下笔批改的，可当面提出问题，叫他重写；写作态度不端正的，要予以教育；写作水平较高的学生，提高其要求，当面指导他如何丰富内容，如何用词造句可以写得更生动、精彩。

如果全班每一个学生在一个学期里，能够得到教师一次全面的书面批改和口头批改相结合的当面批改，是效果最好的批改。

2. 详批与略批相结合

每次习作教师都精批细改，固然能够取得较好的效果。可是，精批细改投入的时间实在太多，许多语文教师工作繁忙，班额较大，难以做到。详批和略批相结合的办法能够有效解决一些时间不足等现实问题。即每次有选择地详批部分学生的习作，其余的略批。每次详细批改的学生对象轮换，使每个学生的习作在一个学期中都能得到一定次数的精批细改的机会。这样做，教师既能深入了解到学生每次习作中出现的具体问题，又可以节省时间，将精力集中到习作讲评等能产生更高效率的工作上去。

3. 集体批改

教师选择一篇有代表性的习作，用投影仪打出或者抄在黑板上，师生共同批改；也可发给学生，由学生个别或小组书面批改，再集体讨论，做出总结。通过典型分析，有助于活跃学生思想，解决学生作文中的普遍性问题，使学生掌握一些规律性的写作知识，提高写作水平。这种方法一般适用于高学段。

4. 二次批改

教师审阅习作，先不定分，也不删改，只提出修改意见，并且将错误和不妥之处用一定的符号标出，把习作发还学生自行修改。学生可以自己修改，也可以和学习伙伴合作修改，满意了再交教师审批打分，教师根据学生习作及修改情况决定等级或分数。这样批改习作，虽然教师需要多花时间，但能启发学生积极思考，培养学生关心自己学习成果，养成作文精修细改的良好习惯和学习责任心，也有利于培养学生分析问题和解决问题的能力，减少错别字，并提高教师批改质量。因此从实践效果来看，二次批改很有意义。

习作批改与讲评

为了提高学生自主学习的积极性，激发学生习作的兴趣，有些教师建立了学生习作档案袋，让学生把自己感到满意的、能反映自己习作水平的习作保留在自己的档案袋里，教师期中或期末根据学生习作档案袋里的习作适当给予批改等。这些做法有利于学生的发展，也体现了以学生为主体的教学理念。

四 习作讲评

习作讲评是习作指导的继续和发展，是一次习作训练过程的重要组成部分。习作讲评是对学生习作的总结，是再一次指导，所以，有人称讲评为作后指导。讲评让学生及时了解自己习作和全班同学习作的情况，通过具体实例了解“该怎样写”，“不该怎样写”，从而发扬成绩、改正缺点，使作前指导的效果扩大化。同时，习作讲评在教学中还有承上启下的功能，它既是本次作文的终结，又是下次作文的开启。它既能增强学生写作信心，巩固写作兴趣，激发写作积极性，又能让学生积累习作、批改方法，对提高习作能力大有帮助。

（一）习作讲评的要求

1. 紧扣目标，突出重点

习作讲评的范围十分广泛，可以讲评学生习作时的态度，可以讲评学生习作的思想内容及所流露的思想感情，还可以讲评学生习作表达形式方面的问题，如结构安排、词句运用、错别字、标点符号、书写行款格式等等。但作文讲评不应该面面俱到，胡子眉毛一把抓，而必须突出重点，让学生就此次作文中一至两个主要问题产生警觉，从而取得更大的收获。每次习作都是一个学期习作教学计划中的有机组成部分。每次作文训练什么，指导学生怎样写，应该有一个全局性的部署。作文的讲评要和每次习作的目标紧密地结合起来，把作前指导和作后讲评联系到一起，就能突出重点，使每一个教学目标都能落到实处，使学生收到实效。当然，在突出重点问题的同时，还要适当兼顾其他，做到重点带一般，详评与略评相结合。

2. 选择典型，面向全体

这是讲评成败的关键。如果讲评没有学生的习作实例，就会空对空胡诌，学生一头雾水，不知所云，当然会对讲评失去兴趣。如果学生习作没有经过筛选，没有一定的代表性，就可能以偏概全，把个别现象当成全班的共性问题，失之偏颇，导致讲评的失误。讲评要把多数学生习作中的优点，带有倾向性的问题概括进去，触及学生习作的主要得失，以引起学生的共鸣。即使是选择某篇习作来讲评，至少也能代表某种类型，对多数学生具有指导作用。因此，在批改学生习作时，教师要用专门的习作批改记录本随时记下学生习作主要的优缺点，寻找典型的例子，确定某种带有倾向性的问题，为讲评做好必要的准备。每次习作讲评的对象，特别是拿来宣读的习作，要尽可能轮换，不要老是宣读几个尖子学生的习作，尽量让多数学生都能得到赏识，尤其是让有进步的学生受到激励和鼓舞。值得注意的是，选择问题习作实例，切忌挫伤学生的自尊心，否则会使学生产生逆反心理，出现负面影响。

3. 抓住实例，运用对比

为了避免在讲评时抽象地议论应该怎么写，不应该怎么写，讲评时除了要运用典型事例，还可以采用对比的方法。将具有对比意义的文章放在一起，往往能够使学生更加清晰、真切地理解什么样的习作是好习作，该这么写，不该那么写，因为具体生动的对比，可以使学生看得见、摸得着、学得到。讲评习作的对比，可以是正误对比，也可以是好差对比。前者是判断是与非，比如审题是否正确、选材是否切题，可以通过对比来说明；后者是鉴别优与劣，比如哪种材料更有吸引力、有说服力，怎样描写更加生动，让人感动，等等。此外，还有同类对比、自我对比等方式。同类对比讲评是把一些习作（或片段）在比较相同的条件下，从审题立意、结构安排、详略轻重、开头结尾等某一方面做比较，从中启发学生得到一般的带有规律性的习作方法，以提高习作水平。自我对比的方式也比较有效。可以在期末安排一次习作讲评课，让学生找出自己写得一好一差两篇习作，进行对比，找出进步的地方及其原因，再在小组交流，全班汇报，教师结合实际进行表扬、指导，让学生看到自己的进步，增强信心，并提高修改作文的能力。

4. 针对实际，评练结合

为了提高习作讲评的效率，使每一次讲评能够充分发挥作用，有些教师在习作讲评后，还根据具体情况组织修改或练习。因为学生习作中出现的问题，往往不是在一次批改和讲评之后就能完全解决的。讲评后根据习作目标要求和学生实际情况，有针对性地组织习作修改，或者进行一些分项练习，比如确定中心、选择布局、把文章写具体、修改开头或结尾、整理句子、改正病句和错别字以及标点符号等，可在一定程度上防止重犯同类性质的毛病。再就某一种写作方法来说，比如写人、记事、状物，都各有其带规律性的写作方法，学生掌握某一种习作方法往往不是经过一次实践就可完成的，需要在一定时间内继续练习、巩固。所以，有的教师在讲评后，再布置同类性质的题目，用一题多练的方法，让学生重做一次，也能收到较好的效果。

5. 师生互动，合作讲评

习作讲评过程中要发挥学生的积极性，习作讲评过程不能由教师唱“独角戏”，搞“一言堂”，而要充分发挥学生的积极性，调动学生积极参与。在操作中，可采用多种方法。一是自议自评。教师归纳出本次习作的主要优缺点，让学生结合自己的习作和教师的批改，思考自己本次习作的主要优缺点，有哪些地方写得成功，哪些地方是败笔，然后引导学生进行小组合作交流或全班交流。二是自读自改。回顾本次习作的目标要求和达标情况，引导学生根据本次习作的主要目标和重点对照修改自己的习作，并按照作文修改的常规要求，修改病句、错别字、标点符号等，使学生习作进一步提高。三是合作讲评。教师将讲评习作印发给学生，让学生分小组合作讲评，自己感悟习作中的优缺点，然后让学生全班交流，教师进行随机指导。四是写习作后记。让学生通过讲评，根据自己的情况，写习作后记，谈体会，谈认识，真正做到写一次作文就有一次收获，就有一次进步。

（二）习作讲评的方式

1. 综合讲评

综合讲评是从思想内容到写作表现形式，对全班学生作文作全面概括性的讲评，讲述和分析学生本次作文的主要优缺点和值得注意的共性问题。这种讲评能反映班上学生作文的全貌，对各种程度的学生都能照顾到，但容易流于形式。因此，综合讲评必须注意有点有面，点面结合。对面上的问题，全班概况综合略讲，言简意赅；对点上的问题，讲析详讲，援引材料，举例说明，做到点上开花，面上结果。

2. 专题讲评

专题讲评是集中本次作文中一两个主要问题，结合讲授有关写作知识的讲评。讲评中针对主要问题，引导学生分析讨论，教师小结切中肯綮，使学生得到作文“应该怎么写与不该怎么写”的深刻认识。这种讲评，内容集中，重点突出，所以也叫重点点评。值得注意的是，确定讲评的重点问题要慎重，要同作文教学计划、作文前的指导与本次作文的实际统一起来，这样周密考虑，讲评效果才会更好。

3. 典型讲评

典型有好的典型，也有差的典型。典型作文讲评，应坚持积极正面教育，选出本次习作中一两篇优秀的或是有明显进步的习作进行讲评，用以指导全班，带动一般。讲评中，对典型习作进行深入细致的分析，引导学生明优劣，辨得失，发挥典型的引路作用。榜样的力量是无穷的，佳作讲评，对学生教益很大，佳作者当众感情朗读，分享成功经验，其余学生认真倾听，积极评价，学习借鉴。

4. 对比讲评

对比讲评是通过文章的对比来显示文章优劣，使学生提高鉴别能力、明确为文之道的讲评。对比讲评有多种方法，从整篇习作的比较来看，有各具特色的两篇习作的对比，有改后习作同原作的对比；从局部来看，有某个片段、某个问题的对比，有立意、构思、选材、语言文字的对比；从学生进步的幅度看，有本次习作与前次习作的对比；从读写结合来看，有学生习作同范文的对比；等等。不管哪种对比，都必须维护学生习作的积极性，尊重学生人格，鼓励学生上进。

5. 学生讲评

学生讲评是由学生来讲评自己的习作。这种讲评可让学生自我教育、互相启发、共同进步。首先，选好本次习作中的一两篇佳作，教师与这一两个学生谈话，布置他们谈谈创作的经过与体会。其次，讲评中请佳作作者朗读自己的习作，汇报自己的写作经过与心得体会。佳作作者现身说法，全班学生都能得到启迪。再次，教师组织学生议论，评价得失。最后，师生共同小结。

此外，教师还可把佳作印发给学生，组织学生品评，再让佳作作者汇报心得体会，最后做出适当的小结，联系有关写作知识提高学生的认识。

案例展示

四年级学生习作讲评教案

教学目标：

1. 以学生的习作为依托进行讲评，教给学生修改习作的具体方法，让学生乐于修改习作，调动学生主动参与、修改的积极性。

2. 让学生懂得要把比赛过程记叙清楚。要能仔细观察、描写，并不断地感受、推敲、修改，逐步完善个人的习作。

3. 通过畅谈自己在修改习作中的感想与收获，让学生明白写好作文并不是遥不可及的，树立学生写好作文的信心。

教学过程：

一、谈话交流

1. 大家都看到了自己的习作了吗？发现了什么？

2. 你们知道老师在你们习作上标注的这些符号各代表什么意思吗？

3. 小结：符号也是一种语言。今天我们就要学会用这些符号来修改自己的习作，让你习作中的语言表达更加准确。

二、提出目标，明确任务

1. 回顾习作要求：我们先回忆一下，老师在布置习作时，给大家提出了哪些要求？

2. 揭示、板书课题：很好，大家都记得这些要求。在你们的习作中，同学们都把自己观察到的内容记下来了。而且写出了自己的感受。今天我们就一起来认真改一改自己的习作，让自己的习作内容更具体，语句更通顺。

三、分享语段，感悟写法

1. 同桌分享精彩语段：很多同学的作文里都出现了波浪线。赶快把你们写的精彩句子读给你的小伙伴们听吧，让他们也能分享你的快乐！

2. 全班交流精彩语段：优秀的习作是全班的财富，应该让大家来共同分享。现在我们也一起来分享我们班的同学写的精彩段落。

3. 自由读，评议：大家再小声读一读这段话，然后告诉大家你喜欢哪些词语或句子，再说说你为什么喜欢。这样说就有理有据了。（学生自由汇报、批改，教师点拨）

4. 小结：是呀，这位同学观察很仔细，把自己看到的、听到的和感受到的结合在一起写，因而内容写得很具体。希望大家学习他的这种表达方法。

四、读中修改，掌握修改方法

1. 过渡：老师这里还有两处语段想让大家来评一评、改一改。

2. 出示一处有错别字，且语意重复啰唆的句子，引导学生修改：你觉得这段话写得怎样？你们尝试着把这段话修改好。

3. 出示一处写得不具体的例子，引导学生修改：你能把这个内容说具体吗？

五、修改习作，交流评议

1. 师：下面请大家按照刚才的方法修改自己的习作，把你们观察到的和感受到的内容写准确、写具体。

2. 引导同伴互改互评：如果你在修改习作的过程中遇到了困难，可以向你组内的小伙伴请教。如果你已经修改完了，请把你修改后的内容读给小伙伴听，请他为你评一评。

3. 交流汇报：谁愿意把自己修改后的内容和我们一同来分享？

4. 引导再评：听了同学自己修改后的习作，请你再来评一评，或者说一说你的感受。听了同学的意见，你还有什么话要说吗？

六、回顾整体，体验成功

1. 畅谈学习收获：同学们，上节课老师指导大家怎样完成习作，这节课我们又一起学习了怎样修改自己的习作，分享了自己的习作成果。大家有什么收获吗？

2. 学生交流，教师小结：是的，其实写作文并不难，写出好的作文也不是大家想象中的那样遥不可及。只要你们平时认真观察，注意积累，然后在学习中不断修改、推敲，你的作文就会大有长进。

3. 作业：将修改后的习作读给家人听，还可以大胆地投寄到你们平时喜欢阅读的刊物上，让更多的人都来分享你们的习作。

附：板书设计

《一场比赛》习作讲评

内容具体　看到的　听到的　想到的　语句通顺

梳理与探究

5-3 随堂练习

1. 小学生习作教学应遵循哪些基本原则？
2. 简述小学生习作教学的一般过程。
3. 任选小学语文教材中一次习作内容，按照习作教学学段要求、基本原则、教学要求，编写一堂习作指导课教案。
4. 认真阅读部编本教材《那片绿绿的爬山虎》的“资料袋”，学习叶圣陶先生修改作文的态度和方法，掌握规范的修改符号。
5. 请按照习作批改要求、方法，认真批改下面这篇小学生习作。（写上旁批、总批）

妈妈生病了

今天是星期六，妈妈疲备的回到家，妈妈看见我正在看电视，妈妈什么也没说话就回屋了，我觉得妈妈今天有些奇怪反常，所以我要展开调查一下。

我来到了妈妈的屋，看见妈妈她躺在床上，用棉被裹过的象一座“小山包”。原来妈妈生病了，我又飞快的跑到药箱旁，拿出39感冒灵，然后烧开了热水，把药放在桌子上，让她喝。可是妈妈就是不喝，最后妈妈终于抵抗不住我，还是喝了，不一会儿，我又端来一碗姜汤，我还没等妈妈反应过来，我就给她喝了。

今天妈妈下班回来，她的感冒好了，这可多亏了我的功劳啊！

第四节　不同类型习作教学指导策略

小学语文习作主要分为记实文、想象文、应用文三大类型。不同类型的习作有着不同的特点，在指导学生作文时，要注意使用不同的策略。

一　记实文的指导策略

在小学阶段，记实文主要包括写人、记事、写景、状物四类。

（一）写人作文的指导策略

写人是小学习作训练的重点。人和事是不可分的，关键是看题目如何要求。要求写事的题目，文中的人要为事服务；要求写人的题目，文中的事必须为人服务。写人为主的作文，就是要通过一件或几件事，来表现人物一种或多种品质，但叙事不要求完整；写事的作文，叙事要求完整，六要素要具备，而且要贯穿习作始终。

1. 通过一件事写人

通过一件事来写人，通常是表现人物的一种品质或性格的一个方面。教师要指导学生选择一件最能反映人物某一方面的性格特点或思想品质的事，并把这件事写清楚、写具体，注意详写这个人做这件事时的语言、动作、神态、心理活动等。在写事的时候，要引导学生选择典型的事例。典型事例，就是具有代表性的、突出的，最能表现人物的性格特点、思想品质、情感态度的事例。对小学生来说，选择典型事例，要着眼于小事，选择那些最能反映深刻意义的小事，以小见大。比如，围绕“助人为乐的同桌”这一主题，列出同桌的三件事，再从三件事中选择出最能体现助人为乐品质的事件展开叙写。

写人、记事作文教学指导策略

① 我的同桌在我一个人值日劳动时，特意留下来陪我一起值日，我们共同完成值日，提前回到家。

② 有一回，我忘记带文具盒，同桌把他最喜欢的一支笔借给我用。

③ 我的同桌很爱漂亮，每天都穿着花裙子，扎着高马尾，踩着小皮鞋走进教室。

2. 通过几件事写人

指导学生通过几件事写人，教师要让学生明白这些事可以是完整的，把六要素交代清楚；也可以是不完整的，只着重于一个或几个场面描写。几件事情中，有的要详写，有的要略写，做到详略得当。通过几件事写人，同样要对人物进行必要的外貌、动作、语言、神态、心理活动等方面进行描写。

3. 指导对人物的细节描写

教师要指导学生对人物最有特点的外貌、语言、动作、神态、心理活动等方面进行细致描写，揭示人物的身份、地位，展示人物在特定场合的内心世界，表现人物的精神面貌、性格特点、思想品质。

（1）外貌描写。外貌描写也叫肖像描写，是通过对人物的身材、容貌、衣着、神情的描写，来表现人物性格的方法。教师要指导学生抓住人物的外貌特点，比如身材的高矮胖瘦、五官的与众不同等特征进行细致、传神的描写，但描写中切忌不分主次，从头写到脚、千人一面的写法。

（2）语言描写。语言描写有对话和独白两种。语言是人物内心世界的直接表现，对展现人物的思想性格起重要作用。有个性特点的语言可以起到“闻其言，见其人”的作用。语言描写要注意以下两点：一是习作中人物的语言要精心筛选，把那些足以能表现人物的个性特点、最能表现习作中心思想的语言，写进文章。二是好的语言描写，一定是符合当时的情境，符合人物的性格、性别、年龄、身份和文化修养等方面的特点。

（3）动作描写。动作描写是通过人物的行为、动作来表现人物的思想性格的一种方法。一个人的行为、动作，往往是他的性格特征、思想感情的最真实的外化。看一个人，不仅要听他怎么说，更要看他如何做，正所谓“听其言，观其行”。因此，动作描写是直接刻画人物形象，展示人物精神面貌、性格特点、思想品质，把人物写“活”的重要手段。教师要指导学生选择关键性的动作来写，要准确、细致地描写。同一个动作可以用很多动词来描写，只有那些最有特色、最能反映人物特点的动词，才能把人写“活”。

（4）神态描写。神态描写专指脸部表情，主要用于：表现人物内心世界；刻画人物性格，反映人物品质；突显人物个性，使作文给人真实感，人物造型栩栩如生，使文章生动形象。教师可以指导学生通过精选词语、细致描摹，合理想象、巧用修辞来具体描写人物的神态。

（5）心理描写。人物内心的活动是无声的语言。人物内心世界指人物内心的喜、怒、哀、乐、忧伤、犹豫、嫉妒等复杂的感情。恰当地描写人物心理，可以更有效地刻画人物，突出中心思想。心理描写的要求：要真实，要有根据；人物的心理变化要自然，合情合理；心理描写要为习作的中心思想服务。

案例展示

小学生写人作文指导范例

习作训练目标：

1. 知道什么是人物的特点，人物的特点具体表现在哪些方面。

2. 了解围绕人物的特点选择合适材料的方法。

3. 通过读、思、议、写等方法指导学生怎样写好人物的特点。

习作训练重点：

指导学生怎样写好人物的特点。

习作训练难点：

怎样运用适当的表现手法来写好人物的特点。

训练课时：

一课时。

课前准备：

1. PPT。

2. 每人发一好一差两篇习作。

习作训练过程：

1. 激趣导入。

2. 板书课题：抓住特点写具体。大家都知道，在小学阶段，无论是写人还是记事，写景还是状物，都必须做到抓住特点写具体，这样才能给读者留下深刻印象。

3. 指导练习如何抓住人物的特点。

(1) 写人应该抓住人物的什么写具体呢？

板书：人物的特点

(2) 什么叫人物的特点？一个人的特点主要表现在什么方面呢？

板书：品质　性格　爱好　才干……

现在进行一个练习，想一想，这几段话分别写了什么事？各反映了人物哪一方面的特点？

PPT 出示：

其一，牛顿在小学念书的时候，特别喜欢做手工。奶奶给他的零用钱，他总是攒起来买锯，买钉锤，买凿子，他整天忙着做手工，学习成绩不怎么好。

这段话是写牛顿的，反映了他哪方面的特点。

其二，亮亮又摇头又甩胳膊地哭起来，他哭了一会儿，用手揉着眼睛，断断续续地哼着，还不时地从手指缝里偷看，看大家是不是注意他。他的目光从妈妈身上移到姐姐那儿，一会儿又移到我身上，看到大家都若无其事地各做各的事，也就不闹了，自己拉着小汽车玩去了。

这段话是写亮亮的，反映了他哪方面的特点。

其三，为了整个班，为了整个潜伏部队，为了这次战斗的胜利，邱少云像千百斤巨石一般，趴在火堆里一动不动，烈火在他身上烧了半个多钟头才渐渐熄灭。这个伟大的战士，直到最后一息，也没挪动一寸地方，没发出一声呻吟。

这段话是写邱少云的，反映了他哪方面的特点。

(3) 交流、汇报。

(4) 过渡：人物的特点是多方面的，我们习作时要从各方面去考虑，抓住一个人比较明显的某些特点，这样选择的范围就能扩大。

问：人物的品质、性格等方面的特点都是通过什么事情反映出来的？

板书：典型事例

师：答得对，因此人们又把写人叫作以事写人。

(5) 以事写人一般有哪两种方法？

板书：一人一事、一人几事

(6) 幻灯出示练习：如果要写李明同学乐于助人的好思想，选择下面哪些事情比较恰当？为什么？

① 李明主动担负起保管教室钥匙的任务，每天最早来，最晚走。

② 小红春游时点心袋丢了，李明把自己带来的点心分一半给小红吃。

③ 同桌考试时作弊，李明发现后立刻报告老师，老师教育了那名同学。

交流、汇报

(7) 要把代表性事情写具体，应该抓住人物的哪几个方面来写？

板书：外貌　心理　语言　动作

4. 用读读、议议的方法，指导学生如何抓住特点写具体。

(1) 练习外貌描写：

① 我们玩一个游戏，看谁能又快又准地猜中这段话描写的是我们班的哪一位同学？幻灯片出示描写本班同学外貌的两个片段（先出示没有抓住特点写的，后出示能抓住特点写的）。

② 为什么第一个同学写的全班都猜不中，而第二个同学写的大家都猜中了呢？

③ 小结：写外貌时要抓住人物特点去写，不要像第一个同学写的那样千人一面。

(2) 训练语言描写：

① 幻灯片出示两段话，比较哪段写得好，好在哪里？

a. 渔夫皱起眉，他的脸变得严肃，忧虑。“嗯，是个问题！”他搔搔后脑勺说，“嗯，你看怎么办？得把他们抱来，同死人待在一起怎么行？我们，我们总能熬过去的！快去！别等他们醒来。”

b. 渔夫皱起眉，他的脸变得严肃、忧虑。他决定把西蒙的两个孩子抱回来抚养。

② 交流汇报后，齐读写得好的那一段。

③ 小结：这段话抓住人物语言来写，写出了渔夫善良、体贴穷人的品质。

(3) 练习动作描写：

① 幻灯出示两组句子，哪一段写得好？好在哪？

a. 在这万分紧急的关头，董存瑞昂首挺胸，站在桥底中央，左手托起炸药包，顶住桥底，右手猛地一拉导火索。

b. 在这万分紧急的关头，董存瑞猛地一拉导火索。

② 汇报、交流。

③ 用“——”画出好的那段中描写一连串动作的词，齐读。

④ 小结：这段话抓住人物的动作来写，通过一串动作写出了董存瑞为了战斗的胜利，不惜牺牲自己的精神。

(4) 练习心理描写：

① 出示两段话，哪一段写得好？好在哪里？

a. 遇到困难，他总是想办法克服困难。

b. 遇到困难，他总是想：这是中国人自己修筑的第一条铁路，一定要把它修好。否则，不但惹外国人讥笑，还会使中国的工程师失掉信心。

② 汇报、交流

③ 齐读写得好的那一段话，

④ 通过刚才的学习，大家都知道通过描写人物的外貌、语言、动作、心理等才能突出人物的特点。

5. 下发两篇习作，学生每人两份（一差一好）。

多好的阿姨（一）

一个星期天的下午，我和妹妹在街心花园里玩“捉迷藏”的游戏。突然，妹妹被石头绊了一跤，她的脚趾撞破了，血直往外流。我急忙把妹妹从地上扶起来，只见她的手脚都摔破了皮，伤口上还沾上了石渣和几块黄豆般大小的玻璃碎片。这下可把我急坏了，一时不知怎么办才好。

“噔！噔！噔！”一阵硬底皮鞋触地的脚步声由远而近。一个二十来岁的阿姨朝我们跑来。她高高的个子，身着笔挺的西式服装，肩上披着时髦的卷发。“小妹妹。你怎么了？”一个温和的声音传到我耳里。我疑惑地看着她，当我回过神来，她已经抱着妹妹飞也似的朝医院方向跑去了。

我连忙追上去，我发现，她那漂亮的衣服上被妹妹脚上的血弄脏了一大块。

到了医院，她又是挂号又是找医生。等妹妹的伤口包扎好，她又领我们到药房取了药。忙完了她才拿出一条雪白的手绢擦去自己脸上的汗珠。

不知什么时候，妈妈也找到医院来了，当妈妈知道事情的原委后，感激地望着这位素不相识的阿姨。阿姨微微一笑，把药递给妈妈，说了一声“再见！”回头就走了。

望着这位阿姨远去的背影，我默默地想：阿姨不仅外表美，心灵更美，她真是一位助人为乐的好阿姨啊！

多好的阿姨（二）

一个星期六的下午，我和妹妹在街心花园里玩“捉迷藏”游戏。

突然，妹妹被石头绊了一跤，她的脚趾撞破了，血直往外流。我急忙把妹妹从地上扶起来，只见她的手脚都摔破了皮，伤口上还沾上了石渣和几块黄豆般大的玻璃碎片。这下可把我急坏了，一时不知怎么办才好。

一个阿姨跑过来抱起妹妹向医院跑去。待妹妹的伤口包扎好后才离开。望着这位阿姨远去的背影，我默默地想：阿姨真是一位助人为乐的好阿姨啊！

PPT 出示思考题：

（1）阅读两篇习作，分别用“——”“～～”“（　　）”“二二”“。。。”画出描写阿姨外貌、语言、心理、神态、动作的语句，并说说分别表现了人物的什么特点。

（2）这两篇习作哪一篇好？好在哪里？

（3）交流汇报。

（4）汇报后小结：好在能通过描写阿姨的外貌、语言、动作、心理、神态等去反映阿姨助人为乐的特点。

6. 小练笔。

（1）导入：现在我们进行一个小竞赛，看谁能用 10 分钟把这个练习做好，并能把刚才学到的知识运用到习作上。

（2）练习题目：我的老师。

（3）指名读、评，看看有没有抓住特点写具体。

（4）看板书小结。

附板书：抓住特点——写具体一人一事 事例典型 一人几事 有详有略 外貌、语言、动作 人物特点神态、心理活动思想品质 爱好才干

（二）记事作文的指导策略

写事要求清楚、具体。一件事情的发生，离不开时间、地点、人物和事情的起因、经过、结果，这就是通常所说的“记叙文六要素”。把这六个方面写清楚了，才能让读者明白究竟写的是一件什么事。同时，还要通过一件事或几件事来说明一个道理，让人受到启发、教育。在六要素当中，起因、经过、结果是事情的主要环节。其中，“经过”部分又是事情的核心，是全文成败的关键所在。记事作文包括写事和写活动两种。

1. 指导写事

（1）指导准确选材。学生每天经历的事情非常丰富，教师要指导他们围绕中心选择生

活中最熟悉的、印象最深的、有意义的事情来写，在选材上，要注意选择真实准确的、富有感染力和代表性的。

（2）指导理清思路。一件事的发生，离不开时间、地点、人物和事件的起因、经过、结果，指导学生写清楚六要素，把事情的经过分成几个阶段，按照先后顺序一层层地写清楚、写具体。也可以先写事情的结果或某个突出的片断，采用倒叙。

（3）指导描写详略。在叙事当中，有些过程、场面比较重要，要引导学生抓住重点，细致描写。在写活动中，指导学生采取点面结合，有详有略地写清楚活动过程。例如，学生习作片段："只见，拔河比赛开始了，我旁边的简凡青筋暴起，满头大汗，他身体向后仰，紧紧咬着牙，脸憋得通红，眼睛死死地盯着那条红领巾。红领巾一开始左摇右摆，像在犹豫该让哪方赢一样，突然不知道是谁喊了一句：'三班必胜。'我们瞬间被鼓舞了，调整呼吸，目视前方，全部使出吃奶的劲，红领巾慢慢向我们移了过来。"在拔河场面中，重点抓住拔河队伍中简凡同学的神态、动作描写，同时又不忘对全班同学的描写，点面结合，突出比赛的紧张气氛，让人有身临其境之感。

（4）指导写出真情。在习作中提醒学生抒发真情，写真实的感受，在恰当的地方表达中心。例如学生习作片段："最终，红领巾移动了过来，我们获得了最终的胜利。此刻，我们全部躺在了地上，喘着粗气，但脸上却洋溢着激动的笑脸。这场比赛，我们虽然很累，但是它却拉出了努力，拉出了友谊，更拉出了团结。"写出了活动后的结果和内心感受。

2. 指导写活动

活动都是有目的、有形式、有过程的。开展什么活动，为什么开展活动，怎样开展活动，活动的结果怎样，都要写清楚。写活动也要求写清楚六要素，要把活动的时间、地点、人物和活动开始、经过、结果写出来。在整个活动当中，不是写一个人，而是写一群人；不是用一两件事来写人物，而是通过写活动场面，来表现人物的精神面貌、性格特点、思想品质。写活动的习作，教师要指导学生把印象最深刻的内容作为重点，把自己看到的、听到的、想到的、亲身经历的主要部分记叙下来，采用点面结合的方法，既要写整个场面，又要突出典型人物。

写活动的习作一般要写清楚三大部分内容：一是活动前，一般要交代清楚活动的时间、地点、人物、活动内容、要求。二是活动中，教师要着重指导学生采取点面结合的方法、有详有略地写清楚活动过程，"点"的描写浓墨重彩、细致传神，"面"的叙述清楚明了，切忌写成"流水账"。三是活动后，要写出活动的结果、感受。当然，习作布局谋篇的结构安排要灵活多变，不要生搬硬套、千篇一律。

（三）写景作文的指导策略

写景作文以景物描写为主要对象，它包括风雨雷电、日月星辰、山河湖海、花草树木等，景物描写主要运用生动、形象的语言，抓住自然景物、社会环境的状态、特征，从形状、大小、颜色、气味、声音等方面进行真实、生动、形象的描绘，给人美的感染和体验。在教学中，教师要从以下几方面进行指导学生写景：

1. 指导选景

生活处处有景物，但是那么多景物，应该选择哪些写进文章中呢？教师要引导学生选择特征最突出、印象最深刻、自己最喜爱、最能打动人的景物来写。比如写公园中盛开的花朵，可以选择开得最大、最傲人、最映入眼帘的来写；写喜爱的季节，有些人喜欢生机勃勃的春天，有些人喜欢白雪皑皑的冬天，有些人喜欢硕果累累的秋天，有些人喜欢热烈奔放的夏天。

2. 指导观察

在景物描写中，引导学生选好角度，按照一定的顺序，如从整体到部分、从部分到整体、从上到下、从远到近、从左到右等顺序进行观察。除此之外，观察除了用眼睛看，也可以用鼻子闻，用耳朵听，用手摸，观察景物的静态特点（形状、颜色、大小、气味等），观察景物的动态特点（动作、变化、声音等），调动五官，全面观察，展开想象，丰富观察内容。

3. 指导写法

教师要在学生观察的过程中指导学生安排叙述、描写的顺序，可以根据观察的顺序，采取移步换景的写法，抓住景物的特点，主次分明、详略得当，生动细致描绘，景中有情，情中有景，情景交融。比如《山雨》中的片段："阳光下，山林的色彩层次多得几乎难以辨认，有墨绿、翠绿，有淡青、金黄，也有火一般的红色。在雨中，所有的色彩都融化在水淋淋的嫩绿之中，绿得耀眼，绿得透明。这清新的绿色仿佛在雨雾中流动，流进我的眼睛，流进我的心胸。"作者把雨中山林最有魅力的绿色进行了生动细致的描绘，用两个"流进"突出这绿不仅眼睛看到，更是心灵感受到的，作者是多么喜爱这里绿色，忍不住去表达这份喜爱，情景交融，极富感染力。

4. 指导修辞

在写景作文中，要把景物写得生动、传神，离不开修辞的运用，教师要指导学生合理运用比喻、拟人、夸张、排比等修辞手法，使语言更加生动、形象，给人美的享受。比如："我国东北的小兴安岭，有数不清的红松、白桦、栎树……几百里连成一片，就像绿色的海洋。"运用比喻，写出了小兴安岭植被的茂密、丰富。"小鹿在溪边散步，它们有的俯下身子喝水，有的侧着脑袋欣赏自己映在水里的影子。"运用拟人，写出了小鹿的可爱姿态，充满趣味。

写景、状物作文教学指导策略

（四）状物作文的指导策略

状物作文是把动物、植物、物品（主要指日用品、工艺品、玩具、文具）如实地、细致地、准确地描绘出来，使人感到形象逼真，栩栩如生，如见其物。

1. 写活动物

许多同学很喜欢动物，有的还亲自饲养动物，可是，有的同学写起动物却一点儿也不生动形象。怎样让动物栩栩如生地跃然纸上，把动物写"活"呢？

（1）仔细观察。教师要指导学生平时多观察各类动物，比如，动物园的飞禽走兽，家养的禽畜、宠物，大自然中的飞鸟虫鱼，等等，有条件的可以精心饲养小动物，留心观察这些动物的外形特点、生活习性，才能对它们了如指掌，胸有成竹。做好观察记录，积累习作素材。比如猫喜欢夜间活动，抓老鼠；翠鸟喜欢停在水边苇秆上，注视着水中鱼儿的动静，爱贴着水面疾飞；燕子喜欢在屋檐下做窝……抓住了动物的生活习性，就能把动物写得活灵活现，给人留下深刻印象。

（2）抓住特点。动物的外形特点一般从整体到部分或从部分到整体描述，一般从头、眼睛、鼻子、耳朵、嘴巴、四肢等部分，抓住各部分的形状、大小、颜色等外形特点细致描述，就能给读者留下深刻的印象。如习作《金企鹅》“最漂亮的是金企鹅，嘴是金红色的，头部有两块白毛，又叫花脸企鹅”。这里作者抓住了金企鹅嘴、头部颜色的特点，写得生动、具体，突出了金企鹅的可爱。又如习作《美丽的大公鸡》“我家养了一只大公鸡，多么美丽呀！火红的鸡冠像一朵盛开的鸡冠花。明亮的小眼睛扑闪着，眼珠像一颗又黑又亮、圆溜溜的黑珍珠。嘴巴又黄又尖，十分锋利，寻找美食全靠它。脖子上是一圈圈红中透亮的羽毛，全身毛色鲜艳，黄的、红的、黑的交织在一起，好像穿着一件漂亮的花衣裳。瞧，它抖抖身子，伸长脖子，四周的羽毛张开竖起，翅膀上下拍打着，就好像孔雀开屏一样。它的尾巴更是美丽，像一簇燃放的烟花。金色的爪子，刚强有力地站立着，就像一个威风凛凛的‘大将军’”。这段话采用总分的方法，写了大公鸡非常美丽。先总叙写大公鸡多么美丽，接着分述大公鸡的外形：鸡冠、眼睛、嘴巴、脖子、毛色、羽毛、翅膀、尾巴、爪子。按照从头到脚的顺序写，条理清楚，层次分明，大公鸡的特点突出，形象鲜明，栩栩如生。

（3）巧用动词。比如《翠鸟》“翠鸟蹬开苇秆，像箭一样飞过去，叼起小鱼，贴着水面往远处飞走了”。这里作者运用了“蹬开”“叼起”“贴着”“飞走”等动词，把翠鸟写得栩栩如生，惹人喜爱。

（4）善用修辞。在状物习作中，教师要引导学生运用比喻、拟人、夸张、排比等修辞手法，描写动物的外形特点、生活习性，把动物写得活灵活现，如在眼前。比如习作《瓷马》“这匹马好威武啊！它高昂着头，好像在远眺；它张大了嘴在长啸……奋起前蹄，要腾空而起，那强壮的后退，微微弯曲，好似鼓足了劲，已经做好了冲锋陷阵的准备”。这篇习作中，作者运用修辞，展开丰富的想象，把一件静态的物品赋予了生命力，好像它活生生地在你眼前一样。

2. 写活植物

大自然中的植物触目皆是，美不胜收，教师要引导学生做生活中的有心人，用心观察植物的特点，了解植物的生长规律、特性，才能把植物写活。

（1）抓住特点。仔细观察，抓住特点，适当运用修辞手法，细致描绘出植物根、茎、叶、花、果的形状、大小、颜色、气味等特点。如习作《秋菊》“有的菊花像雪白的小绒球；有的花瓣狭长狭长的，犹如小姑娘的秀发；还有的花瓣飘洒自如，像是仙女们在翩翩起舞……”这段话用“小绒球”“秀发”“翩翩起舞”来比喻秋菊姿态各异，真是令人眼花缭乱，目不暇接。

（2）巧用动词。把静态的植物写成富有生命的物体，写出动态美，让植物栩栩如生。如习作《秋天的果园》：“那橘子像灯笼似的挂满枝头，有的高昂着头，有的两三个挤在一起，有的躲在绿叶中。”这里巧用“挂满”“高昂着”“挤”“躲”等动词把静态的橘子写得活灵活现，富有动感。

（3）描绘色彩。植物的色彩五彩缤纷、鲜艳夺目，教师要指导学生用表示色彩的词语描绘出植物的各种颜色，犹如绘出一幅幅鲜艳美丽的彩图，比如习作《校园花坛》“校园的花坛里种着许多花……五彩缤纷，鲜艳夺目，有的白如玉，有的黄如金，有的红似火，有的粉如霞”。这里用“白”“黄”“红”“粉”生动地描绘了各种各样的颜色，像立体的彩色图。

（4）描摹声音。教师要指导学生用描摹声音的词语描绘出植物的声响，犹如悦耳动听的美妙歌曲，比如习作《果园的秋色》“秋风吹拂着树叶‘沙沙沙’地响，小鸟在树枝上‘叽叽喳喳’唱着歌”。这里用“沙沙沙”“叽叽喳喳”的拟声词分别写出了秋风和小鸟发出的声音。

3. 描摹物品

物品种类繁多，教师要指导小学生选择自己最熟悉的、最喜爱的玩具、文具、生活用品进行写作。只有把物品的外形特点、结构、功能、用途等介绍得准确、清楚、具体，才能给人留下鲜明、深刻的印象。

（1）展开联想、想象，把物品写“活”。比如“奋起前蹄，要腾空而起，那强壮的后腿，微微弯曲，好似鼓足了劲，已经做好了冲锋陷阵的准备。脖子底下的那个铃铛，小巧玲珑，在马奋力奔跑时准会发出清脆动听的叮当声……我久久地端详着这匹千里马，仿佛自己正骑在它的背上，向前驰骋”（习作《瓷马》）。这丰富的联想以形传神，使瓷马跃然纸上，表达了自己对瓷马的喜爱、赞美之情。

（2）倾注自己的感情。在描写物品的外形、结构、用途时，要倾注自己的感情。比如：“小闹钟啊，你日日夜夜，分分秒秒，毫不疲倦，不停息地向前走，向我准确报时，使我的生活、学习有条不紊；你那清脆悦耳的铃声常催促着我抓紧时间，争分夺秒……小闹钟啊，你是我最忠实的朋友。”

案例展示

“记一张照片”教学设计

【教学目标】

1. 学生回忆照片中记录的快乐生活，畅谈自己的生活体验。培养学生获取生活信息和习作素材的能力，激发他们对生活的热爱。

2. 以有趣照片引领学生还原生活情境，消除学生对习作的恐惧心理，促使他们自主、有创意地表达。

【教学流程】

1. 教师谈话，引入习作内容。

（教师用多媒体出示一组与学生生活密切相关的彩色照片）

（1）教师谈话：同学们，你们一定拥有许许多多有趣的生活照片。一张照片，记录了你与小伙伴之间的一段真情；一张照片，留下了你在游乐场嬉闹的趣味经历；一张照片，让你回忆起在乡村生活的美好时光；一张照片，让你眼前浮现出参加电脑动画比赛的欢乐情境……今天，让我们以“记一张照片”为题写一篇文章。记下自己快乐的童年生活吧！

（2）学生读题，明确习作范围及要求。

2. 营造氛围，再现生活情境。

(1) 组内交换照片，广泛获取信息。

学生在4人小组中传看各人所带的照片，介绍各自照片的内容或照片拍摄前后的有趣经历。由于学生兴趣浓厚，表现欲望强烈，因此，他们会把自己最得意的照片放在同伴面前展示，并乐意把照片中的生活场景融入课堂生活中。学生在交流美好回忆的过程中广泛获取到生活信息，视野更加开阔；同时，也加深了自己对快乐生活的体验。

(2) 典型引路，激活画面。

在学生自由交流时，教师有目的地选取几幅有生活情趣的照片向学生展示，引导学生再现生活内容，让静的照片逐渐鲜活，模糊的记忆逐渐清晰，零星的信息逐渐变成整体。例如，由下面的照片引导学生展开相关的生活内容：全家人在海滩游玩，学生可描述海边景色及游泳、拾贝壳、堆沙等场景；吹生日蜡烛，学生按“买蛋糕—吹蜡烛—吃蛋糕”的顺序记叙过生日的快乐；用电脑制作动画，学生抒写参加电脑比赛时的紧张、兴奋的心情。

(3) 变换角度，多向思考。

面对一张张有趣的照片，会有不少学生仍然不知从哪里写起，教师还要指导学生从不同角度来审视照片，在多层次、多角度观察和回忆照片内容的基础上，引导他们确定习作的内容。以学生在某公园的一张留影为例，教师可这样引导学生选择不同的角度进行思考：写公园里的小桥、流水、绿树、假山，借公园的美景表达自己的喜爱之情；写人们在公园里晨练、娱乐的场景，突出市民的生活情趣；写“我”重游公园的所见所闻及不同感受，突出城市变化给人们带来的欢乐；写公园夜晚闪烁的灯光及由此产生的联想，写自己的梦境；写一家人某次逛公园的过程，反映家庭生活的和睦和欢乐。

3. 拓宽思路，独立完成习作。

(1) 教师谈话，问题导向。

同学们，这次习作不限内容，你想写什么就写什么。在写之前，请同学们先想一想下面几个问题（出示小黑板）：

① 照片是在什么时间、什么地点拍摄的。

② 围绕这张照片。你打算写些什么。

③ 你打算按什么顺序来写。

④ 怎样写出自己快乐的心情。

(2) 小组合作，拓宽思路。

根据上述4个问题，学生相互交流，从中得到启发，获取灵感，打开思路。

(3) 独立习作，教师巡回进行个别指导。

4. 片段评析，修改完善习作。

教师在巡回指导中精选学生习作进行指导，引导学生写出新意，写出个性，写出独特感受。

(1) 片段评析，展示个性。

选取描写具体形象、语言有个性的片段让学生品味欣赏，给学生以成功的体验。

（2）展示个性，完善习作。

学生边读边改，完善习作，努力写出有真切感受的优秀习作。

（3）互评互改，充实提高。

5. 交流习作，丰富拓展生活。

（1）办“习作专栏”。

学生誊正习作，念给同学或家人听。在班级办一期“一张有趣的（难忘的、珍贵的、别致的……）照片”习作专栏。

（2）拍摄“热爱生活”照片。

学生从他人习作中得到启发，可鼓励他们再拍摄一组有生活情趣的照片。自己给它取一个动听的名字，适时举办照片展览。

二　想象文的指导策略

《义务教育语文课程标准（2022 年版）》明确指出，小学第三学段学生“能写简单的记实作文和想象作文，内容具体，感情真实”。什么是想象作文呢？想象作文就是运用丰富的想象和联想，根据一定的提示和要求，完成现实中还不存在的、自己没有经历过的，或者表明自己某种愿望和理想的、具有超前意识的一种作文，是学生在受到感知材料的刺激后，对感知和记忆中的表象进行加工，从而获得丰富的事物形象所进行的富有创造性的作文。小学生想象作文一般包括童话、续写、扩写、科幻故事、看图作文、假想作文。想象作文不受记实作文的限制，故事可以生动有趣，形象逼真，时间、空间、事例都可以虚构。有了大胆、丰富、合理、新颖的习作素材，在习作时，把所想象的内容放到一个完整的故事情节中，叙述要有条理，描写要有层次，语言要灵活，所描写的人物的动作、语言、神态、心理活动要生动形象、准确传神、恰如其分。特别要注意，童话要通过丰富的想象、幻想和夸张，运用拟人化的表现手法，虚构一个完整的故事，让人们从中受到教育、启发，明白道理。科幻故事要渗透科学因素，要写现代科学技术还没有达到，但是通过人们的努力才能出现的技术，内容要新颖、独特，吸引别人的眼球。科幻故事也要有头有尾，要把故事的起因、经过、结果写清楚，故事情节要完整，语言要准确。看图作文要用好两把金钥匙，即观察和想象。观察要按顺序，抓重点，要细致；想象要丰富、合理、新颖。那么，如何指导学生写好想象作文呢？

想象作文教学指导策略

（一）创设情境，激发想象

创设情境是激发学生习作动机的一种手段，通过创设具体、生动、独特的情境，让学生根据这种情境，展开丰富、合理、大胆、新颖的想象。创设的情境要精心设计，要贴近学生的生活，使其具有吸引力，能激发学生的写作冲动。想象作文的题材与其他作文题材一样来源于生活，如果离开了生活源泉，就没有表象和感知，也就没有想象，想象就成为无源之水、无本之木。因此教师要经常指导学生广泛接触自然、社会，善于观察、分析周围的人、事、景、物，多阅读课外书籍，激发想象，充实想象作文素材。比如在编写童话时，教师可以创设这样的情境，森林中即将举办一场本领竞赛，森林的百兽为了证明自己本领最强，纷纷都前来报名参赛，这些动物们都会拿出自己哪些看家本领，这场比赛到底谁会得第一，请同学们展开丰富的想象，说一说、写一写比赛的场面，最后谁赢了。有了这样的情境，同学们会通过平时的积累，抓住自己最了解的动物，展开丰富的联想和想象。

（二）捕捉情景，引导想象

教师要善于全方位、多角度地引导学生仔细观察、分析、思考，从而产生种种大胆、新颖、奇特、怪异的想象。比如一次上晚自习时，学生们正在专心做作业，忽然一只蝴蝶飞入教室，在灯下翩翩起舞。一声“啊……好漂亮”把学生的注意力瞬间吸引到了蝴蝶身上。顿时，教室里沸腾了。教师刚想发怒制止，突然灵机一动，望着灯下的蝴蝶，若有所思地说：“同学们想一想，这么漂亮的蝴蝶，它这时来干什么？为什么总喜欢在灯下飞撞？你想对它说点什么……”教师话毕，学生“来电”了，七嘴八舌，说个不停。有的说：“它看见我们学习紧张，来给我们表演节目，让我们轻松一下。”有的说：“它是来看我们是否专心学习。”有的说：“是‘卖火柴的小女孩’来给我们讲她的故事”……真是无奇不有。于是，教师因势利导，要求学生把自己听到的、看到的、想到的、想说的都——记下来，以“一只蝴蝶”或“卖火柴的小女孩来了”等为题，写一篇作文。很快学生就写出了自己的得意之作，其效果令人拍案叫好。

另外，教师在日常生活中要经常有意识地引导学生仔细观察眼前的万事万物，让学生想象它像什么、是什么，他们会写出一些丰富多彩、构思奇妙的想象作文。

（三）借助课文，拓宽想象

课文是编者根据学生年龄特点、认知规律、学习能力等认真筛选而成的，它本身文质兼美，是学生习作的范例。在教材中有些课文故事的结尾戛然而止，给读者留下了想象的余地，因此可以充分发挥学生的想象，续写故事。比如，《坐井观天》中的小青蛙跳出了井口，它看到了什么，想到了什么，请同学们变成小青蛙，写出你的所思、所想、所悟。《蜘蛛开店》这篇课文中，课后习题“接下来会发生什么事？展开想象，续编故事，讲给大家听。”学生不受时空的限制，故事的发展在他们的思维中延伸。

（四）展望未来，放飞想象

想象来源于现实生活，是以解决问题为核心、为线索，超越现实。小学生的想象往往不太现实，但充满憧憬的神奇色彩，对未来生活信心十足，我们要大胆鼓励学生展开理想的翅膀，让他们敢于绘制未来的蓝图，因为未来是属于他们的。没有美好的想象，就没有崭新的创造，就没有美好的未来。这类想象作文的内容包括展望美好未来的想象，如“20年后的××”“2040 我们再相会”；解决疑难问题的想象，如“未来的治癌医院”；科学幻想故事，如“寻找人体黑匣子”等。憧憬想象极具创造性与挑战性，是培养小学生创新意识、创造精神的有效途径，教师要充分肯定他们的创意，加以引导、指导。

三 应用文的指导策略

应用文是人们在日常学习、工作和生活中使用的通俗、简易文字，一般都具备特定的格式，写作时都有严格的限制。小学生应该掌握的应用文有留言条、请假条、申请书、建议书、日记、书信、启事、通知、读书笔记等。指导学生写作时，要求格式正确，书写规范，内容清楚明白。应用文是人们实际生活中应用最广泛的一种文体，在中小学语文课本中历来都占有一定比例，也是语文教材的重要组成部分。

（一）什么是应用文

应用文是人们在生活、学习、工作中为处理实际事务而写作的文章。

（二）应用文的特点

应用文具有一定的格式，语言简明，重在适用，内容真实，有着实用性的特点。

（三）应用文教学的指导思想

（1）联系生活，突出在“实用”上。

（2）教学目标明确，让学生学有所用，学以致用。

（四）应用文的教学原则

（1）按实际应用的情境，结合特定的需要来安排内容，以激发学生的学习兴趣。

（2）说、写训练相结合。

（3）从学生的心理特点和学习规律出发来设计训练的程序。

（五）应用文的教学目标

（1）了解应用文的概念和特点。

（2）掌握应用文撰写的方法。

（六）应用文教学重难点

掌握应用文撰写的格式。

（七）应用文的教学模式

（1）激趣导入。

（2）设置情境。

（3）口头练习并交流。

（4）出示例文，学生模仿。

（5）撰写并修改。

（6）教师展示学生的练习并点评，同时强调注意的环节。

（7）课堂小结。

（八）小学生常见应用文的写法

1. 留言条

（1）在日常生活中，有事情要通知对方，或有事托付对方，对方不在，自己又没时间等候对方回来，写张字条留给对方。这就是留言条。

（2）留言条的格式

留言条分四部分：称呼、正文、署名和日期。

① 称呼：写在第一行。称呼要顶格写，留言条写给谁就称呼谁。

② 正文：在称呼下一行空两格写正文，简明扼要地把你要给对方说的事情写清楚。

③ 署名和日期：在正文右下方写清楚是谁写的留言条，即署名，并在右下角写清楚写留言条的年、月、日。

（3）范文。

留言条

王小明：

今天我去给你送些家里的特产。不巧你外出了，特产就放你家门口，改日再约。

刘小红

20××年×月××日

2. 请假条

（1）请假条是请求领导，或老师，或其他人准假不参加某项工作、学习、活动等的应用文。请假条根据请假的原因，可以分为请病假和请事假两种。从小学、初中、高中到大学，乃至参加工作后，都可以用到这种文体。

（2）请假条的格式与留言条相同。

（3）范文。

请假条

李老师：

今天我生病了，头痛发烧，不能到校上课。请假一天。

王小华

20××年×月××日

3. 借条

（1）借条是指借现金或物品时写给对方的条子。

（2）借条的格式包括标题、正文、落款等几个部分。其中正文要详细记录谁在什么时候，向谁借了多少钱物，计划什么时候归还，等等。金额、数量要大写。落款为借钱物人的签名和借的时间。

（3）范文。

借条

今借到学校体育器材室一个足球，用于下午课外活动的比赛。比赛结束马上归还。

六年级（2）班：周涛
20××年×月××日

4. 收条

（1）收条是收到别人或单位送到的钱物时写给对方的一种凭据性的应用文。也称作收据。

（2）收条的格式和借条类似，正文要写清楚什么时候收到了谁送来的多少钱物。如果该钱物有什么计划中的用途，也要一并写清楚。落款要由收钱物的人签名，并写上日期。

（3）范文。

收条

今天收到了六年级（2）班生活委员柳杨同学送来的款项700.00元（大写：柒百元），是该班全体同学为玉树地震捐献的。等我们班捐款活动结束后，我会将两个班的款项合在一起交给教导处。

六年级（1）班生活委员：宋超
20××年×月××日

5. 领条

（1）领条是领取物品的个人或单位的一种文字根据，它是在发放与领取物品的过程中时常使用的一种应用文样式。

（2）领条的格式与借条、收条类似。

（3）范文。

领条

今天下午3点钟领到教务处发给我们班的课外书伍拾本。

六年级（3）班：王琳
20××年×月××日

注意：借条、收条和领条第一行中间要写上“今借（或收、领）到”字样。

6. 倡议书

（1）倡议书是由个人或集体就某一问题提出的切实可行的建议或者提议，号召他人去做某事的一种书信。

（2）倡议书的格式包括五部分。

① 标题：一般在第一行正中，用较大字体写上“倡议书”三个字。另外也可以由倡议内容和文种名共同组成，如“保护动物的倡议书”。

② 称呼：第二行顶格写明受倡议人的称谓。

③ 正文：另起一行空两格写明倡议的背景、原因和目的，写明倡议的具体内容和要

求、开展怎样的活动、做哪些事情、具体的要求是什么、有哪些价值和意义。倡议的具体内容一般是分条写的，这样往往清晰明确，一目了然。

④ 结尾：要表明倡议者的决心和希望，或者某种建议等富有号召力的话。

⑤ 落款：在正文的右下方写明倡议者的个人姓名或单位名称及日期。

（3）范文。

争做“绿色小卫士”倡议书

亲爱的同学们：

绿化对每一座城市来说都意义重大，城市里的花草树木不仅使城市环境变得舒适美观，更重要的是它们还可以净化空气。但是在我们身边，仍然有很多践踏草坪、攀折树枝等破坏绿化的行为。为此，我们向全市的少先队员们发出争做“绿化小卫士”的倡议：

1. 积极宣传植树造林、绿化城市的益处，让人人懂得“绿化”不仅有助于我们美丽宜居城市的建设，而且还与人们的身体健康息息相关，从而强化人们关心绿化的意识。

2. 爱护花草树木。对街道、公园、校园、社区等场所的花草树木做到不践踏、不攀折，遇到别人随意践踏和攀折花草树木时，要主动上前劝告和制止。

3. 积极参加城市、校园、社区的绿化工作。大家应该积极响应上级号召，积极参与植树、栽花和种草等活动，使我们的生活环境变得树木葱郁、花香四溢、空气清新。

4. 各校的少先队员可以根据实际情况，划出花草树木的保护区，让每个少先队员都成为城市的“绿化小卫士”。

做一名合格的“绿化小卫士”，需要用实际行动来证明。亲爱的同学们，让我们一起行动起来吧！

五年级（1）班：吴思洁

20××年×月××日

7. 建议书

（1）建议书是指个人、单位或集体向有关单位或上级机关和领导，就某项工作提出某种建议时使用的一种常用书信。建议书也指个人、单位和有关机构，为了开展某项工作，完成某项任务或进行某种活动而倡议大家一起做的事情，或提出合理化的意见。

建议书只是作为一种想法被提出来，它必须被有关部门、领导批准认可后才能被实施。所以建议书具有较强的可塑性，它不是最终的定文形式，它可以被修改，被增删，甚至被弃之不用，这要由具体的情况来定。如果你对班级建设或者学校的安排有好的建议，也可以写一份建议书交给老师。

（2）建议书的格式。

① 标题：标题一般在第一行中间写上“建议书”字样。有的建议书还写上所建议的内容，如“关于学校图书管理的建议书”。

② 称呼：建议书称呼要求注明受文单位的名称或个人的姓名，要在标题下隔两行顶格写，后加冒号。

③ 正文：正文由以下三部分构成。

第一，要先阐明提出建议的原因、理由以及自己的目的、想法。这样往往可以使受文单位或个人从实际出发，考虑你的建议的合理性，为采纳你的建议打下基础。

第二，建议的具体内容。一般建议的内容要分条列出，这样可以做到醒目。建议要具体明白，切实可行。

第三，提出自己希望采纳的想法，但同时也应谨慎虚心，不说过头的话，不用命令的口气。

④ 结尾：结尾一般是表示敬意或祝愿的话。与一般书信相同。

⑤ 落款：落款要署上提建议的单位或个人的称呼、姓名，并署上成文日期。

（3）范文。

建议书

尊敬的学校领导：

每周星期一上午8：00，全校师生都集中到学校大操场举行升旗仪式。随着那雄壮的国歌声，鲜艳的五星红旗冉冉升起，我们每位少先队员为能生活在这样的国度感到无比骄傲和自豪，这是我们接受爱国主义教育的最好时机。然而，少先队大队部选派的升、护旗手在升旗过程中动作不规范、步伐散乱的状况与整个庄严肃穆的氛围很不协调。我们认为造成这种现象的原因是被选派的升、护旗手缺乏必要的责任心和严格的训练，因而，我们向学校领导提如下建议：

1. 学校政教处配合少先队大队部对升、护旗手加强纪律教育和革命传统教育。

2. 聘请驻地官兵来校，严格训练升、护旗手，从而规范他们的步伐和动作。

3. 对全体少先队员进行礼仪教育和爱国主义教育，让全校少先队员懂得国旗法。

尊敬的学校领导，为了使我校的升旗仪式更加庄重、严肃，为了使所有升、护旗手的动作更加规范，请考虑一下我们的建议和请求吧！

六（1）中队全体队员

20××年×月××日

8. 书信

（1）书信是人们日常生活、工作中不可缺少的交际、交流的工具。有什么话要说，就可以直截了当地写出来，寄给对方。它迅速、灵活、方便。远隔两地的人，都可以用邮寄书信的方法对话、谈心、商量事情。

由于书信是人类借助文字交流思想感情、互通信息或联系各种事务的一种方式，因此在撰写书信时，态度要诚恳，意向要鲜明，叙述要清楚，内容要具体，语言要得体，书写要工整。这样才能使实现交际的目的。

（2）书信的格式：书信由称呼、正文、敬祝语、署名和日期五部分组成。每一部分都有一定的格式要求。

① 称呼：顶格写在书信的第一行，并要单独成行，称呼后面要用冒号。

② 正文是书信的主要部分。正文的开头空两格，通常先写问候的话。如果是回信，先要写明来信已收到，并对来信中提及的问题或要求办理的事情作出回答。如果内容较多，也可以分段写，一件事情写一段落。

③ 敬祝语写在正文之后，是用于表示敬意或祝愿的话，多用“此致敬礼”或“祝您身体健康”（分两行写，“此致”或“祝您”在正文下一行空两格处写，“敬礼”或“身体健康”在下一行顶格写）。

④ 署名在敬祝语之后，另起一行的后半行署上写信人的姓名，目的在于告知对方信是谁写的。

⑤ 日期写在名字右下方，由年、月、日组成，一般只写月、日。

（3）范文（《一个小学生致妈妈的信》）。

亲爱的妈妈：

　　您好！

　　天气转冷了，妈妈，您要多穿几件衣服，以防着凉。

　　我最近读了很多书，最令我感动的一本是×××。

　　快考试了，我要加倍努力才行，但是也需要妈妈的指导，我才能考个好成绩。

　　祝您

身体健康，天天快乐！

您的女儿：王欢

20××年×月××日

9. 读书笔记

（1）读书笔记指读书时为了把自己的读书心得记录下来，或为了把文中的精彩部分整理出来而做的笔记。写读书笔记是训练阅读的好方法，对于深入理解、牢固掌握所学到的知识和积累学习资料，以备不时之需等有很大作用。

（2）读书笔记的类型。读书笔记一般有批注、摘录、提纲、读后感四种。写读书笔记时，应根据写笔记的目的、书的类型及自己的习惯，确定写什么样的读书笔记。

① 批注笔记。边读边把自己的看法、疑问等在书上画出表示重点、次重点、疑问等符号，或在书中写上评语和注释。这种读书笔记简单易行，但首先书是自己的，别人的书不能乱画；即使是自己的书，下批注时也应先多想想自己的看法对不对，怎么表述才简明，然后才写。因书上的空白处不多，切忌想到就写，写了又感到不合适，那就会把书画得乱七八糟了。

② 摘录笔记。将书中的精彩观点、新颖材料及名言警句等摘抄下来，以备将来选用。这种读书笔记是大量的。做摘抄笔记时，最好让每段摘录自成一段。后面还应写上摘自什么书、多少页、该书的作者是谁、出版者是谁、哪一年出版的，以备将来查验、核对。两段摘录之间留下较大空白，这样做一是使摘录的眉目清楚，二是空白便于将来翻阅、运用时可以作批记。

③ 提纲笔记。将读过的书的中心思想、段落大意、内容要点及写作方法等等，以提纲挈领的方式写出来。

④ 观后感。在阅读、观看后，将自己的心得、体会、感想等写出来。开头要交代一下所读文章的篇名、书名或所观看的影视作品名等，随后概括一下文章、书籍或影视作品的大意或中心思想，接着从原作的内容出发，利用联想和议论，联系实际生活，写出自己的真情实感。以“感”为主，适当引用原文，这是读后感和观后感的主体部分，最后用简明的语句结尾。

不同的读书笔记有不同的作用，应根据实际去选择、确定。

（3）写读书笔记的要求。

① 必须认真地读懂原作。这是写好读书笔记的前提。提纲笔记、心得笔记要以读懂原作为基础。就是摘抄笔记，也应细读原文。否则，你的摘抄就可能断章取义，甚至“破坏原意”。

② 态度要严肃、认真、细致。严肃指尊重原作，不有意歪曲原作，更不为了达到个人目的故意断章取义；认真指应该认真阅读，认真分析，力求抓住原作的要点、重点、精彩的地方，不能马虎从事；细致指摘抄原文后一字一句校对，不能有误差，连原书作者、出版者、出版时间等都要记得详细。

10. 通知

（1）通知是运用广泛的知照性公文。用来发布法规、规章，转发上级机关、同级机关和不相隶属机关的公文，批转下及机关的公文，要求下级机关办理某项事务等。通知的应用极为广泛。下达指示、布置工作、传达有关事项、传达领导意见、任免干部、决定具体问题，都可以用通知。

（2）通知的格式。

① 通知要在第一行的正中写上“通知”字样，有时可把通知的性质标出来，如“紧急通知”“会议通知”等。

② 通知的正文要写清时间、地点、事件、要求谁参加以及注意事项。写时要周密考虑，所有有关因素都必须写清楚。如果通知的内容较多，注意要把要求和措施部分交代清楚，可以考虑分条写，也可以用小标题的形式编写，便于理解。

（3）范文。

通知

全体少先队员：

学校决定本周五下午三点整，在学校大操场召开全体少先队员大会。请大家准时参加。特此通知！

学校少先队大队部

20××年×月××日

11. 启事

（1）启事是机关、团体、单位个人有事情需要向公众说明，或者请求有关单位、广大群众帮助时所写的一种说明事项的使用文体。

（2）启事的格式。启事的标题要写明启事的名称，这主要由启事的内容决定，如内容是征文，则名称写明“征文启事”。名称字号应大于正文字号，居中写。

（3）范文。

寻物启事

昨天下午课外活动时，我在西区操场丢失了一个绿色的文具盒。那里面有三支钢笔、一支铅笔，还有直尺等文具，请捡到的同学还给我。

非常感谢！

三年级（3）班：甘丽

20××年×月××日

12. 调查报告

（1）调查报告是指对某个问题或某个事件进行专门调查研究之后写成的书面报告。它是在对特定对象进行深入考察了解的基础上，经过准确的归纳整理、科学的分析研究，进而揭示事物的本质，得出符合实际的结论，由此形成的汇报性应用文书。

（2）调查报告的格式。调查报告常用第三人称。调查报告一般包括开头、主体、结尾三部分。

① 开头。类似消息中的导语，简要交代调查的目的、时间、地点、对象等情况。

② 主体。是调查报告的核心。应对所调查的某一事件或某个问题的发生、发展、结果做出全面系统的介绍，并对所调查的事实作具体分析，可用夹叙夹议的方式，做出应有的评价。

③ 结尾。可以总结全文，点明结论；可以提出解决问题的方法；可以用鼓舞性语句作结语。

写调查报告要注意：

第一，深入调查，掌握大量、详细的材料。

第二，认真分析，找出有规律性的东西。

第三，鲜明地提出自己的观点，做到观点和材料的统一。

第四，有点有面，有叙有议。调查报告靠事实说话，因而要有实际事例和数据，既要有一般情况，又要有典型事例。但事实也要有议，没有议，就成为简单的材料罗列了。

第五，语言简洁，数据准确。调查报告的用词要恰如其分，注意分寸；调查报告的数据一定要准确。

13. 日记

（1）日记是记录自己一天里的学习、生活、思想感受等情况的应用文。

（2）日记的格式：日记可以写上题目，点明日记的主要内容。在第二行写明时间（年、月、日，星期几）及天气情况。

从第三行起写自己要说的话，要选择那些最重要、最有意义、最值得记的事写，不要写成流水账。日记必须真实，要写自己亲身经历的事，写出真情实感。

案例展示

《借粉笔，写借条》教学实录和评析

班级：江苏省徐州市钟鼓楼小学二年级（1）班

评析：中央教育科学研究所潘自由研究员

师：小朋友，这节课我想先请小朋友看于老师画图画。画什么呢？当然是画好看的——

（老师在粉笔盒里找彩色粉笔，可是没有。拉开讲桌的抽屉，抽屉里也没有。）

师：学校发给我的一盒彩色粉笔哪儿去了？没有彩色粉笔，画出的画儿多难看呀！

生：于老师，我到办公室给您拿去！

师：办公室里没有。

生：于老师，到隔壁二（2）班去借。上课前我看到二（2）班的李老师手里拿着一盒彩色粉笔，她还跟我说话呢！（这是师事先安排的）

师：（高兴地）这是个好主意！离得近，很方便。就不知小朋友敢不敢去？能不能借来？

生：（齐声）敢去。能借来！

生：（几乎把手举到师的胸前）于老师！让我去！

【评：创设借东西的情境，使说写训练置于“实战”需要之中。】

师：你见了李老师打算怎么说？

生：我打算说：“李老师，于老师想借您的彩色粉笔用一下。”

师：后面再加两个字。想一想，加什么？

生：加“再见”。

师：对！向别人借东西，应当以商量的语气说。请你连起来说一遍。

生：李老师，于老师想要您的彩色粉笔用一下，好吗？不能说“要”，要说“借”。

师：改得对。——现在就请你（即刚才那个把手举得老高的学生）到二（2）班李老师那儿去借。

（该生跑出教室）

师：（对全班同学）同学们，别小看了向别人借东西这样的小事。有人胆小，怕羞，不敢去；有人敢去，可又不会说，说不清，也借不成。

【评：提出重点，要会说，说清楚。】

（正在这时，那位去借彩色粉笔的小朋友空着手回来了。）

师：怎么啦？李老师也没有吗？

生：李老师有。她问您借什么颜色的、借多少。

师：这怪我没有向你交代。向别人借东西，除了要讲清楚借什么，还要讲清楚借多少。我打算借四支彩色粉笔，一支红的、一支黄的、一支绿的，还有一支蓝的。记住了吗？都说说看。

【评：这一训练很好地落实说话要清楚这一重点：说不清，也借不成。】

（学生认真练习说）

师：假如我是李老师，见到我该怎么说？我想再请另一位同学到前面来试试。

（同学们纷纷举手）

生：（走到老师跟前）李老师，您好！

师：同学好！你有什么事？

生：于老师忘了带彩色粉笔了，想跟您借四支。一支红的、一支黄的、一支绿的，还有一支蓝的，可以吗？

师：可以，可以，我这就给你拿。

生：谢谢李老师！

师：到二（2）班这样说一定能借成。可是借四支不好还，再说，可能不够用。我看，就借一盒吧！不过，借的东西多，就得打个借条。（板书：借条，同时加上汉语拼音。）怎样写借条呢？前天，我让高原小朋友到图书室借十本连环画，我教他写了一张借条，他是这样写的——

（出示小黑板）

（原文每个字都带拼音）

借条

今借到图书馆连环画拾本，明天送还。

经手人：×××

20××年×月××日

师：大家读一读。就知道怎样写借条了。

（师向生讲了“今借到”“经手人”的意思，交代了写借条的格式。要求生照样子写一张借一盒彩色粉笔的借条。）

师：大家写得很认真。谁写得正确、说话声音响亮，就请谁到二（2）班去借。

（同学们积极性更高）

师：写好了吗？谁来读一读？

生：（读）借条。今借到二（2）班彩色粉笔一盒，明天就还。经手人：刘凯。10月8日。

师：写得不错！但是。明天有点晚了。俗话说：“好借好还。再借不难。”咱们今天下午就还！我下课后就去领一盒，请你们还给李老师。——现在，就请刘凯拿着借条到二（2）班去借。

【评：创设实际应用的情境，让学生参与应用的过程，并在应用的过程中，结合特定的需要，告诉学生应用文的作用和写法，这样就能大大提高教学的效益。】

（刘凯跑出教室）

师：这回，准能借来。

（刘凯双手捧着一盒彩色粉笔，笑眯眯地走进教室。）

师：（高兴地）这节课就上到这儿。有了彩色粉笔，下一节咱们就可以上“看图说话”了。

梳理与探究

5-4 随堂练习

1. 结合小学语文教材中的习作教学内容，说说不同记实作文的指导策略。

2. 结合小学语文教材中的习作教学内容，说说想象作文指导策略。

3. 结合小学语文教材，说说如何指导学生写观察日记。

4. 根据习作教学流程参考，任选其中一类，写一篇习作教学指导教案。

几类习作教学流程参考

（1）看图习作教学流程。
创设情境，激发兴趣。
指导看图，弄清图意。
充分想象，丰富图意。
交流评价，共享共创。
编写提纲，打好腹稿。
用心写作，自改互改。

（2）命题习作教学流程。
激发习作动机，认真审题立意。
打开学生思路，启发联想想象。
精心选择材料，同桌互动交流。
编写习作提纲，交流构思经验。
扬长避短提高，写作修改评价。

（3）交际型习作教学流程。
引入交际话题，提出交际要求。
创设交际情境，激发交际兴趣。
多向互动交流，评价交流成果。
理清习作思路，编写习作提纲。
写作修改评价，总结升华提高。

（4）活动型习作教学流程。
激趣导入活动，明确活动要求。
全员参与活动，认真观察体验。

积累习作素材，把握习作目标。
回忆活动过程，畅谈收获感受。
理解习作思路，编写写作提纲。
写作修改展示，评价总结提高。

第六章

小学语文口语交际教学

职业素养目标・・・

1. 掌握口语交际教学的总目标和各学段的学段要求。

2. 掌握口语交际教学的内容和各学段的重难点。

3. 掌握口语交际教学的一般教学过程和指导策略。

第一节　口语交际教学的意义、目标和内容

口语交际是一种教学策略和方式，是听话、说话能力在实际交往中的应用，听话、说话是口语交际的重要组成部分，但口语交际不能简单地等同于听话、说话，它包括交际过程中分析、综合、判断、推理、概括、归纳等思维能力，分析问题和解决问题的能力，实际操作能力，创造能力等，在口语交际训练中只有让学生的多种感官都参与到活动中来，才能切实提高口语表达能力。

一 口语交际教学的意义

（一）口语交际能提高思维水平，提高表达能力和阅读能力

语文教学中，听、说、读、写之间是相辅相成，相互作用的。提高口语交际能力，切实落实语文课程标准对口语表达与交流规定的总目标，对增进思维能力、表达能力和阅读能力起着积极的推动作用。

（二）口语交际是现代公民的必备素质

当代社会，文化朝多元融合的趋势发展，让本民族的文化被其他民族文化接受、认同，甚至对其他民族文化产生深远影响，口语交际有着举足轻重的作用。作为现代公民，提高口语交际能力，加强民族之间的语言交流和沟通，可以传播民族文化，让更多的人了解、认识本民族文化，从而产生对民族文化的认同和热爱，以此来弘扬民族文化。众所周知，说话容易，但未必人人都能掌握良好的口语交际能力，并在生活中得体恰当地使用。我们必须注重口语交际的教学和训练，以此提升口语交际的效果。

（三）开设口语交际教学是学生个体发展的需要

科学实验证明，每一个人的语言成长都有一个发展的关键期，即两岁至青春期。过了青春期，习得新的语言的能力便会急剧下降。所以，小学阶段的语文教学必须牢牢抓住儿童学习和发展语言的关键期，为他们提供优越、规范、准确、生动的口语环境和条件，让他们在口语交际中拥有能够适应未来社会需求的口语交际能力，为他们面向社会打好基础、做好准备。

（四）口语交际有利于更好地认识自己，形成良好社会关系

口语交际是人与人之间交往的基础，而人与人之间的交往又是形成良好社会关系的基础。因此，口语交际对形成良好的社会关系、建立稳定健康的社交圈子有着重要的意义。在口语交际的过程中，通过自己的语言和说话的方式，能更准确地了解自己，认识自己的

交际水平和交际能力，从而更准确地定位自己的角色。对自己角色准确定位，在人际关系交往中也有利于形成良好的社会关系。另外，如果在交际过程中表现较好，举止大方，言谈得体，幽默风趣，条理清晰，逻辑性强，在一定的场合能得到对方的赏识，引起对方情感的共鸣，也能增进彼此之间的友谊，给对方留下较好的印象，从而提高和完善自己的形象，为形成良好的社会关系打下坚实的基础。

二 口语交际教学的目标

（一）目标

《义务教育语文课程标准（2022 年版）》对口语交际教学规定的总目标是：“学会倾听与表达，初步学会用口头语言文明地进行人际沟通和社会交往。”对小学阶段各个学段的要求也有详细的表述，见表 6-1。

表 6-1　不同学段口语交际要求

第一学段（一～二年级）	第二学段（三～四年级）	第三学段（五～六年级）
学说普通话，逐步养成说普通话的习惯，有表达交流的自信心。 能认真听他人讲话，努力了解讲话的主要内容。听故事、看影视作品，能复述大意和自己感兴趣的情节。能较完整地讲述小故事，能简要讲述自己感兴趣的见闻。与他人交谈，态度自然大方，有礼貌。积极参加讨论，敢于发表自己的意见。	乐于用口头、书面的方式与人交流沟通，愿意与他人分享，增强表达的自信心。 能用普通话交谈，学会认真倾听，听人说话时能把握主要内容，并能简要转述。能就不理解的地方向人请教，就不同的意见与人商讨。 能清楚明白地讲述见闻，说出自己的感受和想法。讲述故事力求具体生动。能主动参与日常生活中的文化活动，根据不同的场合，尝试运用合适的音量和语气与他人交流，有礼貌地请教、回应。	听人说话认真、耐心，能抓住要点，并能简要转述。乐于表达，与人交流能尊重和理解对方。注意语言美，抵制不文明的语言。 表达有条理，语气、语调适当。参与讨论，敢于发表自己的意见，说清自己的观点。能根据对象和场合，稍作准备，作简单的发言。

第一、第二、第三学段的分段要求，定位科学，三维目标融合，层次梯度明显，重点落在倾听要求、表达要求、交流要求上。

1. 倾听要求

第一学段：能认真听他人讲话，努力了解讲话的主要内容。

第二学段：学会认真倾听，听人说话时能把握主要内容，并能简要转述。能就不理解的地方向人请教，就不同的意见与人商讨。

第三学段：听人说话认真、耐心，能抓住要点，并能简要转述。

2. 表达要求

第一学段：态度自然大方，有礼貌，有表达交流的自信心。

第二学段：力求具体生动。能根据不同的场合，尝试运用合适的音量和语气与他人交流，有礼貌地请教、回应。

第三学段：表达有条理，语气、语调适当；注意语言美，抵制不文明的语言。

3. 交流要求

第一学段：听故事、看影视作品、讲述小故事，简要讲述自己感兴趣的见闻。积极参加讨论，敢于发表自己的意见。

第二学段：听他人说话或讲述见闻，说出自己的感受和想法，讲述故事。能主动参与日常生活中的文化活动。

第三学段：说清自己的观点，根据对象和场合，稍作准备，作简单发言。

（二）注意事项

1. 注意三个维度目标的整合

《义务教育语文课程标准（2022年版）》提到口语交际教学的目标，整合了“知识与能力”“过程与方法”“情感态度与价值观”三个维度的要求，这三个方面是相互联系，融为一体的。口语交际教学中，要突出培养口语交际能力这个重点，而且要在口语交际训练活动中，培养学生参与口语交际活动、锻炼口语交际能力的积极性，使他们乐于参与，增强自信，耐心倾听，相互合作。

2. 注重听和说的结合，从整体上提高学生倾听、表达和交流能力

口语交际重要的两个方面是听和说，这两方面不是分开的，也不是简单地叠加在一起，而是紧密关联在一起的。听的过程也是学习表达的过程，善于倾听，才能善于表达；听懂了才能正确地表达，表达正是对听的内容或问题的反馈，表达的过程就是交流的过程。所以，倾听、表达和交流是密切配合、互为依存的。

3. 注意各学段口语交际教学目标之间的层次性

学段不同，教学要求也不一样。各学段的口语交际教学目标体现出明显的层次性，范围由小变大，层次由表及里。第一学段重在突出基础性，做好全方位的“启蒙”与起步训练。第二学段重在强化、巩固和提高。第三学段重在综合运用。比如讲故事，第一学段要求“能较完整地讲述小故事”，第二学段要求“讲述故事力求具体生动”，这两个学段的要求有着明显的差别，体现出层次性的特点。

三 各学段口语交际教学重难点

小学阶段，是学习母语的黄金时期，丰富的口头语言表达对孩子学习语言、培养语感、形成写作能力具有不可替代的作用，因而我们要充分利用语文教学的各个环节有意识地培养学生的听说能力；要创设丰富多样的口语交际场景，让学生能自由畅谈、表情达

意，在潜移默化中丰富学生的文学素养和语言表达能力。因此，学段不同，内容就不同，侧重点也有所不同。

（一）低学段口语交际教学重难点

重点：第一学段重在突出基础性，做好口语交际教学全方位的“启蒙”与起步训练。

难点：根据学生的学习特点创设合理情境，加强示范，做好引导，重视交际习惯的培养。低学段学生好动、爱玩，有意注意的时间不长，无意注意占优势。对儿童的研究表明：7~10 岁儿童连续注意在 20 分钟左右。在教学中，单纯的说话训练会使儿童感到疲劳，单调而无话可说。久而久之，儿童会形成惧怕说话训练的心理障碍，不利于儿童的发展。这时，教师要运用多种适合学情的教学方式，比如适时地运用“表演”这种活泼有趣的训练形式，鼓舞学生说话的热情，促进他们的语言发展；利用色彩丰富的插图，调动学生的视觉感官，引导学生说话；续编课文，填补“空白”，或填补课文中省略号的内容，给予学生想象空间，提高他们的表达能力。

（二）中学段口语交际教学重难点

重点：第二学段重在口语交际教学的强化、巩固和提高。巩固低学段的口语交际教学成果，又为高学段的教学提供坚实的基础，发挥中学段的过渡和衔接作用。

难点：选择贴近生活的交际内容，构建良好的交际氛围，呈现多样化情境，锻炼学生在各种情境中的应对能力，促进学生口语交际能力的逐步提高。

中学段是一个过渡的阶段，在这个阶段的口语教学中，应注意选择贴近生活的话题，培养学生的逻辑思维能力，克服想与说不一致的问题。中学段学生应更多注重训练说话的条理性、形象性、生动性，可以让他们有充分的时间组织语言，也可以多背诵一些典型的语言范例，多做向别人介绍物品、建议、劝解、邀请等情境模仿练习。

（三）高学段口语交际教学重难点

重点：拓展学生交际的时空，增强学生交际的目的意识、对象意识以及效率意识。训练他们的调节能力，使学生学会如何与人沟通，如何应对，如何做到大方得体。口语交际的形式可以是演讲、讨论、表演等形式。

难点：能根据交流的对象和场合，引导学生提前做准备，交流时做到表达有章法，不断提高交际中的应对能力。

高学段学生口语交际的教学注重训练其思维敏捷性和快速语言组合能力，应该多安排即兴说话的口语交际内容，如演讲、辩论等形式。同时也要加强听话训练，培养学生听话的耐心，并能根据听话的内容抓住要点进行复述。此外，得体的谈吐能力教学内容应贯穿教学全过程，如用语得体，礼貌待人等。

四　口语交际教学的内容

小学语文教材口语交际教学的常见类型有编讲故事、陈述演讲、自由想象、劝说辩论、情境表演、实操分享几类。

（1）编讲故事类，如二年级上册看图讲故事，要求讲清楚图意，吐字要清楚；又如五年级上册的讲民间故事，要求讲清楚故事的细节，讲故事的时候，配上相应的动作和表情。虽然同是讲故事，但年级不同则对学生提出了不同的要求。

（2）陈述演讲类，如六年级上册的演讲，要求自拟题目，写好演讲稿，并在讲台演讲，提高述说、演讲水平。这一类口语交际专题难度较高，主要出现在中高学段。

（3）自由想象类，如四年级上册的“我们的奇思妙想”，要求展开想象的翅膀，畅想 21 世纪的科技发展，并选择合适的方式进行介绍，别人讲的时候要认真倾听，可以补充可以提出问题。这一类口语交际专题重在引导学生展开想象，并能倾听其他同学的想象，以打开思路，创新思维。

（4）劝说辩论类，如二年级上册的“商量”，要用商量的语气，把自己的想法说清楚；六年级的“辩论”，讲诚信与善意的谎言，要求说清楚自己的观点，要有真情实感，注意人物的语言、动作、心理等。这一类口语交际专业难度较大，不仅要表达清楚，关键是要形成自己的观点。

（5）情境表演类，如一年级上册的用多大的声音，四年级上册的感谢和安慰，要求使用恰当的方式进行表达，或感激，或安慰，或交流，并且分角色进行模拟对话。这一类口语交际专题重在模拟真实的情境，让学生通过表演激发交流的兴趣，进而提升口语表达能力。

（6）实操分享类，如一年级下册的春天在哪里，二年级下册的我们的小制作，要求或画画，或制作，在班上展示自己的小制作并说一说是如何制作的。这一类口语交际主要出现在低中学段，让学生通过实操提升动手能力，重要的是从实操中获得梳理、归纳能力。

上好一堂口语交际课，有着极为重要的意义。通过教材中的口语交际范例进行有针对性的专题训练，可以使学生有目的、有针对性地掌握口语交际的有关知识，提高口语交际能力。除此之外，教师还可以充分利用教材或紧密贴近生活选择话题内容，训练学生的口语交际能力。

1. 充分利用教材选择话题内容

口语交际
教学内容

一是关注课文插图。如二年级上册的《小蝌蚪找妈妈》，应当带领学生关注精美的插图，根据插图说一说小蝌蚪变成青蛙的演变过程。二是拓展课文留白。如五年级上册的《落花生》，在父亲的引导下，“我”说人要做有用的人，那么什么叫有用的人呢？让学生们自主思考，讨论交流，说一说，什么是有用的人，怎样成为有用的人。三是延伸课文结局。如三年级下册的《守株待兔》，“兔不可复得，而身为宋国笑”，宋国人笑话耕者时，会说些什么？耕者又会回应什么？可以分多个角色模拟对话场景。进行口语交际训练时，应当注意措辞，文明用语。

另外，拓展课文留白和延伸课文结局时，并不是任何内容都可以选择，而是要尽量选择有利于突显课文主要内容和中心主旨的语句或情节。

2. 紧密贴近生活选择话题内容

一是贴近家庭生活。如“重阳节”时，要求学生回家为爷爷、奶奶做一件事，并注意观察他们的表情、动作，还可以让他们说说自己的感受。回校后，再在班上进行口语表达交流。二是贴近社会生活。如谈谈“二胎”“三胎”，说说“家庭教育促进法”“食品安全”，探讨对春节的认识，交流对“双减”的看法等。三是贴近校园生活。如“说说我最喜欢的玩具”“导游我们美丽的校园”等。

掌握教材中口语交际教学的类型，充分利用生活选择话题内容，就要关注课文插图，拓展教材留白，利用教材盲点，贴近生活，关注社会，联系校园，创设场景，精心设计，多方式、多角度训练，才能打造一堂有意义、有价值的口语交际课。

梳理与探究

1. 任选小学语文教材中口语交际内容，尝试列述不同话题。
2. 联系学段要求，任选一个口语交际专题，说说它的教学重难点。

6-1 随堂练习

第二节　口语交际教学的原则和方法

口语交际是听与说双方的互动过程。教学活动主要应在具体的交际情境中进行，不宜采用大量讲授口语交际原则、要领的方式。应努力选择贴近生活的话题，采用灵活的形式组织教学。重视在语文课堂教学中培养口语交际的能力，鼓励学生在各科教学活动以及日常生活中锻炼口语交际能力。这里简明扼要地点明了口语交际教学应该遵循的原则和方法。

一　口语交际教学的基本原则

（一）生活化原则

口语交际教学要努力选择贴近生活的话题，这正是生活化原则的反映。生活化原则指在口语交际教学中应注重选择贴近学生生活实际的话题，引导学生在日常生活中锻炼口语交际能力，激发学生作为生活主体参与活动的强烈愿望，让他们在生活中学习，在学习中提高。这应该是学生熟悉、关心、感兴趣的话题，让学生有话可说。

（二）情境化原则

教学活动主要应在具体的交际情境中进行，这一要求反映了口语交际的情境性特点。教师要创设情境、营造氛围，使学生“如临其境”的亲历感。只有在这种情境中，学生的口语能力才能得到有效锻炼，才能激发学生思维，引发学生表达，促进学生交流。

贯彻情境化的原则，应把握以下三方面：一是创设的情境必须真实、有意义，符合特定的社会文化背景，要体现学生实际交际的需要，让学生了解在不同的场合，面对不同的对象，围绕不同的目的，采用不同的态度和表达方式。二是情境的创设要体现趣味性，可以选择游戏、角色表演等学生喜闻乐见的形式来激发学生的交流欲望。三是情境的创设应体现一定的梯度，以适应不同层次交际的需要。比如，在学习的初级阶段，教师可提供真实的情境，使学生身临其境，产生语言表达的急切需要。当学习达到一定阶段，可设置模拟情境的形式，启发学生想象，进入角色，开展口语交际活动。

（三）互动性原则

口语交际是听与说双方的互动过程，这里反映了口语交际的互动性特点，体现了口语交际教学的基本原则。教学中，通过对话、交流，实现师生之间、生生之间的双向或者多向的合作学习，达到提高学生口语交际能力的目的。因此，互动性原则在口语交际教学中很重要。在师生的互动过程中，教师要放下架子，多鼓励学生与学生在民主、平等的氛围中进行交流，在生生的互动过程中，可以通过同桌之间、前后座之间、小组之间，采用说、问、评、议、比、演等方法，进行评论、交流，互相促进、共同提高。在合作中学会尊重他人，提高交际能力。

二 口语交际教学的方法

口语交际教学的方法灵活多样，在运用这些方法时，要明确口语交际教学的总目标，努力选择贴近生活的话题，采用灵活多样的形式组织教学，鼓励学生在课堂内及生活中锻炼口语交际能力。

（一）案例分析

老师提供交际案例，发展学生口语交际能力，是一种有效的口语交际训练方法。例如在公共场合经常会看到一些不文明的行为——随地乱丢果皮纸屑，在饭店抽烟，大声喧哗，在电影院接打电话等，提出问题后让学生进行探讨，这样的行为到底好还是不好？为什么？学生通过积极发言，既提高了分析能力，又能积极主动地思考，也达到了锻炼口语交际能力的目的。

（二）角色体会

儿童是用形象、色彩、声音来思维的。对那些有趣、生动的童话故事、寓言等，低学段学生往往表现出极大兴趣。通过角色扮演，分组进行对话练习，并进行故事情节的改编对话、补充对话，体验人物的形象色彩，话语声声，不绝于耳，这是口语交际课常用的课堂形式。

（三）随机训练

在口语交际教学的方法中，可以采取随机训练的方法，教师应用心捕捉现实生活现象，充分利用学生感兴趣的突发事件，抓住训练契机。事件 1：一只美丽的蝴蝶飞进教室，就可以将课堂变成观察交流课。事件 2：窗外突然刮起的狂风，电闪雷鸣，眼见一场暴风雨就要来了，这时可以带学生来到窗前观看雷雨来临前的天气变化，并交流感受。事件 3：班里来了一位转校生，你准备怎样欢迎他？

在随机训练中，教师应根据实际情况适时做出恰到好处的指导，逐步提高学生的口语交际能力。

（四）情境创设

小学生的思维以直观形象思维为主，他们的情感总是在一定的情境下才会产生。教师创设情境，有的是现实的，有的是模拟的。比如课堂辩论赛，就是学生在实际的辩论情境中进行辩论；而模拟法庭辩护，就是模仿的情境，学生并不是真的法官、律师和原告、被告。虽然现实的情境逼真，接近生活，但是在课堂环境中，口语交际课上的交际情境，不可能都是现实的情境。我们所追求的是模拟得逼真、典型、自然。创设情境可以凭借教材的提示，结合生活实际，创造性地设计交际情境，好的交际情境可以激发学生参与交际的兴趣，让学生明确交际的人物，明确自己在活动中的努力方向。

创设情境的形式和手段是多种多样的，语言描述、角色表演、播放录音录像、展示图片或道具、演示实验等都可以选用。比如，《找春天》可以播放春天景象的录像，可以展示春天的图画，可以展示学生自己搜集的资料、自己画的春天，可以讲述春天里的人物，描述春天的事物。学生在一种多姿多彩的、新颖变化的状态中，能够有效地提高口语交际能力。

梳理与探究

任选小学语文教材中的口语交际内容进行情境创设。

6-2 随堂练习

第三节　口语交际教学的一般过程与策略

一　口语交际教学的一般过程

语言是思维的外衣，是人类活动最重要的表达方式，在素质教育中，语言训练尤为重要。口语交际是语言训练中极其重要的一环。口语交际训练应当在具体的交际情境中进行，交际过程中，要重视口语交际的文明态度和语言修养。应当遵从规范性原则、情境性原则、互动性原则、生活性原则，恰当使用案例分析、角色体会、随机训练、情境创设等方法，激发学生参与交际的兴趣，有效提升口语交际能力。口语交际教学的一般过程有明确目标、进入情境、模拟交际、交流拓展四个步骤。以部编本二年级上册口语交际内容《商量》为例。

口语交际教学的一般过程

（一）创设情境，明确目标

同学们，在生活中我们需要跟别人商量事情。比如，今天轮到你值日，但是你有事不能完成，于是想和小丽调换一下，该怎么跟她商量呢？在和小丽说之前，应当好好想想商量些什么内容呢？请同学们自己读一读课本第 67 页的要求。

学生读口语交际的要求，然后总结汇报。教师根据学生的回答在黑板上板书：好好说，说清楚。

（二）小组讨论，进入情境

进行小组讨论时要求学生除了说出自己的想法外，还一定要说出自己的理由。教师巡堂相机指导。（指导学生一定要说清楚理由）。

（三）模拟交际，形成共识

学生模拟对话前教师要强调：大家仔细听，他是否说清楚了自己的理由，说完后我们再来评一评。对话模拟结束后学生评议，教师相机板书：声音响亮，落落大方，吐字清楚，语句通顺，语气诚恳。

通过一定的指导后小组再次练习，教师巡视辅导。

练习后，教师再次指定角色，并加大难度，使用句式进行交际。

1. 小丽，我想……
2. 我想……
3. 没关系，那……

三句话都是跟别人商量，第一句和第二句呈现完整的句子说明自己的想法，第三句考虑到出现拒绝时该如何礼貌回应，这样的设计层次分明易于激发学生表达的欲望，为他们迁移规范的句式提供了基础。

（四）交流方法，拓展延伸

懂得商量时需要注意的问题，要有礼貌、摆理由、谈条件。无论在家里，还是在学校，与别人意见不一致时，应当学会与别人商量，能主动地解决问题。

以上为一般教学过程，实际教学中因各学段各年级学生口语交际水平层次不一，需要教师对学生的语言和行为进行规范和引导。

二 口语交际教学注意事项

在口语交际教学过程中，教师对学生的语言和行为要及时地进行规范和引导。上好一堂口语交际课，应注意以下几点：

（一）注意设置目标，精心准备

一要明确课标是基础。精心研读课程标准，设置合理科学的教学目标，在口语教学过程中，时刻关注学生的表达是否准确、是否得体、是否到位，并根据实际教学情况调整教学环节。二要牢记学生是主体。充分发挥学生主体作用，对于不善于表达或者不敢表达的学生，要多给开口机会，对一些表达能力强的学生，要适当增加一些难度，并根据学生的表达进行适时的指导。三要懂得方法是保障。各个学段的话题内容不同，要求不同，目标不同，所采取的教学方法也要不同，教师要从教学实际出发，有针对性地选择恰当的教学方法指导学生进行口语交际的训练。

（二）注意导向灵活，合作探究

口语交际不是听和说的简单相加，只有实现了互动，尤其是多人之间的互动，口语的交际功能才能真正实现，学生的口语交际能力才能真正提升。那么，如何将简单的听说训练转向语境中的多向互动呢？最主要的就是在实践过程中增强交际性、互动性、探究性。比如在复述、讲故事、演讲、解说等单向输出的口语交际中，引导学生要说得明白，使人听得懂、喜欢听，并且让其他学生参与评价，增强互动。在商量、访谈、辩论、安慰、情景对话等两人或多人直接交谈的口语交际中，就需要增加学生情境模拟的机会，讲的时候尽量口语化、生活化，使人听得懂、能回应。

（三）注意涉及全员，点面结合

涉及全员即让全体学生参与活动、参与倾听、参与表达、参与交流、参与讨论。这是提高每个学生口语交际能力的保证。点面结合的“点”为案例启发、示范引领作用，既可以是教师示范，也可以是学生示范；“面”是给每个同学创造参与的机会。点面结合就是要把个别活动、小组活动和集体活动有机结合起来。

（四）注意关注生成，有始有终

口语交际课的交际性、互动性特点，决定了课程是灵活的、动态的，具有开放性、综合性、实践性、自主性和生成性。教师既作为设计者和参与者参与交际对话，同时也作为引导者和实施者，调控课堂，进入情境、结束情境，都应对学生的口语交际进行有效指导，促进学生达到“具有日常口语交际的基本能力”。

总而言之，要上好一堂口语交际课，就要根据实际教学和学生情况，及时调整教学内容。不能过于放任，不加引导，导致学生随便说；也不能过于约束，缺乏鼓励，导致学生不敢说。

三　口语交际教学的策略

“一人之辩重于九鼎之宝，三寸之舌强于百万之师”形象地说明了口语交际在社会生活中的作用，具备了较强的口语交际能力，才能适应现代社会的发展。为此，《语文课程标准》明确提出：应培养学生倾听、表达和应对的能力，使学生具有文明和谐地进行人际交流的素养；口语交际是听与说双方的互动过程。要达到以上目标，必须采用相应的教学策略。

口语交际教学的策略

（一）创设合理交际情境

名师何捷执教《商量》一课，他先让学生观看绘本故事《你别想让河马走开》。故事中，天很热，一只很大很重的河马正在熟睡，但是它挡住了过道。该怎么让河马挪开呢？威猛的狮子、强壮的野猪、机灵的猴子都没有让河马挪开，同学们有什么好办法吗？何老师提出问题后组织小组交流讨论，并进行角色扮演。交流前，何老师提醒学生应当注意语气语调和方式方法。最后学生汇报交流。何老师相机指导，把有关商量的方法渗透其中。再紧接课后的两个习题，让学生角色扮演，从而使“找对人，成功一半”“说清楚，又能成功一半”的道理深入学生的心中。

交际情境应当精心创设，但也要借助丰富的表情、动作、画面、声音等营造出生活化的场景。可通过实物、音像、语言、表演等多样化的手段来实现。如《做手工》，通过折折、玩玩、说说等一系列活动，把各种抽象的概念和方法，贯穿于具体实物的操作中，然后运用“首先……然后……接着……最后……”的句式进行表达，这样比较容易进入交际角色。又如《请教》，作业课上，同学们都在认真做作业。小红遇到了一道不会做的题目，她用手臂撞了撞同桌兰兰，大声地对她说：“喂！这道题怎么做啊？”同桌兰兰抬头看了小红一眼，没有说话，继续做起作业来。如果你是小红，应该怎么做呢？这里，可以通过语言描绘情境，引导学生很快进入角色，产生积极的交流欲望。

（二）开拓科学训练途径

1. 专门的口语交际课

通过专题训练，熟练掌握口语交际的基本技能，系统提升口语交际水平。

2. 课堂教学过程中进行

阅读课、语文园地课，都可以有意识地培养学生的口语交际能力。如阅读教学中可对故事情节、典型人物读一读、说一说、评一评，发表各自见解，交流对课文的看法。如《去年的树》，可根据课文内容提问：“鸟儿飞走了，带着伤感飞走了。但她给灯火留下了世间最宝贵的东西。你知道这东西是什么吗？为什么说它们是世间最宝贵的东西？”教师通过连续性的几个问题引导学生说话，在交流中也加深了对课文深层内涵的理解。

3. 习作教学与口语交际相结合

“先说后写”是我国作文教学的有效方法，先口头表达后书面写作是作文课常见的教学程序。如薛法根教学“人物描写”：先和学生交流，让学生说说对薛老师名字的看法，觉得薛老师相貌怎样？想知道薛老师的哪些故事？之后再训练习作。既训练了学生的口语交际能力，又能使学生的书面表达能力获得提升。

4. 课外阅读与背诵的指导与训练

阅读和背诵有利于学生感受语言的情境美，感悟语言表达的情感，有利于掌握规范的语言，培养语感。把阅读和背诵作为口语交际的辅助教学手段，不仅是学习语文的主要任务，对于丰富语言积累、提高语文水平更是大有裨益。正如“腹有诗书气自华”，“熟读唐诗三百首，不会作诗也会吟”，说的就是这个道理。

（三）营造良好交际氛围

良好的氛围能够调动学生全员参与。教师要当好听众，尊重学生的主体性，与学生进行开放式的交流，并给予适当的指导。善于表达的多说，不善表达的给予鼓励，让学生有话想说，有话爱说，有话能说，有话会说。

（四）加强正确示范指导

想说爱说是教学的前提，能说会说是教学的目的。小学生口语表达的特点是想说，但不知道该怎么说，也不知道从哪里开始说，结果条理不清，没有逻辑，没有重点。那么，如何让学生从想说、爱说，到能说、会说呢？可以从以下几个方面着手：

1. 方向指导

口语交际融“听”“说”“交际”三者于一体，教学中教师应教给学生必要的听说和交际的方法。比如听，要指导学生听什么，为什么听，怎样听。说，要指导学生说什么，怎样说，要紧扣主旨有中心，结构分明有条理，通顺流畅有观点，注意语音、语气、语调、重音的处理，增强语言表达效果。要指导学生如何用几句话说清楚一件事，找人帮忙要如何开口，等等。

2. 问题导入

比如教师提问“你喜欢什么游戏?”，学生则会回答“我喜欢捉迷藏”之类的话语，相对简单没有实质性内容。要让学生有内容可说，而不是简单问一句，教师可以接连提出几个简单的问题引导学生进行连续性表达，如：“好玩吗？怎么玩？你能否说说游戏规则?”

3. 句式提炼

通过句式提炼，帮助学生找到表达的语言范例，从而表达流畅、说话连贯。如《有趣的动物》，出示各种各样的动物图片以后，让学生说说自己喜欢哪种动物，它有趣在哪儿。教师相机给出句式，指导学生先想后说。通过对句式的提炼，可帮助学生形成正确的语言结构，形成语感。

（五）运用多元评价反馈

多元评价反馈不仅能及时掌握课堂教学的现状与教学目标之间的差距，以便补救，还能营造出良好的学习氛围，激发学生参与交际的热情，培养学生良好的个性品质。多元评价反馈包括：

1. 评价主体多元化

口语交际以双向或多向互动为特点，评价主体不能只是教师评价，应综合运用师评、生评、自评、他评、互评等多元主体评价。

2. 评价目标有融合性

紧紧围绕教学目标，渗透三个维度。不仅要评价学生的语言能力，还要评价交际过程中学生的态度是否正确，肢体语言是否得体等。

3. 评价语言情感化

评价语言需用心，且多以积极、宽容的态度来应对。要善于发现学生的优点加以肯定，对存在的问题以建议的形式提出，让学生知道今后努力的方向。如："从你的语言中我的眼前仿佛也出现了一只可爱的小狗!""你说得真好，让人不得不接受你的观点!""你的表达条理特别清晰，太棒了！要是少一点口头禅'然后'就更好了!"

四 各学段口语交际课的教学实例

（一）低学段口语交际课

低学段口语教学，主要培养学生的口语表达能力，训练学生的想象力和创造力，让学生敢说、能说、会说。下面以《我们身边的垃圾》为教学案例。

教学目标：

1. 提高口语表达能力和倾听能力。

2. 展开合理的想象，交流自己的想法，培养学生的想象力和创造力。

3. 养成爱护环境卫生的习惯，有自觉美化环境的行动。

教学过程：

一、谈话导入，揭示话题

1. 请小朋友低头看我们教室的地面，说说你看到了什么。

2. 现在老师想请大家当小小侦探家，想一想我们教室里这些垃圾都是从哪里来的，看看谁是我们班里的小侦探。

（1）组织学生留意观察教室的环境卫生，教室干不干净。

（2）请学生找一找教室角落里的垃圾，想一想这些垃圾都是从哪里来的。

（3）组织学生交流。

3. 在不知不觉中，我们身边就出现了这么多的垃圾，今天口语交际的题目就是：我们身边的垃圾。

二、交流小调查，发现身边的垃圾

1. 除了教室里，老师让小朋友课外去进行了小调查，谁能说说我们身边还有些什么垃圾？你知道这些垃圾一般是从哪里来的？（结合搜集的资料）指名说话。

你能学着用这些话来说吗？

句式：A. 我发现（或看到）（什么地方）的（什么垃圾）是（怎么或从哪里）来的。

B. 我发现，（什么地方）的（什么垃圾）是从（哪里）来到这里，使这里变得（怎样）。

2. 以四人小组分组交流。

教师小结：刚才同学们通过观察和交流，已经了解在我们身边的垃圾，如果皮、纸屑、塑料袋、各种瓶子、吃剩的食品等（校园垃圾）、厨房垃圾。那么，看到了这些垃圾，我们应该做些什么呢？

三、开展活动，处理垃圾

1. 师生一起交流垃圾处理方法：能根据垃圾种类的不同采用不同的处理方法。

2. 小组推荐代表交流，并小结。请各组选一名代表介绍处理垃圾的方法，组员相互补充。

（1）其他各组小朋友认真听，并说说，他们的方法哪里好，哪里不够好。请提出自己的改进意见。

（2）请大家评一评：哪个小组听得最认真？哪个小组想出的方法最好？好在哪里？（教师引导学生思考如何将垃圾变废为宝，从环保、废物利用等方面谈谈自己的看法。）

四、总结评价，拓展延伸

1. 从我做起，不乱扔垃圾，做到弯弯腰随手捡一捡。

2. 看见乱扔垃圾的同学、现象要勇敢地进行批评。

3. 建立垃圾回收站，进行垃圾分类，变废为宝。

4. 回家向大人宣传，人人保护环境。

（二）中学段口语交际课

中学段的口语交际课，重点是让学生学会倾听，训练语言的表现能力和启发功能。下面以《风景优美的地方》为教学案例。

教学目标：

1. 通过口语交际训练，交流展示自己去过的风景优美的地方，分享游玩的快乐。

2. 交流时把话说清楚、说明白，提高口语交际的能力。

3. 激发对祖国大好河山的热爱之情。

教学过程：

一、创设情境，谈话导入新课

同学们，你们喜欢跟着爸爸妈妈一起去旅游吗？还记得去过哪些风景优美的地方吗？能说出它们的名字吗？

二、自主交流，尝试交际训练

1. 回忆生活，激发兴趣。

师：老师这儿搜集了一组风景优美地方的录像，请你们仔细观察画面。

师：以上我们看到的这些地方风景优美。请同学们回想一下，自己游玩的地方是怎么样的？自己在游玩中都做了什么事？有哪些收获或感受？

2. 合作交流，指导练说。

（1）小组合作，说给小组同学听。

各小组同学介绍自己游玩过的地方，先在组内互相说一说，再评一评。组内将汇报游玩中讲得最有趣的同学推选为代表，参加全班的评选活动。教师参与各小组的交流讨论，并进行个别指导。

（2）互动交流，全班分享小组的汇报。

3. 师生评议，学会方法。

师：刚才你觉得哪些同学说得好？为什么？哪些同学介绍的地方最美？

4. 教师小结，活动升华。

教师指导：介绍风景优美的地方，可以先说说自己游玩过哪些地方，具体的经过如何，怎么有趣，怎么优美，再说说自己的心情、感受怎样，还可以讲讲给自己带来的快乐。

三、畅谈打算，拓宽交际内容

1. 畅谈打算。

师：你打算今后怎样安排自己游玩的计划？想一想，说一说，也可写一写，列个计划表。

2. 交流汇报。

师：学生分组交流，相互讨论，自由畅谈，听一听谁的打算好，谁的打算有意义。

3. 评选“最佳”。

四、拓展

这节课我们不仅重温了风景优美的地方，也对今后的游玩做好了计划，更重要的是学会了怎么与同学交流。这才是最快乐的、最大的收获。请你们回家后将你的假期游玩计划告诉给爸爸妈妈，好不好？

（三）高学段口语交际课

高学段的口语交际教学，培养学生有条理表达的能力，使学生能认真倾听他人说话，抓住重点，并能转述；训练言语的调节功能，达到口语训练和别人交流的目的。下面以《辩论》为教学案例。

教学目标：

1. 能根据话题，列出辩论提纲。

2. 能根据立场，确定自己的辩论要点。

3. 能使用辩论中的专门用语，条理清晰，论点明确，论据充分。

4. 能认真倾听他人的发言，抓住重点，进行思考。

5. 能了解有关的辩论技巧。

6. 能尊重他人的观点。

教学过程：

一、谈话导入，激发兴趣，出示辩题

同学们，在当今高科技时代，手机几乎成了人们的必备用具，也成了生活中必不可少的工具，吃饭、购物、买票、订酒店都可以通过手机完成。据统计，现在我们班一共有10人左右有了手机，小学生应不应该有手机呢？下面我们开个小小的辩论会，来听听同学们的看法。正方的观点是：小学生应该有手机；反方的观点是：小学生不应该有手机。

请同学们自由自合成三个小组，确定自己的立场，明确自己的分工，准备10分钟，然后我们选代表上台辩论。

（学生自由组合，开始准备）

二、各抒己见，一展才华

正方、反方各三名代表上台辩论，其他学生倾听，做好记录，思考辩论的策略。

正方一：我方的观点是，小学生应该有手机。我方认为小学生应该拥有手机，这样无论在哪，都可以与家长保持联系，家长也可以找到他们。此外手机可以当表看，培养学生的时间观念；里面的游戏可以打发无聊的时间，还可以开发智力；手机属于高科技产品，便于小学生了解高端知识。

反方一：我方的观点是，小学生不应该有手机。虽然这是一个信息时代，但在小学生眼中，手机更多的是被当作一种玩具而不是通信工具，俗话说“玩物丧志”。由于小学生的自律性差，使用手机会使小学生沉溺于迷人的手机游戏或网络游戏中，容易上瘾。此外，手机辐射虽然较小，但对小孩子幼小的身体还是有伤害的。而且，小学生一旦拥有手机的话，容易使他们形成不良的攀比心理，对自身的成长十分不利！再者，手机上的不良信息也较多，小学生自制力较差，容易影响心理健康。

正方二：（用极富有激情的演讲再次阐明他们的观点）小学生应该拥有手机，让家长与老师为学生进行疏导，让学生们具备自律意识，以健康、文明的心态使用手机。

反方二：小学生不应该拥有手机，小学生的自我控制能力差，上课时玩手机就会影响上课质量，这不仅会影响我们的学习，拥有手机，无疑也会为家庭增加负担。

三、学生评价，教师总结

评出最佳辩手，交流辩论的策略，教师最后总结。在如今信息产业突飞猛进的时代，手机作为社会发展的产物，已经成为现代人普及的沟通工具。小学生该不该拥有与使用手机，关键还是靠家长和学校的引导，要加强学生自身的控制力。

案例展示

《与“害羞”说再见》的口语交际教学设计

教学目标：

1. 认识“害羞”心理对提高口语交际能力的阻碍作用。
2. 树立突破“害羞”心理的信心，掌握突破“害羞”心理的方法。

教学重难点：

认识到自己是个害羞的人以及害羞对提高口语交际能力的阻碍作用。

教学方法：

创设情境法，心理测试法，活动法。

教具准备：

多媒体课件。

教学过程：

一、创设情境导入

老师扮演一个害羞的人，给学生上课，讲课时不敢正视学生，手足无措，假装讲不下去。问学生：感觉如何？请学生评价。

学生评价：让人不舒服，感觉很难受，讲课效果很差。

老师自己补充：学生不喜欢，老师不能很好地完成教学工作，老师就可能被校长解雇，失去工作。

二、心理测试："我"是一个害羞的人吗

编制一张心理测试表——害羞量表，并把这张表打印出来分发给学生。

害羞量表有13个测试题，按五级记分，"非常符合或非常正确、非常同意"记5分，"非常不符合或非常不正确、非常不同意"记1分。有4个测试题负向记分。

13个测试题的总分范围是13～65，分数越高，表示害羞程度越高。

请仔细阅读以下每一个句子，然后决定句中所描述的特征符合您的感受和行为的程度。请按照下面的标准在每个句子前面的括弧内填上一个数字。

1　非常不符合或非常不正确、非常不同意。

2　不符合。

3　无所谓符合不符合。

4　符合。

5　非常符合或非常正确、非常同意。

（　　）① 与不熟悉的人在一起时，我感到紧张。

（　　）② 我有点儿不善交际。

（　　）③ 我没觉得向别人打听消息有什么困难。

（　　）④ 在宴会或其他社交场合中，我经常感到不自在。

（　　）⑤ 与一大堆人在一起时，我找不出适当的话题来谈。

（　　）⑥ 刚进入新的场合时，我很快就能克服害羞的毛病。

（　　）⑦ 与陌生人初次见面，我很难表现得自然。

（　　）⑧ 与位高权重的人谈话时，我感到紧张不安。

（　　）⑨ 我对自己的社交能力毫不怀疑。R

（　　）⑩ 直视别人的眼睛，对我来说是很困难的。

（　　）⑪ 在社交情境中，我感到拘束。

（　　）⑫ 与陌生人讲话，我并不感到困难。R

（　　）⑬ 与异性接触，我比较害羞。

注：R号表示负向记分测题。

师生交流：你觉得哪些同学是害羞的人？为什么？

学生说出一些同学名字，再问这些同学是否承认自己是害羞的人。

继续交流：这些害羞同学好交往吗？你了解他们吗？

三、多媒体展示：什么是害羞

这一环节是进行认知教育，让学生了解害羞心理，认知害羞心理。在多媒体上展示这些内容：关于害羞心理的描述——害羞是常见的一种人际交往障碍，是指在交往过程中，过多约束自己的言行，以致无法充分地表达自己的思想感情，阻碍了人际关系的正常发展。

多媒体继续展示害羞心理带来的烦恼及原因：在一些交际场合中，胆小害羞的人会显得局促不安，往往不能与人坦率自然地交往。同时也让旁边的人感到不舒服，认为这个人傲慢无礼、孤芳自赏，从而就会使害羞的人错过很多结交新朋友的机会。当遇到不熟悉但认识的同学或者师长时，胆小害羞的人常常因为害羞或害怕对方不理自己而没有主动打招呼，再加上胆小害羞的人不敢正视对方，结果可能会让对方误解为高傲、目中无人、不懂礼貌，从而影响了人际关系。

胆小害羞的人总是过于在乎别人的评价，对于别人的话过于敏感，所以别人的一句否定或批评，甚至是别人的一句开玩笑的话，可能也会让他们闷闷不乐、耿耿于怀，从而影响了自己的心情，进而影响他们在人际交往中的快乐体验。因为他们在人际交往中享受不到乐趣，这样他们也就更加害怕人际交往，他们口语交际能力当然就无法提高。

无论在学习上还是生活上，胆小害羞的人在追求目标时，总是缺乏主动性、勇气和信心，所以可能错过了原本属于自己的成功和幸福。

多媒体再展示害羞的三种类型：第一种是气质性害羞，即生来性格比较内向，说话低声细语。见生人就脸红，说话办事有一种胆怯心理。第二种是认识性害羞，即过分注意自我，私心太重，说话办事都十分谨慎，唯恐自己的言行不对而被人耻笑。第三种是挫折性害羞，此类型的害羞是由于种种原因，连遭挫折而使自己原本开朗积极主动、乐于交往的性格变得胆怯怕生，消极被动。

四、“害羞”心理如何突破

多媒体展示克服害羞的八个方法技巧：

(1) 调整呼吸，放松肌肉，可以试着握紧拳头再放开，如此重复多次。

(2) 在日常生活中，学习试着跟陌生人短暂地交谈。

(3) 为了使谈话得以继续，你必须要有话题。尝试广泛地阅读，关心新闻报道，尝试敞开式的提问，例如：“你觉得某人怎么样?”

(4) 预演可能会谈及的话题。在家对着镜子先练习一遍。

(5) 善意的小举动，例如在宴会里主动帮人拿饮料等，将令你的社交更成功。

(6) 记住：世界并没有盯着你看，人人都倾向于关注自己。

(7) 如果别人结束谈话，不要假设那是因为他觉得你很沉闷。

(8) 不要把别人的拒绝理解为是你个人的问题。你不是一定要和每个人都处得来。

五、给害羞同学一分钟说话的时间

说话的题目是：《我的宣言》，内容是向害羞宣战的誓言，表达自己认识了害羞心理的害处，并表示有信心突破害羞心理障碍。

梳理与探究

1. 从小学语文教材中任选一个口语交际专题，完成一篇教学设计。

2. 结合名师口语交际教学案例，谈谈他们在教学过程中体现了怎样的理念，使用了哪些方法。

6-3 随堂练习

第七章 综合性学习

职业素养目标 · · ·

1. 了解综合性学习的内涵、意义和特征。

2. 掌握综合性学习的内容和教学指导策略。

3. 掌握指导综合性学习的一般教学指导过程。

第一节　综合性学习的内涵

综合性学习是语文课程的重要组成部分。综合性学习有利于学生在感兴趣的自主活动中全面提高核心素养，同时也有利于培养学生主动探究、团结合作、勇于创新的精神。

一　综合性学习的概念

《义务教育语文课程标准（2022 年版）》指出：综合性学习既符合语文教育的传统，又具有现代社会的学习特征，有利于学生在感兴趣的自主活动中全面提高核心素养，有利于培养学生主动探究、团结合作、勇于创新的精神，应该积极提倡。

根据语文课程标准关于综合性学习的要求及实施建议，我们从语文课程内容、语文学习方式、语文实践活动三个角度归纳总结出语文综合性学习的内涵：语文综合性学习是语文课程内容的有机组成部分，是语文知识的综合运用、听说读写能力的整体发展、语文课程与其他课程的沟通、书本学习与社会生活实践紧密结合的语文实践活动。语文综合性学习同时也是一种新型的语文学习方式，它倡导自主、合作、探究，把交互式、多样化的教学融合在一起，使学生在不同内容和不同方法的相互交叉、渗透和整合中开阔视野，提高学习效率，从而逐步形成主动探究、团结合作、勇于创新的精神，初步养成现代社会所需要的核心素养。

综合性学习的内涵

二　综合性学习的意义

1. 语文综合性学习是落实“增强课程实施的情境性和实践性，促进学习方式变革”这一语文课程理念的重要途径

《义务教育语文课程标准（2022 年版）》在“课程理念”里指出，“义务教育语文课程实施从学生语文生活实际出发，创设丰富多样的学习情境，设计富有挑战性的学习任务，激发学生的好奇心、想象力、求知欲，促进学生自主、合作、探究学习”；“充分发挥现代信息技术的支持作用，拓宽语文学习空间，提高语文学习能力”。语文综合性学习对促进学习方式变革具有重要意义，是语文课程的一大亮点。

2. 语文综合性学习能拓展学生语文学习的空间，有利于全面提高学生的核心素养

综合性学习打破语文教学的封闭状态，沟通课堂内外，充分利用学校、家庭和社会等教育资源，拓展学生学习空间，增加语文实践机会，让学生在综合性学习活动中，丰富知

识，提高能力。综合性学习不仅体现为语文知识的综合运用、听说读写能力的整体发展，而且提倡多学科联系、跨领域学习、书本学习与实践活动的紧密结合。这既有利于培养学生的创新精神，提高学生的语文实践能力，又有利于在实践中培养学生的观察感受能力、综合表达能力、人际交往能力、搜集信息能力、组织策划能力、互助合作和团队精神，为促进学生核心素养的全面提高提供了有力保障。

3. 语文综合性学习能促进学生综合运用能力、探究能力的提高，有利于学生多元智能发展

语文综合性学习是形成“自主、合作、探究”学习方式的途径。它重在学科的联系、重在学习过程，注重激发学生的创造潜能，能较好地整合知识和能力，有利于在学习活动中培养学生的探索和研究的能力。多元理论认为，人类的智能是多元的，有言语—语言智能、逻辑—数理智能、音乐—节奏智能、视觉—空间智能、身体—动觉智能、交往—交流智能、自知—自省智能等，听说读写的能力也属于智力技能。根据心理学研究，不论智力技能还是动作技能都必须依靠个体反复多次练习方可获得。语文、数学、美术等各门学科都能催生某一特定智能的发展。而综合性学习是以学生自主、合作、探究的学习方式为主，把交互式、多样化的教学融合在一起，拓宽语文学习和运用的领域，让学生在不同内容和方法相互交叉、渗透和整合中开阔了视野，提高了学习效率，从而促进学生多元智能的发展。

三 语文综合性学习的目标

《义务教育语文课程标准（2022 年版）》对小学阶段语文综合性学习做出了明确的要求：

（一）总目标

关心社会文化生活，积极参与和组织校园、社区等文化活动，发展交流、合作、探究等实践能力，增强社会责任意识。感受多样文化，吸收人类优秀文化的精华。

乐于探索，勤于思考，初步掌握比较、分析、概括、推理等思维方法，辩证地思考问题，有理有据、负责任地表达自己的观点，养成实事求是、崇尚真知的态度。

（二）学段要求

1. 第一学段（一～二年级）

（1）观察字形，体会汉字部件之间的关系。梳理学过的字，感知汉字与生活的联系。

（2）观察大自然，热心参加校园、社区活动，积累活动体验。结合语文学习，用口头或图文等方式整理、表达自己在活动中的见闻和想法。

（3）对周围事物有好奇心，能就感兴趣的内容提出问题，结合其他学科的学习和生活经验交流讨论，尝试提出自己的看法。

2. 第二学段（三～四年级）

（1）尝试分类整理学过地字词。尝试发现所学汉字形、音、义和书写的特点，帮助自

己识字、写字。

(2) 学习组织有趣味的语文实践活动，在活动中学习语文，学会合作。结合语文学习，观察大自然，观察社会，积极思考，运用书面或口头方式，并可尝试用表格、图像、音频等多种媒介，呈现自己的观察与探究所得。

(3) 能提出学习和生活中的问题，有目的地搜集资料，共同讨论，尝试运用语文并结合其他学科知识解决问题。

3. 第三学段（五～六年级）

(1) 分类整理学过地字词，发现所学汉字形、音、义和书写的特点，发展独立识字能力和写字能力。

(2) 感受不同媒介的表达效果，学习跨媒介阅读与运用，初步运用多种方法整理和呈现信息。

(3) 初步了解查找资料、运用资料的基本方法。利用图书馆、网络等渠道获取资料，解决与学习和生活相关的问题。尝试写简单的研究报告。

(4) 策划简单的校园活动和社会活动，对所策划的主题进行讨论和分析，学写活动计划和活动总结。对自己身边的、大家共同关注的问题，或影视作品中的故事和形象，通过调查访问、谈论演讲等方式，开展专题探究活动，学习辨别是非、善恶、美丑。

（三）注意点

以上目标，围绕“梳理”“探究”这两个中心词，结合“观察”“活动”，体现了综合性学习的六个注重点：

1. 综合性学习注重综合

综合性学习的目标体现了识字写字、阅读、写作、口语交际的结合，体现了知识与能力、过程与方法、情感态度与价值观的整合，体现了学习方式的综合，体现了语文学科和其他学科、语文学习和生活的联系。

2. 综合性学习注重实践

综合性学习提倡书本学习和实际活动的结合，强调在语文实践活动中培养学生的语文实践能力，引导学生在生活实践和社会实践中学语文、用语文。《义务教育语文课程标准（2022 年版）》在目标中提到的留心周围事物，观察大自然，观察社会，热心参加校园、社区活动，策划校园活动和社区活动，组织有趣味的语文活动等，都体现了注重实践的精神。

3. 综合性学习注重探究

学生对周围事物有好奇心，产生探究的兴趣，具有问题意识，这是进行综合性学习的前提和基础。目标中强调了学生对周围事物有好奇心，能提出学习和生活中的问题，并学习搜集资料，进行探究，努力解决问题。这对培养学生的问题意识、探究精神和创新意识有重要作用。

4. 综合性学习注重过程

综合性学习目标一般不指向某种知识和能力的达成度，而是提出一些学习的活动和要求，主要指向过程。因此，综合性学习主要不在于学生掌握多少知识，而在于学生是否主动获取知识，运用知识解决实际问题；主要不在于解决问题的结果，而在于能否主动发现问题和主动探索问题；主要不在于在活动中发挥多大作用，而在于是否积极参与活动和善于合作；主要不在于学到特定思想和方法，而在于能否创造性地运用各种方法。

5. 综合性学习注重渐进性

比如在提出问题和解决问题方面，第一学段侧重于“对周围事物有好奇心，能就感兴趣的内容提出问题，结合其他学科的学习和生活经验交流讨论，尝试提出自己的看法”；第二学段要求“能提出学习和生活中的问题，有目的地搜集资料，共同讨论，尝试运用语文并结合其他学科知识解决问题”；第三学段则要求“利用图书馆、网络等渠道获取资料，解决与学习和生活相关的问题”。可见，综合性学习不同学段的要求是循序渐进、螺旋上升的。

6. 综合性学习注重指引性

各学段的学习内容和形式有一定的指引性，大体包括以下几个方面：

（1）观察周围事物、大自然和社会生活，表达观察所得。

（2）提出学习和生活中的问题，结合课内外阅读讨论问题，运用语文知识和能力解决问题，或通过搜索资料解决问题，写出简单的研究报告。

（3）策划或组织校园活动、社会活动，在活动中学语文、用语文，学会合作。

四　综合性学习的特征

（一）综合性

综合性主要表现在学习目标、学习内容、学习方式和考查评价等方面的综合。从学习目标来看，不再单纯追求智育目标，而是“知识与能力”“过程与方法”“情感态度与价值观”三个维度目标的有机整合。从学习内容来看，不仅着眼于识字与写字、阅读、写作、口语交际这四方面的语文学科知识的综合，同时又注重拓宽语文学习和运用的领域，注重跨学科的学习和现代科技手段的运用。更多强调学生从生活中学习，使学生在不同内容的交叉渗透与整合中，开阔视野，提高效率，初步获得现代社会所需要的语文实践能力。从学习方式来看，既是书本学习和实践活动的结合，也是接受学习和探究学习的结合；既是课内学习与课外学习的结合，又是个体探究与合作学习的结合。从考查评价来看，着眼于从学生参加活动时的态度、情感以及参加活动时的能力、行为及成果等诸多方面对学生进行综合评价。

（二）实践性

语文综合性学习的过程是一个实践的过程。语文综合性学习把整个世界作为语文学习的环境，注重让学生在真实的、具体的现实中去学语文。仔细分析各学段的综合性学习目标，无论是在家庭生活、学校生活中，运用语文知识和能力解决简单问题，还是利用图书馆、网络等信息渠道获取资料，尝试写简单的研究报告；无论是策划简单的校园活动和社会活动、自主组织文学活动，还是关心学校、本地区和国内外大事，用文字、图表、图画、照片等展示学习成果，它都强调学生的参与和实践，强调过程和体验，强调在多学科的交叉中体现语文知识和能力的实际运用，都以培养学生的语文综合实践能力为最终目的。

（三）自主性

基础教育的一个重要目标是要培养学生自主、独立的学习习惯和能力。《义务教育语文课程标准（2022年版）》在教学建议中提出："创设学习情境，教师应利用无时不有、无处不在的语文学习资源与实践机会，引导学生关注家庭生活、校园生活、社会生活等相关经验，增强在各种场合学语文、用语文的意识，建设开放的语文学习空间，激发学生探究问题、解决问题的兴趣和热情，引导学生在多样的日常生活场景和社会实践中学习语言文字运用。"综合性学习为学生提供了较大的灵活性、自由度和自主创造的空间，这不仅表现在学习方式的选择、学习方案的设计、学习内容的确定、学习活动的组织上，而且也表现在整个学习过程中所出现的一切环节上，以及活动结果的最终呈现形式上，都由学生自主决策和实施，教师只对其进行必要的指导，决不包揽学生的工作。

（四）生成性

语文综合性学习的教育目标、教育价值具有生成性。教育目标在活动过程中不断生成，新的教育价值也在活动过程中生成。从一定意义上讲，过程即目标。语文课程标准指出：语文课程"应尊重学生在学习过程中的独特体验"，学生正是在自主制定活动方案的过程中亲历和体验，才能不断地生成和发展。重视实际的过程，也就是重视学生在活动过程中的自我生成和建构。在语文综合性学习活动的设计和实施中，要充分发挥学生学和教师教的主体性，促进学生综合核心素养的动态生成和发展。

（五）开放性

综合性学习面向每一个学生的个性发展，尊重每一个学生发展的特殊需要，根据学习主体的特点和需要出发设计的目标必然具有开放性；综合性学习内容的设计面向学生的整个生活世界，包括自然、生活、社会等方方面面，而且随着学生生活的变化而变化，其内容具有开放性；综合性学习关注学生在活动过程中所产生的丰富多彩的学习体验和个性化的创造性表现，其评价标准具有多元性，因而其活动过程与结果均具有开放性。综合性学习的开放性特点有利于学生在学习过程中进行自主研究和探索，有利于学习活动的推进和深入，有利于学生个性张扬和创造才能的发挥。由于充分尊重学生的意愿，充分发挥学生的主体作用，学生可以根据自己的兴趣、爱好自主地选择活动主题。这样便产生了强大的内驱力，在活动中变"要我学"为"我要学"，其潜能都能得到充分的开发，个性特长都能得到充分的施展，智力因素都能在各自不同的水平上得到充分的发展。

梳理与探究

1. 简述语文综合性学习的内涵。
2. 说说综合性学习是如何体现自主、合作、探究的学习方式的。

7-1 随堂练习

第二节 综合性学习的教学原则和方法

一 综合性学习的教学原则

语文综合性学习应充分考虑学生的兴趣与经验，利用校园资源，回归生活，并给学生的语文实践创造多种机会。所以，语文综合性学习设计须遵循以下几个方面的原则：

（一）联系生活的原则

当代学习理论表明，只有当学习发生在有意义的背景中，即与学习者生活世界发生密切联系，才是有效的。要让学生回归生活，将语文学习与生活相联系。只有着眼于生活，学生才能有更多的机会自己去活动、体验，才能在学习过程中享受其中的乐趣。

以“春夏秋冬”为主题的“寻找秋天”综合性学习活动设计，与小学一年级学生的生活实际有着紧密的联系。一年级学生刚刚开始懂事，对周围的世界和身边的各种事物充满着好奇，在这个时候引导学生去寻找秋天，到大自然中去观察秋天，去发现秋天的美丽，可以满足学生的好奇心和强烈的求知欲望，能极大地丰富学生的知识和生活经验，使学生在活动中享受到学习的乐趣。

（二）可行性原则

语文综合实践活动内容的设计要考虑到它是否可行，除了活动的价值、时间的限制等因素，更要心中有学生。语文综合实践活动内容设计，关注的是学生的年龄特征、学习经验与兴趣及学生的现实生活，不是先决定教师能够做什么，决定学生应该学些什么，而是研究学生关心什么，对什么感兴趣。

1. 年龄特征

学生在不同的年龄阶段有着不同生理、心理特征。语文综合性学习的设计既要用适当的方式联系生活、社会、自然和文化，又要顾及不同年龄学生的特点。在低学段，学习内容要与学生的生活密切联系；中学段，学习内容要与社会和大自然密切结合；高学段，学习内容要与跨学科学习活动发生联系。语文课程标准中还针对不同年段的综合性学习提出了不同的要求，体现了儿童认知能力形成的渐进性，各个学段之间都是相互联系、螺旋上升的。因此，教师在具体教学中应充分考虑学生已有的知识水平和能力基础，让他们参加力所能及的综合性学习活动。

2. 学习经验与兴趣及现实生活

学生认识事物或从事某项活动会表现出明显的个性倾向，语文综合性学习的设计要充分把握学生的个性倾向，使活动内容具有新奇性、启发性、趣味性和实践性，让学生感到学习活动的自由、民主和宽松，又有一定的难度和可接受性。

请看湖南省长沙市某小学的一个案例：

> 最初，我们盲目地让小学三年级的学生在电脑中搜集资料，到大街上观察汽车废气对大气污染的状况，去父母单位调查用水、用电的情况……由于远离三年级的现实生活，活动只能半途而废。后来，我们将活动改成让学生利用节假日，在父母的带领下去寻找城市几年来的新变化（包括社区、街道），利用课余时间去调查各班学生用电、用水的情况等。结果，全班51位同学送来的调查情况有60多份。有的学生还把调查了解的情况绘成一幅画、制成表，有的甚至还做成模型。

可见综合性学习的设计要顾及学生经验水平、能力水平。一旦超出学生的知识经验水平，学生就会失去活动的兴趣。

（三）体现学校特色的原则

语文综合实践活动是学校文化的组成部分，要立足于本校特色以及所在社区特色，充分利用学校、社区教育教学资源，有利于活动的开展。“珍爱自然”的活动就可以根据学校校园及学生所在社区环境资源设计，因为学生对学校的校园环境更熟悉。通过仔细观察，学习能够发现自然环境的变化，而这些变化是平时没能关心和注意的。观察自己熟悉的环境，会使学生感到亲切，还能提高学生观察周围事物的兴趣。当然，如果有些学校的校园环境不理想，可以根据实际情况选择恰当的环境寻找切入点。

（四）凸显语文性的原则

语文综合性学习从属于语文学科的学习活动，必然要更多地体现语文学科的个性特点。语文综合性学习有利于拓宽学生的学习空间，增加学生语文实践的机会，使学生获得自主、合作、探究的语文综合性学习的体验，从而在丰富而生动活泼的实践活动中提高核心素养。因此，设计语文综合性学习的内容，要以多方式多机会的语言综合实践为鲜明的特点，自始至终贯串语文实践运用。

《找春天》的内容是认识春天大自然的变化，这一主题主要是自然常识性的。但是作为语文综合性学习，在学习过程中就必须体现出语文学习的特点。下面这个案例自始至终体现出让学生参与语文实践，在实践中学习语文的思想。

> 活动一，先让学生仔细观察寻找春天，然后组织学生主动说一说、演一演春天，让学生朗读搜集的有关春天的儿歌、诗或词语，交流自己对春天的认识。

活动二，选养一种小动物，仔细观察它们成长中的变化，做好记录。养小动物不是语文实践，但是要求学生做好饲养记录，写出观察报告，这是引导学生在实践中运用语文的极佳方式。

活动三，要求学生搜集春天的故事，讲一讲，演一演，还要求编春天的故事。

可见，在整个活动设计中，“找春天”只是学习活动的主题，是一个载体，学生在整个活动中得到的是大量的语文实践机会，并且在实践中学习语文，提高语文的实践能力。

二 综合性学习的教学方法

（一）激发学生学习兴趣的方法

综合性学习强调发挥学生自身的主动探索和创造精神，重视学生的自我组织和互相启发的能力，给每个学生的个性化学习留下了广阔的空间，为他们的多样化发展提供了充分的可能性。作为教师，首先要树立学生意识和童年意识，确保学生的主体地位。“学生意识”就是教学中要关注学生的发展，注重联系学生的生活经验，注重培养学生的学习兴趣；“童年意识”就是要关注学生的心理发展，注重学生的感受，让学生爱学、乐学，给学生一个幸福的童年。“学生是学习和发展的主体。”“一切从学生出发，一切为了学生的发展，为了每个学生的全面发展。”

1. 选择学生关注的热点问题

从总体来说，语文教材中综合性学习专题的安排比较充分地考虑了学生身心发展的水平。除去专题，教师还要具有开放意识，善于筛选，敢于突破，深入了解学生，选取小学生当下学习、生活中经历最多、体验最深、感受最强烈的内容作为选题，让他们做进一步探究。只有当学生对其学习内容产生兴趣，兴致勃勃地参与到活动中来，他们才会去积极思考，学有所得，并由此发展他们各项智能，塑造其健全的人格。

2. 采用学生喜爱的活动方案

综合性活动的设计和展开要根据学生身心发展的规律和语文学习的特点，关注学生个体差异和不同的学习需求，爱护学生的好奇心、求知欲，充分激发学生的主动意识和进取精神。小学语文教材中综合性学习专题会提供一个母主题，在此基础上还会提供若干层次的子主题。但教材中的综合性学习的设计，只是提供一种具有开放性、选择性的范例。教师应根据学生的实际情况和所拥有的学习资源，对教材的设计进行改造、变通、拓展和完善，采用学生喜爱的活动方案，才能让学生全身心地投入到语文综合性学习活动中去。

（二）教师指导的方法

教师是综合性学习活动的设计者、实施者，其基本策略可用六个字概括：研、设、激、放、扶、迁。

1. 研

研，即研究开发课程的综合性学习的活动资源和学生的活动潜能。语文教材中每一单元每一篇都有综合性学习的活动资源，只是或多（集中）或少（分散）。活动资源分三个层面：一是知识层面，包括课文内容所含知识，文章表现形式方面的知识与相关背景知识；二是能力层面，包括听、说、读（理解、归纳、筛选、分析、推断、评价等）、写、思、做（手工的各种设计制作、网上资料的下载编辑、实地的考察调研等）；三是情感层面，包括思想教育、哲理启迪、审美鉴赏、道德自律、创新意识等。研透了文本，彻悟了大纲与新课程标准规定的教学要求，才能挖掘出课程中可以合理利用的活动资源。活动资源也并不是每一节课、每一环节都需要研透，这需要研究课与课之间的关系，有的活动资源可以归并，有的活动资源只需教师示范一次，学生跟着仿效实践。总之活动资源的利用务求多元互动互补。

2. 设

设，即创设适当的活动，引导学生自觉参与综合性学习，使活动成为拉动学习的杠杆，活动为学生提供广阔的探究天地，活动带领着学生将学习推向成功。综合性学习活动的设计因学科课程活动资源的层面而定。一般来说，知识层面，包括时政性、科普性等浅易材料，学生完全可以自我解读。只是他们缺少兴趣，自己不愿看，也不愿听别人讲。这类课程，可以进行竞答性比赛活动，借助竞争意识，激发他们读的兴趣，为他们的自主性学习注入活力与动力。活动天地大，可因文体和内容而定。若是哲理性的，可进行探究类活动；若是文学性的，可开展分角色诵读及编演类的活动；若是文化学术性的，不妨来点研究性学习活动；读写等应试性的，适宜于实践活动；体会语言的严密和表达的精巧，可做转换性（改一改、添一添、减一减、扩一扩、缩一缩）活动；感受文学艺术之美可将多媒体的声像魅力引入课堂活动；提高信息利用能力，可将学生引入网络之中进行人机对话的整合互动活动；自读课文，完全可以放手让学生模仿教师上讲台主持教学活动；命题、改作业等，不妨让学生亲身经历，大胆体验，知道怎么考、怎么评，也就知道怎么学、怎么写。分组活动是综合性学习的基本方式，分几个组，任务如何分配运作，也因课程内容而定。

3. 激

激，即引起兴趣。当主体活动气氛上不来时，教师要及时地激发。首先是教师本身要满怀兴趣地深入学生当中参与活动，以自己饱满的情绪感染学生、触动学生。其次是讲究策略，寻求突破。或正面地激发（如插入与活动相关的故事、趣闻轶事），变换活动内容与方式（以学生本身或他们感兴趣的通俗话语方式引出），通过加强情境设置的诱惑力，吸引学生尽快地“活”起来、“动”起来；或反面地“将”，通过言其“不会”，促使学生迅速产生否定的冲动，于是活动起来。有时，教师还要扮演好“挑拨离间”的角色，及时地挑出话题，拨起“争端”，形成“对峙”，引发活动场的形成。

4. 放

放，即放手放量。首先是放开教师的手，当学生全身心投入学习活动后，教师应立即放手把学生置于“前台”，自己退到“后台”，当好欣赏者、激励者。不用定式束缚学生的思维，不用唯一标准衡量学生的见解，不以个人喜好挑剔尚处稚嫩成长中的学生的活动，尤其要善待学生活动中的“创见”（哪怕初看是“歪理”），给学生以充分的自主空间和心理安全感。这样学生才会放胆活动，全面活动，创造性活动，活动出水平。其次是解放学生的双手，让他们在动手操作中获得知识、发展思维。如多做动笔性阅读圈点和各种创意设计，尤其是网络操作性的互动学习活动。当主体活动进展速度快、效果好，且热度（兴致好、状态佳）正高，时间有余时，教师还应及时扩大开放，增补新的活动内容，让学生趁热打铁，“陷入”活动更深的“周折”与更大的困难之中，促使其灵感充分显现、创造潜能充分挖掘，臻于超常发展佳境。“放”的一个有效思路，是适时适量适度地引导学生换个角度进行活动，换位思考天地新。充分地开放活动，才有可能让学生获得高峰体验，发展得更好。

5. 扶

扶，即导托扶持。当主体活动进入深难状态，学生的知识能力或心理差距较大，教师就要及时地启发引导，帮助学生打开思路，步入有效的活动过程；或适当补充知识的欠缺，调整能力的坡度，辅助学生进入活动的深处，提高活动的价值。当主体活动的内容过多，活动过程过长，时间不允许，或成效不显著，教师要当机立断，及时取舍，抽出主要的，剥离次要的，使活动紧凑起来、中心突出起来、效果显著起来。

6. 迁

迁，即迁移运用。综合性学习活动的“迁”必须找准课内与课外活动资源的联系，确定活动的价值取向与方式方位。如《狼牙山五壮士》这篇课文集中体现了爱国主义精神。舍生取义成为后来无数仁人志士的不懈追求，因此中华民族才演绎出一曲曲惊天地泣鬼神的壮歌。这就是一个很好的迁移点，可以迁出一串民族英雄的故事，是对学生进行爱国主义教育的极好机会。

（三）开发课程资源的方法

语文教师要高度重视课程资源的开发与利用，创造性地开展各类活动，增强学生在各种场合学语文、用语文的意识，多方面提高学生的语文能力。语文课程资源包括课堂教学资源和课外学习资源，例如：教科书、教学挂图、工具书、其他图书、报刊、电影、电视、广播、网络，报告会、演讲会、辩论会、研讨会、戏剧表演，图书馆、博物馆、纪念馆、展览馆，布告栏、报廊、各种标牌广告，等等。自然风光、文物古迹、风俗民情、国内外的重要事件、学生的家庭生活以及日常生活话题等也都可以成为语文课程的资源。各地区都蕴藏着自然、社会、人文等多种语文课程资源。要有强烈的资源意识，去努力开发，积极利用。教师和学生如果没有学习资源意识，综合性学习就将是无源之水、无本之木，学生的智力和能力也就难以得到全面的发展。我们对语文综合性学习资源的开发，主要通过以下几条途径进行：

1. 用好课内资源

教材是最重要的语文课程资源，是开发语文课程资源的出发点和归宿。语文课本里有着极其丰富的学习资源，语文综合性学习若能充分挖掘课本中外显的、内隐的资源，就能避免学生舍近求远，节约开发资源的时间，收到更好的学习效果。

2. 迁移课外资源

综合性学习具有开放性的特点，突破了课堂的限制，而且也突破了学科的限制，但迁移时要找准课内与课外活动资源的联系，确定活动的价值取向与方式方位。

3. 突出师生资源

师生既是课程资源的开发主体，又是课程资源开发的对象。由于每个人的生活经历、阅读积累、情感个性气质以及智能类型都是千差万别的，并且随着时间的推移在不断地变化和发展，而这些是语文综合性学习取之不尽的资源。这也是在拉近师生距离，促进情感互动，走进彼此的内心世界。

4. 挖掘地方特色

由于地域、文化、学校和师生等因素的不同，语文综合性学习资源表现出差异性的特点，因此，教师在引导学生开发语文综合性学习资源时，应该因地制宜，以教材中的内容为基础，根据地方资源特色，充分开发地方的自然生态和文化生态的资源，包括乡土地理、民风民俗、传统文化和生活经验等，进行学习资源的二次开发。

梳理与探究

1. 根据学段学习要求，结合小学语文教材，说说指导综合性学习的方法。

2. 根据自己所在地区，结合小学语文教材，说说如何开发综合性学习课程资源。

7-2 随堂练习

第三节　综合性学习的教学内容和指导过程

一　语文综合性学习的教学内容

综合性学习是小学语文课标中为提升小学生语文综合能力而设置的教学栏目。专题教材内容以统编教材为例做简单介绍。统编教材采用人文主题和语文要素双线并行的结构进行编写，从一年级开始，在课后的练习、语文园地等处陆续渗透，在三、四、五、六年级下册则以一个学习单元的方式集中呈现。

三年级下册第三单元的“中华传统节日”，四年级下册第三单元的“轻叩诗歌大门”，五年级下册第三单元的“遨游汉字王国”，六年级下册第六单元的“难忘小学生活”。每一组综合性学习，都指向语文能力的培养，层级递进、螺旋式上升。从综合性学习的教学要求来看，第二学段到第三学段，随着年级提升，学习能力目标要求也不断提升，如中学段是搜集资料，初步学习整理资料的方法，到了高学段则提升到学习整理资料的方法，学写简单的研究性报告和策划书。

教材编排体例从小综合到大综合。“中华传统节日”和“轻叩诗歌大门”，这两个专题没有单独编排综合性学习单元，而是与单元学习内容有机结合在一起，属于单元教材的一部分，附有活动建议，是小综合。“遨游汉字王国”和“难忘小学生活”，则是单独安排，属于独立的教材单元，附有活动建议和阅读材料，是大综合。下面我们从综合性学习专题“遨游汉字王国”来详细阐述。《义务教育语文课程标准（2022版）》在第三学段“梳理与探究”中明确提出，分类整理学过的字词，发现所学汉字形、音、义和书写的特点，因此这一个专题很好地体现了课程标准对学习运用汉字探究活动的要求。

综合性学习的教学内容

“遨游汉字王国”有两个版块：一个是汉字真有趣；一个是我爱你，汉字，都有活动建议和阅读材料。活动建议是综合性学习的主体，用任务驱动的形式，提出综合性的活动要求，并贯穿活动的始终。第一部分汉字真有趣这个部分的活动是围绕搜集来进行的，其中包括两个步骤：首先是搜集资料，包括查找图书、网络搜索、请教别人等；然后是从汉字的形、音、义等多个角度交流、展示，揭示汉字的特点，展现汉字的魅力，让学生从搜集资料中感受汉字的有趣。第二部分则要求更高，涉及汉字字体的演变、汉字的起源、书法欣赏以及相关法规，并要求根据材料写一篇学术化的研究型报告。汉字字体的演变以五种最具代表性的字体为例，展现汉字字形的演变过程，让学生直观感受汉字的特点和功能，培养热爱祖国文字的情感。甲骨文的发现引导学生学习汉字的历史文化，感受汉字丰富的文化内涵和艺术美感，激发文化自信和民族自豪感。书法欣赏呈现了书法艺术的精品，有利于培养学生高雅的情操。宣传国家通用语言文字法，有利于学生了解说好普通话的必要性。最后利用第一部分和第二部分的知识点的综合，完成一篇或实用型或文献型或理论型的研究报告，虽然难度大，但是可以有效地考查学生的思维能力、动手能力、协调能力等多种能力，促使综合性学习的目标落实到位。

用好教材，把握语文综合能力的发展主线，需要注意三点：一是要注意细化内容，贴合学情，如年龄、兴趣、爱好等，整合已学知识，创设新的内容，与学生学习进展同步。二是要注意精选内容，联系生活，过程操作简单，方便易行，与学生实际生活同步。三是要注意优化内容，升华主题，抓住契机，引领方向，与学生情感发展同步。

二 综合性学习的一般教学指导过程

小学语文综合性学习的教学指导过程一般分为四个阶段：活动准备阶段，进入问题情境阶段，问题求解阶段，总结归纳阶段。

综合性学习的一般指导过程

（一）活动准备阶段：选择主题

综合性学习的准备要在教师的指导下，由学生自主地选择、提出和确定综合性学习的活动主题。学生选择和提出综合性学习活动主题的过程，就是发展学生问题意识、提高分析问题能力的过程。教师要对学生提出的活动主题给予热情鼓励，充分肯定，并积极引导学生展开讨论并使其完善，千万不可轻率否定。主题的确立应该基于学生的“内需”，源于学生的兴趣。这种“内需”可能是自发的，更多情况下需要教师抓住契机诱导引发。综合性学习活动的主题选择和确定的途径有以下几种：

1. 从语文学习中发现、提取主题

小学语文综合性学习除专题之外，还可以从课堂中、教学内容中、学习生活中、自然文化资源中生发开去，引申出值得深入研究的问题。

（1）在课堂教学中有效生成。在大量的课堂教学中，结合具体课文，或者着眼内容的拓展，或者选择有效的学习方式，都可以促使综合性学习的介入。比如，课文《草原》描绘了草原的秀丽风光，字里行间潜藏着动人的画卷。课堂上，师生合作，在咀嚼课文语言的过程中完成了“水墨画”的画作。作画的过程其实就是感悟语言的过程。抽象的文字幻化成可感的画面，再配上富有豪迈空旷风格的民乐尽兴诵读，有助于学生体验到语言的神韵。通过这样的综合性学习方式，学生得以多角度、多侧面地感受，获得的是整体、立体的体验。这样的组织大大挖掘了教材内隐的发展因素，学生的探究意识、语言能力、审美情趣、合作精神等都得到了有效培养。

（2）对教学内容二度开发。比如关于秋天的综合性学习，有位教师实践时确定了寻找秋天、小拾秋天、组合秋天三个实践主题。第一，寻找秋天。带领学生“寻找秋天”，交流见闻。要求每个学生画一张秋天的画，展示在班级的“小画廊”里。学生通过看、说、画等不太复杂的探究活动，体验秋天的美。第二，小拾秋天。秋天，满地落叶飞舞，教师小声说：“听！落叶在说话呢！‘我真可怜呀，没人喜欢我，孤零零一个人，不知道可以上哪去……’”于是，学生们交流起了落叶的作用，可以做小动物过冬的被子；可以给奶奶生火做饭；可以做大地妈妈的养料；可以收集落叶创作“树叶画”……接着，开展“给落叶找个家”的活动。有的小组收集落叶创作树叶画，有的小组把拾来的落叶埋进花坛，有的小组编起了关于落叶的故事。第三，组合秋天。学生每人收集 10 种以上的树叶，按颜色、形状、药用价值等进行归类和标明名称，并创作一幅树叶画。课上，每位同学都拿出自己的作品，介绍树叶的名称、来历，并把自己认为最漂亮的树叶赠给好朋友。这一过程中，学生既丰富了知识，又发展了语言。如认识表示树叶名称的字词“杨树、柳树、银杏树、枣树”等；表示颜色的“黄、绿、红、青、墨绿”等；表示形状的“圆形、线形、椭圆”等。

2. 从学生生活实践中发掘主题

生活是语文学习的源头活水，生活有多丰富，语文学习的内容和样式就有多丰富。但是，生活赐给语文学习的资源是零碎的、偶然的、流动的，而生活中的问题大多又是综合性的，学生在生活中常常遇到需要综合运用语文知识和能力解决的问题，同时在遭遇问题、解决问题的过程进行语文学习。所以，让学生在生活中发掘综合性学习课程资源，既是培养学生在生活中发现问题的意识和解决问题的能力，又为开展语文综合性学习找到了广阔天地。

3. 从学校、家乡的自然和文化资源中提炼主题

语文教学是母语学习，学生时刻沉浸在母语的海洋中，在频繁的语文实践中增长核心素养，这就是语文“习得”的过程。校园文化、家乡自然风光、名胜景观、民俗风情、传统文化等都可成为语文学习资源，可以从中提炼出综合性学习主题。充分注重社会、生活资源的合理引进，引导学生拓展视角，走入社会，走进生活，将会极大地拓展语文学习的空间。比如足球世界杯成为热门话题时，教师就可以引导学生以此为主题开展专题性活

动：收集资料——历届世界杯要闻、球星小档案；分析球况——综合各种信息，对本届赛事进行预测；评论战事——收看赛事，自选角度发表评论；分析球迷心态——通过采访，了解球迷的各种心态，进行分析。还可编辑“世界杯”快报、“赛事综述”，等等。这样就将纯粹的观看球赛演绎成了一次连续性的语文综合性学习。活动中，学生需要阅读、采访、聆听、观察、记录，在搜集处理信息的同时，自己的内心也在剧烈地跳动着，体验格外真切，有效培养了学生的核心素养。

4. 从学科之间的联系中寻找主题

语文学科与各个学科都有一定的联系，向来有“文史哲不分家”之说，即便是小学阶段的科学、道德与法治、音乐、美术、数学等学科也与语文有着十分密切的关系，可以从语文学科与这些学科的联系中找到“接点”设计综合性学习主题。当然，综合性学习要着眼于学问之间、知识之间、问题之间、能力之间、情意之间、学科之间的纵横联系，所以，常常要从多维、多层的联系中开发学习资源，发掘综合性学习的主题。例如，一位老师教《赵州桥》时，将语文课本中的“赵州桥”与美术教材中“家乡桥”、歌曲中的“我为祖国造大桥”、科学教材中的“桥”的教学结合起来，确立“畅想桥”这个探究主题，让学生了解赵州桥的历史与结构特点，明白拱桥、拉索桥、高架桥、立交桥、栈桥的力学道理，运用橡皮泥等捏造想象中的大桥。

（二）进入问题情境阶段：研制方案

进入问题情境就是识别问题的症结，即对问题理解，将问题情境与已有的知识基础或认知结构联系起来。在这一阶段，学生在教师的指导下，从多个角度思考分析问题，了解解决问题的途径和线索，建立综合性学习小组，讨论具体研究的思路和措施。为此，教师可提供适当的知识背景，激活学生原有的知识储备，激发学习情绪，诱发探究动机。如“登上月球”综合性学习活动，可以组建“我是宇航员”“颂月诗人”“月亮如歌”“月光如画”等多个各具特色的学习小组，来讨论具体思路和实施方案。

研制综合性学习活动方案的过程是培养学生规划、组织能力的过程，因此，进入问题情境阶段，教师应充分放手让学生自主研制活动方案。学生只有自主研制活动方案，才能真正明确所开展的综合性学习的意义与价值。综合性学习活动方案一般包括：活动的主题，活动的目标和具体内容或任务，活动的对象、情境、时间和地点，活动开展的步骤或过程，人员分工、时间安排、方式方法、评价与反馈及具体要求，活动预期结果及呈现方式，相关条件与保障。

活动方案并非要求面面俱到，各项活动应各有特色，各有侧重，但都应做到目标、任务明确，重点、步骤清楚。在学生研制活动方案的过程中，教师可根据学生活动的实际情况，有针对性、有重点地给予指导，使活动方案详略得当，切实可行。

（三）问题求解阶段：实践探究

这一阶段是综合性学习的关键。学生明确问题、进入问题情境之后，便要进入探索实践求解阶段。实践探究的内容主要包括：为解决问题搜集、筛选、处理信息资料，寻找问题解决的具体方法并实施直至得出检验结果；小组成员之间的合作，各种形式的人际交往、沟通活动等。需要注意的是，教师在这个过程中，要起到引导、参与的辅助作用。要引导学生明白，问题求解的过程是知识增长、能力提高的过程，更是加强体验、发展情感态度与价值观的过程，不要单纯追求问题解决的结果，有的问题也无须得到最终解决，即使有问题尚未得到解决，也并不意味着学习失败。要注重学习的过程和方法，要注重学生的全员参与，要注重把问题的解决转化成新问题的起点。

在引导学生开展探究活动的过程中，必须体现"两性"。一是主体性。学生是探究活动的主体。教师要鼓励学生走出课堂，走出社会，开展调查、访问、记录、参观等实践活动，培养学生参与社会活动的主体性，通过感官、数学计算、科学知识、人际协商解决活动中的冲突。通过实践活动感受生动的现实生活，帮助学生构建新的知识，掌握新的技能探究科学的结论。二是合作性。合作性是指进行主题探究的学生之间、师生之间甚至与社会有关人员之间的相互合作。教师要指导学生学会在合作中与人协调和施展自我，培养学生合作的意识和合作的精神，提高探究活动的效率。

探究活动告一段落之后，教师要趁热打铁，及时引导学生在组内交流与分享探究的结果。交流的目的不是评判探究成果的多少与优劣，而是创造一个真诚倾诉和思维碰撞的机会，通过交流分享他人的活动成果，内容不仅包括物化的研究报告、改革建议、图片资料等，还包括实践活动的过程和内心体验，交流反思探究过程中的得失，如"我学会了什么""我明白了什么""我掌握了什么""我打算如何进一步探究"等。

（四）总结归纳阶段：展示交流

在这一阶段，学生将独立探究或小组合作取得的学习收获进行整理、加工和发表。成果发表的形式应多种多样，可以运用书面呈现形式，也可以运用口头表达形式；可以是有形的成果，也可以是无形的成果；可以是讨论、辩论、演讲、演示、竞赛，也可以办展览、出板报、编刊物、绘画、制作网页，等等。

总结归纳阶段，既是学习成果检验阶段，也是学习成果分享阶段，还是自我反思、相互评价、相互促进阶段，这一阶段非常重要，不可或缺。可以说，它不是学习的结束，而是新的学习的开始。

梳理与探究

1. 根据课程标准要求，结合小学语文综合性学习专题，说说指导过程。
2. 结合小学语文教材，思考如何挖掘综合性学习主题。

7-3 随堂练习

第四节　综合性学习评价和实施策略

一　综合性学习的评价

评价是课程实施中非常重要的环节，通过评价活动，教师和学生可以获取反馈信息，以便及时地调整和改进教学，并完善教与学的目的。教学评价的有效性将直接关系到教师的教与学生的学。

（一）综合性学习评价的原则

1. 评价的目的应人性化

评价不单是作为测试学习的一种工具，而是促进和加强学习的工具，评价不是目的而是手段，是为了促进学生更好地发展。每个学生都有一种或几种优势智能，只要为他们提供合适的教育训练，每个学生都可能成为某方面的人才，都可能获得某方面的专长。“以人为本”是教师在进行综合性学习的评价时首先要明确的理念，教师要以学生终身的、全面的发展为根本，引导学生充分地展示其优势智能，并将其优势智能领域的特点迁移到弱势智能领域中去，从而促使其弱势智能可能的发展，使全体学生在全面发展的基础上充分实现个性发展。

2. 评价的主体应多元化

评价是全方位的，评价的主体可以是教师或教师群体，也可以是学生或学习小组，也可以让家长或社区有关部门或人员参与评价。学生是参与者，家长或社区是合作者，教师是评价专家，三者是评价的伙伴。

3. 评价的过程性和及时性

综合性学习活动是学生进行语文实践的一种学习活动，它关注的是学生的参与、实践的过程，关注的是学生活动中的体验。这一特征决定了综合性学习要采用过程性评价，教师可不定期地采用询问和观察的方式进行非正式的评价，既可以随时掌握学生的情况，又可以帮助学生解决学习中遇到的问题，对于学生的学习起到有力的促进作用。当然，评价一定要及时，如果活动过后很多天再去评价，这种评价对于学生来说是没有很大价值的。

4. 评价的尺度松弛有度

教师对于学生的要求不能太过严格，不能要求学生在每次活动中都获得全方位、多角度能力的提高，学生只要在某一方面或某一点上有进步，教师就应该及时鼓励，并对此给予建设性意见，激发学生的积极性。但是教师不能只说“真好”“你真棒”之类的词语，对于学生的表现，要明确指出好在什么地方，不足在什么地方。只有这样才能让学生明白自己的长处在哪里，自己在什么地方还有不足，应该怎样改正。

（二）综合性学习评价的内容

1. 评价教师的着力点

激发兴趣：能否激发学生开展综合性学习的热情。

全体参与：是否所有学生都参与到综合性学习中来。

关注全体：是否关注每一个学生。

帮助弱生：能否及时给有困难的学生以帮助。

角色正确：是否摆正作为学习促进者的位置。

评价及时：给予学生的评价是否及时恰当。

分享收获：能否与学生一起分享学生的收获。

2. 评价学生的着力点

学习价值：看项目确立和内容设计是否具有学习价值和可探索性。

学习资源：看其资源利用是否具有最优性，即学生是否能选出最优的资源。

学习方法：看学习方法是否具有科学性，即看学生思考问题的方式、策略是否科学，如学生研究瀑布诗，把《望庐山瀑布》和现代诗的《瀑布》对比分析，教师就应充分肯定。

学习实践：看学生学习实践是否具有全员参与性和全程体验性，即看是否人人参与到语文学习中，个个都经历了实践、领悟、探索和创新的全过程。

学习结果：看学习结果是否具有深刻性和广阔性，即学生所提见解是否有一定的深度，看问题是否全面，是否有独到之处，所形成的学习成果怎样；学生提出的见解是否符合人类基本道德和规范，如果所说内容有违人类基本道德，思想不健康，应予以正确引导。

学习效率：看学习效率是否高，可从综合性学习的时间、所花的精力去分析。

（三）综合性学习评价的方法

语文综合性学习主张多元主体、多种方式的评价，主张通过多种渠道、采取多种形式，在多种不同的实际生活和学习情境下进行，切实关注学生综合运用多学科知识思考问题、解决问题的态度和能力。评价以鼓励为主，既充分肯定学生的发现和创造，又引导学生自我反思提升，不断提高跨学科学习的质量。

1. 学习档案袋评价

建立学生的个人学习档案袋，是一种高度个性化的评价方法，为个性化学习和智能的发展，创造了一个可操作的手段。语文教学提倡采用成长记录的方式，收集能够反映学生学习过程和结果的资料，如关于学生平时表现和兴趣潜能的记录、学生自我反思和小结、教师和同学的评价、来自家长的信息等。

学习档案袋的内容主要有：① 反映基本过程的内容，如有关主题研究及相关活动的计划修改稿、主题的研究方案或开题报告、各阶段计划、活动记录、研究问卷、反映过程的照片、影像资料、研究大事记等。② 反映基本成果的内容，如对主题解决具有重要价值的参考资料或实验数据、最有收获的案例、某些关键问题解决的思维过程及策略、阶段性总结等。③ 反映最佳成果的内容，如小组或个人研究成果、文学作品、研究论文、结题报告等，小组或个人在研究过程中发现的最佳问题解决方案、最好的实验记录、小组中写得最好的计划或总结材料等。

2. 学生自评与互评

自评是以学生自身作为评价主体而对自我进行评价，是学生自己设定目标，然后根据自己设定的学习目标组织学习活动，将学习的结果与自己的学习目标相比较，进而进行自我评价的一种评价方法。自我评价对于培养学生自我学习的能力，即由学生自我学习而产生自我效力感和自我效能感，从而形成自信和学习的欲望具有重要的意义，它能够由学生的内省而获得自己肯定的意识。在学生进行自我评价过程中，教师应肯定学生的优点、成绩，鼓励学生能有更大的进步。教师的激励性评价对学生提高自我评价能力有很大的帮助。

互评是学生间的相互评价。它重视相互学习和相互提高，是通过学习活动发现同伴的优点，并以此相互认识、相互激励、相互提升的一种评价方法。通过相互评价可以进一步地认识和提高自己。综合性学习的相互评价重视双向评价过程，一方面通过评价同伴的成长来促进自己优点的发展；另一方面，通过同伴改善的方面来发现自己应该改善的方面。

二 综合性学习评价的实施策略

为了充分发挥语文综合性学习在提升核心素养方面的作用，必须构建新的评价策略，这是确保语文综合性学习顺利开展的基础。

1. 在评价目标上，强调促进发展

语文综合性学习的评价，应体现育人为本的思想，改变以往那种简单地给学生排名次等做法，立足于给每个学生提供展示自己的机会，确保所有学生在原有的基础上获得实实在在的发展，获得核心素养的全面提高。

2. 在评价过程上，强调关注过程

语文综合性学习是通过一个个主题活动来开展的，评价应侧重于学生在学习过程中形成的核心素养，着力点应放在过程上。既要看项目的确立是否有价值、内容设计是否具有可探性、方法是否行之有效，又要看实践活动是否做到全员参与和全程体验，还要看学生在活动中的合作态度和合作能力，以及在活动中主动发现问题和解决问题的能力。

3. 在评价主体上，主张多元化和互动性

语文课程评价观念主张评价主体的多元化和互动性，一是要实现学生自评、学生互评、师生互评的多元化评价；二是要增强评价的民主性，强调评价主体之间的双向选择、沟通和协商，使评价对象最大限度地接受评价结果。

4. 在评价标准上，强化自我参照

进行语文综合性学习的评价，要最大限度地软化“班级成员参照”，强化“自我参照”。“自我参照”就是“个体标准”，它是以每一个体的现实基础和条件为依据所确立的适合个体发展需要的内差性评价标准，这种评价因人而异，具有个体性、灵活性的特点。

它能促使学生在对自己过去、现在和未来的认识中，增加自信，发挥潜能。

5. 在评价方式上，注重多维评定

在进行语文综合性学习的评价时，要由单一的“量化评定”转化为多样化的“综合评定”，做到定量评价与定性评价、形成性评价与总结性评价相结合，通过多维的综合评定，全面而客观地反映学生语文综合性学习的效果。通过综合评定，既让学生分享成果的喜悦，又让他们找到自己下一步努力的方向。

三 综合性学习评价应注意以下几个问题

1. 以正面评价和激励评价为主

开展综合性学习不是用来衡量学生的优劣，分出等级，而是为学生发展个性、展示潜能提供机会和舞台，所以，综合性学习评价主要是发现和挖掘学生的“闪光点”，并给予支持和激励。小学生容易受教师评价的影响，通过正面评价和激励性评价，既可以帮助学生认识自己的学习潜能，提高自信心，又可以激发学生参与的热情。

2. 关注问题意识和多样化的探究

接受模式的语文教学对学生问题意识的培养比较薄弱，而问题意识恰恰是学习之始、创新之源。开展综合性学习一定要引导学生善于从生活实践中、从书本学习中发现问题。有了问题之后，应鼓励学生进行多样化的探究。如果说问题意识是创新之源，那么多样化的探究便是创新之路。要鼓励学生根据不同的问题，选择适合自己思维特点、知识积累、智力基础的探究方法，学生新颖的思路和创见，即使是不成熟的，也应予以尊重和保护。

3. 重视知识的综合运用

理论知识与实践经验脱节是传统语文教学的一个弊端，综合性学习从某种意义上讲，就是从学科教学层面对二者实现整合进行努力。所以，开展综合性学习要致力于语文知识的综合运用，善于把所学知识运用到解决问题的实践中，这既是良好的学习习惯，又是保证后续学习的不竭动力。在运用知识的过程中，不仅要巩固知识，而且要活化知识、增长知识，作为实践性很强的语文课程，应从小培养学生学以致用、活学活用的意识和能力。

4. 重视过程和体验

要注重评价学生的参与过程，包括参与的积极性、态度、程度以及在活动过程中的责任心；要注重评价学生对主题方案的设计、资料搜集、读书笔记、学习总结、心得体会等；还要注重评价学生的学习体验，体验学习是综合性学习的重要学习方式，也是情感态度、价值观生成发展的重要方式。评价学生的学习体验主要通过学生自我评价实现。

梳理与探究

1. 结合小学语文教材，任选一个综合性活动主题，说说评价的侧重点。
2. 结合语文课程标准，说说如何构建综合性学习评价策略。

7-4 随堂练习

第五节　综合性学习组织实施的指导策略

小学语文综合性学习组织实施应根据学习内容的特点与要求，根据学习资源条件和学生的实际状况选择相应的方式方法。但综合性学习的性质决定了它与日常的语文课堂教学有很大的不同，因而，它在组织实施的指导策略上表现出自己的特点与要求。

一　综合性学习组织实施的指导策略

综合性学习的指导策略

1. 因地制宜，凸显核心素养

语文教学讲求因材施教，但大多是在“整齐划一”的内容和目标的框架下寻求不同的教学方法，而综合性学习不仅尊重、鼓励学生学习方法的多样化、个性化，而且允许学习内容和目标的不同，所以，综合性学习更加关注因材施教，并赋予因材施教更为丰富的内涵。在组织实施综合性学习活动中，要充分发挥学生的自主性、创造性，鼓励学生根据不同的学习需求、不同的兴趣爱好、不同的天赋特长开展活动，苏霍姆林斯基说：“最大限度地发展每个学生的天赋……这不是片面发展，而是全面发展的重要源泉。”比如有的同学善于组织，就让他多策划活动；有的同学喜爱表演，就多给他表现的机会；有的同学喜欢“打破砂锅问到底”，就让他多参与探究性的活动。

综合性学习还打破了课堂教学的时空界限，把语文学习置于宽广的时空背景之中，这就要求综合性学习的开展一定要因地制宜，根据本校、本地和学生家庭实际情况组织实施。在校内外的自然环境、人文环境及社会生活中，有多种多样语文课程资源，应予以充分注意和发掘。农村、边远地区和大中城市相比，学习资源与学习条件差异较大，要注意发挥本地、本校的资源优势，扬长避短，不可盲目攀比趋同。

2. 形式多样，注重思维开放

综合性学习的形式是多样化的，地点不限于课堂，不限于校内，时间不限于 40 分钟，内容不限于书本知识和单项技能。形式的多样化是综合性学习的特点之一，形式越多样，学生学习语文的渠道就越宽广，受到的语文教育就越全面，学习的兴奋点就越多，学习动机也越强。但是，形式的多样化不等于形式化，最重要的是讲求实际效果。要使多样化的学习活动收到实际效果，有一点值得重视，这就是不同形式的学习活动之间要经常展开交流，让同学们共享不同的学习成果。这样做，不仅能取长补短、相互促进，而且能充分发挥学习小组、班集体的教育作用。

3. 小组合作，强化自主体验

小组合作和自主探究是综合性学习的基本学习方式，也是综合性学习组织实施的基本形式。综合性学习的问题一般具有一定的复杂性。围绕学习主题，组建学习小组，开展学习活动，在小组合作中发挥各自的长处，便于完成学习任务。达成活动目标，还能培养合作精神。但是，仅有合作是不够的，还要有自主独立的探究，因为自主独立的探究常常是小组合作、共同解决问题的基础，是小组合作得以深入的保障。没有个人的努力，小组合作要么徒有形式，要么容易养成依赖他人、不负责任的懒汉心理。

当然，有些活动适宜小组合作，有些活动适宜独立探究；有的活动适宜先有小组合作，后有独立探究；有的活动适宜先有独立探究，在有了个人独立探究的基础上再小组合作；既有自主探究中的小组合作，也有小组合作中的自主探究。总之，我们对自主与合作不要片面追求单一的方式，或者视二者为对立，要视需要合理运用。

4. 拓宽方式，加强活动实践

综合性学习提倡书本学习和实际活动的结合，强调在语文实践活动中培养学生的语文实践能力，引导学生在生活实践和社会实践中学语文、用语文。语文课程标准在目标中提到的留心周围事物，观察大自然，观察社会，热心参加校园、社区活动，策划校园活动和社区活动，等等，都体现了注重实践的精神。实践的过程中，应当注意活动的可操作性和时间的充足性。

5. 内容丰富，突出知识整合

综合性学习的内容具有包容性，主要体现在三个方面内容的整合，学习目标上体现三维目标，学习内容上综合识字与写字、阅读与鉴赏、表达与交流、梳理与探究四大版块有机结合，学习方式上注重多样灵活。不仅体现为语文知识的综合运用、听说读写能力的整体发展，而且提倡多学科联系、跨领域学习、书本学习与实践活动的紧密结合。这既有利于培养学生的创新精神，提高学生的语文实践能力，又有利于在实践中培养学生的观察感受能力、综合表达能力、人际交往能力、搜集信息能力、组织策划能力、互助合作和团队精神，为促进学生核心素养的全面提高提供了有力保障。

那么，如何让学生在综合性学习中获得多样化的学习方式呢？多样化的学习方式可以总结为以下三种，提问-解决式、观察-归纳式、活动-探究式。

一是提问-解决式，主要是指导学生发现问题、提出问题、解决问题，教师除了采用创设情境法、直观演示法、合作探究法等教学方法，指导学生发现、提出、解决问题，进而注意指导学生开展文献研究、实地调研，进而提高学生总结问题、归纳问题、分析问题、解决问题的能力。

二是观察-归纳式，主要是指导学生观察自然、观察社会，自主思考，归纳所得。针对观察-归纳式语文综合性学习，教师除了要加强观察方法的指导外，还要指导学生把眼见、耳闻、记录和思考结合起来，并辅以示范法、演示法、合作探究法等多种教学方法，鼓励学生细心观察、学会归纳。如观察发黄/绿豆芽的过程，每天仔细观察黄/绿豆芽的变化，并将变化记录到表格中，最后在观察的过程中归纳所得。

三是活动-探究式，主要是指导学生确定需要探究的问题，大胆提出假设，制订计划，并调控过程，自主、合作、探究出合理的结果。教师要把重点放在指导学生开展探究性活动方面，同时教师要以平等的身份参与综合性学习，并辅以竞赛评比法、集体讨论法、合作探究法等多种教学方法。要尊重和保护学生学习的自主性和积极性，鼓励学生运用多种方法，从不同的角度进行探究，切实提高学生的语文综合运用能力和探究性学习的能力。

二　语文综合性学习组织实施应注意的几个问题

1. 要努力追求个性发展与和谐发展的统一

综合性学习尊重学生的学习选择，尊重学生的兴趣爱好，倡导发展学生的个性特长。一般来说，学生对感兴趣、能发挥特长的学习主题乐意组织实施；反之，对那些不感兴趣、让自己的短处“露馅”的学习主题会避而远之。长此以往，会造成“强项愈强，弱项愈弱”和“强者愈强，弱者愈弱”，这样的个性发展是片面的。

小学生的可塑性很大，他们的潜能有待发掘，兴趣有待培养，有些必要的学习活动不能因为学生不感兴趣、有畏难情绪而任其自然，草率应付。对于那些必须开展的学习活动，关键是要创设情境，激发兴趣，同时在活动中培养、增强兴趣。在综合性学习中，不能因发展学生的个性特长而导致片面发展，应该以个性特长带动全面发展，实现个性发展与和谐发展的统一。

2. 要特别关注学生中的“弱势群体”，让他们在活动中得到尊重，拥有自信

在综合性学习中，学生中的“弱势群体”大体有两类。

一是动口、动手能力与策划、组织能力都较弱的学生。这一部分学生往往兴趣单一，不爱参加集体活动，即便勉强参加，在合作小组也缩手缩脚，找不到自己的位置，主动参与意识较弱。对这部分学生要给予特别关注，从交给一份他能胜的任务开始，逐步放手，对他的努力要及时给予充分肯定。

二是家庭环境和条件极差的学生。这一部分学生不愿打破原有的封闭、宁静的学习生活，不愿开展综合性学习活动，因为原有的学习模式只需纸和笔便能解决学习上的问题，家庭的其他情况都可以隐藏在背后，而综合性学习涉及课外学习资源的开发，涉及用多样化的方式呈现学习成果，涉及家庭经济文化背景。也就是说，语文综合性学习向各个层面拓展、延伸，也就相应地要求学习者全方位地向学习开放，这样一来，那些家庭环境及经济文化背景较差的同学就有可能躲避触及这些问题的学习活动，甚至有意离群，形成自卑心理。教师在组织实施综合性学习的过程中，一定要善待这类学生，要给予特殊的关爱、真诚的理解和热情的鼓励。

3. 要引导学生全员参与，善于发现每个学生的创造潜能和闪光点

综合性学习区别于文学社团、课外兴趣小组，后者是自由组合，完全自愿，并非全员参加，而综合性学习活动必须全员参与，准许学生有所选择，不准学生无所选择。就某一

活动而言，也要求学习小组中的成员全员参与，因为对于综合性学习来说，有时学习成果是次要的，并非必要的，而学生的“全员参与”是每次活动必不可少的，有时能让学生参与全过程便是活动的主要目的。

综合性学习与课堂教学不同，它面对的是问题情境，需要学生用多元智力、智慧和能力技能来应对，这是对学生智力、能力的新挑战，也是对学生智力、能力的新发掘。因此，教师在组织实施综合性学习中，一定要摆脱以考试成绩衡量学生智能优劣的观念，用更全面的多元智能观考查学生。每位学生都有他优异的天赋和待发展的潜能，关键是能否给他提供发展、施展的情境和机会。教师在这种新的学习模式和情境中，要善于发现每位学生的创造潜能，特别要善于发现那些平时不活跃或调皮捣蛋的学生的闪光点，这是引导学生全员参与的重要保证。

4. 尽可能地与其他学科教师保持经常性的联系，与社区学习资源较为丰富的文化场馆建立友好关系

综合性学习除了追求语文学科内部的听说读写的结合外，还应追求语文学科与其他学科的联系，强调与社会生活实践的衔接。可是，以跨学科学习和社会生活实践为主题的综合性学习又并非语文教师能单独胜任的，这就要求语文教师能与其他学科老师通力合作，协同作战，要与社区语文学习资源丰富的文化场馆建立友好关系，赢得社区有关方面的支持，这是指导好语文综合性学习的重要的外在条件。

教学案例

案例展示

找春天

一、课程经历

【说明】

“找春天”活动，可以帮助学生获得综合性知识和能力，避免教学形式的单一，从多方面激发和培养学生的学习兴趣。它扩大学生与教师、学生与学生的交往面，增加交往面，增加交往频率。在“找春天”的活动中，学生到校园、野外找春天，搜集写春天的诗，编与春天有关的童话故事，亲手养小蝌蚪或蚕宝宝，写观察报告，在真实的富有生活情趣的实践中，带着一份内在需求学习交际，学习语文，运用语文。

【目标】

（1）通过一系列活动，让学生体会到春天是美好的，是生机勃勃的。培养观察能力，想象能力及合作能力。

（2）搜集写春天的诗、词语、与春天有关的故事，学习积累语言；尝试编与春天有关的童话故事，学习写简单的观察报告，与同学交流，运用语言。

【时间】

可持续一个月或时间更长些。

【过程】

活动一

1. 引导学生自主探究，寻找春天

（1）导入活动。

师：美丽的春天已悄悄地来到我们的身边，它正等着我们小朋友去寻找呢！你们说，到哪儿去找春天呢？

（引导学生讨论，自主选择，决定参观路线和计划，自由结合分组。）

（2）寻找春天。

地点：野外

今天老师和小朋友先到野外寻找春天，小朋友要仔细观察。可以用眼睛看，可以用鼻子闻，可以用耳朵听，也可以用手摸。小朋友一路上要团结合作，注意安全。

（师生愉快地融进春天的大自然中，学生会有许多发现，教师留意观察每个学生的活动，并适当引导。）

地点：校园

师：我们再去校园找春天，小朋友用自己的方式自己观察，仔细寻找。

（教师仔细留意学生的活动，适当引导，让学生感受春天的美丽，寻找春天的特征。）

2. 组织学生自主活动，感受春天

地点：教室

（1）观察录像，让学生进一步感受生机勃勃的美丽春天。

（录像供学生欣赏，启发想象，激发学生对春天的热爱之情，让学生用身心来感受春天。）

（2）让学生自由主动说一说、演一演，加深对春天的认识。

引导学生交流，说说自己找到的春天是什么样的。再演一演小草发芽、花儿开放时的样子。

（这一活动能激发学生对春天的情感，加深对春天的认识。）

（3）让学生搜集、朗读有关春天的儿歌、诗或词语，并进行交流。

活动二

1. 激发兴趣

师：小朋友，春天是美丽的，是生机勃勃的，春风一吹，小草发芽了，小动物结束了冬眠，还有的小动物就在春天孵化、生长。（出示小蝌蚪、小蚕宝宝），看，多可爱呀，你们养过小蝌蚪、蚕宝宝吗？养过的可以说一说。（激发学生养小动物的兴趣。）

2. 自己选养一种小动物，仔细观察，做记录

（1）让我们亲手来养一种小动物，看看它们是怎样长大的。看谁最会照顾小动物，谁最能观察、发现小动物的成长，记录它们成长中的变化。

（2）出示观察报告（表格），写上饲养小动物的日期，它们的样子，自己做了什么。别忘了及时记录，还可通过拍照、录像等方式记录它们的变化。

日期	我的工作	它的变化	我的想法
我想告诉大家			

(3) 交流养小动物的体会与发现（把自己养的小动物带来，先小组后大组交流）。

活动三

1. 启发谈话，老师讲故事

题目：《去年的树》

2. 说搜集的故事

这个故事与春天有关，你们有没有这样的故事？把你搜集来的故事说一说。

3. 编故事

在找春天的活动中，我们到校园、到野外去寻找春天，又亲手养了小动物，你们能不能编个与春天有关的小故事呢？比如蚕宝宝与桑叶的故事，蚕妈妈与蚕宝宝的故事等。

先想一想，再与同桌说说。

总结：

(1) 小朋友，在找春天的活动中，你有哪些长进？你做了什么让自己自豪的事？你准备把什么材料放进成长手册，记录自己的进步呢？

(2) 与同学交流。

二、案例评析

以寻找春天为主题的语文综合性学习设计，与小学一年级学生的生活实际有着紧密的联系。一年级学生刚刚开始懂事，对周围的世界和身边的各种事物充满着好奇，在这种时候引导学生去寻找春天，到大自然中去观察春天，去发现春天的美丽，自己亲手去饲养一种小动物，观察小动物在成长中的变化，可以满足学生的好奇心和强烈的求知欲望，极大地丰富学生的知识和生活经验。整个活动设计中，自始至终体现出让学生参与语文实践、在实践中学习语文的思想。活动一让学生仔细观察寻找春天，然后组织学生主动说一说、演一演春天，让学生朗读搜集的有关春天的儿歌、诗或词语，交流自己对春天的认识。活动二要求自己选养一种小动物，仔细观察它在成长中的变化，做好记录。养小动物不是语文实践，但是要求学生做好饲养记录，写出观察报告，这绝对是引导学生在实践中运用语文的极佳方式。活动三要求学生搜集与春天有关的故事，并讲一讲，还要求学生编与春天有关的故事。可见，“找春天”只是学习活动的主题，是一种载体，学生在整个活动中得到的是大量的语文实践的机会，并且在实践中学习语文，提高语文的实践能力。

梳理与探究

1. 说说语文综合性学习的意义。
2. 设计一次综合性学习活动，活动要符合综合性学习的设计原则。

7-5 随堂练习

第八章

小学语文教学技能

职业素养目标

1. 理解不同类型教学技能的内涵和设计的方法。

2. 了解并掌握基本的教学技能，提升教学水平。

3. 理解并运用高级技能，提高教学能力。

教学技能是指在教学过程中，教师顺利完成某种教学任务的一系列行为方式，是教师在教学活动中运用教与学的有关知识和经验，为促进学生的学习，实现目标而采取的教学行为方式。教学技能渗透于教学过程的各个步骤和阶段，是教学这一特殊的过程对教师在课堂内进行有效活动的一种最基本的要求和规范，所以教学技能成了师范生甚至每一个从事教师职业的人所必需的基本职业技能。教学技能分为基本技能与高级技能，下面分别做介绍。

第一节　基本技能

一　导入技能

俗话说，良好的开端是成功的一半。在语文课堂教学中，作为课堂的起始环节，潜心设计课前导入语，不仅具有“先声夺人”之效，而且能够创造美的意境，唤起学生的无限情趣，激起学生强烈的乐知、乐学的欲望。因此，若语文教师善于设计导入语，就为成功的课堂奠定了基础。

（一）导入语的概念

导入语是教师在一节课或某一教学内容开始前以引导学生快速进入学习状态精心设计的一段简练、概括的教学语言。它具有很强的前后衔接性和过渡性，可激发学生的学习兴趣、调节教学气氛、衔接新旧知识，为一节课的顺利展开打下良好的基础。精彩的导入语可在极短的时间内稳定学生情绪，吸引学生的注意力，使学生迅速了解本节课要讲些什么、要达到什么目的，为本节课起到思维定向、内容定旨、感情定调的作用。漂亮的导入语无疑会为课堂教学的顺利进行奠定良好的基础。

（二）导入语的类型

导入语的类型有游戏导入、儿歌导入、联系旧知导入、设置悬念导入、解题导入、创设情境导入、实物演示导入、猜谜语导入、开门见山导入、描摹景物导入、板书简笔画导入、故事导入等。

（三）导入语的设计原则

1. 新颖性、灵活性

导入语具有新颖性，不但能吸引学生、激起学生的学习兴趣，而且会使学生在这个基础上产生更强烈的求知欲，同时还要有灵活性。再好的导入形式，如果总是一成不变地采用，教育效果必然会越来越差。根据教材的特点和学生现有的学习水平及他们的心理特点，选用不同的导入方法，能使学生具有新奇感，让他们总保持乐学的态度。

2. 自然、妥帖

设计导入语，既不能为“导入”而导入，又不能扯得太远，说得太多，以免“喧宾夺主”，给人以画蛇添足之嫌。

3. 概括性、准确性

导入语只是课堂教学的开场白，并不能代表所要讲授的课文内容。导入语设计不能模棱两可、含糊其词，语言和形式都应恰当、准确。导入语的设计还应从教学内容实际出发，尽可能把导入语设计得短小精悍。在设计导入语时还要把握好导入语所用的时间的“度”，尽量把导入语所用的时间控制在两三分钟之内。

4. 注重情感的感染

若要学生动心，教师先要动情。设计导入语，还要注重以情感人，用情意盎然的导入语导入新课，这不仅能感染学生，还能激发学习动机。教师可以利用引人入胜的幻灯片、录音、录像、计算机多媒体等现代信息手段，再配以教师声情并茂的语言，既可以起到画龙点睛的作用，也可渲染气氛，使学生为之所动，为之所想，产生共鸣，未入其文，先动其心，即“披情入文”，激励学生进入新的教学情境。这种方式一般适用于抒情性文章的教学。比如在导入新课《槐乡五月》时，可以用以下导入语：

【轻松深情的语调】同学们，五月是鲜花盛开的季节，你看，那雍容华贵的牡丹，红红火火的杜鹃，清香怡人的郁金香……吸引了许许多多人。而在美丽的槐乡，也有一种迷人的花，那就是——槐花，让我们一起走进槐乡，去看一看、闻一闻、吃一吃，体会那美妙的滋味和无穷的乐趣吧。

教师在导入新课时，要有饱满的激情，用深情的语言，把自己的情感与文章的情感融合在一起，来打动学生的心，激发学生的情，使文章与学生的“心”，教师与学生的“心”，产生共鸣，形成一个情感交融的教学氛围。可以说，语文课堂上，没有情感就像池塘里没有水。

（四）各学段导入语设计

课前的导入语设计内容要充实，要紧扣课文，还要有益于提高学生学习的热情，使他们能高效地接受知识，从而提高他们各方面的素质。

导入语要根据学生的年龄特征、心理特点、认知水平的角度进行综合考虑。也就是说，不同的年级，不同的课文内容，应选择不同的导入语。

1. 低学段导入语设计

针对低学段的学生应侧重于激发情趣导入。低学段学生天真活泼，有思维活跃、好动、有意注意时间短等特点，激发学生兴趣导入新课非常必要，可采用猜谜语导入、故事导入、儿歌导入等。

1）猜谜语导入

在授课前，教师提出一则与课题或课文内容相关的谜语，让学生猜一猜，引发其兴趣。用猜谜语的方式揭题，既能使学生喜闻乐见，又能让他们的注意力高度集中，还可以使学生愉悦地进入课文的学习中来，从而收到良好的教学效果。比如，教学《小蝌蚪找妈妈》一课时，可先出谜语“坐也坐，卧也坐，立也坐，行也坐。——打一动物”，然后揭示课题。

2）故事导入

课前运用故事能吸引低学段学生的注意力，激起他们的兴趣，从而取得良好的效果。比如，教学《狐狸和乌鸦》时，上课前先用儿童语言生动地讲这个故事：

> 从前，森林里的一棵大树上，住着乌鸦妈妈和它的三个孩子。一天，三个孩子饿得哇哇直叫，乌鸦妈妈只好飞出去给它们找食物，好不容易才找到一片肉，它高兴地叼着肉飞了回来，站在大树上休息。这时，住在大树下洞里的狐狸也出来找东西吃，它伸伸懒腰，抬头看见乌鸦妈妈嘴里的肉，馋得直流口水，于是它想出许多办法，终于把乌鸦妈妈嘴里的肉骗来吃了。小朋友们，你们想知道狡猾的狐狸用的是什么办法吗？现在就请大家和老师一起去看看。

由此导入新课。这样设计导入语，在最后为学生设置了一个疑问，再加上教师生动的语言，学生的注意力集中了，学习兴趣也浓厚了。

3）儿歌导入

儿歌生动有趣，形象鲜明，朗朗上口，容易记忆，深受低学段学生的喜爱。借助儿歌特点，结合课文内容，教师可搜集或编写儿歌进行导入。比如，学习《小小的船》一课时可用儿歌导入：“月亮圆圆，像只小盘。月亮弯弯，像只小船。坐上小船，天上玩玩。”接着教师导入新课：“今天呀，我们要学习一篇课文，它的名字就叫‘小小的船’，让我们一起去看看它都写了些什么吧。”

2. 中高学段导入语设计

1）联系生活实际导入

联系生活实际导入就是联系实际提出问题，让学生带着问题，是常用的一种导入新课的方法。如《麻雀》《猫》等，可启发学生联系生活实际说说养鸟、养动物的情况，然后启发学生注意课文中作者是如何描写的。

2）设置悬念导入

“好奇之心，人皆有之”，尤其是中高学段的学生。教师如果能有效地利用这一点，能起到事半功倍的效果。这种方法运用到教学上，通过设置疑难、引起悬念的方式激发学生的兴趣以导入新课。通过有目的、有方向的设置疑问，留下悬念，刺激学生的求知欲，激发学生探索的心态。这种方法既激发学生的兴趣，又能调动学生的思维，使学生注意力高度集中，丢弃一切私心杂念，全身心投入教学中去。

3）解题导入

例如《伯牙绝弦》一课，“伯牙即俞伯牙，春秋战国时人。他精通音律，琴艺高超。绝弦，就是拨断琴弦。伯牙绝弦就是伯牙把自己的琴摔碎，表示不再弹琴了。伯牙为什么要这样做呢？”教师由此导入新课。

4）介绍作者生平导入

语文课本中的选文多为古今中外名家手笔。教师通过向学生介绍新课作者的生平及其有关情况，让学生缩短与课文的距离，易于同作者的思想感情产生共鸣。比如，教《长征》一课，可以这样导入：“同学们听过许多红军长征的故事，这一课我们就来学习一首诗《长征》。你们知道这首诗是谁写的吗？是毛主席。当年毛主席亲自率领工农红军进行长征，1935 年 10 月，在红军长征即将结束之际，毛主席回顾长征走过的路程，心潮澎湃，激动地写下这首壮丽的诗篇，而且还亲自向红军战士朗读了这首诗。今天我们就来学习这首诗。”这样导入学生很快就能从诗人的立场来欣赏这首豪迈的诗篇。

5）介绍时代背景导入

凡是时代背景与课文内容密切相关的课文，可以考虑用简介背景的方法导入新课，使学生在了解背景的情况下更好地理解作者的思想感情，潜移默化地起到思想教育的作用。如在学习《飞夺泸定桥》时，可从当时的时代背景入手，让学生了解红军飞夺泸定桥的前因后果。这样一来，学生对课题含义就能理解了。

此外，在一二年级的课本中也有这样的课文，如《吃水不忘挖井人》《雷锋叔叔，你在哪里》《小英雄雨来》等，凡是学生不熟悉而对理解文章的内容有帮助的历史背景，都需要让孩子了解时代背景，不限于中高学段教学。

总之，课文的类型多种多样，导入课文的方法也多种多样，关键是教师要把教材分析透彻，根据课文类型、特点和学生的学习情况选择合适的导入方法，在较短的时间内把学生带进角色。导入绝非雕虫小技、不足挂齿，而应该把它看成一门艺术、一门科学。“导入有法，但无定法，贵在得法。”只要我们勤于动脑肯钻研，新颖别致的艺术导入语是不难设计的。

二　讲授技能

讲授技能是指教师运用简明、生动的教学语言，辅以各种教学媒体，通过叙述、描绘、解释、推论等方式将现成的知识、经验及其形成过程直接呈现给学生，并做必要的描绘、举例、阐释、说明、论证等，引导学生了解现象；学生主要通过聆听、观察与思考进行接受式的学习，理解教学内容，形成概念、原理、规律、法则，从而认识问题、分析问题、解决问题，并促进智力与人格全面发展的教学行为方式。

（一）讲授技能的基本特点

在使用讲授技能时，教师是教学的主要活动者，在教学过程中居于主导地位，学生是知识信息的接受者，教学活动以“学生听，教师讲”的方式为主。教师主要以口头语言传授知识，即口头语言是教师传递知识的基本工具，教师以摆事实、讲道理的方式促进学生对教材内容的理解和掌握。讲授是面向全体学生，根据班级学生的一般特点和水平进行的群体教学。

作为一名教师，首先具备的本领就是要会讲，讲述、讲解教学对象及其内容之间的逻辑关系。可以说，讲授技能伴随教师的教学过程所有环节。

（二）运用讲授技能的要求

讲授法既可能是注入式的，又可能是启发式的。在实际教学过程中，教师在运用讲授法时要体现启发性，一般需要做到：

1. 生动形象，富有感染力

教师讲授要感情充沛，语言表达要清晰简洁、生动有趣，富有表现力和感染力，切忌干瘪呆板、没有节奏、没有感情起伏的匀速讲授。

2. 紧扣教学目标和内容，突出重点

讲授的内容可能比教材的内容广泛些、丰富些，但都须紧紧扣住教材基本内容和教学目标要求，都是为了实现教学目标。

（三）运用讲授技能的原则

1. 适宜性

一堂课讲授时间不宜太长，一般不要超过 15 分钟，保证学生有充分的注意力。讲授不能代替学生的读书和练习，讲授过多会挤占学生读书和练习的时间，学生在课堂上活动的时间减少，势必影响学生的全面学习和发展。

2. 启发性

有效地讲授不是注入式讲授，也不是灌输式讲授，而是积极创造地讲授。教师的讲授要做到“不愤不启，不悱不发”。这就要求教师必须长期学习，坚持训练，不断积累。

3. 艺术性

教师要讲究语言艺术，讲得实在，讲得生动，讲得细腻，讲得精美，讲得科学，讲得艺术，深入浅出，妙语连珠，富有激情，富有感染力，有针对性、启发性、适时性。教师的讲授技能从表面上看属于教师的口才问题，实质上反映了教师的学识修养、语言功底、专业知识水平、文化素养等方面的综合素质。

当然，教师如果单纯、空泛地讲授不能有效地唤起学生的注意和兴趣，不利于发展学生的思维和想象能力，不利于学生的发展。虽然讲授法与其他教法相比存在着不足，但不能因此否定它的存在价值。作为一种传统的教学方法，讲授法有着其他教学方法所不具备的优势。

三 提问技能

课堂提问是教学过程中师生之间进行思想交流的重要方式，是沟通教师、教材和学生三者之间的桥梁和媒介。教师通过提问来激发学生的兴趣，启发学生的思维，引导学生积极主动地探求知识，培养学生的表达能力和思维能力。教学的艺术也在于如何恰当提出问题和巧妙地引导学生作答。善教者必善问，善问是一种艺术，只有善问，课堂气氛才会活跃，学生的思维才能激活。一节好的语文课，是教师一连串的好的问题设计。好的问题设计，不是零碎的，也不是一问一答式的，更不是简单重复的提问。问题的精心设计应能点燃学生思维的火花，使学生思维产生激越奔放、一泻千里的态势，并能举一反三，产生“思维灵感”效应。正如钱梦龙先生所说：“问题提得好，好像一颗石子投向平静的水面，能激起学生思维的浪花。”善问，一石激起千层浪；不善问，课堂犹如一潭死水，微波不现。问题的品质决定课堂的品质，能否科学地设计出新颖、巧妙、击中重点、触及难点、激发思考及宽度、深度、角度、难度恰当的问题是教学是否有效的关键，教学的艺术全在于如何恰当地提出问题和巧妙地引导学生作答。

（一）提问的误区

（1）表面热闹，华而不实，一问一答，频繁问答。重数量，轻质量，一节课几十个问题。简单问题不用脑袋回答，只用嘴巴回答即可。这样的提问通常口头化、形式化、低效无效化。

（2）提问只注重结果忽视过程，忽视对规律、方法的提示，学生茫然，沉默应对，教师只好自问自答，包办代替。

（3）提问无目的性，随心所欲，淡化了正常教学。

（4）反馈性提问流于形式，教师诊断效果失真。

（5）提问只求标准答案，排斥求异思维。

（6）提问措辞不清，指向不明，学生难以理解。

（7）提问后没有停顿或先点名后提问，学生没有时间思考。

（8）提问面向少数学生，多数学生成了“局外人”。

（二）提问的原则

（1）启发性原则。启发性教学往往离不开提问，而提问不一定都是启发式的，只有当提问具有思考价值，能启发学生积极思维时，才有启发功能。提问的启发性体现在，提问提到重点处、难点处、关键处、疑惑处、思维转折处、规律的探求处提问。要结合目标、教材、思考练习题、学情提问。

（2）开放性原则。开放性原则是为了让学生的思维多样化，即所提问题为没有明确的、固定的标准答案的问题或有多个正确答案，从而培养学生广泛联想与发散思维的能力。

（3）适度性原则。提问要面向全体，再指名作答，让全体学生都积极思考，同时还应注意上、中、下等学生兼顾。比如难度较大的问题，让优秀学生回答，以发挥他们的聪明才智，并用他们的思维去启迪其他的学生；较容易的问题，让基础差的学生回答，让他们增强学习的信心。总之，要让全体学生都在各自“最近的发展区”得到相应的发展。

（4）双主体性原则。学生为主体，教师为主导，问题为主由，训练为主线，思维为主攻，是新课程下“五为主”的教学原则的体现。教师要启发学生自己提出问题。

（三）提问的过程

在课堂中，完整的提问包括引入、陈述、反馈、评价四个阶段。

引入，即用不同的方式使学生在心理上对提问有准备。有时可讲一讲问题的来源。

陈述，即教师陈述提出的问题，有时还需要提示回答问题的方向。

反馈，当学生不能作答时，教师要考虑问题是否欠妥，变换问题的角度，或给予适当的提示，或先让学生读书后再作答等。

评价，即教师以不同的方法处理学生的答案。这一阶段包括：

（1）更正。教师指出学生的错误及其原因，并给出正确答案。

（2）追问。根据学生的答案，追问其答题思路。

（3）拓深。教师就学生的答案，或补充完善，或引导其提出新的独到见解。

（4）评论。学生或教师对学生的答案给予评析、议论，以深化其认识。

（5）延伸。提出更深层次的问题，引申知识，拓宽视野。

（四）提问的设计

1. 选择恰当的时机，注意提问的针对性

（1）揭题时可采用引发性提问，目的是培养情感，引发想象，使学生对课文产生兴趣。如教学《雷雨》一课，教师可以问："同学们，你们见过雷雨吗?"还可以让学生从审读题目中提问，比如教学《带刺的朋友》，教师可以问："读了这个课题你们想知道什么？带刺的朋友是谁？为什么这个朋友带刺?"

（2）初读课文主要是理清文章思路，整体感知文章内容，这一阶段可采用疏导性的提问，目的在于引导学生把握文章整体结构，了解文章的主要内容。如教学《观潮》一文时就可设问："这篇课文以什么为顺序？依次从哪几个方面进行描写？哪部分是详细描写?"以此问让学生明确文章以时间为顺序，全文可分三大部分：第一部分写潮来前；第二部分写潮来时（详写）；第三部分写潮过后。对此问题的思考能让学生整体感知全文，既能明晰文章的整体结构、写作思路，也能把握课文的主要内容。

同时这个阶段还应理清文中事件的基本情节和主要内容，整体把握文章的主要内容。如一位教师教《麻雀》一文的时候设问"课文写了谁，他们之间发生了什么事情?"在这个问题的引导下，学生在熟读课文的基础上很快梳理出了故事中主要角色之间的各种关系和故事的基本情节——猎狗想吃小麻雀，老麻雀拯救小麻雀，猎人唤回了他的猎狗。可见一个好的问题能达到事半功倍的教学效果。

（3）细读是阅读教学的重要阶段。对文章的深入理解还得落实到具体的字词句上来，因此还要设计一些细节问题。与初读着眼全篇不同，细读主要是针对字、词、句以及标点符号而设计的问题，这个阶段可以采用探究性的提问，目的在于引导学生通过仔细揣摩和深入品读关键片段里面关键的字词句来深入理解文章意蕴、体验文中情感、激发想象、培养语感等。如针对《荷花》一文中"白荷花在这些大圆盘之间冒出来"一句可以设问，"'冒'字可以换成别的字吗？有什么不同？哪个好?"从而让学生在比较中仔细体会"冒"字的精妙。同时，在教学时，还可以通过抓住关键词句，设计问题引导学生去挖掘文字背后的意蕴。如《白杨》一文，有位教师设计问题"他们知道的是什么？不知道的又是什么?"，从而引导学生从课文表面的内容"他们只知道爸爸在新疆工作，妈妈也在新疆工作。他们只知道爸爸这回到奶奶家来，接他们到新疆去念小学，将来再念中学。他们只知道新疆是个很远很远的地方，要坐几天火车，还要坐几天汽车"向隐藏的内容挖掘，深层理解父亲如白杨一样的人格魅力，走进父亲的精神世界。

对文章内容深入、精确的理解有时候只需抓住一个词眼。如《一个小山村的故事》的教学，可以抓住文章的中心句子"什么都有没有了——所有靠斧头得到的一切，包括那些锋利的斧头"中的"一切"这个词眼，设问"'一切'指什么?"

（4）精读是学生知识升华的阶段。提问单纯停留在谁来总结中心思想这类单调的问题上，不但不能提高学生的学习兴趣，而且不能及时得到学生学习课文后的信息反馈。有些课文角色塑造性强，可以让学生在分角色朗读的基础上，设计一些让学生置身于角色中的提问；有些课文可以联系学生的生活实际，通过对比性的提问，进一步理解文章所表达的思想感情。有些课文则可再次引导学生对课文的题目和课文的重点词句反复品味。

如教学《坐井观天》可以先让学生分角色朗读，然后问："青蛙和小鸟之间有几次对话？它们在争论什么？为什么说法不同？"如《掌声》一文的教学设计，在品读"英子犹豫了一会儿，慢吞吞地站了起来"一句时提问："同学们，现在你们就是英子，让我来问问，英子啊英子，你心里在想些什么呢？你为什么低头？你在犹豫什么呢？眼圈怎么红了呢？"学生将自己当成英子，就能更好地感受英子的内心世界。还可以抓住关键字词引发学生的感受。如王崧舟执教《圆明园的毁灭》，敏感地抓住"圆明园的毁灭是祖国文化史上不可估量的损失，也是世界文化史上不可估量的损失！"一句中的两个"不可估量"，在引导学生圈读"不可估量"，理解了"不可估量"的意思和在文中的具体所指之后，发问："面对这两个'不可估量'，你读了后内心有怎么样的感受？"

（5）复习巩固阶段需要设计一些拓展性的问题，引导学生从文章走向自我、走向生活、走向更为广阔的历史与社会。拓展性问题主要是以课文为基点或以课文为引子，引发学生对课文之外的问题的思考，可以是反思自我，可以是关注他人，可以是关注现实社会人生。总之是把语文学习拓展到更广阔的生活中，实现语文课程的育人功能。如教学《与时间赛跑》一文，当学生深读、精读了文章之后，可以提问："谈谈你准备如何珍惜时间？"学习《"精彩极了"和"糟糕透了"》时，可提问："大家在日常生活中感受到父母的爱了吗？自己是怎样理解这种爱的？"这样的问题能使学生切己体察，往往能够实现较为深刻的自我反思，获得精神的成长。同时，语文阅读教学中还应引导学生关注他人命运，学会与人和谐相处。如《掌声》一文，就可以设计这么一个问题："你的身边有这样的'英子'吗？你会怎样和她相处？"这样一个问题实际上就是在引导学生关注自己身边不同的"你"，思考如何与不同的人和谐理性相处。

（6）总结课文时可采用总结性提问、鉴赏性提问。比如《桂林山水》一课，可以提问："请说出本文作者是如何围绕'桂林山水甲天下'这个中心句进行描写的？文章末尾一段和开头一段有什么关系？全文在语言运用上有什么特色？"

2. 确定合适的量和度，注意提问的科学性

我们评判提问的科学性，主要是看它是否适当、适度和适量。适当指的是根据不同的课文类型、不同的教学目的设计不同层次的问题。如写景文章，所提问题可侧重于对文中词句的理解和鉴赏。适度指的是问题的难度要符合学生的实际知识水平。如《麻雀》一课有这样一句话，"一种强大的力量使它飞了下来"，如果提问"这是一种什么力量，为什么说这种力量是强大的？"对小学生来说可能思维强度过大，学生回答有一定的困难。

3. 适当使用逆问、曲问，提高提问的艺术性

提问有顺、逆、曲、直之分。顺问，就是按照正常的逻辑关系或时空顺序设计提问。逆问就是从相反视角切入问点，利用事物之间的矛盾关系解决问题、回答提问。适当采用逆问，便于启发学生从多角度思考问题，培养他们良好的思维品质。曲问就是与常规的直

问相反，不直接就这方面内容提问，而是借助其他内容，绕道迂回来帮助学生逼近特定问题的答案。问在此而意在彼，形式灵活，含蓄生动，是富有思考余地的一种优化问题的表达形式。比如《将相和》一课，对“完璧归赵”这一部分可以提问：“蔺相如是真的要将和氏璧撞在柱子上还是故意要吓唬秦王？为什么？”

四 教学语言技能

语言是人类特有的交流思想、进行思维的工具。正确地使用语言是教师从事教学的起码条件，高超的语言艺术是课堂教学取得成功的重要因素之一。苏联教育家苏霍姆林斯基说过：“教师的语言修养在极大程度上决定着学生在课堂上的脑力劳动的效率……”因此，教师应该特别重视自己的教学语言修养。教师教学离不开语言表达，而且教师语言表达的优劣直接影响着课堂教学质量的高低。作为一名教师，要上好课，不仅要有深邃的思想、渊博的知识和娴熟的教学方法，而且还要讲究教学语言的艺术。但实际课堂教学中教师教学语言的常见问题很多：高音声嘶力竭，震耳欲聋，让人烦躁不安；低音如催眠曲，让人昏昏欲睡；有的油腔滑调，怪声怪气，令人生厌；有的说话太快，像连珠炮似的，使学生接受信息时应接不暇，不易听清楚、听明白；有的说话太慢，听了上句难接下句；口头禅太多，分散学生的注意力；重复啰唆，等等。

教学语言技能是教师进行状态的一种敏锐而强烈的感觉、感受和感知的能力，做出迅速、准确的反应，从而使学生的智力和非智力因素在一种和谐、民主的气氛中得到同步发展，犹如放风筝，收放有据、收放自如，风筝才飞得稳、高、远。我们应该认真锻炼自己的教学语言，教学语言的要求如下：

1. 语音

发音准确规范，吐字清楚，能说比较标准流利的普通话。

2. 音量

日常对话的音量不超过 60 分贝，80 分贝以上为噪声。

3. 语速

播音约 250 字/分，教学语言约 200 字/分。

4. 教学语言的艺术性

（1）具有规范性、准确、清楚、科学严密、精当简练、流畅通达。

（2）具有生动性、形象性、情感性、幽默性。

5. 体态语言

（1）面部：自然、亲切、随和。

（2）目光：始终与学生的目光保持交流，或鼓励，或制止，或表扬，或批评。

（3）姿态：举止得体，端庄大方，不卑不亢，避免多余动作。

（4）手势：自然得体，与内容和谐一致。

（5）外表：整洁素雅，落落大方，与职业特点、年龄相适宜。

五 情绪调控技能

教师走进教室时，是精神振奋、情绪饱满，还是萎靡不振、无精打采？是胸有成竹、自信从容，还是心中无数、不知所措？是面带微笑、和和气气，还是板起面孔、眉头紧皱？这些因素直接影响一节课的组织管理是否成功，影响教师的教学计划是否完成，影响教师的教学质量。情绪不好，对学生处处看不惯，事事求全责备，甚至对平时微不足道的小事勃然大怒，把无名之火迁怒在学生身上。这时最容易引起师生之间的矛盾冲突。

调控、优化课堂情绪要求：① 自信、胸有成竹；② 沉稳、从容不迫；③ 平静、心力专一。总之，凡是不利于教育、教学的情绪都应排除于教室之外，带着好心情、好情绪上课。

六 应变技能

课堂应变技能也称为教育教学机智，是教师在教育教学工作中审时度势、随机应变处理问题的能力。它是教师教育教学艺术的体现，集中表现为教师的热忱、经验、胆识、修养、学识、技巧等。它是一种智慧，需要教师有敏锐的观察力，迅速的反应力，果断的应变力。新教师讲课速度快，事先准备好的一节课内容很快就讲完了，剩下半节课时间不知所措，怎么办？学生调皮、恶作剧怎么办？回答不上学生的问题，怎么办？这些课堂状况都要求教师要有强大的应变技能。

七 情境创设技能

作用：创设情境吸引学生、营造学习氛围，激发学生的求知欲，提供认知背景和停靠点，促进学生理解和思考。

情境创设实践案例

方法：① 借助实物和图像创设情境。实物主要指实物、模型、标本、参观等。图像是一种非常直观的工具，可采用板书、图像、挂图、录像、电影等现代化手段，也包括课文中的插图。教师要充分利用实物、图像等辅助教学。② 借助操作、动作、表演、活动、演示。③ 借助语言。朗读时声情并茂，描述时绘声绘色，比喻时贴切精彩。④ 借助新旧知识和观念的关系和矛盾。⑤ 借助背景知识（与教材内容相关联的知识的总称）。⑥ 借助问题。问题是科学研究的出发点，是开启任何一门科学的钥匙，没有问题就不会有解释问题和解决问题的思想、方法和知识。所以问题是思想方法、知识积累和发展的逻辑力量，是生长新思想、新方法、新知识的种子。

八 倾听技能

倾听是人与人之间有效沟通的必要部分。课堂倾听是生生互动、师生互动的有效课堂交流的必要部分。它既是一项技术，也是一种艺术。教师在课堂教学中的倾听不仅指一般意义上的倾听，它要求教师在与学生交流的过程中，不仅要抱着谦虚的态度认真、耐心地听，还要通过自己的反应，借助描述、提问等形式，帮助学生更好地表达自己的想法，弄清自己的真实感受。教师不仅要学会倾听学生的每一句话语，而且要善于捕捉每一个孩子身上的思维火花，为教育获得更为丰富的资源，构建平等互助的师生关系。

（一）倾听的方式

倾听的方式包括：接纳与平等，专注与耐心，回应与互动，理解与共鸣，鉴赏与学习。

（二）教师倾听技能的养成

1. 主动编码，善于倾听

教师的倾听是一个主动的过程，在这个过程中，教师要对学生发出的信息进行适当地再编码，因为一个具有倾听意识的教师不会满足于只听到学生的言辞，他还善于倾听到言辞背后的情绪、需求，并加以热情地呵护和耐心地指导。学生知识储备不足，表达能力有限，或因为性格等因素，往往出现词不达意的现象，教师的主动编码就是把从学生那里听到的零散的只言片语、模糊的信息进行加工的过程。其目的就是要把学生隐含的、可以意会不可言传的、表达不透的信息进行重新梳理，帮助学生弄清自己的真实感受、表达自己的完整想法，使师生相互理解，交流更有针对性。同时，教师在倾听过程中对学生输出的信息能够进行主动编码，表明教师有积极的倾听态度，对学生的发言足够重视，并且已经深入其中与学生进行了思想的碰撞与交流，这更是一种能让学生感受到被尊重、被关注的表现，是能鼓励他走出“失语”困境的良好方法。

2. 恰当评价，及时反馈

沟通交流必须有反馈，无反馈的交流是无法进行的。教师在倾听学生的同时要给予及时的反馈，其中对学生在输出信息时的动机、信息本身的信度、思考的状态等进行全面的权衡，并给予恰当的评价就是一种重要的反馈。及时、中肯的评价，不仅能够实现知识的准确传递，指导思维方式，实现良好的教学双向交流效果，而且对学生的发展及学习积极性、学习效率都将产生重要的影响。因此，教师在倾听的同时要对学生的言语进行恰当的评价。首先，评价要做到具体明确，适当加入对学生语言的简要复述或概括。这样既表明教师认真倾听的态度，也能加深学生对自己语言内容的理解，最终可以使教师的评价更具针对性，学生对自己的问题也更有把握，接受起来也更加容易。其次，评价语言要灵活多样并尽量体现出对学生的尊重。如果教师只用“好”“很好”“不错”这样的语言进行评价，会使学生觉得老师在搪塞、敷衍他们，产生对自己言说能力的怀疑，逐渐丧失言说欲望，因此教师要丰富自己的评价语言。例如语文阅读教学中经常要通过动作行为来分析人物的情感态度，当学生的分析切中要点时，教师不能简单以“很好”或“不错”来评价，这样的评价太含糊、没有分量，教师可以适当发挥语言的才能，比如说“你怎么这么会读书”“你读懂了……的用意”“你真是……的知音啊”，这样生动极具魅力的评价只不过是教师善用语言的小伎俩，却可以起到四两拨千斤的效果。最后，教师要明确评价的最终目的是促进学生的发展。因此，教师对学生的一切评价都应以此为出发点和归宿，评价要着眼于长远，要尽力挖掘学生的潜能，帮助学生树立自信、不断进取，实现人生的价值。

著名的古希腊哲学家、思想家、教育家苏格拉底曾说：“自然赋予我们人类一张嘴，两只耳朵，也就是让我们多听少说。”在课堂教学中耐心倾听、主动倾听并不是对教师权威或重要性的消减，因为最有价值的人未必是能说、拥有最多话语权的人，恰好相反，善于倾听是一种良好的沟通技巧，也是获取智慧的第一步。教师掌握了倾听的技能，课堂教学就会收到事半功倍的效果。

九 点拨技能

点拨就是指点、启发。“点”是点其要害，点中重点；“拨”是拨其疑难，排除障碍。点拨是帮助人们在分析问题和解决问题时理清思路，找到最佳途径的一种艺术手段，是教师针对学生学习过程中的知识障碍、思维障碍，启发学生开动脑筋进行思考与研究，寻找解决问题的方法与途径的教学技能。

孔子云：“不愤不启，不悱不发。举一隅不以三隅反，则不复也。”当学生处于“愤悱”状况时，教师点拨启发才是最有效的，才能达到举一反三的效果。点拨有时是纠偏，有时是激活思维，有时是拓展，有时是评价。

点拨的方法：整体性点拨，重难点处点拨，关键处点拨，迁移性点拨，总结性点拨。众说纷纭时拨云见日，于似通非通似懂非懂处点拨。

点拨的原则：启发性、适时性、适变性、灵活性。

点拨的方式：语言、体态语、符号等。

十 板书技能

板书是课堂上老师为了辅助教学，将文字、符号、线条、图形等展现在黑板上的一种教学形式，是课堂中教学内容与教学过程的缩影，素有“微型教案”之称。好的板书不仅有利于知识的呈现与记忆，而且可以陶冶小学生的情操，开发智力，促进思维发展。

（一）板书设计的特点

1. 计划性

一堂课的板书，预先要做到“整体规划”，教学时再“分步完成”。也就是要板书哪些内容、写在哪个位置、重点内容如何板书等，都必须事先计划好。

2. 概括性

板书的内容必须条理清楚，层次分明。这样既有利于记忆，又有利于培养学生的有序思维能力。

3. 艺术性

板书时，借助图画、线条灯手段，形象、鲜明地反映出教学内容，以收到直观的效果。

4. 规范性

教师的板书要工整、美观、规范，要处处成为学生模仿的样板，要使学生得到美的熏陶与启迪。

此外，板书时还要注意简明性、主次性等。

（二）板书设计的类型

1. 以图为主类

面对一、二年级的学生时，这种板书是最好的选择。尽可能地做到文字少、图画多，并且色彩丰富、美观，这是最受低年级学生喜爱的板书形式。粉笔是彩色的，为了增强视觉的冲击，可以在备课时就将要呈现的物象画好。这种板画既省了教师现场画的时间，又因为画在纸上能让色彩更为艳丽、形象更为逼真而受到广大师生尤其是一年级学生的喜爱。例如《小猴子下山》的板书设计：

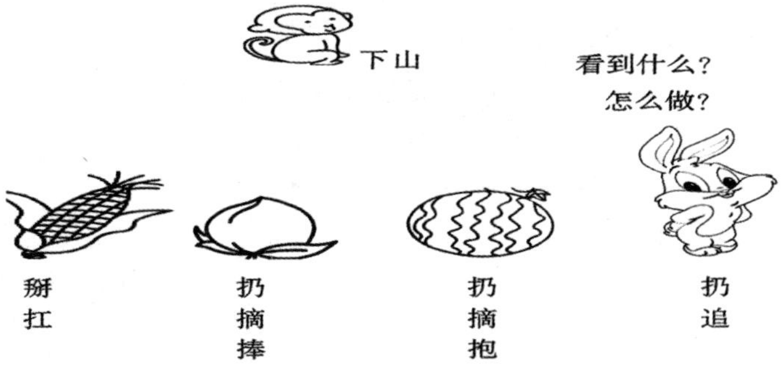

2. 以字为主类

当学生的年级增高后，直观思维逐渐向抽象思维过渡时，那么这种以字为主的板书将会对学生的思维发展起到促进作用。学生的概括能力、分析能力等会因为这样的板书引导而更好地提高。例如《香港，璀璨的明珠》的板书设计：

香港，璀璨的明珠

万国市场

美食天堂

旅游胜地

美丽夜景

3. 图文并茂类

追求形象、直观、新颖、有趣，是图文并茂类板书的总体特点，小学生天真、活泼，因此此类板书无疑是目前较受学生欢迎的类型。将事先制作的板书在课堂上依次展示，使静止、平面的板书，变成动态、立体的画面。图满足了学生的审美要求，而文字又满足了学生思维发展的要求。事实上，最具创意的板书设计往往也是图文并茂的。例如《桂林山水》的板书设计：

桂林山水

总：甲天下

分：水（静、清、绿）／山（奇、秀、险）——排比，比喻，拟人

总：舟行碧波上，人在画中游

4. 对比类

板书可以设计成突出课文重点的形式，这样的板书如同一个放大镜，可把文章的重点放大。将重点来个“特写”，有利于突破难点，抓住教学重点，以鲜明的对比，引起学生的高度重视。例如《科利亚的木匣》的板书设计：

科利亚的木匣

四年前　埋　五岁　步子小　十步

科利亚

四年后　埋　九岁　步子大　五步

懂得：周围的一切都在起变化

5. 图示或符号类

有的可以设计成图示或表格式板书，这样的板书一目了然、条理清晰，便于学生自读课文。也可以使用折线、箭头、圈点、方框及各种特殊符号，创造性地设计出整齐、醒目、易懂、易记、主旨鲜明的板书设计形式，常常会给学生带来事半功倍的效果。例如《玩出了名堂》：

玩：　墨镜片　　两片放在一起　　显微镜

↘　↗　↘　↗　↘

名堂：　放大镜　　显微镜　　微生物

观察　　创造

此外还有正板书、副板书之分。正板书是表达一节课的教学要点，放在最显眼的地方，一般应保持一节课不擦。副板书（侧板书）的内容或者是次要部分，或者是用以解释教学重点的附加说明，一般写在黑板的一侧，可按计划适时擦掉。

总之，板书的艺术是教师创造性劳动的结晶。教师在上课前，应根据板书的原则与教学实际，考虑各种形式的板书功能，精心设计好板书，上课时有计划地进行板书，使它更好地为提高教学质量服务。

板书设计
实践案例

十一 结课技能

一堂好课，不仅应当有良好的开端，还应该有耐人寻味的结尾。教师应当合理安排课堂教学的结束，精心设计一个“言有尽而意无穷”的结语，做到善始善终，给课堂教学画上完整的句号。

（一）结课技能的概念

结课技能是教师在一个教学内容结束或一节课的教学任务终了时，有目的、有计划地通过归纳总结、重复强调、实践等活动使学生对所学的新知识、新技能进行及时地巩固、概括、运用，把新知识新技能纳入原有的认知结构，使学生形成新的完整的认知结构，并为以后的教学做好过渡的教学行为。

结课技能不仅应用于一节课的结束、一章知识学习的结束，也经常应用于相对独立的教学阶段的结尾。

（二）结课的一般要求

在实际的课堂教学中，要充分发挥课堂教学结课的作用，圆满地完成课堂教学的任务，结课应按以下基本要求进行：

（1）自然贴切，水到渠成。

（2）语言精练，紧扣中心。教师应该在结课前的几分钟内，以精练的语言使讲课的主题得以提炼升华，使学生对课堂所学知识有一个既清晰完整又主题鲜明的认识。

（3）内外沟通，立意开拓。为了充分发挥各种教学组织形式在培养学生中的协同作用，课堂教学结束时，不能只局限于课堂本身，还要注意课内与课外的互动，学科课程与活动课程的联系，以及本学科课程与其他学科课程的沟通，以此拓宽学生的知识面。

（三）结课的一般过程

（1）简单回忆。对整个教学内容进行简单回顾，整理思路。

（2）提示要点。指出教学内容的重点、难点、关键点，必要时可做进一步的说明，进行巩固和强化。

（3）提出问题或采用其他形式检验学习结果。

（4）巩固应用，引导学生把所学知识应用到新的情境中去，在应用中解决新的问题、巩固知识，并进一步激发思维。

（5）拓展延伸。有时为了拓展学生的思路，开阔学生的视野，或把前后知识联系起来，形成系统，需要在结课时对教学内容进行必要的拓展延伸。

（四）结课的方法

1. 归纳式结课

归纳式结课是教师引领学生以准确简练的语言对课堂讲授的知识进行归纳、概括、总结，梳理讲授内容，理清知识脉络，突出重点和难点，归纳出一般的规律、系统的知识结构等。比如《桂林山水》一课结课时，为理清桂林山水的特点，就采用了归纳式的结课：

师：这部分描写了漓江的哪些特点？

生：静、清、秀。

师：运用了哪些修辞方法？

生：比喻、拟人、排比。

师：这部分描写了桂林山的哪些特点？

生：奇、秀、险。

师：运用了哪些修辞方法？

生：比喻、拟人、排比。

师：这篇课文抓住了桂林山水的特点，以优美、简练的语言，生动形象地向我们展示了桂林山水的美景，表达了作者对桂林风景的喜爱之情。下面请同学们随着音乐，有感情地轻声朗读课文，来体会桂林山水的美。

2. 比较式结课

比较式结课是教师对教学内容采用辨析、比较、讨论等方式结束课堂教学，意在引导学生将新学概念与原有认知结构中的类似概念或对立概念进行分析、比较，既找出它们各自的本质特征，又明确它们之间的内在联系和异同点，使学生对内容的理解更加准确、深刻，记忆更加牢固、清晰。

3. 练习式结课

练习式结课是教师通过让学生完成练习、作业的方式结束课堂教学，这是最简单最常用的一种结课方式。教师通过精心设计的练习题，趁热打铁，既使学生所学基础知识、基本技能得到巩固和运用，又使课堂教学效果得到及时的反馈。

4. 朗读式结课

在教学过程即将结束时，引导学生朗读全文或重点段落，既可以加深学生对文章内容的理解，又可以提高学生的朗读水平，对有些课文还可以达到完成背诵这一教学任务。同时还可以在朗读中体味文章的意境，放松过于紧张的神经，使学生在轻松、愉悦的气氛中巩固知识。

5. 活动式结课

课堂教学中，教师在引导学生系统地学习书本知识的同时，还要重视学生的活动能力和主动精神的培养，让学生在做中学，在活动中掌握知识、巩固知识、运用知识。教学过程结束时，可以根据课文特点，采取活动式结课，比如《酸的和甜的》：

师：这是一个生动有趣的童话故事，通过对课文的学习，大家懂得了做什么事都要敢于亲自尝试。现在，课文上完了，同学们自选伙伴，编排童话剧，再演一演。

6. 拓展延伸式结课

为了深化教学目标，就要在拓展延伸中把新旧知识、课内外知识有机地结合起来。因此在结束阶段采取拓展延伸式较为恰当，从而培养学生善于触类旁通、比较分析的学习习惯，提高定向理解和发散思维的能力。学生的思维在经过理解、消化、运用，达到创新。

7. 声、像结课

随着现代化信息手段的不断发展，多媒体教学被广泛应用到课堂教学之中。它可以充分地调动学生的视觉、听觉。在教学即将结束时，采用声像结束手段，可以生动形象地再现课文内容，极大地调动学生学习的积极性，有利于学生对课文内容进行理解和对所学知识进行巩固。

梳理与探究

自选三种以上本节所述技能进行练习。

8-1 随堂练习

第二节　高级技能

一 语文教学设计技能

（一）语文教学设计的概念

教学设计是指教师为了达到一定的教学目的，对教什么（课程、内容等）、怎么教（组织、方法、多媒体的使用等）和为什么这么教进行设计的过程。语文教学设计指的是语文教师根据正确的教育思想和语文教学原理，按照一定的教学目的和要求，针对具体的教学对象和教材，对语文教学的整个程序做出预期的、行之有效的规划。

（二）语文教学设计的功能

1. 能突出教学双方的主体性

学生是学习的主体，语文教师是教学设计的主体，因此，教学设计的第一个步骤就是对学生进行分析，遵循“以学定教”的设计理念，分析他们的自身需要的目标、策略和媒体，促进他们对知识积极、主动的构建。同时，在此过程中，教师的主动性、积极性及创造性得到极大的发挥，主体作用也得到了充分的体现。

2. 能增强语文教学工作的科学性

要用系统的观点和分析方法，客观分析语文教学工作的特点，突破传统教学的局限，设计新的教学工作程序和环节。同时根据语文教学中的问题和需求，确定目标，设计解决问题的步骤，选择相应的策略和方法，使语文教学的科学性得到增强。

3. 能提高语文教学工作的有效性

语文教学设计的主要目的是设计出低耗高效的教学过程，在科学分析的前提下，合理地拟定教学进度，使教学活动有效性达到最优化。

（三）语文教学设计的基本过程

（1）教学所要达到的预期目标是什么？（教学目标）

（2）为达到预期目标应选择怎样的教学方法？（教学内容、教学方法）

（3）如何组织有效的教学？（教学策略、教学媒体）

（4）如何获取必要的反馈信息？（教学评价）

这几个要素从根本上规定了教学设计的基本框架，无论在何种范围内进行教学设计，教学设计者都应当综合考虑这几个基本要素，否则，所形成的教学方案将是不全面、不完整的。

（四）语文教学设计的基本内容

1. 教学目标设计

语文教学目标的设计，指的是确定通过语文学习以后，学习者将要达到的行为状态，并将这种行为状态用具体的、明确的、可操作的语言表达出来。语文教学目标是语文教学设计的重要内容，它是语文教学活动的出发点和归属，是语文课堂教学的灵魂。

1）教学目标的定义和功能

教学目标指的是教学活动预期所要达到的最终结果，是人们对教学活动结果的主观愿望，是对学生掌握知识、能力以及应具备的个性、品质的具体陈述。教学目标不仅对教学设计起着指导和制约作用，而且能为教学测量和评估提供标准。同样，教学目标能为学生提供一个明确的方向，使学生明确通过学习要达到的具体目标。由此看来，教学目标在教学活动中发挥着指向、评价和激励等多方面作用。

2）教学目标分类

语文课程标准总目标从“知识与能力”“过程与方法”“情感态度与价值观”三个维度来阐明。

（1）知识与能力目标。知识目标包括语文知识、文章知识、文学知识、文化知识、自然科学知识、生产劳动知识等。知识目标一般确定为训练中的知识方面的要求，注意分级表述，即了解、理解、掌握。

能力目标即开发智力、培养能力，包括一般能力、语文能力（即听、说、读、写的能力）、发展能力。发展能力包括分析、评价、思考、提问、解决问题、创新等。能力目标还要根据课标要求，因文体而异，实用文体主要培养学生听、说、读、写的能力；如果是文学作品，则是培养学生阅读和欣赏的能力；文言文则培养学生的朗读、背诵能力，以及以此为基础的观察想象、记忆联想能力等。

（2）过程与方法目标。过程与方法目标是语文新课标教育改革中的创新。过程是指为达到教学目标而必须经历的活动程序，即教师怎么教，学生怎么学的过程；方法是指师生为实现教学目标和完成教学任务在共同活动中所采用的行为或操作体系，既包括教师的教学方法，又包括学生的学习方法。

（3）情感态度与价值观目标。情感态度与价值观目标是人对亲身经历过事实的体验性认识及其由此产生的态度、行为习惯。

情感目标的表述用语：热爱、兴趣、热情、参与、道德、情操、审美、情趣等。

态度目标的表述用语：学习态度、生活态度、人生态度、科学态度、社会责任感等。

价值观目标的表述用语：精神、道理、意义、观念、意识、个人价值、集体价值、人文价值、科学和自然价值等。

3）目标的叙写方式

目标的叙写方式包括分解式目标和交融式目标两种。

（1）分解式目标按照“知识与能力”“过程与方法”“情感态度与价值观”三个维度进行设计，每个维度根据实际情况罗列若干小目标。这种叙写方式，思路清晰，具体明确，便于操作。比如，《桂林山水》（一课时）教学目标：

1. 知识与能力目标

（1）学会本课生字，会认 8 个生字，会写 6 个生字。联系上下文理解“汹涌澎湃、水光潋滟、无瑕、翡翠、峰峦雄伟、山脉逶迤、奇峰罗列、重峦叠嶂、危峰兀立、怪石嶙峋、光怪陆离”等词语的意思。自主积累词句。

（2）学习作者抓住景物特点描写景物的方法，有感情地朗读课文，熟读成诵。

2. 过程与方法目标

通过朗读、绘画、欣赏画面和音乐，激发学生的学习兴趣。

3. 情感态度与价值观目标

（1）了解桂林山水的特点。

（2）受到热爱祖国锦绣河山的思想教育，培养爱美的情趣。

（2）交融式目标在叙写时不出现“知识与能力”“过程与方法”“情感态度与价值观”这几个明显的提示语，但它的每一点目标却恰好地把二维乃至三维的目标都交融在一起。最大的优点在于叙写方便。比如，《桂林山水》教学目标：

1. 自主学习生字，会认 8 个生字，会写 6 个生字。体会“汹涌澎湃、水光潋滟、无瑕、翡翠、峰峦雄伟、山脉逶迤、奇峰罗列、重峦叠嶂、危峰兀立、怪石嶙峋、光怪陆离”等词语的意思。自主积累词句。

2. 正确、流利、有感情地朗读课文。背诵自己喜欢的段落。

3. 了解桂林山水的特点，感受桂林山水的美，体会课文的语言美，感悟“桂林山水甲天下”“舟行碧波上，人在画中游”的含义。

4. 领悟作者细致观察、抓住特点、运用对比描写景物的方法。

4）教学目标的表述

一般说来，一个规范、明确的行为目标的表述，包含以下四个要素：

（1）行为主体。行为主体指的是学习的行为，而不是教师的行为。规范的行为目标开头应该是“学生能够……”，比如“学生能够正确读出……” “学生能够正确理解……”。

（2）行为动词。行为动词用以描述学生所形成的可观察、可测量的具体行为，分为含糊的与明确的动词。含糊的动词有“知道、了解、欣赏、喜欢、相信”等；明确的动词有“写出、背出、认出、选出、辨别、比较、解决”等。设计者在表述行为目标时，应尽可能选择那些易于确定、易于观察的行为动词，避免使用“知道”“了解”这类含义模糊、难以观察的动词。

（3）情境或条件。情境或条件指影响学生产生学习结果的特定的限制或范围，主要说明学生在何种情境下完成指定的任务。一是对使用辅助手段的说明，如能利用工具书读书；二是对时间限制的说明，如能在 1 分钟内认读 10 个汉字；三是对完成行为情境的说明，如在课堂讨论时能发表自己的意见等。

（4）表现水平或标准。表现水平或标准指学生对目标所达到的最低表现水准，用以评价学习表现或学习结果所达到的程度，比如“3 分钟之内默读完课文”等。

总之，教学目标的正确表述是教学目标设计中的一个重要环节。

5）确立教学目标时应注意的问题

（1）目标表述要清晰、具体，并有一定的层次。比如《惊弓之鸟》的教学目标，有教师将其确定为：

1. 学习本课生字和词语。

2. 理解句子之间的关系。

3. 有感情地朗读课文。

上述目标因没有结合课文特点，显得较为模糊、笼统，只要我们稍加修改，就可以使其变得清晰和具体起来：

1. 学会本课生字，读准音、记住形、正确书写并能运用；认识本课生词，读准音、记住形。

2. 联系上下文理解“能手”“并不”“直”“大吃一惊”“孤单失群”等词语的意思。了解“惊弓之鸟”这个成语的意思及用法。

3. 理解更羸最后说的四句话之间的逻辑关系。

4. 分角色朗读课文，背诵课文第九段。

5. 明白善于观察、善于分析的重要性。

（2）目标确立必须根据课文的实际情况，从“知识与能力”“过程与方法”“情感态度与价值观”三个维度来确立，三者缺一不可。比如《古诗二首》（《泊船瓜洲》《游子吟》）的教学目标，如果只将它定为以下四点是不够的：

1. 学会本课生字“晖”。

2. 理解“泊、数重、游子、寸草心、三春晖”等词语的意思。

3. 理解诗句的大意。

4. 正确、流利、有感情地朗读这两首古诗，并会默写。

上述目标不全面，是因为目标中缺乏“情感态度与价值观”这个维度。因此我们可以根据诗中表现出来的思念家乡、热爱母亲的思想感情来确立这一维度的目标，使本课的教学目标更为完整：

5. 感受诗人思念家乡、热爱母亲的真挚情感，培养审美情趣。

6. 激发学生课外阅读古诗的兴趣。

6）教学目标起点设计

教学目标实践案例

全面了解学生的现实发展水平，准确把握教学起点，是教学设计的一项重要内容。在教学设计过程中，准确把握学生现实发展水平的基本意义在于：第一，有利于教师确定适当的教学起点。教学起点总是以学生已有的发展水平为标准的，起点过高或过低都不能激发学生的学习动机，不能促使学生正常发展。第二，有助于教师选择恰当的教学方法、教学媒体，调控各种环境因素，为学生提供背景知识，创设良好的学习环境。第三，有助于教师甄别学生的个别差异，以便因材施教，使学生都得到相应程度的发展。确定学生的现实发展水平，可以从以下三个方面进行：

（1）认知因素。主要包括学生已有的智力发展水平、学习的技能技巧、知识储备、认知结构和认知风格。

（2）非认知因素。主要包括学生的一般生理发展水平和成熟程度，学生的学习动机状态，如学习兴趣、态度、需要、意向以及情绪、情感状态等。

（3）社会因素。主要包括学生家庭的文化背景和职业背景，学生间的社会关系、相互关系以及师生间的人际关系等。

在全面了解学生上述各方面情况的基础上，教师需要对学生已有的知识储备状况和学习动机状态给予特别关注，认真分析，因为这三方面是构成学生现实发展水平的主要方面。

根据教学的实际需要和教学内容的具体要求，教师可选择问卷法、谈话法、课堂提问、作业、检测和考试等各种方法去了解学生。这样，在充分了解了学生学习状况的基础上，合理设计教学起点，安排教学进程，教学水平就能得到不断提高，教学质量就能得到有效保障。

2. 教学内容设计

教学内容设计是教学设计的一项重要内容。教学内容的设计过程也就是教师认真分析教材，合理选择、组织教学内容以及合理安排教学内容的表达或呈现的过程。从教学设计的角度考虑，一般将知识分为以下两类：

1）根据陈述性知识的特点进行教学设计

陈述性知识即“是什么”，包括词语、名称、术语和标记，以及单一的或联系的命题或事实、事件等。陈述性知识有利于知识的储存、提取和回忆。这类教学设计的教学目标，主要在于学生回忆知识的能力，教师通过在课堂教学中要求学生口头或书面陈述学到的知识，即可检查学生是否形成了这种能力。

2）根据程序性知识的特点进行教学设计

程序性知识即“如何做”，指广义的知识，主要包括智慧技能、动作技能中的认知成分、认知策略两类。而认知策略是学生用来调节自己内部的认知活动，如注意、学习、记忆、思维等过程的技能。我们平常所说的学习方法，实际上主要是指认知策略；通常说的要使学生学会学习，实质上主要是使学生掌握有效的认知策略。

当然，陈述性知识是程序性知识的重要组成部分或基础。程序性知识的核心成分实际上是概念和规则的运用，而概念和规则又是陈述性知识的核心成分。因此，程序性知识的学习往往要以一定的陈述性知识为基础。

心理学研究表明，认知策略是能够学会的，而且当学会了这些策略时，学生能迁移到问题情境中去。教学效果好坏往往最终取决于学生是否会学习。因此，语文学习方法和规律的学习，在教学的目标中占有特别重要的位置，可以加速语文能力的形成。所以语文教学研究的首要任务应是认识语文学科中的规律；语文教学的首要任务就是把一些规律有效地传授给学生。

3. 教学过程设计

教学过程设计是教学设计的中心环节，课堂教学组织得如何，在很大程度上取决于教学措施是否设计得科学、合理、有效。教学过程的设计范围较广，它一般包括教学方法、教学媒体的选用，课堂教学结构的确定等方面。

1）教学方法的选择与设计

首先，要明确选择教学方法的标准。根据具体的教学目标、教学任务、教学进度和教学时间选择教学方法。其次，尽可能广泛地了解和提出有关的教学方法，以便教师考虑和选择。教师收集了解到的教学方法越多，就越有利于进行优化选择。最后，对各种供选择的教学方法进行比较，主要比较各种教学方法的特点、适用范围、优越性和局限性等。

2）教学媒体的选择与设计

教学媒体是教学的基本要素之一，教学活动离不开一定的媒体的支持。教学媒体内涵广泛，它既包括传统意义上的语言、文字、粉笔、黑板等传播媒体，还包括录音笔、录像机、电视和电脑等各种现代教学媒体。教学媒体特别是现代教学媒体的运用，为教学信息的便捷、高效传递提供了可能，为教学质量的提高奠定了物质基础。要想使教学媒体发挥出应有的作用，还必须从以下几个方面考虑媒体的选择与设计：① 依据教学目标选择教学媒体。② 依据教学对象的特点选用教学媒体，不同年龄阶段的学生对事物的感知方式和接受水平是不一样的。③ 依据媒体的技术特性选用教学媒体。具体有两个要求：一是要考虑各种媒体的技术特点和功能；二是要考虑教师能否熟练地操作所选媒体，以及运用媒体是否有助于发挥自己教学的特长。④ 依据经济条件选择教学媒体。媒体的选择也要本着经济有效、量力而行的原则行事。在尽可能满足教学需要的同时，也要注意节约，不要造成浪费。

3）课堂教学结构的确定

课堂教学结构的设计也是教学设计的一项重要内容，在确定了具体的教学目标、内容、方法和媒体后，如何将这些因素有效地组织在教学过程中，就需要从教学结构的角度加以设计。课堂教学结构的设计一般遵循三个步骤：

第一步，选取教学环节。一般的教学环节包括明确教学目标，阅读感知教材，教帅讲授、解疑，学生讨论问题、朗读、复习、系统小结等。一堂课究竟应由哪些环节组成，需要教师根据语文学科特点和教学的实际需要来选取。

第二步，在选取教学环节后，要具体设计课堂教学各环节的组织架构，即将几个教学环节进行有机结合，安排各环节的先后顺序，使之前后连贯，成为一个适于教学的整体结构。

第三步，对各教学环节的设计进行“统调”，做到突出重点，兼顾全面，保证教学目标的实现。

4. 教学评价设计

教学评价是根据教学目标，运用评价的方法和手段对教学活动及其效果进行价值判断的过程。教学评价的主要目的是获取教学活动的反馈信息，检测学生学到了什么，学到何种程度，判断教学是否达到了预定的教学目标。若没有达到，具体的原因在哪里，有没有加以调整的可能和必要等。合理设计教学评价，对于促进教学目标的达成和提高教学设计的科学性、有效性，无疑都有着积极作用。

教学评价是一个系统的过程，整个教学过程的各个不同阶段都需要设计和实施教学评价。教学评价设计采用的具体方式也是多种多样的，如课堂提问、讨论、练习、作业和各种测验等。教师究竟采用什么评价方法，运用何种评价手段，还需要根据评价的目标、性质以及教学的实际情况而定。总之，全面、客观、公正、及时是设计教学评价时应当遵循的基本准则。

5. 作业设计

1）什么是作业设计

作业是教师根据教学目标和学生掌握教材内容的需要，有目的、有计划地编制并指导学生完成的一种教学活动形式。学生完成作业的过程是学生独立再学习的过程。作业设计是教师教学工作的有机组成部分。作业设计应该把培养学生各种学习能力和创造精神的能力纳入其中，从实际出发，多层次、多角度、立体化地确定作业目标，培养其提出问题、分析问题和解决问题的能力，立足于学生的自主发展。

2）如何进行有效作业设计

（1）生活化的语文作业。生活是丰富多彩的，知识来源于丰富多彩的生活，知识的掌握，也是为了解决生活的实际问题，因此，只要我们能根据学生的认知规律，从学生的生活实际出发，在知识与生活之间架起桥梁，学生就一定会亲近知识、学习知识、运用知识。例如：

① 给自家大门题一副对联。

② 给家里每个房间起名。

③ 评选去年“全家十大新闻”。

④ 概述昨天晚上你听到的最感兴趣的新闻内容。

⑤ 编写你喜欢的产品的公益广告。

⑥ 从唐诗宋词里找表示四季的诗句。

⑦ 每人给自己起一个笔名并说明含义。

⑧ 四人一个小组，办一份语文学习报。

⑨ 给自己附近的街道取好听而实用的街道名。

⑩ 写出与十二生肖有关的成语。

⑪ 写出关于三国的歇后语。

⑫ 在自家门前统计车流量，撰写城市交通疏导方案。

⑬ 调查周围的不文明行为，写出解决的好方法。

（2）个性化的语文作业。对不同的学生而言，由于他们所处的文化环境、家庭背景和自身思维方式等方面存在着差异，他们头脑中所理解的知识带有明显的个性色彩，在掌握知识、发展智力和能力等过程中，有明显的个性差异。在设计作业时，承认差异、尊重差异，让学生有选择地做作业，设计个性化作业，使学生的个性得到充分的张扬。比如《翠鸟》一课布置的作业是：① 喜欢写字的同学写课后生字；② 喜欢朗读的同学练习朗读课文；③ 喜欢画画的同学根据课文第一段对翠鸟的描述画翠鸟。请看案例：

《美丽的小路》一课讲述了一个有关环境卫生的故事。它告诉我们要保持环境卫生，人人养成良好的卫生习惯，不好的行为会破坏美丽的环境。学完这篇课文后，学生用自己喜欢的方式自主设计，完成以下作业，表达自己的真实感受。

形式一：图画作业（小鸟的眼泪）：请爱护花草树木，爱护我们的家园！

形式二：儿歌作业（自编环保小儿歌）。

形式三：清扫大街小广告的实践作业。

（3）自主化作业。自主化作业，即学生在教师的引导下自主选择，参与作业内容的设计，自己设计学习思路，搜集与所学知识有关的信息材料等。可以在量上自选，也可以在形式上自选。这样既能使学生带着愉快的情感体验完成作业，又能促进学生语文能力的有效提高。请看案例：

在学习课文《落叶》前，学生自主预习，收集了各种落叶，对照课文进行观察。下课时，老师和学生商议了一个作业：

（1）树叶小制作，并根据小制作的内容编一个故事。

（2）查资料："秋天，为什么有的树叶变黄，有的树叶变红？"

第二天早上，学生们带来了资料，有的记在纸上，有的记在心里。郑东说："老师，我查到了，是因为秋天天气变凉了，树根吸收的水分少了，树叶里的水分慢慢蒸发，所以树叶就变黄了。"徐子昂说："春天、夏天时树叶里的叶绿素很丰富，到了秋天，树叶里的叶绿素被破坏，绿色渐渐没有了，叶黄素显现出来，所以树叶就慢慢变黄了。"谭晓煜说："到了秋天，叶绿素被破坏，花青素显现了出来，所以枫叶的叶子变红了。"

学生们展示了用落叶粘贴的小制作，交流了以落叶为题编写的小故事，有《狐狸和乌龟》《猫和金鱼》《猫头鹰和老鼠》《爱打扮的小孔雀》《小金鱼比美》《动物运动会》等50多个故事。学生以小组为单位一边相互观赏自己制作的作品，一边讲着自己编的故事。几片树叶给学生带来了这么多的乐趣。一片落叶就是一个故事，就是一个童话。

案例展示

《那片绿绿的爬山虎》教学设计

一、教学目标

（一）知识与能力目标

1. 认识7个生字，会写13个生字。正确读写"推荐、眼帘、删掉、规范、燥热、融洽、黄昏、客厅"等词语。

2. 正确、流利、有感情地朗读课文。

3. 理解课文内容，联系上下文体会文中含义深刻的句子。

4. 认识两个修改符号。

5. 初步学习修改作文的方法。

（二）过程与方法目标

1. 通过使用工具书，会认会写生字词，并知道生字词的意思。

2. 通过个性化解读文本，理解含义深刻的句子，初步学习修改作文的方法。

3. 通过朗读、交流和活动，培养认真修改作文的习惯，感受叶老的高贵品质。

（三）情感态度与价值观目标

1. 培养认真修改作文的习惯。

2. 感受叶老对文一丝不苟，对人平易真诚的文品和人品。

二、教学重难点

重点：理解含义深刻的句子，初步学习修改作文的方法。

难点：培养认真修改作文的习惯，感受叶老的高贵品质。

三、教学方法

教法：情境教学法、图片展示法、指导法。

学法：朗读法、体悟法、讨论法、练习法。

四、教学工具

1. 叶圣陶生平资料。

2. 生字词卡片。

3.《一张画像》的修改稿。

五、教学过程

第一课时

[教学目标]

知识与技能目标：

1. 能正确读出“推荐、删掉、规范、燥热、融洽、黄昏、客厅、曲线、春风拂面、映入眼帘”等词语。

2. 正确、流利、有感情地朗读课文。

3. 理清课文思路，理解“我虽然未见叶老先生的面，却从他的批改中感受到他的认真、平和以及温暖，如春风拂面。”这个含义深刻的句子。

4. 初步学习修改作文的方法。

过程与方法目标：

1. 通过使用工具书，会认会写生字词，并知道生字词的意思。

2. 通过个性化解读文本，理解含义深刻的句子，初步学习修改作文的方法。

3. 通过朗读、交流，感受叶老的高贵品质。

情感态度与价值观目标：

感受叶老的认真、平和。

[教学重点]

理解“我虽然未见叶老先生的面，却从他的批改中感受到他的认真、平和以及温暖，如春风拂面。”这个含义深刻的句子。

[教学难点]

初步学习修改作文的方法，认识两个修改符号，并能运用其修改句子中的问题。

[教学过程]

一、揭示课题，激趣导入

刚才我们复习了《爬山虎的脚》，今天我们要学习的这篇课文也写到了爬山虎。

二、初读课文，整体感知

1. 放声读课文，把字音读正确，语句读通顺。

2. 自学生字新词；同桌相互练习，读准含有生字的词语。

3. 检查自学情况。

（1）开火车形式读词。

（2）自由读句子。

“翻到我的那篇作文，我一下子愣住了：映入眼帘的是红色的修改符号和改动后增添的小字，密密麻麻，几页纸上到处是红色的圈、钩或直线、曲线。”

（3）指导“曲”在“曲线”这个词中的读音。

（4）自由读这两组词。想想第一组和第二组分别是写谁的。

莫名其妙　愣住　意外

认真　平和　质朴

第一组写肖复兴。

第二组写叶圣陶。

4. 理清课文结构。

课文写了叶圣陶先生和“我”之间的哪两件事？怎么分成两部分？（修改作文 1～5 自然段、邀请做客 6～10 自然段）

三、细读课文，重点品味

1. 出示自学提示，学生自学。

默读课文第一部分，思考：拿到叶老为“我”修改的作文，“我”看到了什么？有什么感受？

2. 全班交流。

（1）第三自然段。

“翻到我的那篇作文，我一下子愣住了：映入眼帘的是红色的修改符号和改动后增添的小字，密密麻麻，几页纸上到处是红色的圈、钩或直线、曲线。”

借助资料袋感受叶老为“我”修改了很多处（密密麻麻），指导朗读。

（2）第四自然段。

题目《一张画像》改成《一幅画像》，我立刻感到用字的准确性。

① 通过对比一“张”和一“幅”，体会用字的准确。

② 通过了解“删”字的造字过程，学会这个字，并体会这句话的意思。

“怎么你把包几何课本的书皮去掉了呢？”叶老先生改成：“怎么你把几何课本的包书纸去掉了呢？”

③ 借助多媒体课件的演示认识两个修改符号。

④ 师生合作读第四自然段。

⑤ 通过课外资料的补充、有感情的朗读，体会叶老的认真、平和以及温暖。

（3）第五自然段。

“这一篇作文写的全是具体事实，从具体事实中透露出对王老师的敬爱。肖复兴同学如果没有在这几件有关画画的事上深受感动，就不能写得这样亲切自然。”

① 通过朗读明确写作文的两个要求：写具体事实，表达真情实感。

② 鼓励学生质疑，体会为什么叶老的评语为“我”写作树立了信心。

四、整合课文，升华情感

通过填空练习，理清三、四、五自然段的思路，体会“我”的情感变化。

当翻到我的那篇作文时，我（一下子愣住了）。

当我仔细看了叶老的修改后，我（感受到他的认真、平和以及温暖，如春风拂面）。

当我看到叶老简短的评语后，我（树立了写作的信心）。

五、读写结合，练习修改

1. 复习巩固两个修改符号。

2. 运用修改符号试着修改一句话。

六、拓展延伸，提出问题

1. 刚才你们修改的就是肖复兴《一张画像》中的句子，你们想知道他在作文中都写了些什么吗？老师给你们带来了，课后可以读一读。

2. 再看课题，第一件事中没有提到爬山虎，可题目是“那片绿绿的爬山虎”，这是为什么呢？下节课我们继续学习，解决这个问题。

3. 布置作业。

[板书设计]（第一课时）

26　那片绿绿的爬山虎

叶圣陶	修改作文（1—5）	“我”
认真、平和	字准确	树立信心
	句规范	
	文具体、感人	
	邀请做客（6～10 自然段）	

第二课时

[教学目标]

知识与能力目标：

1. 正确读写“推荐、删掉、规范、燥热、融洽、黄昏、客厅、曲线春风拂面、映入眼帘”等词语。

2. 正确、流利、有感情地朗读课文。

3. 联系上下文体会文中含义深刻的句子，背诵喜欢的部分。

4. 理解课文题目和内容之间的联系。

过程与方法目标：

1. 通过使用工具书，会认会写生字词，并知道生字词的意思。

2. 通过个性化解读文本，理解含义深刻的句子，初步学习修改作文的方法。

3. 通过朗读、交流，感受叶老的高贵品质。

情感态度与价值观目标：

了解叶圣陶先生的人品与文品，感受作者对叶老的思念、敬重与感激之情，体会学作文应先学做人的道理。

[教学重难点]

重点：能联系上下文体会“在我的眼前，那片爬山虎总是那么绿着。”这个含义深刻的句子。

难点：了解叶圣陶先生的人品与文品，感受作者对叶老的思念、敬重与感激之情，体会学作文应先学做人的道理。

[教学过程]

一、听写词语、复习导入

二、回忆内容，解决问题

1. 上节课我们学习了《那片绿绿的爬山虎》这篇课文，再来读一读，回忆一下，课文讲了谁和谁之间的哪些事。

2. 还记得上节课结束时你们提出的问题吗？这节课我们围绕这个问题继续学习。（课题为什么是“那片绿绿的爬山虎”?）

3. 学习第二部分。

出示自学提示。

默读课文第二部分，思考：

课文几次写到爬山虎，给你怎样的感觉？画出相关的语句，再读一读。

（1）第七自然段。

“刚进里院，一墙绿葱葱的爬山虎扑入眼帘。夏日的燥热仿佛一下子减少了许多，阳光都变成绿色的，像温柔的小精灵一样在上面跳跃着，闪烁着迷离的光点。”

通过想象、朗读感受爬山虎的美丽，让人看着非常舒服。

（2）第九自然段。

“落日的余晖染红窗棂，院里那一墙的爬山虎，绿得沉郁，如同一片浓浓的湖水，映在客厅的玻璃窗上，不停地摇曳着，显得虎虎有生气。”

① 通过对比、朗读的方法感受这一句描写爬山虎和第一句不同。

② 通过联系上下文知道，此时爬山虎在“我”的心中发生了变化。

③ 通过补充原文了解叶老和肖复兴谈话的内容，体会叶老关爱青少年成长、平易真诚的人品。

(3) 这两句都是具体描写爬山虎的句子，随着作者情感的不同，爬山虎在作者心里发生着变化，你喜欢哪一句？试着背一背，并抄写下来。

(4) 和叶老先生的交往让我受益匪浅，“我”知道了或者模模糊糊懂得了“作家就是这样做的，作家的作品就是这么写的。”

① 都来读读这句话，结合课文两部分内容完成填空。

作家就是________________________________。

作家的作品就是____________________________。

②“我15岁时的那个夏天意义非凡。”

“意义非凡”是什么意思？为什么说15岁的那个夏天意义非凡？

（5）这件事已经过去近三十年了，“我”至今还记忆犹新。叶老家小院里那一墙的爬山虎在“我”的眼前总是那么绿着。

“在我的眼前，那片爬山虎总是那么绿着。”

① 通过补充课外资料，了解爬山虎这种植物的特点。

② 现在这句话还仅仅是指爬山虎在“我”眼前总是那么绿着吗？

③ 这句话与题目呼应，表达了肖复兴的感受，让我们再读课题。

三、受到启发，交流体会

[板书设计]

	26　那片绿绿的爬山虎	总是那么绿着
叶圣陶	修改作文（1～5自然段）	“我”
认真、平和	字准确	树立信心
	句规范	
	文具体、感人	
堪称楷模	邀请做客（6～10自然段）	

四、设计反思

目标明确、环节清晰，整体符合语文课程标准，但内容较多，因此需要花费更多精力仔细考究细节。

6. 学期和单元教学设计

学期教学设计指的是根据语文课程标准、选用的教材、教学计划和本校学生的实际情况，对一个学期的语文教学做出规划，形成方案。单元教学设计指的是根据学期教学设计，对每个单元的教学实践做出规划，形成方案。学期教学设计是单元教学设计的基础，单元教学设计则是学期教学设计的细化和实现保证。

1）学期教学设计

学期教学设计包括学期教学目标设计和学期教学实践设计两部分。

（1）学期教学目标设计。语文课程标准分总目标和学段要求，学期教学目标设计一般要根据这一目标来确定。

（2）学期教学实践设计。学期教学实践设计指以完成学期教学目标为目的，对学期内教学单元的构成、各单元的教学目标、课时安排及其他有关事项做出规划，确保学期教学实践顺利进行，如表8-1。

表 8-1 学期教学设计

单元序号	单元主题	单元结构	单元教学目标	课时安排	备注
1	春天	一篇现代诗，二篇古诗，二篇故事，一篇看图学词学句和一个学习园地	认识“万、夏”等57个生字，会“万、丁”等29个生字，执笔和写字姿势正确。掌握“亻”“父”“讠”等偏旁。 有主动识字的意识，了解“以熟带新”的识字方法。 正确、流利地朗读课文，注意语音、语调，尝试用讲述型、抒情型及描述型等不同方式朗读感悟。 能留心观察周围事物，发现春天的变化及美丽。 了解植树活动，有保护环境的意识。 参加植树、放风筝等活动，结合课文用口头或图画的形式表达自己的见闻和想法。口头表达态度大方，有礼貌。	11～14	自学一篇《同步阅读第二册》上的课文
2	品德	一篇现代诗，三篇故事，一篇《三字经》识字，一个学习园地	认识“懂、貌”等68个生字，会写“洗、认”等30个生字，执笔和写字姿势正确。掌握“女”“宀”“夂”等偏旁。 有主动识字的意识，能看电视识字，了解“加一加”“减一减”的识字方法。 正确、流利地朗读课文，能读出不同角色的不同语气。 能较完整地看图说话，态度大方，配上相应动作。学习劝说他人。 了解乌鸦反哺的故事，有尊敬和关心长辈的愿望，并付诸实际行动。	12～15	自学一篇《同步阅读第二册》上的课文

续表

单元序号	单元主题	单元结构	单元教学目标	课时安排	备注
3	环保	一篇现代诗，三篇故事，一篇对子识字，一个学习园地	认识“蛋、取”等64个生字，会写“听、唱”等30个生字，执笔和写字姿势正确。掌握“冫”“扌”“月”等偏旁。 有主动识字的意识，能交流商品包装、商标识字，初步了解形声字的构字规律，巩固“减一减”的识字方法，了解“合一合”的识字方法。 正确、流利地朗读课文，能读出角色情感变化。 能参加简单的调查活动，参与讨论，制订简单计划，并与同学交流，态度大方，有礼貌。 懂得鸟类是人类的朋友，有爱护和保护环境的意识，愿意参加树木认养活动。	12～15	自学二篇《同步阅读第二册》上的课文
4	夏天	一篇古诗，四篇故事，一篇儿歌识字，一个学习园地	认识“蜻、蜓”等71个生字，会写“蚂、蚁”等36个生字，执笔和写字姿势正确。掌握“虫”“口”“木”等偏旁。 有主动识字的意识，能看招牌识字，巩固形声字的构字规律，了解一字多音多义现象。 正确、流利地朗读课文，能读出不同角色的不同语气。 能根据课文续讲故事，也能根据自己的想象编一个小故事或与同学合编一个小故事，学会预报天气。态度大方、有礼貌。 有观察天气和动物的兴趣，了解下雨征兆的自然常识，了解小动物尾巴的作用，感受夏夜的美丽。	14～18	自学二篇《同步阅读第二册》上的课文

续表

单元序号	单元主题	单元结构	单元教学目标	课时安排	备注
5	智慧	四篇故事，一篇儿歌识字，一个学习园地	认识“怕”等30个生字，执笔和写字姿势正确。掌握“日”“刂”“丿忄”等偏旁。 有主动识字的意识，能交流其他教科书上识的字，了解利用反义词识字的方法。 正确、流利地朗读课文，能读出角色的情感变化。 能猜简单的谜语，能创作简单的谜语，并与同学交流、竞赛。能根据课文做简单的实验，并用几句话说明实验的过程。态度大方，有礼貌。 有搜集谜语和给他人讲故事的兴趣，明白遇到困难要仔细观察，认真思考。	12～13	自学二篇《同步阅读第二册》上的课文
6	祖国	三篇故事，一篇歌词，一篇儿歌识字，一个学习园地	认识“海、鸥”等66个生字，会写“海、沙”等30个生字，执笔和写字姿势正确。掌握“氵”“辶”“心”等偏旁。 有主动识字的意识，能交流课外书上识的字，了解“加一笔”“减一笔” “加个部件”的识字方法。 初步感知数量词的用法。 正确、流利、有感情地朗读课文。 能学习用音序法查字典。 能讲完整的小故事，能用解说的形式介绍自己的家乡，能制订简单的计划，并与同学交流。态度大方，有礼貌。 能搜集有关英雄人物的资料，感受英雄人物的崇高品质，热爱自己的家乡，感受生活的幸福。	13～16	自学三篇《同步阅读第二册》上的课文

续表

单元序号	单元主题	单元结构	单元教学目标	课时安排	备注
7	品质	四篇故事，一篇儿歌识字，一个学习园地	认识“翻、浇”等56个生字，会写“拉、把”等30个生字，执笔和写字姿势正确。掌握“犭”“饣”“纟”等偏旁。 有主动识字的意识，能交流生活识字，了解按偏旁归类的识字方法。 正确、流利、有感情地朗读课文，体会疑问句和感叹句的读法。 能编一个童话故事，能根据给出的情境，说几句话，态度大方，有礼貌。 愿意做个诚实、热爱劳动、乐于助人的好孩子，明白不能依赖他人，应当自立的道理。	13～16	自学三篇《同步阅读第二册》上的课文
8	科学	五篇故事，一篇言语识字，一个学习园地	认识“姑、娘”等54个生字，会写“只、星”等35个生字，执笔和写字姿势正确。掌握“禾”“王”“斤”等偏旁。 有主动识字的意识，了解象形字。 正确、流利、有感情地朗读课文。 能搜集有关资料，并根据自己的想象，创造性地设计未来的火车和桥，并将自己的设计用口头和书面的形式表达出来。口头表达时态度大方，有礼貌。 知道关于地心引力的知识，知道各种各样的桥和火车，有阅读科学童话的兴趣。	15～20	自学三篇《同步阅读第二册》上的课文

2）单元教学设计

学期教学设计明确了各单元的教学目标，因而单元教学设计只需对单元教学实践做出规划，主要内容包括单元内课文的构成，每篇课文的教学目标、教学活动形式、教学课时安排及其他有关事项，如表 8-2。

表 8-2 单元教学设计

课文序号	篇名	教学目标	教学活动形式	课时安排	备注
1	识字 1	认识“万、复”等 13 个生字，会写“万、丁”等 5 个字，执笔和写字姿势正确。 正确、流利地朗读课文。 能留心观察春天的变化。 主动积累有关春天的词汇。	识字，写字，阅读，看图说话，画画	1	课前准备多媒体课件、插图及识字卡片
2	柳树醒了	认识“醒、留”等 8 个生字，注意平舌音和翘舌音的读法，会写“说、话”等 6 个生字。执笔和写字姿势正确。掌握偏旁“讠”。 正确、流利地朗读诗歌。使用讲述型、抒情型及描述型等不同方式朗读。 通过想象感受春天的美。	识字，写字，阅读，想象说话	2～3	课前准备多媒体课件、插图和识字卡片，自学《燕子飞回来了》
3	春雨的色彩	认识“线、论”等 10 个生字，会写“你、们”等 6 个生字，执笔和写字姿势正确。掌握偏旁“亻”。 正确流利地朗读课文。 通过想象感受春雨给大地带来的变化。 积累有关春天的词语。	识字，写字，阅读，分角色表演	2～3	课前准备多媒体课件、插图和识字卡片
4	邓小平爷爷植树	认识“邓、植”等 13 个生字，注意后鼻音的读法。会写“爷、节”等 6 个生字，执笔和写字姿势正确。掌握偏旁“父”。 正确流利地朗读课文。 了解“以熟带新”的识字方法。 初步了解植树的意义，有植树绿化和保护环境的意识。 积累与植树有关的词语。	识字，写字，阅读，搜集植树节的有关资料，参加植树活动	2	课前准备多媒体课件、歌曲《春天的故事》和识字卡片

续表

课文序号	篇名	教学目标	教学活动形式	课时安排	备注
5	古诗二首	认识“古、诗”等10个生字，会写“古、声”等6个生字，执笔和写字姿势正确。 正确流利地诵读古诗。 感受春天的美丽，以及在春光下玩耍的快乐。 积累与春天有关的诗句。	识字，写字，阅读，参加放风筝等活动，举办背古诗比赛	2～3	课前准备多媒体课件、识字卡片和风筝
6	学习园地	了解“熟字加偏旁”“熟字换偏旁”的识字方法。 能写好一个句子，注意行款整齐。 有主动识字的意识，将生活中识得的字与同学交流。 背诵短文《花园 果园》。 观察春天，用口头或图画的形式表达在春天的见闻，口头表达自然大方，有礼貌。	识字，写字，阅读，背诵，口语交际，画画	2	课前准备多媒体课件和识字卡片

二　课程资源开发技能

课程资源的有效开发利用，能使教学的方式丰富活跃起来，并在多样化的实践中取得令人欣喜的效果。一方面，可以超越狭隘的教学内容，让师生的生活和经验进入教学过程，让教学“活”起来；另一方面，可以改变学生在教学中的地位，从被动的知识接受者转变成知识的共同构建者，从而激发学生的学习积极性与主动性，同时还可以开阔教师的教育视野，转变教师的教育理念，从而更好地激发教师的创造性智慧。开发语文课程资源的策略有：

（一）挖掘教材资源的策略

1. 教师对教材单元中的调适与重新编辑

单元主题模块是人教版小学语文教材的一个显著特点，它强调单元的整体性、活动性、开放性、综合性与主体性，利于教师对教学的整体策划、精心设计，开合自如，高度综合，学生担当学习主角。比如某学校的三年级单元模块教学就是一例。他们的做法是按照教程单元的主题，让学生感受童年生活的美好、了解周围的环境等，创设情境，提供相应资源，形成模块。具体做法如下：

教师在一周前预告单元教学的内容是“了解周围的环境”，要求学生进行调查周围环境的实践活动。布置的第一个任务是搜集、了解世界各地有关保护环境与破坏环境的事例；第二个任务是成立调查小组，对周围的环境展开调查；第三个任务是组织调查汇报交流会。在整个活动中充分发掘学生的潜能，培养学生敏锐观察、深入调查、口头表达、及时综合展示的能力。

2. 教师充分挖掘教材篇目的内容

（1）于质疑中挖掘。“于无疑处有疑，方是进矣。”可以在每课的教学中设计质疑探究的环节，质疑可以从以下几个方面来进行：课堂听而未懂的问题要质疑；思而不解的问题要质疑；对课本提出异议的问题要质疑。通过第一种质疑，可以挖掘我们实际教学中存在的盲点，进而及时解决问题；通过第二种质疑，可以挖掘学生自主思考中难以解决而借助教师的帮助可以解决的问题；通过第三种质疑，可以培养学生的怀疑精神，挖掘到意想不到的知识。

（2）于空白处挖掘。空白，主要是指教材中尚未明确写出的部分。补充空白有以下几种情况：① 补充课文背景；② 补充由于文章跳跃和断续造成的使读者难以理解的内容；③ 补充由某个知识点可能生成的一个知识面，比如作者生平、写作背景等。教学的重心应是“导”，教师要引导学生去创造，把作者有意无意忽略的部分通过学生的再造想象弥补出来。教师的作用不仅仅是引导学生“填”，还应该通过暗示启发，从空白处引导学生积极地交流、比较、反思、选择，及时帮助学生填补阅读空白，从而达到既培养学生再造想象，又培养其创造想象能力的目的。

（3）于多元理解中挖掘。语文课程标准强调尊重学生的多元理解和独特感受。因而在教学中，我们必须重视学生的“多元解读”，关注课堂的动态生成。提倡多元理解，不囿于教学参考书的课文分析，要鼓励教师和学生在教学中发挥主动性和创造性。

（4）于拓展教材时挖掘。教材不是唯一的教学资源。从语文课程标准的要求来看，凡是有利于学生主动创造、和谐发展的教学资源都应该加以开发和利用。教师应该发现那种动态的课程资源，及时调整计划，挖掘、重组、整合、生成、提升、拓宽学习的途径，提高素养，使学生以更高的高度去理解文本，加深认识，开拓思维，取得“一加一大于二”的收获。比如学生学过《夜宿山寺》后，可以要他们去搜集大李杜、小李杜的介绍；学过《长征》后，可以拓展介绍毛泽东的其他作品……这样课本成了拓展丰富课程资源知识航标。

课本内容是显性的，但有的资源是隐性的，这就要求教师有深厚的素养、较新颖的课堂教学形式，同时具备一双“慧眼”，其中，素养好似“内功”，形式好比“招式”，而慧眼就像“悟”，三者具备，我们就能灵活机动地挖掘课程资源，开拓出全新的教学新境界。

（二）开发校本课程资源的策略

课程资源是新一轮国家基础教育课程改革所提出的一个重要的概念。课程资源的开发对学生和教师的发展具有独特的价值和重要的意义，是保证新课程改革得以实施的基本条件。积极开发多种多样的课程资源，充分发挥课程资源的优势，有利于为教育教学的发展服务。教师要强化课程资源意识，提高对课程资源的认识水平，因地制宜地整合、开发和利用各种课程资源，更好地实现课程资源目标。

校本课程资源的开发，是为了更好地满足学生的实际发展需要。其开发的策略为：

1. 建立科学的课程开发程序，保证课程开发顺利实施

（1）科学的环境分析。这是课程开发与实施的前提。在确定课程目标前，要做好学生需求调查、教学资源评估与配对等环境分析工作。环境分析包括外部环境分析，如社会变革、社会期望、地区状况、教育资源等；学校内部环境分析，如办学条件、师资状况、学生需求、课程缺陷、校风等。

（2）校本课程目标的设置。校本课程目标的设置要根据新课标的三维目标，促进学生在知识与技能、过程与方法，以及情感态度与价值观方面的全面发展。校本课程开发的目标至少包括两个相互联系的工作，一个针对教师的专业发展目标，另一个针对学生的课程目标，即校本课程开发既要促进学生的特长发展，也要促进教师的专业发展。

（3）校本课程组织的建立。校本课程学习的组织形式主要有三种类型，即自愿选课组班，小组合作研究，个人研究与集体讨论相结合。自愿选课组班是经常采用的组织形式。事先可采用两种选课方式，一是进行调查，学生根据自身兴趣提出选题意愿，教师再“有的放矢”；二是由教师提出自己的课题，向学生公开，学生自愿选择。小组合作研究也可以采用非常灵活的组织形式，学生可组成课题组，聘请有一定专长的教师或校外人士等为指导教师。个人研究与集体讨论相结合的形式需要学生围绕同一研究主题，各自搜集资料，开展探究活动，获得结论或形成观点。

（4）课程实施。课程目标制定以后，课程的开发、实施和效果评价就有了依据。校本课程实施指的是校本课程付诸实践的过程，即走进课堂、走进学生大脑的过程。实施过程中，突出从学习者的生活经验出发，注重实践性，可利用文字材料、模型、书籍、多媒体等创设情境，并通过情境激发学生的思维活动。要鼓励教师进行创造性的劳动，提高教学情境的适应性和教学实践的合理性。把教师讲授与学生自学和各自活动结合起来，促进学生在获得知识的过程中发展各方面的能力。还可以通过组织讲座、观看电影、观看录像、组织调查研究或其他实践活动等多种形式实施教学，使学生的兴趣、需要、经验、能力在学习中整合提高。

（5）教学效益评价。校本课程开发的效益，可以从两个方面进行评价。首先是学生人数。参加学习的人数少于十人，该课程缺乏效率，资源利用率过低，应该考虑撤销。其次是学生学习兴趣的保持度与满意度。学生对课程的选择抱有一定的尝试心理，也带有比较浓厚的感情色彩，能否保持对课程的后继兴趣和动力，与课程的选择、学习条件与气氛、教师教学能力与专业水准等有关，甚至与学生对课程期望值的高低等有关。

（6）课程反思与重设。课程反思是提高课程质量的需要，也是提高课程效率的需要。特别是在校本课程开发的起始阶段，允许教师和学生有一个相当长的探索、适应时期。各校应根据本身的资源占有和学生实际需要等具体情况，重视课程反思环节，反复衡量利弊，筛选出高效优质、体现特色、培养专长、提高素质的课程体系。

2. 充分发挥学生个性，突出以学生为本

校本课程的开发，强调满足学生的实际需要，以学生的自主活动为基础，通过学生的

亲身实践来获取知识。校本课程的开发，必须遵循兴趣优先、活动主导和以学生为本的原则。

校本课程的开发，为学生根据自身的需要进行“选择性学生”提供了可能，正是这个可能，学生才真正成为学习的主人。校本课程的开发能激发学生的学习动力，满足学生的不同学习需要，为学生追求自身的特长发展创造条件。反过来，学生的积极参与，也为校本课程的开发注入了发展的动力。

3. 充分发挥教师的优势，校本课程发展与教师专业发展相结合

教师专业发展最有利的因素就是亲身参与教育教学活动，把学习过程与实践过程有机结合，促使教师更快速地向专业化发展。通过校本课程的开发，在边研究、边探索、边开发、边实施的过程中，教师的课程开发意识、自身素质水平和课程开发能力都能得到同步提高。借助课题申报，用课题研究的形式带动和推进校本课程的开发，进行课程开发的探索性研究，有利于推进课程开发向高水平健康发展。

4. 充分挖掘学校资源优势，突出学校办学特色

要充分挖掘学校资源优势，突出学校办学特色，充分认识学校自身的利于课程开发的资源优势。学校的资源优势，广义地说是指学校拥有校本课程开发的各种有利条件和因素，狭义地说是指学校拥有各种课程内容的直接来源途径。

认清自身优势，是成功开发校本课程的第一步。也只有认清了自身的资源优势，并充分挖掘和利用这种优势，才能开发出体现学校特色的校本课程。

5. 建立开放的机制，充分利用资源优势，有效整合课程资源

课程资源目前可以利用的主要有三部分：一是学校内的课程资源，如实验室、图书馆以及各种教学设施和实践基地；二是校外的课程资源，如图书馆、博物馆、科技馆和工厂、农村、部队、科研院所等广泛的社会资源及丰富的自然资源；三是信息化课程资源，如校内的信息技术的开发利用，校内外的网络资源等。充分利用社会资源，与校内资源、信息化资源有效整合，是课程开发的有效策略。

6. 建立完善的校本课程开发的评价管理机制，保证课程质量

校本课程开发活动作为一个整体，其中的每一个阶段都包括一系列的评价活动。评价内容既要包括对课程开发工作本身进展状况的评价，也要包括对教师工作的客观评价，同时还有对学生学习表现的评价。

在校本课程开发准备阶段，要首先进行背景性评价。即对编制的课程材料特点与质量、对地方的需求和期望、对学生群体的兴趣状态等都要进行明确的考查。在校本课程开发的编制阶段，要进行课程的实质性评价，考查校本课程开发产品的结构部分或构成因素以及一连串的学习活动安排是否合理，参与课程开发的教师的工作绩效，等等。校本课程开发评价活动的最后一个阶段是结果性评价，即对课程实施过程中的优缺点进行评价。在肯定教师的开发工作成果的同时，提出有助于下一轮课程开发的建议。

虽然建立校本课程评价管理机制是繁杂的工程，但它是校本课程开发工作深入、持久进行的保证。只有定期地进行课程方案的阶段性评价以及最后总结性评价，才能使我们的校本课程更加科学、更加完善。

（三）开发综合实践活动策略

综合实践活动是在教师引导下，学生自主进行的综合性学习活动；是基于学生的经验，密切联系学生自身生活和社会实际，体现对知识的综合应用的实践性课程；是以学生自主选择的、直接体验的、研究探索的学习为课程基本方式，以贴近学生现实的生活实践、社会实践、科学实践的主题为课程基本内容，以学生个性养成为课程基本任务的非学科性课程。开发综合实践课程资源的策略如下：

1. 成立课程资源开发小组

综合实践活动课程资源开发的第一步是成立课程资源开发小组，确定人员构成（课程资源开发小组一般由学校校长、中层领导、教师以及学生组成），并明确职责。课程资源开发小组的职责主要包括拟定课程目标和计划；编制课程指导书；组织学校师生申报课题；对课程实施进行监控与管理；进行课程评价与调整；建立课程资源管理数据库。

2. 分析校内外课程资源

综合实践活动课程资源开发的第二步是要考虑学校以及校内外课程资源的丰富程度，具体包括四个方面：① 学生的身心发展、知识、经验、兴趣、能力与需求；② 教师的知识、技能、经验与特长；③ 校园环境、学校基本设施、图书资料、教材等；④ 校外可利用的自然资源、社区资源、人力资源。

3. 拟定课程目标与计划

综合实践活动课程资源开发的第三步是要确定课程目标和制订课程计划。课程目标要根据现行开展综合实践活动的具体情况，结合综合实践活动课程的总体目标来确定。课程计划具体包括课程的总体思路与设想、课程的时间安排与活动方式、课程的组织与实施、课程的成果形式与评价方式。

4. 编制课程指导用书

综合实践活动课程资源开发的第四步是要编制课程指导用书。包括收集与学生开展综合实践活动相关的文献资料，或为学生提供相关的索引，编制有关学生活动指导用书。

5. 组织学校师生申报课题

综合实践活动课程资源开发的第五步是组织学校师生申报课题。课题可由教师提出也可由学生自己提出，课题内容包括选题的原因与意义、课题的目标、课题实施的步骤与方法、课题的组织形式、课题的成果形式等方面。

6. 课题评审与实施

综合实践活动课程资源开发的第六步是组织课题评审与实施评估。评估内容包括课题是否有可行性，课题是否有意义，课题的目标是否简洁明了，课题的实施步骤与方法是否恰当等。课题一旦获得批准，课题组的指导教师就应按计划认真负责落实。

7. 课题评价与调整

综合实践活动课程资源开发的第七步是进行课题评价与调整。课题实施一段时间以后，课程资源开发小组就要根据课程实施情况做出调整，决定课程保留与否，并对保留课程的教师给予一定的奖励。

三 组织学生自主学习的技能

（一）什么是自主学习

自主学习是指学习主体有明确的学习目标，对学习内容和学习过程具有自觉的意识和反应的学习方式。自主学习是在教师组织、引导下的高品质的学习。在学习活动后，学生能够对学习结果进行自我检查、自我评价和自我补救。这是与传统的接受学习相对应的一种现代化学习方式。学者庞维国将“自主学习”概括为：建立在自我意识发展基础上的“能学”；建立在学生具有内在学习动机基础上的“想学”；建立在掌握了一定学习策略基础上的“会学”；建立在意志努力基础上的“坚持学”。教师要努力引导学生成为一个主动的求知者、探究者和运用者，努力使学生真正成为学习与发展的主体。

（二）组织自主学习的要求

1. 教师在课堂教学中注意自己的角色转变

（1）当好学生学习活动的组织者，调控好课堂节奏，创设愉快的气氛和环境，保证学生学习活动的良好心态。

（2）当好学生学习活动的引导者，鼓励学生主动参与，适时地给予评价，以促进学生的不断进步。

（3）当好学生学习活动的参与者，在课堂教学中参与学生的朗读、练习、讨论、探究等多种实践活动。

（4）关注学生的个体差异和不同的学习方法，鼓励学生在与教师和同学平等交往中展示自己的能力，给予每个学生参与教学活动的平等机会，给予需要帮助的学生及时、热情的帮助。

（5）爱护学生的好奇心、求知欲，激发学生的主动意识和进取精神。

（6）激发学生的学习兴趣。激发学生学习兴趣的方法有：借助多种手段创设良好的学习环境激发学生的学习兴趣；利用精彩的学习内容激发学习兴趣；借助灵活多样的教学方法激发学习兴趣；给予及时的鼓励与评价激发学习兴趣。同时，指导学生掌握相应的发现问题的渠道及解决问题的策略等，并在此基础上培养学生良好的学习习惯。

2. 指导学生自主学习的方法

1）鼓励学生提出质疑

质疑就是学生自己提出问题。学生自己质疑提问，这是培养学生能力的重要组成部分。教师要鼓励他们大胆质疑。为了达到这个目的，可以采取如下两个方面的措施：

第一，让学生建立一种意识——权威和现成的答案并不总是正确的，通过自主学习和独立思考，我们可以创立自己的思想。在课堂上，教师要鼓励学生谈自己的观点、看法、见解和意见。

第二，要鼓励学生大胆质疑，还必须创设一种气氛——宽松、和谐、民主的教学气氛。要让学生明白三点。首先，要明白任何事情都有一个“为什么”，都值得去问。大量的事实证明，所有的事物都有“为什么”。心理学家布鲁纳认为，学习是一个主动的过程，对学生的学习内因的最好激发是对所学材料的兴趣，即主要是来自学习活动本身的内在动机，这是直接推动学生学习的心理动机。其次，要明白问题简单不会丢了面子。教师要努力创设一种师生间民主、自由、和谐，学生间互相协作的和谐的教学气氛，使课堂成为一个真正宽松自如的天地，成为学生自由发表意见的王国。在学生热烈讨论并指出问题时，教师要特别重视培养尊重别人发言的良好习惯。教师要让学生懂得尊重别人发言，养成静静地听别人说完再举手的良好习惯，创设“问”的空间，使学生在健康的集体心理氛围中轻松地学习。最后，要明白“问”有保障，有效的自主学习能得到积极评价。创造力人人都有，教师要善于捕捉学生星星点点的智慧火花，不失时机地给予积极评价，使学生时时有一种愉悦的心理体验，感受到思维劳动本身的乐趣。当一个人的才能为他人所承认时，就会产生一种想要发挥更大才能的心理。教师激励、评价学生的质疑，应注意真诚、及时、恰当和多样化。

2）引导学生自主解决问题

如何引导学生自主解疑？在引导质疑的过程中，学生逐渐形成了质疑能力，然而只停留在这一步是远远不够的。面对学生的问题，教师还必须引导学生自己去分析和解决问题。

3）引导学生进行课外阅读

语文教学要求，培养学生广泛的阅读兴趣，扩大阅读面，增加阅读量，提倡少做题，多读书，好读书，读好书。鼓励学生自主选择阅读材料。常言道，得法于课内，得益于课外。教师在努力提高课堂阅读教学效率的同时，必须重视学生的课外阅读，使课内外阅读有机结合起来。教师必须树立大语文教育观，引导学生大量进行课外阅读，在阅读实践活动中学习、掌握各种读书方法，具备处理各种信息的能力，以适应现代社会的需要。如何引导学生有效地进行课外阅读呢？

一要注重学生的兴趣化阅读。阅读的初期阶段，允许学生不求甚解，先培养学生对书的亲近感。随着学生对书的兴趣日益浓厚，教师再适当加以指导，这种指导是多方面的，如通过开展讲故事，或者开设儿童文学作品推荐课等多种形式，引导学生与经典对话，使之学会深层阅读。这样既拓宽了学生阅读的广度，又拓展了学生阅读的深度。还可以鼓励学生自主选择阅读材料，激发他们的阅读热情。也可利用教材中的名篇名家的节选欣赏来激发学生阅读完整原著的兴趣，同时要鼓励学生抛弃狭隘的“兴趣”观念，有意识地阅读各种类型的书籍来开阔自己的视野。

二要尊重学生的个性化阅读。阅读是学生的个性化行为，不应以教师的分析来代替学生的阅读实践。教师要学会尊重学生的个性化阅读，确立学生阅读的主体地位，给予学生足够的阅读自由，放手让学生以主人翁的姿态去与作品展开对话，让他们自己感受、思考、理解和表达。尊重学生在个性化阅读实践中获得的创造性见解，才能创造出精神独立和思想自由的人，真正提升学生的阅读能力。

三要强调教师的指导性阅读。学生阅读兴趣和习惯的养成，教师起着重要的作用。教师有针对性的指导阅读，有助于学生形成良好的阅读兴趣和习惯。教师既要指导学生如何选择书目，又要指导学生正确的阅读方法。对阅读书目的选择，可以分为必读书和选读书。必读书要求全班学生都要阅读，选读书可以由学生自行选读。如果学有余力，还可以按照自己的兴趣另外选择读物。有了好的书籍，更要有好的阅读方法。教师要指导学生根据阅读的内容和阅读的需要来决定哪些要泛读和略读，哪些要精读和细读。例如知识性的读物，可以用泛读和略读的方式；而优秀的文学作品，比如经典名篇，那就需要细读和精读了，以便品味其优美的文字、动人的情感。在指导学生阅读方法的同时，还要指导他们养成专注、质疑、持之以恒的阅读习惯。无论泛读或精读，都需要专注，这样才能通过阅读来获取丰富的知识。同时，阅读更需要质疑，正如孟子所说“尽信书，则不如无书”，我们要用怀疑的精神去阅读，要学会辨伪存真，提出独到见解。鲁迅在《读书杂谈》中指出：“看别的书也一样，仍要自己思索，自己观察。倘只看书，便变成书橱……”教师要指导学生带着问题走进文学作品，千万不要让学生成为“两脚书柜”。引导学生广泛进行课外阅读，是课程资源开发必需的，也是提高语文学科教学效率的有效手段，更是学生终身学习和发展的需要。“不积跬步，无以至千里。”作为语文教师，应引导学生有效地进行课外阅读，积极激发学生课外阅读的兴趣，主动帮助他们选择课外阅读的内容，经常性地围绕课外阅读组织形式多样的阅读交流，给处在记忆黄金时期和人格形成时期的孩子们，播下最好的种子，提供最好的养料，留下最好的回忆，从而让学生在书籍的海洋中浸润，享受崇高精神的滋养，不断充实自己的文化底蕴、丰富自己的气质涵养，为学生的终身发展服务。

四要引导学生自我评价。新课程的基本理念之一是要求被评价者成为评价主体中的一员。在自主学习的过程中，学生为了更好地完成学习任务，达成学习目标，同时也是为了更好地了解自己的学习情况，作为学习主体的学生需要在学习过程中不断对自己的学习活动进行反思和评价，以便调控或者激励自己更好地开展自主学习。自我评价是一种创造性活动，学生通过自己提出问题、编制考卷、参与评价等行为，促使自己对学习的过程进行反省，提高客观认识自我的能力，避免盲目自信或自卑，从而更好地开展自主学习。例如，可以通过汇报进行自我评价，即提出问题让学生大胆地讲，讲结论、讲答案、讲思路。学生的讲解可能是片面的、不够准确的，甚至是错误的，可以让其他的学生、小组发言争辩。在“争”的过程中，帮助学生评价自我思考的优点和缺点，从而引导学生不断调整自己的学习方法。

案例展示

《伯牙绝弦》教学片段

教师：同学们，刚才大家通过结合课文的注释，理解了文章的大意，也掌握了一些重点的实词。不知大家发现了哪些文言词语的用法与我们已学的有区别？

（学生自主分析5分钟后）

教师：大家一共归纳了多少个呢？请大家将自己找到的词语列一个表，并思考两个问题：一、我找的这个是不是古今异义？二、我归纳完整了没有？

（学生再次思考）

接下来的汇报交流，有不少同学不时“插嘴”，主要是针对归纳不完全的展开，大家在老师的引导下不断修改，最终形成了一个《伯牙绝弦》一课的古今异义词汇表。

评价的最终目的是着眼于学生自主学习能力的提升。通过学习过程中的评价，学生自主学习行为得到有效的调控。评价能帮助学生调整学习方法，更好地达成学习目标。在学习结束时的自我评价，则是一种积极的自我反馈，有利于学生自我反思，不断升华。多加引导学生进行自我评价，有利于逐步培养学生的自我监控和反省的能力。

四　组织学生合作学习的技能

（一）什么叫合作学习

合作学习是指学生在学习群体中，为了完成共同的任务，有明确的责任分工的互助性学习；是学生经过自主学习、独立思维后，在学习小组内进行思维碰撞、相互质疑、辩驳，从而取得共识的一种学习形式；是以合作小组为基本组织形式，系统利用教学中动态因素之间的互助关系，使学生在交往互动中完成自己知识建构的一种学习形式。

（二）合作学习小组的特征

合作学习是一种学习方式，也是一种教学策略，世界各国都在践行这种有效的学习方式。合作学习小组的特征是平等参与、积极互动、人人尽责、善用技能和小组自治。

（三）组织有效的合作学习的方法

有效的合作学习有利于沟通师生、生生之间的情感，交流信息，有利于学生主动性、创造性的发展，有助于建立和保持与他人的合作关系，有利于学生人格、心理的健康成长。可以通过如下几点展开：

1. 合作意识

教师要培养学生的合作意识，使学生明白教别人一遍就是自己学两遍，帮助别人就是施惠自己。有了合作意识、合作精神，合作学习就随处可见。

2. 合理排座

专家认为，马蹄形、圆桌会议形是理想的合作学习排座的方式，它能使学生面对面相视，有利于增强人际亲和力。一般以前后四个或六个同学为一组较好，一是小组成员坐得近，每一个成员始终和自己的同伴在一起；二是便于教师在教室中来回观察。

3. 合作的过程：

（1）在学生自主学习、独立思考质疑后，教师根据教学目标、内容、研讨练习、学生的质疑等巧妙设计学习任务，形成需要分工、承担各自责任才能完成的探究性学习任务，信息汇总的学习任务，找出学习方法中存在问题的学习任务，互动、协作才能完成的教学目标的学习任务。

（2）组建学习小组。根据学生的性别、性格、人数、知识、技能等组建小组。

（3）指导小组分工，明确各自职责。小组长、书写手、汇报员，分工明确，彼此配合，相互沟通，共创共享合作学习的成果。

（4）创设合作学习情境。创设“需要合作”的学习情境，激发学习兴趣（采用游戏、角色扮演、团体竞赛、生活问题解决等方式）。

（5）参与、指导合作学习。指导如何分配学习任务、角色，如何向同伴提问，如何倾听发言，如何辅助同伴，如何交流、讨论、协调分歧、归纳，反复训练，形成技能，才能事半功倍。小组遇到困难时，教师以合作者的身份参与到合作小组中去，适当点拨、启发、指导、帮助，同时培养学生的合作意识、人际交往能力及探究精神。比如低学段的合作方式是你教我读，我报你写，我背你听，我问你答……教师以平等的身份参与进去，倾听、引问、帮助。

（6）管理、调控合作学习过程。对问题、时间、进程、态度、任务等进行调整。

（7）评价合作学习过程。通过小学校长汇报、展示合作学习成果、过程介绍、感受交流等方法，组织学生对各校长合作学习过程、方法策略、效果等进行评价。可用“合作学习评价表”评价，包括参与情况（主动、被动），任务完成情况，与他人合作情况。

五 组织学生探究性学习的技能

（一）什么是探究性学习

探究性学习是教师在教学中创设的一种类似于学术研究的情境，学生围绕一定的问题、文本或材料，在教师的帮助和支持下，自主寻求、自主建构答案或理解的过程，通过学生自主独立地发现问题、搜集与处理信息、表达与交流等探索活动，获得知识、技能、情感态度与价值观的发展。探究性学习的核心是学生要有问题意识。其特征是：

1. 自主性

探究性学习在教学过程中把学生作为活动的主体，立足于学生的学，以学生的主体活动为中心来展开教学过程。学生在积极主动地参与教学活动过程中以自己的经验和知识为基础，经过积极的探索和发现、亲身的体验与实践，以自己的方式将知识纳入自己的认知结构中，并尝试用学过的知识解决新问题。教师在这个过程中只是一个组织者、指导者和参与者。探究性学习方式有利于学生主体意识和主体能力的形成和发展，有利于塑造学生独立的人格品质，有利于培养学生的自主性。

2. 实践性

探究性学习是以学生的主体实践活动为主线展开教学过程的。学生借助于一定的手段，运用多种感官，通过自己的主体活动，在做中学，使得学生的实践活动贯穿于学习活动的始终。探究性学习特别强调学生的感知、操作和语言等外部的实践活动，强调学生的直接经验和间接经验的交融、统一，使认知活动建立在实践活动的基础之上，用学习主体的实践活动促进学习者的发展。

3. 过程性

探究性学习追求学习过程和学习结果的和谐统一，接受学习和重视学习的结果，但更加关注学习的过程。探究性学习非常注重学习过程中潜在的教育因素，它强调尽可能地让学生经历一个完整的知识的发现、形成、应用和发展的过程。让学生尽可能地像科学家那样发现问题、解决问题，经历一个完整的科学研究过程，体验发现知识、再创知识的创新过程。

4. 开放性

探究性学习的目标是很灵活的，没有像知识目标那样有明确具体的要求。探究性学习在内容上及探究结果的要求上是开放的。探究性学习打破了传统教学在统一规定下的教学模式，为学生提供了大胆创新、实现自我超越的学习环境。学生在探究性学习的过程中，能够大胆地怀疑，提出问题，探讨解决问题的方案，对不同的结果进行分析，从而不断提高创造能力。

（二）如何引导学生进行探究学习

语文课程标准的探究性学习是指把学习过程中的发现、探究等认识活动凸显出来，使学习过程更多地成为发现问题、提出问题、分析问题、解决问题的过程。小学阶段的探究性学习重在组织引导学生经历探究过程，并通过这个过程培养学生的探究意识和探究习惯。探究性学习的基本方法和步骤是提出问题—确定问题—逐步探究—创设情境—交流体验—评价总结。

1. 提出问题

作为一种学习方式，探究性学习的首要任务是教师要善于将课文内容巧妙地转化为问题情境，根据课文的特点，提出问题。比如教学《将相和》时，教师提出这样的问题“将相‘不和’的原因是什么?”，并让学生带着这个问题初读课文。

2. 确定问题

探究性学习的运作，关键在于确定问题，它是学生阅读一篇课文时的探究目标。确定探究性问题应考虑三个因素：一是课文本身的内容和意义，值得学生去挖掘、探究；二是要能引起学生的兴趣，学生也有能力探究；三是容易获得探究信息。比如有教师在教《赤壁之战》时，先让学生初步理解课文，然后引出杜牧的“折戟沉沙铁未销，自将磨洗认前朝。东风不与周郎便，铜雀春深锁二乔。”接着问学生：“杜牧认为如果没有东风，曹操就会胜，你认为他说得对吗？请你从课文中找出论据来说明你的观点。”学生们对这一问题展开研究和讨论，出现了三种观点，分别是认为作者说得对，认为作者说得不对，认为作者说得不全对。教师引导学生进行了辩论。辩论中学生逐渐明白了这场以少胜多、以弱胜强的战争结果的偶然性和必然性。课堂气氛十分活跃，学生的主体精神得到了充分的体现。

3. 逐步探究

探究性学习，学生要经过大量的语文实践活动，如阅读、批注、思考、讨论、整理、记忆，这就需要充足的时间和更宽裕的学习空间，因此，在课堂上，教师要舍得花时间，让学生充分地理解、讨论、感悟。否则，学生往往思考不充分，造成表达不清楚，理解不到位，人云亦云，雾里看花。在探究阅读的过程中，要让学生获得丰富的主观感受，心中有“意”，胸中有“情”，教师要在学生反复品评、玩味课文语言时，给予学生信息援助，开辟思维角度，创造探究空间，使学生的情感、思想在与文本对话中产生碰撞。这样既能遵循文本，又能进入“超文本”的创造性的境界，真正把书“读活”。由于开辟了思维角度，给予了信息援助，学生的思维空间便拓展了，更为解读课文的语言文字，领悟相关内容提供了有力的经验支撑，使课文语言在学生的心中有了坚实的落脚点和宽厚的同构面。为此，教学实践中一定要让学生在探究中自主，在探究中形成独特的感受与体验，进而与作者产生情感的共鸣，在探究中快乐地成长。

4. 创设情境

语文教学不仅仅是技能的传授，更应当是主观感受的表达，是内心情感的流露，是个人见解和智慧的展现。教师要创设与课文相匹配的情境，让学生去感受、体验、品味。换句话说，就是教师要从课文中找到触发点，来触发学生的情思，从而使学生获得这种感受。触发点，是指文章作者与学生情感的沟通点，学生与现实生活的联系点，学生与文章思想的共鸣点。只有找到触发点，触发了学生的情思，学生的思想、情感就会喷涌而出。如在教学《十里长街送总理》时，为了让学生感受“总理爱人民，人民爱总理”，有教师设计了以下引导步骤，首先出示“灵车缓缓地前进，牵动着千万人的心。许多人在人行道上追着灵车奔跑。人们多么希望车子能停下来，希望时间能停下来!”然后，让学生在“千万人”“许多人”“人们”下面打点，再读读这段话，最后让学生联系学过的课文、读过的书报、看过的影视，想一想，如果有关人物就在送行的队伍里，他们会想些什么，说些什么。学生经过细读、想象，纷纷谈出自己的真切感受。

5. 交流体验

语文教学的探究性学习不是纯客观的、推理性的，而是体验性的，语文课的思维活动也不是单纯逻辑思维、抽象思维的活动，而是理智和情感的结合。教师在组织学生进行语文课的探究性学习时，应始终注重探究乐趣和情感体验。比如一位教师在教学《草船借箭》一文时提问，学生探究的是，诸葛亮看透周瑜、鲁肃、曹操这些人物的哪些内心活动？又是如何利用，从而神机妙算借箭成功的？该教师根据学生的研究目标和情趣分成了红黄蓝三个小队进行成果汇报。在汇报“诸葛亮不动声色斗周瑜”中，为了更形象地表现出诸葛亮是如何装疯卖傻，麻痹周瑜并使他一步步得意忘形的，红队学生表演了课文中两个人的对话。在汇报“知人善任用鲁肃”时，黄队主持人让大家跟他读课文中的两句话来体会诸葛亮对鲁肃既信任又防备的正确策略。在汇报“谈笑风生借曹箭”时，主持人不仅通过列表来分析借箭过程，还由蓝队一名读书好的同学带领大家读书体验。因此，较成功地让同学们感受到课文中的人物形象，较深刻地体验到诸葛亮的神机妙算。整堂课教师没有让学生进行过多的推理，而是引导学生充分进行情感体验。在汇报交流时，不但让学生谈独特的感受，还要学生通过朗读把自己的感受、体验读出来。这种对学生在学习过程中产生的独特体验的关注，激发了学生探究性学习的乐趣，培养了学生的人文素养。

6. 评价总结

探究性学习是提高学生人文素养、培养学生的创新精神和实践能力的重要途径。而对探究性学习进行准确、有效和科学的评价总结也是非常必要的。对探究性学习的评价，要重视对学生的行为进行积极性评价，从而使学生能以积极的心态参与探究学习活动。为此，教师在这一环节活动中要善于捕捉学生探究创新的思维闪光点，让他们体会到成功的喜悦与欢乐，进一步激发他们的探究创新意识。

当然，探究性学习的方法不是一成不变的，可以针对实际进行适当调整。在探究过程中，教师要创设探究情境，激发探究欲望，给予学生充分探究的时间与空间，教给学生探究方法，与学生共同商讨方案，提供资料的支援，提供表达与交流的机会，提供必要的指导帮助，及时给予示范、评价。

六 组织学生体验性学习的技能

（一）什么是体验性学习

体验性学习泛指学习者亲身介入实践活动，通过认知、体验和感悟，在实践过程中获得新的知识、技能、态度的方法。这种学习方式，重点落实在学生自主的感悟与体验上，要求学生充分运用已有的知识与生活经验，在对新情境感知的基础上，通过感悟或体验，获取新的知识和技能。

（二）如何组织学生体验性学习

“体验性学习”的关键是体验和反思，“体验性教学”主要是“组织体验”和“引导反思”。让学生在经历和实践中实现自我领悟，在反思中构建自己的体验，形成自己的行动策略和方式。

1. 教学生体验的方法

教师应教给学生一些体验的方法。如在阅读教学中，可采用读书法，就是通过读来体验。读的方式很多，有齐读、自由读、朗读、默读、吟诵、分角色读等，其中自由读、默读和吟诵最适合学生生成自己的体验，使他们完全进入文本世界，从而加深对文本的理解。

2. 做生活有心人，捕捉生活有意义的情景，让学生在真实的情境中体验真情

杜威曾说，人类的真智慧，靠两样东西做基础，第一是从近身环境中所得来的亲切的知识，第二就是从训练中得来处理环境的能力。诚然，如果课堂所学的内容都能以学生的感性经验为基础，学习的效果就能事半功倍。

3. 匠心独运，在课堂里创设“动情”的情境，使学生获得切身的体验

体验性学习强调的是“行而体道”“行而察道”，它具有亲历性的特点。学生在情境中的亲身经历，是获得体验的基础，是学生进行反思并生成知识和情感的源泉。

4. 提供情境刺激，唤醒学生对原有经验的反思

对于熟悉的事物和情境，只要给学生创设表现情境，让他们受到相应的刺激，就能激活其原来积累的经验，使其进入联想到的某种情境，从而产生体验。在学生有了直观感受后，引导学生反思，设置讨论环节，或者是进行小练笔、习作等。因此，我们可以将体验性学习理解为在“做”中获得亲身的体验和感性经验，并在对体验与经验进行反思中获得成长性发展的一种学习方式。

5. 学生体验时，教师要点拨、引导、帮助学生生成体验

体验与接受性认知不是对立的，体验与接受性认知学习的合作才是完整意义上的学

习；学生是发展者、不成熟者，他们在体验的过程中经常陷入困境，甚至有时会产生错误体验，所以教师要通过精讲对学生进行引导点拨。体验不排斥教师的讲授，适当的点拨能帮助学生生成体验；但教师的讲一定要把握好“度”，不能不讲，更不能全讲，关键是讲得有效、讲得及时、讲得合适、讲得精彩。

梳理与探究

1. 任选一篇课文，进行教学设计，并写出该课文所在单元的单元教学内容。

2. 任选其他几个技能中的一个进行实践练习。

8-2 随堂练习

第九章

小学语文教学评价体系

职业素养目标 · · ·

1. 树立小学语文教学评价理念。

2. 了解小学语文教学分类评价的内容并掌握具体评价方法。

3. 掌握小学语文教学系统评价的具体实施方法并能熟练地进行操作。

第一节　小学语文教学评价的理念

教学评价是有效教学中不可或缺的一个重要组成部分。那么，在小学阶段，语文教学评价应当遵循怎样的理念？当前语文教学评价存在哪些主要问题？针对这些问题，我们需要进行哪些改革？当前改革中遇到的问题应当如何解决？只有首先明确了这些问题，才能帮助我们认清评价中的不足，进而积极推进改革，将小学语文教学评价工作做得更好。

一　当前小学语文教学评价中存在的问题

（一）评价功能失调，过分强调甄别选拔功能，忽视评价的改进、激励、发展功能

长期以来，语文课程的评价主要是为了从众多学生中筛选出少数尖子，评价实际上成了一种终结性的甄别选拔过程，表现在学生身上就是只关心学生考试得了多少分，排在第几名，而很少关心考试中反映出来的自身发展中的进步和存在的问题，导致学生不能正确认识到分数的意义，使评价的激励、调控、发展功能得不到充分发挥。评价功能的失调，还表现在对教学的消极影响上。有的学校以所教班级学生成绩排名作为期末考核教师的主要方式，造成教师搞题海战术，弄得学生不堪重负，不仅浪费学生的宝贵时间，无助于学生语文实践能力的提高，而且扼杀了学生的学习兴趣，抑制了学生的创造精神，损害了学生的身心健康。

（二）评价内容片面，过多测试书本知识，忽视对综合素质的考查

目前小学语文教学评价内容存在着明显的片面性。首先，小学语文教学评价很少注意到对人文性目标的考查。语文课程具有丰富的人文内涵，因而它对学生的情感态度与价值观能起到熏陶感染、潜移默化的作用。为此，在评价中应包含人文性教育目标的考查，以引导学生提高其文化品位、审美情趣和审美能力。但在当前语文教学评价中，人文性目标的考查并没有得到应有的重视。其原因主要有两个：

（1）教学的功利色彩比较严重。在这样的教学氛围中，情感教育、审美教育被视为多余的奢侈品，教学和评价的重心明显偏向语文的工具性，语文的基础知识和读写能力几乎成为语文教学和评价的全部内涵。另外，当前语文教学评价方式单一，主要采用测验与考试来评价学生的学业成绩，评价中过于追求客观、量化，这种评价方式对于人文性目标的考查难以奏效。这一评价方式也成为制约教师对人文目标进行考查的重要原因。

（2）小学语文教学评价的内容囿于书本知识，尤其过分强调课本知识，测验基本偏重书面测试，试卷的结构一般由基础知识、阅读分析、作文三部分组成，内容偏重读写能力

的考查，忽视听说能力的考查，对听说能力的培养无法落到实处，无法反映学生口语交际能力，亦不能体现现代社会对人际交往能力之要求，使学生的整体语文能力大打折扣。

（三）评价标准机械，过于追求客观、量化，忽略个体差异和个性化发展的价值

语文学习具有重情感体验和感悟的特点，对于文本的阅读理解具有强烈的个人主观色彩。反观今天的小学语文教学评价，过于倚重标准答案，限制了学生对文本的多元化解读，最终使评价局限在标准化测验的狭小空间里。例如，语文试卷中有一道选择题：

天空是（　　）

A. 蓝蓝的	B. 灰灰的
C. 青青的	D. 白白的

标准答案是 A，出处是语文课本。但是如果天空有雾霾，朝天上看，天空怎么不会是灰灰的呢？人是活的，语言也是活的，活的人考死的语言，语文测验岂不是走进了死胡同？学生的学习负担怎么不重？甚至有家长反映，根本没有办法在家辅导学生语文作业，因为害怕自己的理解与老师的标准答案有出入，造成孩子的无所适从。如果我们长期用一种呆板的标准来评价学生，那么对学生的个性化发展会带来什么样的后果呢？

（四）评价主体单一，忽视了评价主体的多元与互动

长期以来，小学语文评价都是以教师为中心，从命题、施测到评定，教师处于绝对的权威和主宰地位，学生处于被评价和被控制的地位，家长、学校、育行政部门只是扮演评价委托人或听取者的角色。这一评价主体结构存在许多弊端。第一，它只能借助于外部力量来督促与控制学生，而不能调动学生自我教育和自我激励的积极性，不利于提高学生的反思意识和能力。第二，它不利于学生对评价结果的认同。学生在评价中主体地位的丧失，必然使他们难以用一种积极的态度来对待教师的评价，相反，自尊心和自信心在评价的过程中很容易受到伤害。第三，评价结果的全面性与客观性不能得到保障。评价一般都是教师一人做出的，所以评价结果有时会片面、主观。第四，不能发挥出家长、管理者等多方主体的作用。多元主体介入评价过程，才能使评价的信息来源广泛，才能为全面、客观的实施评价提供丰富的资料。

（五）评价方法单调，仍过于倚重终结性评价，没有形成真正意义上的过程性评价

自 20 世纪 80 年代中期以来，我国基础教育在教育评价方面进行了一系列的改革和尝试，其中包括关注学生发展的过程，提出了加强过程性评价的要求。这一要求对小学语文教学评价的发展起到了一定的积极作用，但当前评价仍然存在两方面的不足：一方面，伴随教学过程的评价活动虽然增多，但教师、学生、家长和管理者更看重的仍然是终结性评价的结果，过程性评价的结果对学生并没有什么实质性的意义。这样，我们看到的只不过

是两种评价类型基本平衡的假象，实际上的情况是，评价的重心仍然偏向于终结性评价一边。另一方面，真正意义上的过程性评价并没有建立起来。注重过程性评价必然要求评价的日常化、通俗化，但绝不就等于评价次数的增加。过程性评价具有过程性、探索性和灵活性的特点，其主旨在于改进教学。与这种真正意义的过程性评价相比，当前小学语文教学评价在评价方法上还显得单一，在对评价结果的反馈和利用上还缺少有效的措施。可以说，现行的过程性评价还不能充分发挥改进教学的功能，促进学生发展的过程性评价机制有待进一步发展。

梳理与探究

根据自己的学习经历，说说目前教学评价的现状。

9-1 随堂练习

第二节　小学语文教学评价的内容

语文课程标准从知识与能力、过程与方法、情感态度与价值观三个维度设定了总目标和阶段要求，而语文课程教学内容分为识字与写字、阅读、习作、口语交际、综合性学习五个组成部分，因此，对语文教学各组成部分的评价，应根据课程标准提出的目标和要求，抓住关键，突出重点，全面而综合地进行。按照语文课程标准提出的目标，以学生为对象的语文评价，不仅要评价学生语文基础知识的掌握，听、说、读、写能力的养成，而且还要评价学生的语文学习过程与方法、情感态度与价值观等各方面，以全面评价学生的语文素养。下面分类具体阐述评价内容。

一　识写评价

《义务教育语文课程标准（2022 年版）》明确指出："识字评价要考察学生认清字形、读准字音、掌握汉字基本意义的情况，在具体语言环境中运用汉字的能力，借助字典、词典等工具书查检字词的能力……"评价学生的识字能力，属于定量评价的范畴。教师通过识字能力的评价，可以了解某一时段内某位学生的识字水平，从而改善自己的教学，调整自己的教学行为，有利于更好地提高教学质量。针对新课标不同的要求，建议从以下三方面进行识字能力的评价：

（一）从形、音、义的结合上评价识字能力

这主要是针对新课程教材中要求达到会写程度汉字的评价方法。形音义结合是检测识字能力的重要内容，学生只有对汉字形音义有了全面了解和掌握，才算真正识字。测评学生识字能力的高低就要从形音义的结合上入手。字形教学是识字教学的关键，也是学生识字的难点。评价识字，就要抓认清字形这个关键。考查测试学生的主要方式是听写。让学生听写学过的生字，注重每个字共几笔，第几笔是什么。比如“小鸟”的“鸟”共几笔，第三笔是什么笔画？“河水”的“水”最后一笔是什么笔画？

（二）具体语言环境中考查运用能力

单纯地识某个字，非但不好记字形，其字音也容易忘，字义印象就更难深刻了。把生字放到具体语言环境中去学，情况就不同了。比如一年级识字采用多认少写的原则，对要求会写的 300 个字可以用上述的方法考查其字形的掌握情况，而对 700 个只求会认的字便不能这样操作了，把要求会认的字放到具体的语言环境中去考查。由于“字不离词，词不离句，句不离义”，学生可联系上下文去认清字形、了解字义。近年来，一些专家在语言认知心理研究中发现，字词语义的心理贮存是按以具体到抽象的社会生活经验的意义纬度进行的。因此，考查学生在具体语言环境中对汉字的实际运用，充分尊重了儿童的思维发展特点，符合人类语言认知规律。以“商场”一词为例，农村学生对“商场”一词的概念不是很清楚，通过“商场里东西真多，什么都有”“在商场买东西真方便”这样一个语言环境，他们就基本上了解“商场”的意思。通过一定的反复后，对这两个字的掌握相信不会有什么问题。在考查时如果带上这个语言环境“我在商场里买了许多文具”，要学生认读“商场”一词，学生会比较容易认出。

（三）识字兴趣与习惯的过程性评价

语文课程标准强调，评价要有利于激发学生识字、写字的兴趣，帮助学生养成写规范字的习惯，减少错别字。教师可以通过平时课堂提问、作业等形式，收集学生识字学习过程和结果的资料，记录学生识字学习中的点滴进步，以激励学生识字的积极性。好的识字教学形式以识字为重点，引导学生不断发现字词与事物之间的这样或那样的联系，从而对字词所指代的事物展开深层次的认识活动，在逐步深入的认识过程中始终以学生为主体，变单调地读、重复地写、机械地记为有情有趣地看、有滋有味地想、有感有触地实践、有声有色地渲染，变浅层次的识字活动为深层次的探究活动，使学生的识字活动成为极快乐极有趣的事。很多学生的识字都是由乐趣转化为习惯，进而主动识字成为他们生活的需要和自觉的行动。这种可贵的识字兴趣和识字的良好习惯，足以支撑他们在识字的征途中不断进取、披荆斩棘，从而获得极大的成功和愉悦，终身受益。评价学生的识字，就要评价他们的识字兴趣和习惯。

二　阅读评价

语文教学以阅读为主，阅读教学是整个语文教学工作的核心。“书读百遍，其义自见”

“劳于读书，逸于作文”，均是强调阅读的重要性。开展阅读能力评价，以阅读教学目标为依据，对学生在阅读教学中所形成的能力进行价值判断，为最终实现阅读教学的目的而迈进。阅读能力评价还是完善阅读教学的重要环节，既是一个阅读教学过程的结束，又是下一个阅读教学过程的开始。

（一）评价内容

1. 阅读的主动性——爱读书

韩愈说：“人之能为人，由腹有诗书。”苏轼说：“孔子圣人，其学必始于观书。”古今中外的能人志士、名人伟人，无不把读书作为生活之乐趣、成功之基石。让学生将阅读作为自己生活中不可缺少的一部分，这就需要培养学生的阅读兴趣，使学生“爱读”。学生只有对阅读产生兴趣，才会积极主动地投入，才会从书中获取营养。

学生阅读的自觉性一方面来自自身对读物的兴趣，另一方面需要教师的引导培养，使学生形成“爱读”的习惯。如《埃及的金字塔》一课，是一篇说明文，对于学生来说兴趣不大，这就需要教师的引导“一提起埃及，你会想到什么？（金字塔）你见过埃及的金字塔吗？如此庞大的建筑，古时的埃及人民是如何建成的？”通过这一系列的问题，使学生对金字塔的兴致更高了，从而使学生全身心地投入阅读中去，积极主动地去探求知识。

2. 阅读的质疑性——善读书

阅读的质疑性指在阅读过程中对读物及其相关的内容敢于大胆提出疑问并主动探索的心理素质，表现为“善读”的情感倾向。它包含两个层次：一是质疑，即提出疑问，这是发现问题；二是问难，即对疑问进行探索，这是解决问题。教师培养学生的质疑性品质，要重在培养学生主动探索和钻研的心理素质。

在学习《灰椋鸟》一课中，学生会提出一个问题：“从题目看文章介绍的应该是鸟，可作者为什么在最后写到了植树造林呢？”这就引导学生结合前文“人工刺槐林”，抓住“人工”细节来体会感悟。接着更深一步，探寻作者写作的目的（表达对植树造林人们的崇敬以及植树造林的重要性）。

3. 阅读的积累运用——会读书

阅读的积累性指在阅读过程中自觉地不断积累获取的知识并随机应变加以运用的心理素质，表现为“会读”的情感倾向。也就是说，在阅读过程中，学生不仅仅是简单地往自己的头脑里输入信息，更重要的是要把信息进行加工，并与自己头脑里已经储存的信息相互聚合和重新组织。

“得法于课内，得益乃至成长于课外。”从阅读中可以学会多种方法，如精读、泛读、浏览、略读等；还可以学会作者写作的方法，如《爱如茉莉》一文，作者写的是父母之间的爱，在文中作者通过许多的细节描写让读者感受到了父母间那如茉莉般平淡无奇的爱。“妈妈睡在病床上，嘴角挂着恬静的微笑；爸爸坐在床前的椅子上，一只手紧握着妈妈的手，头伏在床沿边睡着了。”作者正是抓住了这一生活中最寻常的情景来表达父母之间的爱，从爸爸的这一个小细节中体会父母之间的爱。学到这一方法后，学生在写作时也能够抓住细节来写。可见，培养学生“会读”这一能力对他们受益匪浅。

（二）评价方法

1. 重视学生阅读的过程，实施过程性评价

阅读能力的评价包括过程性评价和终结性评价。过程性评价是教学过程中进行的评价。终结性评价又称为结果评价，是某一完整的教学阶段结束后做出的结论评价。以前人们对阅读能力的评价侧重于结果评价，而忽视了学生阅读过程中的评价。

阅读能力的形成不是一天两天的事，是学生在学习语文的过程中不断积累、不断感受和体验的过程。它是学生、老师、文本之间的对话过程。在这个过程中，学生要依据自己的“阅读期待”，不时地进行阅读的反思和批判，不断地把握自我理解程度，判断与阅读目标的差距，并采取各种帮助思考和增进理解的策略。所以，对阅读能力的评价，我们不仅要关注其结果，更要关注学生阅读能力的形成过程，把评价贯穿于教学活动的每一个环节。具体可以采用阅读成长记录袋、问卷、学生自我评价、观察等方法来评价学生的阅读习惯、阅读态度、独立阅读能力、阅读量、阅读面等。

2. 尊重学生阅读的个体差异，实施分层评价

在阅读教学中，学生的生活经历、情感体验、思维方式、认识水平、阅读目的以及切入角度等存在差异，导致学生在阅读速度、阅读兴趣和阅读接受等方面存在差异。回避差异，课堂就会变成只有教师和少数尖子生相互弹唱的“独角戏”。差异性阅读并无好坏之分，正如“一千个读者就有一千个哈姆雷特”，阅读过程的实质是一个充满强烈主观色彩和荡涤心灵的个性化行为，更是读者“因文得义”的心理过程。

因此，在学生阅读评价中，既要关心学生的共性，又要关注学生的差异性，可以运用分层测验的评价方法，根据学生阅读能力的不同把学生分成不同层次，让评价都合乎他们的“最近发展区”。分层评价，能让所有学生都能参与到阅读活动中，品尝阅读学习的乐趣，促进每个学生的健康发展。

3. 加强校内外相结合，实施主体参与多元化评价

应注意教师的评价、学生的自我评价及学生之间互相评价相结合，还可让学生家长、社区、专业人员等适当积极参与评价活动。阅读评价不仅是以教师为主的评价，更要让学生以及与学生有关的其他人员参与评价，即采用自评、同组互评、教师点评、家长参评的全体参与的多元化评价。学生通过自评，能培养自己的认识能力。小组互评使学生学会辨别、学会欣赏、学会评价。教师点评，主要起到教师的主导作用。家长参评，主要引导家长主动、全面了解学生，辅导自己的孩子。

4. 开展读书交流会，进行活动式评价

阅读能力的评价过程应始终保持动态化，其目的在于促进评价对象循序渐进的转变与发展，重视阅读活动记录和表现反馈，使评价处于开放的良性循环之中。

学生课外读的书应该定期在班内进行交流，让他们介绍自己所读书的主要内容，自己的读书经验，自己读书所得的收获，亦可向别人推荐自己所读的好书，其余同学可以提出的问题或者见解与其进行交流。这样在班集体中形成一个良好的读书氛围。

三 口语交际评价

口语交际相对于听说能力而言，其核心是“交际”二字，更强调双向互动的人际交往功能，是信息的交流与人文关怀的统一体。因此，口语交际评价不仅要求具备听说技巧，还要求具有待人处事、举止谈吐、临场应变以及传情达意等方面的能力与素质。口语交际能力是以听说能力为核心，包括交往能力在内的一种综合能力，要求学生在已有的听说能力的基础上规范口头语言，提高口语交际的能力，包括倾听、表达、应对的能力以及文明的态度和良好的语言习惯。

根据评价的目的、作用及时间，可把口语评价分为形成性评价和终结性评价。终结性评价是在期末集中组织、师生面对面快速进行式单一的口语测试。它属于学业测试，“鉴定”是口试的主要功能。测试内容带有一定的片面性，测试结果也是偶然的。由于这样的口试并不能全面、客观地反映学生实际的口语能力和有效地促进学习，所以我们重点研究的是以形成性为主的口语评价。从评价时间来看，口语评价贯穿于学习的全过程；从评价的内容来看，包括对学生用祖国文字进行听、说、读、演的技能和综合运用语言进行交际的能力进行检测；从评价方式来看，是由师评、生评、家长评，自评与互评方式有机组合进行；从评价性质来看，包括进步测试、诊断测试等多元性质的测试；从评价的功能来看，“形成”和“改进”是口语评价的主要功能。

（一）在具体的交际情境中评价学生口语交际能力

在不同的学段，教师可以利用语文课堂以及专门的口语交际课，采用情境测验法、口试法、问卷法等多种方法，创设各种交际情境，如拜年、慰问、辩论、演讲、扮演导游、扮演推销员等。角色扮演、口头续编故事等多种形式的交际活动，可考查学生在活动中倾听、表达与交流的能力，提高学生人际交往素养。

（二）重视考查学生在交际情境中的参与意识和情意态度

教师可以通过采用观察记录、自我评价记录、档案资料袋等方式，收集学生在交际活动过程中的表现及结果的相关资料，并对资料进行分析，客观地描述学生在交际中的参与意识和情意态度，对学生的进步与不足提出建议。特别是对性格内向害怕交际的学生，应以表扬鼓励的评价方式，激发学生参与交际的热情，提高学生的人际交往能力。

四 习作评价

习作能力是一种综合能力，是衡量语文能力重要的客观尺度，然而，它又是小学语文中较难客观评价的内容之一。要达到客观评价习作能力的目的，必须对学生的习作能力性质、评价要素、评价目标及要点、评价方法进行分析。

（一）习作评价内容

1. 知识与能力的评价

除了对学生的写作基本理论与知识进行评价外，教师还应该特别重视对其写作能力的评价，评作文的数量和写作速度，评立意的创新，评想象力的拓展，评语言的简洁优美，评不同文体的表达规范等。

2. 过程与方法的评价

过程评价：评习作的准备，平时的随笔，口头表达与书面表达的结合，习作前有无提纲与草稿，是否经过修改后才誊写到作文本上，有无主动与他人交换修改，有没有认真阅读老师、家长或小组成员的评语，单元或学期的习作前后几篇对比是否有进步，别人提出的合理性意见是否已采纳等。

方法评价：评习作方法是否已掌握，可结合小学各年级的要求，引导学生根据各文体的写作要求与特点进行自评或合作评价。

3. 情感态度与价值观的评价

情感评价：评学生作文的材料是否真实，情感抒发是否真切等。

态度评价：评学生写作前是否认真准备；写作后是否认真修改；写作中态度是否认真，书写是否工整；能否及时听取意见和建议并有所进步等。

价值观评价：评学生作文中的情感是否健康、积极、诚挚，并能否与现实生活相结合；评学生在作文的过程中是否体验到快乐；评学生在习作完成后是否愿意与他人进行交流，是否愿意将自己的习作读给别人听，与他人分享习作的快乐，是否懂得习作是为了与人交流并乐意去实践；评学习过程中是否具有创新意识等。

（二）习作评价方法

1. “定性—定量”有机结合

习作具有重情感体验和感悟的特点，因而量化不能成为习作评价的唯一手段。一方面要重视吸收量化评定科学性的合理做法，客观地评定学生的习作能力；另一方面，难以采用测试或评价方法评定习作特点或非认知因素，如习作中的想象、观察、习作兴趣、习作习惯等。除了对作文进行分析外，可采用提问、观察等方法进行语言描述式评定。在定性评价和定量评价相结合基础上，更要重视定性评价方法，综合采用多种评价方式，才会达到良好的评价效果。

2. “过程—终结”同等重要

在学生习作的整个过程中实施评价，以展示学生的实际进步，并不断地鼓励学生学习。为此，要关注学生习作学习的过程，重视习作能力的发展变化。要十分注意引导学生了解自己的进步，实施自我内部参照分析。进行“过程性”评价的有效方法有习作档案评价、课堂观察评价，还有习作专题作业评价，等等。档案中汇集学生一个学期习作学习过程中的相关资料；课堂观察可以记录学生的每一个细节；作业可以展现学生习作的阶段发展状态……这些方法，适用中、低、高每一个学段的学生，可专题开展研究。“终结性”

评价的实施也同等重要，每学期结束的学生习作综合能力测试，是对学生一段时间内习作能力发展的终结评价，不可缺少。

3. “教师—学生—家长”多元参与

为了更全面地发挥评价的功能，要引导多人参与评价。除了教师外，引导学生积极参与习作评价，有条件时还可以让家长参与其中。将教师评价，学生自评、互评，家长评价相结合，对学生的习作进行全面的评价，促进学生习作素质的提高。加强学生的自我评价和相互评价，改变传统评价由一人说了算的误区。

4. “赞赏一建议”多种呈现评价结果

分数与等级：给学生定分数与等级时，多从鼓励学生角度考虑，以更好地发挥评估的激励作用。

评语：分为书面与口头评语、旁批与总评等。评语重在两个方面的作用：一是指出学生的长处，二是提出具体的改进建议。对学生的日常表现，尽量从正面加以引导，应采用激励性评语，以鼓励、表扬等积极的评价为主。尊重学生的个体差异，促进每个学生的健康发展。

五 综合性学习评价

语文综合性学习作为课程教学内容之一，是一种既能体现小学生身心特点，又相对独立存在的课程组织形态。它超越了传统单一的学科界限，有机地将知识与经验、理论与实际、课内与课外等结合起来，促进学生知、情、意、行的和谐统一发展。语文教学中，应着重考查学生的语文综合运用能力、探究精神与合作态度，尊重和保护学生学习的自主性和积极性，鼓励学生运用多种方法，从不同的角度进行探究。在评价时，既考虑学生的过去，关注学生的现在，又着眼于学生的未来；既关注学生学习的结果，又注重学生学习的过程。评价中应主要考查学生是否表现出永不满足、追求卓越的态度，具体获得了什么样的体验和经验，以及提出问题、解决问题的主动精神和实践能力。主要评价方式有以下几种：

（一）表现性评价

表现性评价强调在真实情境中完成真正的任务，但真实性有不同的程度，实际应用中并不强求任务的情境一定要是绝对真实的。例如，教学中往往通过师生之间或学生之间进行的模仿性的口语交际活动来评价学生的口语交际能力，而更少借助学生在实际生活中的口语交际表现来进行评价。不过，在可能的范围内，增加任务的真实性是一种可取的做法。

表现性评价的形式包括口头表达、问题讨论、简单的研究报告，以及运用语文知识和能力解决实际问题等。表现性评价强调的是“做”，而不是只是知道；在表现性评价中，过程与结果一样重要。表现性评价主要用来测量那些不能被客观性测验很好检验的学习结果。一般来讲，客观性测验在测量事实性知识和解决结构性问题的能力时，很有效，也很可靠。而表现性评价更适合于评价学生提出问题的能力，搜集、组织、分析和处理信息的能力，创造能力以及口头或行为表现。表现性评价的一般过程为明确所评价的复杂技能—设计恰当的任务使学生展示这些技能—对这些技能的表现和结果进行评价。例如，策划一个“班级读书报告会”。学生的成绩可以从活动计划的可行性、活动过程的生动性以及活动总结的深刻性三个方面来评价。

（二）成长记录袋

成长记录袋的方法与综合性学习所强调的培养学生的参与意识和合作精神是一致的，成长记录袋的汇集与综合性学习的一些学习内容，例如展示学习、资料学习、反思学习、策划学习等联系得十分紧密。使用成长记录袋评价的关键步骤为明确评价目的—指导学生选择成长记录袋的内容—帮助学生明确在选择内容和自我评价中的任务。

收集学生在一个学期或一学年中的作品而形成成长记录袋，对于表现学生在综合性学习领域的进步尤其有效。例如，对 9 月、11 月和第二年 2 月学生所写的观察记录进行简单的比较，就可以为教师提供一些具体的信息，以显示学生在观察学习上哪些方面取得明显进步，哪些方面还需要继续努力。

成长记录袋也可以用于终结性评价。如果成长记录袋作为成绩评分和学业成就的依据，那么就应当让学生明确了解成长记录袋包括的内容和评分标准，以使学生充分展示自己的学习成果。综合性成长记录袋的总体评价样表见表 9-1。

表 9-1　综合性成长记录袋的总体评价样表

项目	不令人满意的地方	杰出进步
在语文学习中发现问题和探索问题方面的进步		
为解决语文问题去搜集和整理资料能力的提高		
同他人交流合作能力的提高		
观察能力的提高		
运用文本、图表、演讲等呈现语文学习成果能力的提高		
综合运用语文知识和能力方面的提高		

（三）同伴评价

同伴评价的方法可以对合作学习的多个方面进行有效的评价，作为一个外部的观察者，教师很难观察到学生与同伴之间发生的个人互动。

获得同伴评价的最简单方法之一是运用“猜人技术”。具体做法是呈现给学生一系列简短的描述，要求学生写下最适合每项描述的同学的姓名。描述可以只使用积极的行为描述，例如“有的同学一直都喜欢语文”；也可以包括消极的行为描述，例如“有的同学从来都不喜欢语文”。“猜人技术”计分方法十分简单，只要数一数每个学生在描述上所得的提名数即可。如果同时使用了积极和消极的行为描述，那么就应当从积极提名的次数中减去消极提名的次数。例如，如果某位学生在积极项目上得到的提名次数是 12 次，在消极项目上得到的提名次数是 2 次，那么该生在积极项目上的计分结果就是 10 分（每次提名记 1 分）。

案例展示

用“猜人技术”对学生“合作精神”进行评价

指导语：下面所列出的是对这个教室中一些同学的描述。仔细阅读并写下最适合每项描述的学生的姓名，你可以写下这个教室中任何一位学生的姓名，包括今天缺席的学生。你的选择不会被其他任何人看到。注意：

（1）写下最适合每项描述的学生的姓名

（2）写下你认为适合每项描述的所有学生的姓名

（3）同一个人可以适合不止一个项目

（4）除了你和我（教师）之外，不会有任何人看到你的选择

在每项描述下面写下姓名：

（1）喜欢与其他人一起学习和游戏的同学是

（2）愿意同其他人分享作品的同学是

（3）合作中愿意承担较困难任务的同学是

（4）愿意帮助他人完成作业的同学是

（5）合作中比较友好的同学是

上例中列出了指导语和项目，在设计时必须适合学生的年龄水平，对于小学一至二年级的学生来说，该技术可以用游戏的方式呈现。例如，“这儿有一个人在讨论中发言最积极，猜一猜是谁”。在行为描述项目中，应尽量使用积极的行为描述，因为消极提名可能会使学生得到消极暗示，从而破坏小组的氛围，不利于学生的情感发展。因此，比较稳妥的做法是避免使用消极的提名，除非这种消极的提名对其评价目的来说绝对必需。如果必须使用消极的提名，那么这种方法应当是非正式的，并且要得到学生的允许，而不是一定要求学生做出这样的选择。一般来说，类似下面的陈述相对恰当“如果你不怎么想让某些同学成为你小组的成员，你也可以列出他们的姓名”。

“猜人技术”的主要优点在于它的实用性。对所有年龄水平的学生来说，整个过程需要的时间很短，并且计分非常简单。它的主要局限在于不利于收集有关害羞和退缩学生的信息，因为这些学生在群体中往往不受关注，在评价的过程中往往会被忽略。

梳理与探究

根据课程标准，结合自己的学习经历，说说各教学内容的评价方法。

9-2 随堂练习

第三节　小学语文教学评价的实施操作

语文课程标准明确指出："教师应为不同年级学生和不同学习内容选择恰当的评价方式，采用有针对性的评价工具。要充分尊重学生的主体地位……引导学生开展自我评价和相互评价。"评价的具体实施分述如下。

一 教师评价

教师的评价在课堂过程中占主导地位，在一定程度上控制着课堂的进程，决定着课堂的气氛和教学的效果。

（一）课堂交流中的评价

【案例 1】

教学《小猫钓鱼》，教学中有个环节，评价哪个小朋友读课文读得正确、流利、有感情。

为了确立标准，教师请了两名学生，一名男生平时读得正确、流利，但是缺乏感情；另一位女生自学能力强，读课文朗朗上口，正确、流利、有感情，常常得到老师的赞扬。出乎意料，男生站起来面带微笑，声音响亮地朗读课文，一气呵成，不仅一字不差，而且语调轻重恰到好处，他似乎也感觉到了这一点，所以读完后很得意地坐了下来。而女生呢，虽然在朗读中配上了动作，但感情明显不如男生。如此的朗读效果，按理学生评价时肯定会赞扬男生。

谁料到，发言的学生大都从平时对人的印象出发，几乎一致认为女生读得好，男生读得不好，甚至把优点也当缺点来评价了。在这种情况下，教师扫视了学生们的表情，看到了那个男生眼眶里的泪水，他正在用委屈期待的目光望着老师，大概是想让教师能给他一个公正的评价。也有几个学生想发表不同的意见，但又怕没有呼应而作罢。教师说："好多小朋友都谈了自己的看法，老师也想说说，我和你们有不同的意见和看法。"教师举了几个例子肯定了男生比女生读得好，也讲了女生能用动作表达课文内容的创造性朗读，但感情不如男生好的理由。发言完了，教师让小朋友评评教师讲的是否正确。话音刚落，那些刚才想说而不敢说的学生都站起来发言，表扬了男生读得好的地方，给女生提了建议。随后老师又请男生用刚才的朗读方法再当众朗读一次，全体同学情不自禁地报以热烈的掌声。此刻，男生眼中的泪水终于夺眶而出。

事实证明，教师的评价大大激励了这位男生和其他同学的学习积极性，此后这位男生在课堂上发言的次数越来越多，特别是喜欢读课文；学生们上课发言的面也特别广，想说话、要说话的参与欲望也特别强，他们觉得说错了没有关系，会得到正确、公正的评价。

【案例 2】

有位教师上《揠苗助长》一课时，在学生自由初读课文后，进行师生交流。

师：这则寓言讲了一个什么样的故事呢？

生：这则寓言讲了一个农夫违背规律，想要禾苗长得快，就把禾苗一棵一棵地往上拔，结果禾苗都枯死了。

师：你刚才说的“规律”这个词用得很好，是从哪里学来的？

生：我预习课文时看参考资料知道的。

师：你真会学习。那么，你能具体说说“规律”在这篇课文里是什么意思吗？（学生说不清楚）

师：不要紧，学完这篇课文你就会知道的，等会儿我还是让你来说。

（此后，这位同学一直处于一种学习的兴奋之中。后来这位教师真的还是叫他回答这个问题。）

生：（很轻松地）“规律”在这篇文章中是指禾苗的生长是有一个过程的，在这个过程中需要浇水、施肥、锄草、治虫。这样，禾苗才能长得快。

（二）作业批改中的评价

目前，作业批改中使用“√”“×”的形式告诉学生正确或错误的做法是相当普遍的。但是这种只显示评价结果，而无法对作业结果的形成过程进行评价，其指导意义受到很大限制。如果重视用书面评价实现师生教与学的双向反馈，会收到很好的效果。

【案例 1】

一个平时作业书写潦草的学生，教师抓住其作业中的闪光点给予评价：“作业开头几个字写得很端正，真漂亮！但后面的书写很潦草，相信你能把字写工整。”这样的评价对于书写向来马虎、很少得到肯定的学生来讲，是一个极大的激励。

【案例 2】

一个平时不喜欢读书，不爱作文的学生，在一次作文中恰当地运用了最近学习的课文中的词句，老师这样评价道：“妙，一词一句使你的文章顿生光彩！我读了好几遍，好一阵惊喜！你的成功在于你近段时间课堂上认真学习，是吗？如果你在课外再多读些好文章，做好笔记，你一定能写出更优秀的作文的。”

热情的语言化作了这位学生的内在动力，他认认真真地按照老师的要求做了，于是他的习作出现在了校报上，省、市青少年报刊上。

二　学生自我评价

素质教育是一种主体性教育思想，自我评价作为一种自己认识自己，自己教育自己，从而自己提高自己的过程，是一条有益的途径。现代心理学研究表明，内部动机比外部刺激具有更持久的作用。

例如，《坐井观天》是一篇对话朗读训练的好课文。教师指导完成朗读后，鼓励学生积极参与朗读与读后自评。这时人人都想参与，朗读后有各种各样的自评。

生 1：我觉得我读得很好，声音响亮，没有加字漏字，我很满意。

生 2：我觉得我朗读时做到了正确、流利，在感情上，把青蛙骄傲自满、故步自封的语气读出来了，还把青蛙和小鸟的对话时不同的语气也读出来了。老师，我想读给大家听一听。

生 3：听了别人的朗读，我找到了差距。不能把句子读破，不然就把句子的意义表达错了，让人听不明白，老师，我再读一遍好吗？

生 4：听了同学们的朗读，我觉得自己还不够，回家后再好好读一读。争取明天再读给大家听。希望能满足我的要求！

教师要适时地在课堂上安排一定时间让学生总结评价："这节课学会了什么？哪些地方有了进步？你对什么地方最感兴趣？什么地方有困难？"学生按要求对自己的学习情况进行评价，能及时发现自己的优点和缺点。自我评价可以使学生增强自信，增添学习兴趣，产生再次尝试的欲望。

三 集体评价

集体评价的意义在于从集体的舆论中形成和确立评价标准。在评价中，教师要帮助学生首先看到同学的优点和进步，对同学要抱着友好团结的态度。同时还应该让学生感到老师也是集体活动的一员。

例如，在学生学习"鹊"这个字时，有位同学这样评价："我认为张丽同学把'鹊'的字形分析得很正确，我要向她学习。但是我要告诉她的是，这个字不是'昔'字旁，而是'鸟'字旁。"

又如，在某位同学朗读《狐狸与乌鸦》后，有位学生这样评价："他能读出狐狸狡猾的语气，但一次比一次想得到那块肉的焦急心情读得不够，速度太慢，希望再多读一读。"那位同学回应"我愿意接受你的建议，今天回家我再练习，明天读给大家听。"

学生们能够根据评价标准，正确评价自己的伙伴。这些善意而中肯的评价以互助互爱、团结向上为基础，不仅使同学之间的关系得到优化，而且学生增强了责任感，学生能认真听取同学的发言，认真阅览同学的作业，认真给予别人评价，从而培养了良好的学习习惯，集体评价的教育功能得到了充分发挥。

四 学生评价的实践

"学生满意，家长放心，社会认可"是办学所追求的目的，随着教育改革的不断深入，针对课堂教学的实践情况，为了全面提高教师业务素质，教育部提出了"学生参与课堂教学评价"的实施方案。在多年的实践中，我们不断探索、更新、完善，形成了自己的评价体系，促进了教育教学水平的全面提高。

（一）评价表的设计思路

学生是课堂教学的主体，评价表的设计是站在学生的角度，围绕学生的成长和成才来设计的。它分为四部分，共 35 条。

第一部分为教师的教学态度。教师的责任心、事业心直接影响着教育教学的效果，教师的教学态度是提高教学质量的源泉。它包括教师上课精力充沛、给予学生鼓励性注视等内容。

第二部分为教师的教学基本功。教师的教学基本功是提高教育教学质量的保证。它包括专业知识基础、课堂板书、普通话、现代化技术的运用、教学方法等内容。

第三部分为教师尊重学生主体地位。"一切为了学生，为了一切学生，为了学生的一切。"尊重热爱每一位学生，这是提高教育教学质量的关键。

第四部分为学生学习的自我表现。当今社会知识更新加快，学生在学校学习的知识不能满足今后工作的需要，养成学生学习的自觉性、主动性，培养学生再学习的能力，这是学校教育的终极目的。它包括学生学习某学科的兴趣、学生自我解决学习问题、学生上课主动质疑等内容。

（二）评价的实施

每学期初根据上学年的实施情况，学校对课堂教学评价标准进行重新修订，开学前将其印发给全体教师。各教研组分别组织教师深入学习，认真领会评价精神。各班主任把评价标准向学生公布，向学生讲清评价意义，请学生监督执行。

学期中，教研组组织任课教师针对授课情况，结合课堂教学评价，作自我评价。各年级组长组织部分学生代表座谈，调查统计各科任课教师执行评价的情况，把情况反映给任课教师。

学期末，教导处组织全体学生为任课教师打分量化。学生根据课堂教学评价指标为每一位任课教师逐条量化，分 A、B、C 三等，A 为 3 分，B 为 1 分，C 为 0 分。为了调查的客观性，统计时，各班去掉 5 个最高分、5 个最低分，然后教导处统计每位教师的量化分数，得出量化成绩。

（三）评价的后期管理

为了尊重教师，学校对评价成绩不公布，只在校务会上公布平均分、最高分及最低分。个人成绩由领导亲自发放到任课教师手中，反馈通知单上注明本次评分最高分、最低分、平均分及本人成绩。对于成绩偏低的教师，教导处逐条分析，帮助教师认识不足之处，并提出今后改进的意见。

需要说明的是，学生参与课堂教学评价，并不是其中的一个重要依据。每学期领导班子根据学生评价教师的得分，结合任课教师课堂听课的评价情况，领导班子课堂听课的情况，课堂教学民意调查及每学期教师教学成绩综合考核，确定每学期达标教师。评价结果与评优、评职、晋级挂钩。

五 考试评价

长期以来，考试的检测功能被强化，考试分数成了衡量学生学习好坏、教师工作优劣、学校质量高低的唯一标准。

素质教学中的小学语文考试功能，是和素质教育观紧紧相连的。作为基础教育的小学教育，主要是为学生日后发展打下良好的基础。这个“素质基础”既要通过教学目标体现，又要通过教学途径实施，还要通过考试进行价值判断。

基于现行考试存在的考试次数多、学生被动地疲于应付，轻口试，重笔试，一张试卷定优劣的问题，很多学校都在尝试考试改革。例如，① 取消单元考试和期中考试，每学期只在期末进行一次考试，把师生从频繁的考试中解放出来；② 实行免考制度，对平时语文学得好的同学，经全班集体评议，张榜公布予以免考，并以资鼓励；③ 改革成绩评定结构，通过多种考查综合评定，以全面反映学生的语文素质。

语文考试可以采用开卷与闭卷相结合，笔试与口试相结合，平时考查与阶段性总结相结合的方法，以便全面反映学生的语文水平。

（一）听说能力测试

听说能力是学生口头语言能力，是测试学生语文素质不可忽视的重要内容，但多年来口试一直被忽视。听说能力的检测要与平时课堂学习中的读书、回答问题、小组交流以及其他语文实践活动紧密结合，适时进行测试记载。另外，还可以集中安排相应的听说能力测试内容，最好能让学生参与测试的评价过程。

（二）开卷考试

开卷考试以考查学生语文实践能力为主，考试的内容应具有可选择性，让学生自主完成。如让学生选择某个话题进行社会调查，形成调查报告；让学生办一张“手抄报”，要求集中反映某一方面的内容，并且内容丰富，形式多样。

（三）闭卷考试

小学语文的闭卷考试，经过反复探索，在命题、考法、评卷诸环节上有不少改进，但还需要进一步研究。命题要体现以下五个特点。

（1）目标性：以能力为重点，做到知识、能力、情感、态度、价值观的统一，有利于素质水平的评价，对大幅度提高学生语文素质起推进作用。

（2）结构性：基础知识、阅读能力、习作表达能力形成合理的比例结构。

（3）适度性：题目覆盖面宽，题量适度，难易适度，题目有梯度，有学段特点，不要出偏题、怪题，有利于全面反映学生的知识、能力水平。

（4）科学性：试题取用的知识内容要准确，表达题意的语言文字要明白易懂，不允许有知识性错误。

（5）灵活性：既有客观题，也有主观性试题，注意考查学生的学习行为和创造思维。

教育家苏霍姆林斯基曾指出：“学习、上课、完成作业，经常得到分数，这一切绝不应当成为用来衡量、评价一个人的唯一的、概括一切的尺度。学生是年龄尚小的人，他对这种日常衡量的体会和感受，特别敏锐和极其脆弱。应当使学生通过亲身体验，深信人们是用许多尺度来衡量他，是从各个方面来看待他的。”因此，若对学生语文成绩的考查评定，只看一张书面形式的闭卷考试的考分，那是不合理、不全面的。要把多种考查结合起来进行评定，才能较为合理地反映学生的语文素质。

六 多角度评价

（一）通过平时考查，对学生进行动态性评价

平时考查，指的是平时对学生进行非书面的、动态的检测。它包括学生的学习态度、兴趣意向、智力水平、个性特长、基础知识的掌握、运用和迁移情况等内容。它是在调查摸底、确定学生综合等次和分层建立学生档案的基础上进行的。

平时考查的方法多种多样，如课堂提问、巩固练习、课后作业、教学辅导、与学生交心谈心、开展各项活动等，教师通过这些方法了解学生，对学生的某一（某些）方面的情况给予评价。教师对班内每一位学生的情况了然于胸，所以在运用这些方法时，都带有一定的目的性，对不同层次学生的相近甚至相同的表现，给予不同的评价。比如，A 等学生和 D 等学生都能（或只能）比较流利地朗读课文，教师要充分肯定和鼓励 D 等学生，而要求 A 等学生还要有丰富的感情，读出不同人物、不同环境、不同句子的不同语气和语调等，这样，可让 D 等学生看到自己的进步，激发 D 等学生不断向上。教师应经常对学生进行动态评价，使不同层次的学生在各个方面都有进步。

（二）通过写教学日记，对学生进行过程性评价

教学日记并非每天都写，但是对某一层次学生做得出色的地方或特长、爱好、创新“事迹”等方面是要详细记录的。如在一个月内，教师对一位 D 等学生做了五次记录，记录他能用普通话回答简单的问题；他作了三幅比较直观形象的李白、孟浩然挥泪“送别图”（连环画）；他的毛笔字写得很有特色……这些真实记录，使教师看到该生也有自己的爱好和长处。然后，教师着重培养他的这些爱好和长处的同时，帮助他补习基础知识，逐步提高他的学习兴趣。在短时间内扭转了该生不爱学习、被动学习的态度。

长期坚持写教学日记，积累每个学生在智商和情商两个方面的表现，掌握大量第一手材料，这样才能对不同层次的学生有更深入的了解，才能及时、准确地评价每一位学生。

（三）通过书面检测，对学生进行阶段性评价

书面检测是对学生某一阶段的学习情况进行的考查，主要侧重于知识的掌握和运用。检测的试题、分数及评分标准不搞“一刀切”，区别对待不同等次的学生。如某班举行的一次语文测验，卷面必须做题为 100 分，选做题为 20 分。A、B 等学生必做题和选做题全对才能 100 分，而 C、D 等学生即使不做选做题而必做题全对也可得 100 分，选做题做对了还可以加到 100 分以上。这次检测结果是：A、B、C、D 各等次有 8 名学生学习进步大，与上学期期相比，A、B 等学生优分率上升 0.8 个百分点，C、D 等学生及格率上升

了 8.7 个百分点，优分率上升了 4.5 个百分点，低分率为 0。更为重要的是，C、D 等学生的学习兴趣普遍提高，全班学习气氛越来越浓，基本形成了自觉、主动学习的良好风气。

按照上述方法检测几次后，将 B、C、D 等学生逐步相应归入 A、B、C 等学生行列，再给他们制定高一层次的目标，使每个学生都有新的努力方向。这样做，有利于激发 C、D 等学生的学习信心和兴趣，使他们为达到新的目标自觉地“跳起来摘桃子”；同时，也有利于 A、B 等学生自我加压，使之产生不断学习的动力。

特别值得注意的是，相同等次的学生知识的掌握情况是参差不齐的，不可能都处于同一水平线上。A 等学生各方面综合评定，有的特别优秀，有的处于 A 等和 B 等的临界点；D 等学生在某一个方面也有突出的地方，只是综合评定时等次较低罢了。所以，在检测给分时要注意区别对待。各方面都比较优秀且“自傲”的学生，要有意“压”分，让他们看到自身与其他同学存在的差距，进而不懈努力，让优等学生达到更优；对 B、C 等学生，从总体上看，要实事求是地给分，让中等学生争优；对 D 等学生，要有意“抬”分，以激发他们的学习兴趣，鼓励他们积极创优。

（四）通过写综合评语，对学生进行终结性评价

终结性评价就是在期中、期末、学年末或某一个研究阶段结束时，对学生操行的综合定性评价。教师要根据学生个体对某一学段要求的完成情况，在学生自评、小组互评的基础上，给予实事求是的评价，应多用“朋友”式、“谈心”式的语气和褒扬性、激励性的评价语。

梳理与探究

1. 简述说明过程性评价的内容。
2. 对比过程性评价与总结性评价，说说他们的侧重点和评价方法。

9-3 随堂练习

附　录 | APPENDIX

附录一　义务教育语文课程标准（2022 年版）

附录二　义务教育课程方案（2022 年版）

附录三　《小学语文课程与教学》教学大纲

附录四　随堂练习答案

参考文献 | REFERENCES

[1] 徐武生．小学语文课程与教学［M］．江西：江西高校出版社，2016.
[2] 薛晓嫘．语文课程与教学论［M］．重庆：重庆大学出版社，2011.
[3] 中华人民共和国教育部．义务教育语文课程标准（2011 年版）．北京：北京师范大学出版社．2012.
[4] 中华人民共和国教育部．义务教育语文课程标准（2022 年版）．北京：北京师范大学出版社．2022.
[5] 中华人民共和国教育部．义务教育课程方案（2022 年版）．北京：北京师范大学出版社．2022.
[6] 吴忠豪．小学语文课程与教学论［M］．北京：北京师范大学出版社，2008.
[7] 田本娜．小语教学论稿［M］．北京：首都师范大学出版社，2013.
[8] 张香竹．小学语文课程与教学论［M］．北京：国防工业出版社，2009.
[9] 于永正．我怎样教语文［M］．北京：教育科学出版社，2013.
[10] 董子蓉．课堂教学高级技能与训练［M］．天津：天津教育出版社，2010.
[11] 张茂宇．课堂教学基本技能与训练［M］．天津：天津教育出版社，2010.
[12] 张悦红．小学语文课程与教学论［M］．北京：中国社会科学出版社，2012.
[13] 傅华强，张银华．小学语文新课程教学设计［M］．武汉：华中师范大学出版社，2005.
[14] 雷实，张勇，夏雄峰．小学语文教学评价［M］．长春：东北师范大学出版社，2003.
[15] 中华人民共和国教育部．全日制义务教育语文课程标准（实验稿）［M］．北京：北京师范大学出版社，2001.
[16] 倪文锦．小学语文新课程教学法［M］．北京：高等教育出版社，2003.
[17] 周立群，王建峰，李尚生．小学语文课程与教学［M］．北京：教育科学出版社，2010.
[18] 倪文锦．语文新课程教学法（小学）［M］．北京：高等教育出版社，2010.
[19] 熊开明．小学语文新课程教学法［M］．北京：首都师范大学出版社，2010.
[20] 江平．小学语文课程与教学［M］．北京：高等教育出版社，2004.
[21] B. A. 苏霍姆林斯基．给教师的建议［M］. 武汉：长江文艺出版社，2014.

与本书配套的二维码资源使用说明

本书部分课程及与纸质教材配套数字资源以二维码链接的形式呈现。利用手机微信扫码成功后提示微信登录，授权后进入注册页面，填写注册信息。按照提示输入手机号码，点击获取手机验证码，稍等片刻收到4位数的验证码短信，在提示位置输入验证码成功，再设置密码，选择相应专业，点击“立即注册”，注册成功（若手机已经注册，则在“注册”页面底部选择“已有账号立即注册”，进入“账号绑定”页面，直接输入手机号和密码登录），即可查看二维码数字资源。手机第一次登录查看资源成功以后，再次使用二维码资源时，只需在微信端扫码即可登录进入查看。